中国石油天然气集团有限公司统编培训教材

石油天然气钻井井控培训教材

(管理人员与工程技术人员)

《石油天然气钻井井控培训教材(管理人员与工程技术人员)》编写组　编

石 油 工 业 出 版 社

内 容 提 要

本书共22章,主要包括井控基础知识、井控技术、井控设备以及非常规井控作业中的井控风险与控制等内容。本书内容系统全面,具有较强的专业性、实用性和针对性。

本书可作为钻井管理人员、工程技术人员的培训教材,其他相关人员也可阅读使用。

图书在版编目（CIP）数据

石油天然气钻井井控培训教材. 管理人员与工程技术人员 /《石油天然气钻井井控培训教材（管理人员与工程技术人员）》编写组编. —北京：石油工业出版社，2024.3

中国石油天然气集团有限公司统编培训教材

ISBN 978－7－5183－6461－9

Ⅰ. ①石… Ⅱ. ①石… Ⅲ. ①油气钻井-井控技术-技术培训-教材 Ⅳ. ①TE242

中国国家版本馆 CIP 数据核字（2023）第 232366 号

出版发行：石油工业出版社

（北京朝阳区安华里2区1号楼　100011）

网　　址：www.petropub.com

编辑部：(010) 64269289

图书营销中心：(010) 64523633

经　销：全国新华书店

印　刷：北京晨旭印刷厂

2024年3月第1版　2025年4月第2次印刷

710×1000毫米　开本：1/16　印张：28

字数：537千字

定价：98.00元

（如发现印装质量问题,我社图书营销中心负责调换）

版权所有,翻印必究

《石油天然气钻井井控培训教材（管理人员与工程技术人员）》编写组

主　　编：张　勇
副 主 编：史永伟　郝立军　杨明利　刘贵义
编写人员：江泽帮　李爱忠　范世强　刘　杨
　　　　　郭云鹏　贾巍然　王志洋　徐欢欢
　　　　　王茂林　杜会宇　周雪菡　吕　辉
　　　　　谢俊玲　周　颖　郝凤亮　赵江源
　　　　　危常胜　富　强　王　斐　常永涛
　　　　　黄学建　高　丹　刘双伟　艾玉锋
　　　　　曹月臣　李世超　唐宏宝　唐健夫
　　　　　郭　耀　庞志华　王　超　谢建安
　　　　　高立彬　黄红亮　魏立明　李　艳
审定人员：张松杰　李德鸿　王建新　彭　利
　　　　　王增年　赵英杰　刘永峰　张永忠
　　　　　晏　凌　李汶东　王　勇　赵建华
　　　　　张向前　叶林祥　徐勇军　吕振环
　　　　　王林忠　王鹏程　张　勇　张旺宁

序

企业发展靠人才,人才发展靠培训。当前,中国石油天然气集团有限公司(以下简称集团公司)正处在加快转变增长方式,调整产业结构,全面建设综合性国际能源公司的关键时期。做好"发展""转变""和谐"三件大事,更深更广参与全球竞争,实现全面协调可持续,特别是海外油气作业产量"半壁江山"的目标,人才是根本。培训工作作为影响集团公司人才发展水平和实力的重要因素,肩负着艰巨而繁重的战略任务和历史使命,面临着前所未有的发展机遇。健全和完善员工培训教材体系,是加强培训基础建设,推进培训战略性和国际化转型升级的重要举措,是提升公司人力资源开发整体能力的一项重要基础工作。

集团公司始终高度重视培训教材开发等人力资源开发基础建设工作,明确提出要"由专家制定大纲、按大纲选编教材、按教材开展培训"的目标和要求。2009年以来,由人事部牵头,各部门和专业分公司参与,在分析优化公司现有部分专业培训教材、职业资格培训教材和培训课件的基础上,经反复研究论证,形成了比较系统、科学的教材编审目录、方案和编写计划,全面启动了《中国石油天然气集团有限公司统编培训教材》(以下简称"统编培训教材")的开发和编审工作。"统编培训教材"以国内外知名专家学者、集团公司两级专家、现场管理技术骨干等力量为主体,充分发挥地区公司、研究院所、培训机构的作用,瞄准世界前沿及集团公司技术发展的最新进展,突出现场应用和实际操作,精心组织编写,由集团公司"统编培训教材"编审委员会审定,集团公司统一出版和发行。

根据集团公司员工队伍专业构成及业务布局,"统编培训教材"按"综合管理类、专业技术类、操作技能类、国际业务类"四类组织编写。综合管理类侧重中高级综合管理岗位员工的培训,具有石油石化管理特色的教材,以自编方式为主,行业适用或社会通用教材,可从社会选购,作为指定培训教材；专业技术类侧重中高级专业技术岗位员工的培训，是教材编审的主体，按照《专业培训教材开发目录及编审规划》逐套编审，循序推进，计划编审300余门；操作技能类以国家制定的操作工种技能鉴定培训教材为基础，侧重主体专业（主要工种）骨干岗位的培训；国际业务类侧重海外项目中外员工的培训。

"统编培训教材"具有以下特点：

一是前瞻性。教材充分吸收各业务领域当前及今后一个时期世界前沿理论、先进技术和领先标准，以及集团公司技术发展的最新进展，并将其转化为员工培训的知识和技能要求，具有较强的前瞻性。

二是系统性。教材由"统编培训教材"编审委员会统一编制开发规划，统一确定专业目录，统一组织编写与审定，避免内容交叉重叠，具有较强的系统性、规范性和科学性。

三是实用性。教材内容侧重现场应用和实际操作，既有应用理论，又有实际案例和操作规程要求，具有较高的实用价值。

四是权威性。由集团公司总部组织各个领域的技术和管理权威，集中编写教材，体现了教材的权威性。

五是专业性。不仅教材的组织按照业务领域，根据专业目录进行开发，且教材的内容更加注重专业特色，强调各业务领域自身发展的特色技术、特色经验和做法，也是对公司各业务领域知识和经验的一次集中梳理，符合知识管理的要求和方向。

经过多方共同努力，集团公司"统编培训教材"已按计划陆续编审出版，与各企事业单位和广大员工见面了，将成为集团公司统一组织开发和编审的中高级管理、技术、技能骨干人员培训的基本教材。"统编培训教材"的出版发行，对于完善建立起与综合性国际能源公司形象和任务相适应的系列培训教材，推进集团公司培训的标准化、国际化建设，具有划时代意义。希望各企事业单位和广大石油员工用好、用活本套教材，为持续推进人才培训工程，激发员工创新活力和创造智慧，加快建设综合性国际能源公司发挥更大作用。

《中国石油天然气集团有限公司统编培训教材》
编审委员会

前 言

在油气井勘探开发过程中，如果对压力控制不当，可能会发生如溢流、井涌、井喷，甚至井喷失控、着火等井控事故，造成设备损毁、油气井报废、环境污染、油气资源被破坏，并威胁到作业人员、周围居民的生命安全。为落实《中国石油天然气集团有限公司井控管理规定》，进一步做好井控培训工作，按照《中国石油天然气集团有限公司井控培训管理办法》对不同培训对象进行分类培训的要求，集团公司组织编写了井控培训系列教材，并成立了以渤海钻探工程公司为主编单位、其他油气田和钻探企业共同参与的编写组。本书是其中一本。

本书包括22章，内容简洁、通俗、实用，符合管理人员与工程技术人员的井控知识需求，体现专业性、实用性，主要包括井控基础知识、井控技术、井控设备以及非常规井控作业中的井控风险与控制等井控相关内容。本书适用于钻井管理人员、工程技术人员的井控培训。

在编写过程中，渤海钻探职工教育培训分公司完成本书主要内容的编写和统稿，大庆油田有限责任公司、辽河油田公司、长庆油田公司、塔里木油田公司、青海油田公司、西部钻探工程公司、长城钻探工程公司和川庆钻探工程公司的相关井控专家参加了编写和审稿，也得到中国石油集团油田技术服务有限公司领导、专家的大力支持和帮助，在此一并表示感谢。

由于本书涵盖内容较多，不同企业在井控管理和所用井控设备等方面也存在一定差异，编写难度较大，且编者水平有限，书中难免存在不足和疏漏之处，敬请读者提出宝贵意见和建议。

编者

说 明

本书可作为中国石油天然气集团有限公司井控培训的专用教材。与以往的培训教材相比，本书突出了专业性、实用性，满足行业井控标准和不同油气田企业的需要。同时，借鉴了美国石油学会（API）、国际钻井承包商协会（IADC）、国际井控论坛（IWCF）及相关国际石油公司的井控标准及习惯做法。本书不仅适用于国内钻井管理人员和工程技术人员的井控培训，也可用于国际承包队伍相关人员的井控培训。根据《中国石油天然气集团有限公司井控管理规定》《中国石油天然气集团有限公司井控培训管理办法》及《中国石油天然气集团公司井控培训矩阵》的要求，井控培训应"分层次、分专业、分岗位"培训。本书主要用于对从事围绕石油钻井的管理人员与工程技术人员进行有针对性的井控培训。为便于正确使用本书，在此对本书内容适用的培训人员进行了划分，并规定了各类人员应该掌握或了解的主要内容。

本书主要适用人员：

（1）企业机关：分管地质勘探、工程技术、井控管理、安全监督、应急管理的领导、技术专家、副总师、部门负责人及管理人员。

（2）建设单位和施工单位（项目部）：单位（项目部）主要负责人，分管地质勘探、工程技术、井控管理、安全监督、应急管理的副总师及以上负责人，相关科室负责人及管理人员。

（3）基层队站：现场监督、正副队长（平台经理）、指导员（书记）、工程师（技术员）。

针对不同级别人员的培训要求及具体的教学内容，可参照《中国石油天然气集团公司井控培训矩阵》和教学大纲。在本书中，不同培训对象应掌握和了解的章节如下：

（1）企业机关分管生产、安全的相关人员，要求掌握第一章、第二章、第五章至第九章、第十二章至第十四章、第十六章至第十九章的内容，应了解其他章节内容。

（2）企业机关分管技术的相关人员，要求掌握所有章节内容。

（3）建设单位和施工单位（项目部）负责生产、安全的相关人员，要求掌握第一章、第二章、第五章至第九章、第十二章至第十四章、第十六章至第二十二章的内容，应了解其他章节内容。

（4）建设单位和施工单位（项目部）负责技术的相关人员，要求掌握所有章节内容。

（5）基层队站负责生产、安全的相关人员，要求掌握第一章、第二章、第五章至第九章、第十二章至第十四章、第十六章至第二十一章的内容，应了解其他章节内容。

（6）基层队站负责技术的相关人员，要求掌握所有章节内容。

各单位在教学中要密切联系生产实际，在以课堂教学为主的基础上，还应增加现场、模拟器、VR的教学和实践环节。建议根据本书内容，进一步收集和整理施工过程照片或视频，以进行辅助教学，从而提高教学效果。

目 录

第一章 井控概述 ... 1
第一节 井控及相关概念 ... 1
第二节 井喷失控的危害 ... 3

第二章 井控相关压力 ... 6
第一节 压力概念 ... 6
第二节 井下各种压力 ... 8
第三节 井内各压力之间关系 ... 18

第三章 地层压力检测 ... 22
第一节 异常地层压力的形成 ... 22
第二节 地层压力检测方法 ... 27
第三节 地层强度检测方法 ... 36
第四节 最大允许关井套压与最大允许钻井液密度 ... 40

第四章 井控设计 ... 43
第一节 井筒完整性与井筒屏障 ... 43
第二节 井控设计依据 ... 49
第三节 钻井设计 ... 50
第四节 地层压力剖面 ... 53
第五节 套管程序确定 ... 55
第六节 钻井液设计 ... 62
第七节 固井设计 ... 65
第八节 井控设备选择 ... 69

第五章　溢流的原因、显示与预防 …… 72
第一节　溢流发生原因 …… 72
第二节　溢流显示 …… 75
第三节　溢流及早发现的重要性 …… 78
第四节　溢流预防措施 …… 79

第六章　气侵特性及其对井内压力的影响 …… 90
第一节　天然气基础知识 …… 90
第二节　气体侵入井内的方式及状态 …… 97
第三节　气侵对井内压力的影响 …… 99
第四节　井内气体膨胀与运移 …… 103
第五节　浅层气 …… 109
第六节　气体的溶解与油基钻井液 …… 112

第七章　关井程序 …… 115
第一节　关井方法 …… 115
第二节　常规关井程序 …… 117
第三节　特殊情况下的关井 …… 120
第四节　关井中容易出现的错误 …… 123

第八章　关井后压力求取与控制 …… 127
第一节　关井压力及相互关系 …… 127
第二节　关井立压的确定 …… 129
第三节　关井后套压的控制 …… 133

第九章　常规压井方法 …… 138
第一节　压井原理 …… 138
第二节　压井数据计算 …… 139
第三节　压井方法的选择 …… 143
第四节　压井程序 …… 144

第十章　非常规井控技术 …… 154
第一节　非常规压井方法 …… 154

  第二节 特殊情况下的压井 ································· 157

第十一章 特殊井井控技术 161
  第一节 小井眼井井控技术 ································· 161
  第二节 定向井及水平井井控技术 ·························· 164
  第三节 欠平衡钻井井控技术 ······························· 170
  第四节 精细控压钻井井控技术 ····························· 174

第十二章 井控设备概述 178
  第一节 井控设备的功能 ··································· 178
  第二节 井控设备的组成 ··································· 179
  第三节 液压防喷器概述 ··································· 181
  第四节 井控设备的选择 ··································· 183

第十三章 环形防喷器 196
  第一节 环形防喷器概述 ··································· 196
  第二节 锥形胶芯环形防喷器 ······························· 200
  第三节 球形胶芯环形防喷器 ······························· 201
  第四节 环形防喷器的使用 ································· 203
  第五节 分流器 ··· 206

第十四章 闸板防喷器 210
  第一节 闸板防喷器概述 ··································· 210
  第二节 闸板防喷器的结构及特点 ·························· 211
  第三节 闸板防喷器的工作原理与密封 ······················ 223
  第四节 闸板防喷器的正确使用 ····························· 230

第十五章 旋转防喷器 232
  第一节 旋转防喷器的用途 ································· 232
  第二节 旋转防喷器的组成 ································· 233
  第三节 旋转防喷器的工作原理与使用 ······················ 239

第十六章 液压防喷器控制装置 243
  第一节 控制装置概述 ····································· 243

第二节　控制装置的工作原理 ………………………………… 246

　　第三节　FKQ640-7 控制装置简介 ……………………………… 252

　　第四节　控制装置的主要部件 ………………………………… 256

　　第五节　控制装置的辅助装置 ………………………………… 288

　　第六节　控制装置用耐火软管总成 …………………………… 291

　　第七节　控制装置的连接与调试 ……………………………… 294

　　第八节　控制装置的待命状态 ………………………………… 297

第十七章　井控管汇 …………………………………………………… 299

　　第一节　井控管汇概述 ………………………………………… 299

　　第二节　节流管汇与压井管汇 ………………………………… 302

　　第三节　节流控制箱 …………………………………………… 305

　　第四节　井控管汇的主要部件 ………………………………… 311

　　第五节　井控管汇的其他管线 ………………………………… 325

　　第六节　井控管汇的正确使用 ………………………………… 327

第十八章　钻具内防喷工具 …………………………………………… 328

　　第一节　旋塞阀 ………………………………………………… 328

　　第二节　钻具止回阀 …………………………………………… 334

　　第三节　防喷单根与防喷立柱 ………………………………… 340

　　第四节　钻具内防喷工具的正确使用 ………………………… 341

第十九章　套管头、钻井四通与法兰 ………………………………… 343

　　第一节　套管头 ………………………………………………… 343

　　第二节　钻井四通与法兰 ……………………………………… 357

第二十章　井控辅助设备 ……………………………………………… 363

　　第一节　除气设备 ……………………………………………… 363

　　第二节　钻井液液面监测装置 ………………………………… 366

　　第三节　灌注钻井液装置 ……………………………………… 368

　　第四节　远程点火装置 ………………………………………… 370

第二十一章　井控设备的安装、试压与维护 ·············· 374
第一节　井控设备的安装要求 ·············· 374
第二节　井控设备的试压 ·············· 378
第三节　井控设备橡胶密封件的存放 ·············· 385
第四节　井控设备常见故障与排除 ·············· 386

第二十二章　井喷失控处理基本做法 ·············· 395
第一节　应急措施与抢险步骤 ·············· 395
第二节　井喷应急抢险装备简介 ·············· 399
第三节　定向救援井技术简介 ·············· 405
第四节　应急保障简介 ·············· 408

附录1　中国石油天然气集团有限公司井控管理规定 ·············· 411
附录2　常用公英制单位换算 ·············· 428
参考文献 ·············· 429

第一章　井控概述

在石油钻井作业过程中，对油气井的压力控制（简称为井控）是极为重要的作业环节。当地层流体（包括油、气、水）无控制地进入井内，就会导致溢流或井喷，从而会使井下情况逐步复杂化，导致无法进行正常的钻井施工，最终被迫实施压井作业，不仅会对油气层造成不同程度的损害，还会因处理不当导致井喷失控。

随着油气勘探开发领域的不断延伸扩大，越来越多的超深高温高压及高含硫油气井投入开发，钻井作业难度越来越高，对钻井人员的井控技术水平和井控应急处置能力的要求也越来越高。因此，要安全、优质、高效地实施钻井作业，就必须做好井控工作，只有提高井控意识、掌握井控技术、增强井控技能，才能在施工过程中具备有效到位的过程掌控能力，从而具备有效实施近平衡压力钻井，最大限度地发现、保护和解放油气层的能力。

第一节　井控及相关概念

一、井控的概念

井控，就是采用一定的方法平衡地层孔隙压力，即油气井的压力控制。在钻井过程中，通过维持足够的井筒内的压力以平衡或控制地层压力，防止地层流体进入井内，保证钻井作业安全顺利地实施。

井控作业要从钻井目的和一口井整个生产年限来考虑，既要完整地取得各种地质资料，又要有利于发现油气田、保护油气层、提高采收率、延长油气井的寿命。因此，井控技术不仅仅是防止井喷，还是保护油气层、实施近平衡压力钻井、提高钻井速度的重要保证。

二、与井控相关的概念

1. 井侵

井侵是指地层孔隙中的流体（油、气、水）侵入井内的现象。

2. 溢流

溢流是指当地层孔隙压力大于井底压力时，因地层流体侵入井内引起井口返出的钻井液的量比泵入量大，或停泵后井口钻井液自动外溢的现象。

3. 井涌

井涌是指溢流进一步发展，钻井液涌出井口或防溢管口的现象。

4. 井喷

井喷是指井涌进一步发展，地层流体持续无控制地进入井内涌出井口的现象。一般将井内流体喷出转盘面2m以上就称为井喷。

井喷流体自地层经井筒喷出地面称为地面井喷；溢流关井后，将某一薄弱层压破，高压层流体大量流入被压裂地层的现象称为地下井喷。

5. 井喷失控

发生井喷后，无法用井口防喷装置进行有效控制而出现敞喷的现象称为井喷失控。

井侵、溢流、井涌、井喷、井喷失控反映了井底压力与地层压力失去平衡后，随着时间的推移，井口所出现的几种现象及事态发展变化的不同阶段和严重程度。

三、井控作业分级

1. 一次井控

一次井控是指井内采用适当的钻井液密度来控制地层孔隙压力，使得没有地层流体进入井内，溢流量为零。做好一次井控，关键在于钻前要准确地预测地层孔隙压力、地层破裂压力和地层坍塌压力，从而确定合理的井身结构和准确的钻井液密度。在钻井过程中，要做好随钻地层压力监测工作，根据地层压力的监测结果及时对钻井液密度进行调整，并结合地层的实际承压能力，进一步完善井身结构和工艺技术。

第一章 井控概述

2. 二次井控

二次井控是指井内使用的钻井液密度不能平衡地层压力,地层流体进入井内,地面出现溢流,这时要依靠井控设备和适当的井控技术来处理和排除地层流体的侵入,使井重新恢复压力平衡。二次井控的核心就是要做好"三早",即早发现、早关井、早处理。

早发现:溢流发现得越早,进入井内的地层流体就越少,更方便控制和处理。

早关井:发现溢流或怀疑溢流时,应停止作业,立即实施关井。

早处理:关井后要准确录取溢流数据和填写压井施工单,尽快进行压井作业。

3. 三次井控

三次井控是指二次井控失败,溢流量持续增大,发生了井喷或井喷失控,这时要使用适当的技术和设备重新恢复对井的控制,达到一次井控状态。

通常情况下,力求一口井保持一次井控状态,同时做好一切应急准备,一旦发生井涌和井喷能迅速做出反应,及时加以处理,尽快恢复正常钻井作业。

四、"三高"油气井的定义

Q/SY 02552—2022《钻井井控技术规范》中规定,"三高"油气井是指符合高含硫油气井、高压油气井、高产油气井条件之一的油气井。

1. 高含硫油气井

地层天然气中硫化氢含量不小于 $1500mg/m^3$(1000ppm)的油气井称为高含硫油气井。

2. 高压油气井

地层压力不小于 70MPa 的油气井称为高压油气井。

3. 高产油气井

天然气测试产量不小于 $50×10^4 m^3/d$ 的气井,油气测试产量当量不小于 500t/d 的油井称为高产油气井。

第二节 井喷失控的危害

大量的井喷失控实例告诉我们,井喷失控是钻井工程中性质严重、损失巨大的灾难性事故，其危害可概括为以下五个方面。

一、人员伤亡

井喷失控会使井内钻具上顶、井口工具飞出伤害作业人员，与井架等设备撞击会引发着火、爆炸等，威胁作业人员人身安全，易造成人员伤亡；若喷出流体中含有硫化氢、一氧化碳等有毒有害气体，易导致现场作业人员和井场周围群众中毒，影响其身体健康和生命安全。例如：某井完井阶段，在处理电缆落井的井下复杂事故过程中，发生井喷失控着火事故造成死亡2人，伤16人；某井在处理溢流险情时，发生地下井喷，含硫化氢天然气通过煤层裂隙窜入附近煤矿矿井里，致使作业的采煤工人11人死亡，1人烧伤，6人严重中毒。

二、设备损毁

在钻开油气层的过程中，尤其是在天然气井井喷过程中如果处理方法和措施不当，极易引起井喷失控着火、爆炸及井场下陷等灾难性事故，造成井架、底座等钻井设备被烧毁或沉入地下等。例如：某井在取心起钻途中发生溢流，由于操作不当，未能有效控制井口，发生井喷，3min后井喷失控着火，导致井架底座、大钩、水龙头、转盘、井口防喷器组及节流管汇等设备烧毁报废。

三、资源破坏

井喷失控将造成油气储量的损失，严重的可导致产层生产能力破坏或储量枯竭，使油气层不再具有工业开采价值。例如：某井发生井喷失控，气量超过$1000\times10^4 m^3/d$，损失天然气达$4.61\times10^8 m^3$，占到该气田总储量的62%，因井喷致使该气田几乎失去开采价值。

四、环境污染

陆地上井喷失控导致井内流体喷出地面，对环境造成极大破坏。污染可分为三个方面：一是油气污染大气环境，表现为油气挥发物与其他有害气体被太阳紫外线照射后，发生理化反应或燃烧生成化学烟雾，产生致癌物，破坏臭氧层和产生温室效应等；二是污染土壤，导致寸草不生；三是污染地下水，破坏水资源。例如：1985年，哈萨克斯坦发生一起井喷失控事故，两天后爆炸着火。该井压力达到80MPa并且含有高浓度的硫化氢，该井在13个月后才完全被控制住。据测算，井喷共造成约 430×10^4 t 石油、17×10^8 m^3 天然气喷出，井喷着火导致约890t硫化物和超过 90×10^4 t 烟尘排放到大气中。

海上井喷失控会导致石油在海面上漂浮，并迅速扩散形成油膜。油膜可吸附在鱼鳃上，使鱼窒息；油膜会抑制水鸟产卵和孵化，破坏其羽毛的不透水性；油膜会阻碍水体的复氧作用，影响海洋浮游生物生长，破坏海洋生态平衡；此外，油膜还可破坏海滨风景，影响环境和旅游业。例如：2010年4月20日，BP公司在美国墨西哥湾的井喷爆炸着火事故，事发的85d中，造成共超过 400×10^4 bbl 原油泄漏。漏油造成墨西哥湾大面积海域严重污染，墨西哥湾沿岸1000miles长的湿地和海滩受到污染，大量动物因此死亡，10种海洋动物面临生存威胁，3种珍稀动物面临灭顶之灾。

五、社会影响

井喷失控将打乱油区的正常工作秩序，影响全局生产。一旦井喷失控，将立即启动井控应急预案，成立相应的指挥组、技术组、保障组等应急机构，全面组织指挥抢险工作。不仅油气田的主要领导要专注进行组织指挥工作，必要时还需其他油田、地方政府的支援，动用消防车辆，组织抢险队伍等。井喷失控涉及面广，会引起新闻媒体、社交平台、人民群众的广泛关注，处理不当很可能成为地区或全国性的舆情事件，极易造成不良的社会影响，甚至是国际影响。

第二章 井控相关压力

第一节 压力概念

压力是井控工作中最主要的概念之一。正确理解井下各种压力的概念及其相互关系,对于掌握井控技术和防止井喷是非常重要的。

一、压力的定义

在石油工业中,常用压力代替压强,即物体单位面积上受到的垂直方向的力。压力与力和受力面积有关,力是由物体的重量引起的,当物体的重量一定时,其大小取决于受力面积。

二、压力的数学表达式

例如,将一个圆柱体垂直放置于一个静止的桌面上,其作用在桌面上的力等于它的重量,即重力 G,方向垂直向下。同时,桌子在相反的方向也给予圆柱体相同的力,如图 2-1 所示。此时圆柱体作用于桌面的压力 p 的大小,取决于该圆柱体的底面积。圆柱体的压力就是圆柱体的重力 G 与其底面积 S 的比值;设作用于底面积 S 上的垂向力为 F,则其表达式如下:

$$p = \frac{F}{S} = \frac{G}{S} \tag{2-1}$$

式中 p——圆柱体作用于桌面的压力,N/m^2;

F——作用于底面积 S 上的垂向力,N;

S——圆柱体底面积,m^2;

G——圆柱体的重力,N。

第二章 井控相关压力

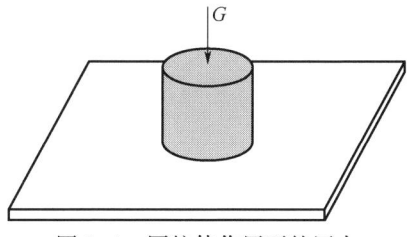

图 2-1 圆柱体作用下的压力

三、压力的单位及换算

压力的国际单位制单位是帕斯卡（Pa）。1Pa 是 $1m^2$ 面积上受到 1N 垂直方向的力时形成的压强，即：

$$1Pa = 1N/m^2$$

由于 Pa 单位较小，钻井现场常用到压力的单位是千帕（kPa）或兆帕（MPa），它们之间的关系是：

$$1kPa = 1000Pa$$

$$1MPa = 1000kPa = 1 \times 10^6 Pa$$

压力与工程大气压（kgf/cm^2）的换算关系是：

$$1MPa = 10.194 kgf/cm^2$$

$$1kgf/cm^2 = 98.067 kPa$$

粗略计算时，可认为：

$$1kgf/cm^2 = 100kPa = 0.1MPa$$

$$1MPa = 10kgf/cm^2$$

压力的国际工程单位是巴（bar），它的换算关系为：

$$1bar = 1.01972 kgf/cm^2 \approx 1kgf/cm^2 = 0.1MPa$$

压力的英制单位是磅力/英寸^2（psi），即 $1in^2$ 面积上受到 1lbf 垂直方向的力，与国际单位制单位 MPa 的换算关系为：

$$1000psi = 6.895MPa$$

$$1MPa = 145.037743897psi \approx 145.04psi$$

粗略计算时，可认为：

$$1000psi = 7MPa$$

液压防喷器额定工作压力为 35MPa，对应的就是英制单位中 5000psi 这一压力级别。

第二节 井下各种压力

一、静液压力

1. 静液压力和静液压力梯度的定义

静液压力是由静止液体的重力产生的压力。其大小取决于液体的密度和液体的垂直高度,与液柱的横向尺寸及形状无关。

静液压力梯度是指每增加单位垂直深度静液压力的变化量。静液压力梯度受液体密度、含盐浓度、气体的浓度以及温度梯度的影响。含盐浓度高会使静液压力梯度增大,溶解气体量增加和温度升高则会使静液压力梯度减小。

2. 静液压力的计算

$$p = \rho g H \quad (2-2)$$

式中 p——静液压力,kPa(MPa);
ρ——液体密度,g/cm^3;
g——重力加速度,m/s^2,取 $9.81m/s^2$($0.00981km/s^2$);
H——液柱的垂直高度,m。

在陆上钻井作业中,H 为井眼的垂直深度,起始点自转盘面算起,液体的密度为钻井液的密度。

【例1】 某直井钻至井深3000m处,所用钻井液密度为 $1.30g/cm^3$,求井底处的静液压力。

解:$p = \rho g H = 1.3 \times 0.00981 \times 3000 = 38.26(MPa)$

3. 静液压力梯度的计算

根据压力梯度的定义可知,其计算公式为:

$$G = p/H = \rho g \quad (2-3)$$

式中 G——静液压力梯度,kPa/m(MPa/m);
p——静液压力,kPa(MPa);
H——液柱的垂直高度,m;
ρ——液体密度,g/cm^3;

第二章 井控相关压力

g——重力加速度，m/s², 取 9.81m/s²（0.00981km/s²）。

用静液压力梯度计算静液压力的公式为：

$$p = GH \tag{2-4}$$

式中 p——静液压力，kPa（MPa）；

G——静液压力梯度，kPa/m（MPa/m）；

H——液柱的垂直高度，m。

【例2】 某直井钻至井深 3600m 处，所用钻井液密度为 1.50g/cm³，计算井内静液压力梯度并通过压力梯度计算井底处的静液压力。

解：$G = \rho g = 1.5 \times 9.81 = 14.715 \, (\text{kPa/m})$

$p = GH = 14.715 \times 3600 = 52974 \, \text{kPa} = 52.974 \, (\text{MPa})$

二、当量钻井液密度

1. 当量钻井液密度的定义

将井内某一位置所受各种压力之和（静液压力、回压、环空压耗等）折算成钻井液密度，称为这一点的当量钻井液密度。

把地层压力、地层破裂压力、循环压力折算成钻井液密度，分别称为地层压力当量钻井液密度、地层破裂压力当量钻井液密度、循环压力当量钻井液密度。

2. 当量钻井液密度的计算

$$\rho_e = \frac{p}{0.00981H} \tag{2-5}$$

式中 ρ_e——当量钻井液密度，g/cm³；

p——压力，MPa；

H——井深，m。

【例3】 某井垂深 2800m，井底压力为 35.82MPa，计算井底压力当量钻井液密度。

解：

$$\rho_e = \frac{p}{0.00981H} = \frac{35.82}{0.00981 \times 2800} = 1.30 \, (\text{g/cm}^3)$$

三、上覆岩层压力

上覆岩层压力是指某深度以上的地层岩石基质和孔隙中流体的总重量对

该深度所形成的压力。地下岩石平均密度为 2.16~2.64g/cm³，于是平均上覆岩层密度大约为 2.31g/cm³。

上覆岩层压力与地层压力的关系是：

$$p_0 = \sigma + p_p \tag{2-6}$$

式中　p_0——上覆岩层压力，MPa；

　　　σ——岩石颗粒应力（骨架应力），MPa；

　　　p_p——地层孔隙压力，MPa。

上覆岩层的重力是由岩石基质（骨架）和岩石孔隙中的流体共同承担的，当骨架应力降低时，孔隙压力就增大；孔隙压力等于上覆岩层压力时，骨架应力等于零，而骨架应力等于零时可能会产生重力滑移。骨架应力是造成地层沉积压实的动力，因此只要异常高压带中的基岩应力存在，压实过程就会进行（尽管速率很慢）。上覆岩层压力、地层孔隙压力和骨架应力之间的关系如图 2-2 所示。

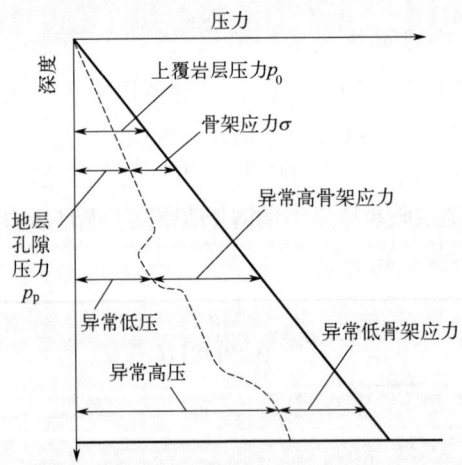

图 2-2　上覆岩层压力、地层孔隙压力和骨架应力之间的关系

四、地层压力

1. 地层压力的定义

地层压力是指地下岩石孔隙内流体的压力，也称地层孔隙压力。

2. 地层压力的表示方法

（1）用压力的单位表示。这是一种直接表示法，例如，地层压力为42MPa。

（2）用压力梯度表示。

【例4】 已知地层压力当量钻井液密度为1.24g/cm³，计算地层压力梯度。

解：$G = \rho g = 9.81 \times 1.24 = 12.164 (\text{kPa/m})$

【例5】 已知地层压力是30MPa，地层深度2000m，计算地层压力梯度。

解：$G = p/H = 30 \times 1000/2000 = 15 (\text{kPa/m})$

（3）用当量钻井液密度表示。

【例6】 某井2000m处的地层压力为24MPa，计算地层压力当量钻井液密度。

解：

$$\rho_e = \frac{p}{0.00981H} = \frac{24}{0.00981 \times 2000} = 1.22 (\text{g/cm}^3)$$

（4）用压力系数表示。压力系数是某点压力与该点淡水静液压力之比，其数值等于该点的当量钻井液密度。例如，2000m处地层的压力系数为1.22。

3. 地层压力的分类

1）正常地层压力

在各种沉积物中，地层某点的正常地层压力等于从地表到地下该点连续地层水的静液压力。其值的大小与沉积环境有关，一类是淡水和淡盐水盆地，淡水密度是1.00g/cm³，形成的压力梯度为9.8kPa/m；另一类是盐水盆地，其密度随含盐量的不同而变化，一般为1.07g/cm³，形成的压力梯度为10.5kPa/m，这相当于总含盐量为80g/L的盐水柱在25℃时的压力梯度。按习惯，把压力梯度在9.8~10.5kPa/m或地层压力当量钻井液密度在1.00~1.07g/cm³的地层称为正常压力地层。正常地层压力与钻井液静液压力的示例如图2-3所示。

2）异常高压

地层压力梯度大于正常压力梯度时称为异常高压。地层压力正常或者接近正常，则地层流体必须一直与地面连通。这种通道常常被封闭层或隔层截断，在这种情况下，隔层下部的地层流体必须支撑上部岩层，岩石重于地层流体，所以地层压力可能超过流体静液压力，形成异常高压地层。

3）异常低压

地层压力梯度小于正常压力梯度时称为异常低压。这种情况多发生于衰竭产层和大孔隙的老油区地层。

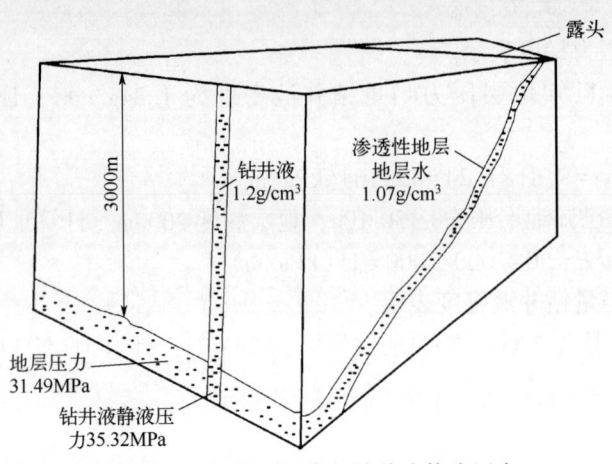

图 2-3 正常地层压力与钻井液静液压力

五、地层破裂压力

1. 地层破裂压力的定义

地层破裂压力是指某一深度的地层发生破碎或产生裂缝时所能承受的压力。破裂压力一般随井深增加而增大。

在钻井时，钻井液的液柱压力下限要保持与地层压力相平衡，既不伤害油气层，又能提高钻速，实现压力控制。而其上限则不能超过地层破裂压力，以避免压裂地层造成井漏，给施工带来一系列的复杂情况或严重事故。地层破裂压力是进行合理井身结构设计、制定钻井施工方案及确定最大允许关井套压的重要依据，因此地层破裂压力在钻前设计和钻井过程中都应高度重视。

2. 地层破裂压力的预测方法

对于做好一口井的井控工作，预先了解地层破裂压力随井深的变化规律同预测地层压力同样重要。在钻井作业前，预测地层破裂压力主要是根据经验公式，如伊顿法、艾克斯劳格法、黄荣樽法、Holbrook 法、安德森法等。地层破裂压力预测涉及的计算方法较多，且各方法适应的条件不同。各油田应从本区域的地层特点出发，以提高预（监）测精度为目的。

3. 地层破裂压力当量钻井液密度

地层破裂压力的大小，可以用地层破裂压力当量钻井液密度或地层破裂压力梯度来表示。

第二章　井控相关压力

在做地层破裂压力试验时，在套管鞋以上钻井液的静液压力和地面回压的共同作用下，使地层发生破裂而漏失，所以地层破裂压力当量钻井液密度可以按式（2-7）进行计算：

$$\rho_e = \frac{p}{0.00981H} + \rho_m \qquad (2-7)$$

式中　ρ_e——地层破裂压力当量钻井液密度，g/cm³；
　　　p——地面回压，MPa；
　　　H——试验地层垂深，m；
　　　ρ_m——井内钻井液密度，g/cm³。

【例7】　某井套管鞋处深2000m，做地层破裂压力试验时所用钻井液密度为1.15g/cm³，地面回压为18MPa时地层发生破裂。求地层破裂压力当量钻井液密度。

解：$\rho_e = \dfrac{p}{0.00981H} + \rho_m = \dfrac{18}{0.00981 \times 2000} + 1.15 = 2.07 \text{（g/cm}^3\text{）}$

六、地层漏失压力

地层漏失压力是指某一深度的地层产生钻井液漏失时的压力。

对于正常压力的高渗透性砂岩、裂缝性地层以及断层破碎带、不整合面等处，往往地层漏失压力比地层破裂压力小得多，而且对钻井安全作业危害很大。

七、地层坍塌压力

地层坍塌压力是指井眼形成后井壁周围的岩石应力集中，当井壁周围的岩石所受的切向应力和径向应力的差达到一定数值后，将形成剪切破坏，造成井眼坍塌，此时的钻井液液柱压力即为地层坍塌压力。

对于塑性地层，岩石的剪切破坏表现为井眼缩径；对于硬脆性地层，岩石的剪切破坏表现为井壁坍塌、井径扩大。因此，井径的变化程度反映了井壁坍塌压力的大小，从而可以确定地层坍塌压力。

地层坍塌压力的大小与岩石本身特性及其所处的应力状态等因素有关。钻井过程中，采用物理支撑的原理，配制合理的钻井液密度以平衡地层坍塌压力，防止地层失稳。

八、波动压力

井内钻具或流体上下运动而引起井底压力增大或减小的压力值称为波动压力。波动压力主要包括抽汲压力和激动压力。抽汲压力和激动压力是两个类似的概念,抽汲压力是负值,即向井口方向的力;激动压力是正值,即向井底方向的力。

1. 抽汲压力

抽汲压力发生在井内上提管柱时,由于管柱上提,会引起钻井液向下流动,以填充管柱下端因上提而空出来的井眼空间。这部分钻井液流动时受到流动阻力的影响,使得井内钻井液不能及时充满这部分井眼空间,从而在管柱下方形成抽汲空间,其结果是降低了有效的井底压力。

抽汲压力就是由于上提管柱而使井底压力减小的压力,其数值就是阻挠钻井液向下流动的流动阻力值。一般情况下抽汲压力当量钻井液密度为 $0.03 \sim 0.13 \mathrm{g/cm^3}$,国外要求起管柱时,把抽汲压力当量钻井液密度控制在 $0.036 \mathrm{g/cm^3}$ 左右。

2. 激动压力

激动压力主要产生于下放管柱时,由于管柱下行,将挤压其下方的钻井液,使其产生向上的流动。由于钻井液向上流动时要克服流动阻力的影响,结果导致井壁与井底也承受了该流动阻力,使得井底压力增大。开泵时钻井液流动受到阻力,增大井底压力,也会产生激动压力。

激动压力是由于下放钻柱而使井底压力增大的压力,其数值就是阻挠钻井液向上流动的流动阻力值。

3. 影响波动压力的因素

起下管柱过程中,影响波动压力大小的因素主要有:

(1) 管柱的起下速度。速度越快,波动压力越大;管柱起下时猛提、猛刹的惯性也会造成压力的波动。

(2) 管柱与井眼之间的环空间隙。环空间隙越小,波动压力越大。若钻头或稳定器泥包,波动压力会更严重。

(3) 管柱的长度。管柱越长,波动压力越大。

(4) 钻井液性能。钻井液密度越大、黏度越高、静切力越大,波动压力越大。

(5) 井眼轨迹。井眼轨迹越复杂，对波动压力的影响越大。

因此，在起下钻和下套管时，要控制起下速度，不要过快，刹把操作要平稳，严禁猛提、猛刹。在钻开高压油气层和钻井液性能不好时，更应注意。起钻前要处理和循环好钻井液，使其性能均匀，具有良好的流变性。起下钻遇到阻卡、发生缩径或泥包时要正确处理，防止引起过大的波动压力。

九、循环压力损失与环空压耗

1. 循环压力损失

循环压力损失是指钻井液在循环系统中流动所克服的摩擦阻力，包括地面管汇压力损失、钻柱内压力损失和环空压力损失。循环压力损失在数值上等于钻井液循环泵压。该压力损失大小取决于钻柱长度和钻井液密度、黏度、切力、排量和流通面积。任何时候钻井液通过管汇、钻具、钻头喷嘴或节流管汇均要产生压力损失。通常，大部分压力损失发生在钻井液通过钻头喷嘴时，循环排量的变化也会引起循环泵压较大的变化。

2. 环空压耗

环空压耗是指在钻井过程中，钻井液沿环空向上流动时克服流动阻力所产生的压力损失。在钻井泵克服这个流动阻力推动钻井液向上流动时，井壁和井底也承受了该流动阻力，因此，井底压力增大。钻井液停止循环时，流动阻力消失，井底压力又恢复为静液压力。钻井液在环空中上返速度越快、井越深、井眼越不规则、环空间隙越小，且钻井液密度、黏度、切力越高，则环空压耗越大；反之，则环空压耗越小。

十、井底压力

在钻井作业中，始终有压力作用于井底，主要来自钻井液的静液压力。同时，将钻井液沿环空向上泵送时所消耗的泵压（即循环钻井液时的环空压耗），也作用于井底。其他还有侵入井内的地层流体的压力、激动压力、抽汲压力、地面回压等，也会影响井底压力的大小。

井底压力就是指地面和井内各种压力作用在井底的总压力。在不同作业情况下，井底压力是不一样的，掌握不同工况下井底压力的构成是实施井控作业的基础。

1. 静止状态

静止状态，井底压力=静液压力。静止状态下，井底压力主要由钻井液的静液压力构成，钻井液的静液压力主要受钻井液密度和井内液柱垂直高度的影响。油气活跃的井，要注意井内钻井液长期静止时，地层中气体的扩散效应会对井内钻井液当量密度有所影响，最终有可能影响井底压力。另外，静止状态下，要监测井口液面，防止液柱高度降低影响井底压力。

2. 正常循环

正常循环时，井底压力=静液压力+环空压耗。井内流体循环时，环空压耗会使井底压力增大，过大的环空压耗可能引起井眼漏失；一旦停止循环，环空压耗的消失会使井底压力减小，同样影响井内的压力平衡。

3. 节流循环

节流循环时，井底压力=静液压力+环空压力损失+节流阀回压。节流循环除气或压井循环时，通过调节节流阀的不同开启程度，形成一定的井口回压，该回压也会作用于井底，从而保持井底压力平衡地层压力。

4. 起钻

起钻时，井底压力=静液压力-抽汲压力。由于抽汲压力的影响，起钻时的井底压力会减小，在正常钻进时井底压力能够平衡地层压力的井，起钻时就可能因井内压力失衡而发生溢流。因此，起钻时要判断并控制抽汲压力，减小其对井底压力的影响。

5. 下钻

下钻时，井底压力=静液压力+激动压力。由于激动压力的产生，使得下钻时的井底压力增大，虽不至于直接引发井控问题，但过大的激动压力可能导致薄弱地层发生漏失、液柱高度下降，致使静液压力和井底压力减小，从而引发井控问题。

6. 关井

关井时，井底压力=静液压力+地面回压。发生溢流后要及时关井，形成足够的地面回压，使井底压力重新能够平衡地层压力。地面回压作用于井口设备和整个井筒，因此要求井口设备具有足够的承压能力和密封性，地面回压过高会破坏井筒的完整性，所以关井地面回压必须控制在最大允许关井压力值以内。

第二章　井控相关压力

十一、井底压差

井底压差是井底压力与地层压力的差值。如果井底压力大于地层压力，则为正压差，井底为过平衡或近平衡；如果井底压力小于地层压力，则为负压差，井底为欠平衡。在钻井过程中，井底压差是影响机械钻速的主要因素之一。为保护油气层及提高机械钻速，通常采用近平衡压力钻井。

十二、安全附加值

在近平衡压力钻井中，钻井液密度的确定，是以地层孔隙压力为基准，再增加一个安全附加值，以保证作业安全。在起钻时，由于抽汲压力的影响会使井底压力减小，而降低上提钻柱的速度等措施只能减小抽汲压力，但不能消除抽汲压力。因此，需要给钻井液密度或井底压力附加一定的安全附加值来抵消抽汲压力等因素对井底压力的影响。

（1）油井、水井密度附加 $0.05\sim0.10\text{g/cm}^3$，或增加井底压差 $1.5\sim3.5\text{MPa}$。
（2）气井密度附加 $0.07\sim0.15\text{g/cm}^3$，或增加井底压差 $3.0\sim5.0\text{MPa}$。
（3）煤层气井密度附加 $0.02\sim0.15\text{g/cm}^3$。

具体选择安全附加值时，应根据实际情况考虑地层孔隙压力预测精度、油气水层的预测产能、油气水层的埋藏深度、地层油气中硫化氢的含量、地层坍塌压力和地层破裂压力、井控装置配套等情况。含硫化氢等有害气体的油气层钻井液密度设计，其安全附加值或安全附加压力值宜取上限。

十三、其他相关压力概念

1. 泵压

泵压是指钻井泵出口端的钻井液压力，是克服地面管汇和钻柱内压力损失、钻头水眼处压降及环空压耗做功所需要的压力。如果环空与管柱内的液柱压力不平衡，也会影响到泵压。

2. 立管压力

立管压力（立压）在现场是指立管压力表上所记录的压力。

正常钻进及循环作业时，其大小主要与泵排量、钻具及钻头水眼截面积、钻井液性能等因素有关。此时的立管压力称为循环立压。

溢流关井后，钻柱内钻井液静液压力若不能平衡地层压力，在立管压力表上显示的压力值称为关井立管压力（简称关井立压），即钻柱内静液压力平衡地层压力所欠的值。关井立压的大小与液柱压力、地层压力、圈闭压力等因素有关。

3. 套管压力

套管压力（套压）是在井口（一般在节流管汇上）记录到的环空压力数值。

常规近平衡钻井过程中，不存在套管压力，即套管压力为0MPa。

发生溢流关井后，由于环空静液压力不能平衡地层压力，在套压表上显示的压力值称为关井套管压力（简称关井套压），即环空液柱压力平衡地层压力所欠的值。关井套压的大小与溢流量、钻井液密度、地层压力、圈闭压力等因素有关。

4. 圈闭压力

圈闭压力就是在立压表或套压表上观察到超过平衡地层压力的压力值。现场产生圈闭压力的原因主要有两个：一是关井时未及时停泵，钻井液继续泵入井筒，造成井内憋压，压力升高；二是关井后溢流气体带压滑脱上升，导致井内压力升高。

5. 安全钻井液密度窗口

安全钻井液密度窗口是指地层破裂压力、地层孔隙压力、地层坍塌压力三条压力曲线之间不导致地层破裂、溢流或坍塌的压力区间。窗口值越大，钻井液密度可调整的空间就越大，施工难度就越小。

第三节 井内各压力之间关系

钻井过程中，井底压力要与地层孔隙压力、地层坍塌压力、地层破裂压力相平衡，做到既不污染油气层，又能提高钻速，减少井塌、卡钻等井下复杂情况；同时又不超过地层的破裂压力，以避免压裂地层造成井漏。了解地层孔隙压力、地层漏失压力、地层破裂压力和地层坍塌压力这几个压力之间的关系，有助于更好地开展井控工作。

第二章　井控相关压力

一、地层三压力之间的关系

一般来说，地层被钻开之前，地下的岩石在上覆岩层压力、水平方向地应力和孔隙压力的作用下，处于应力平衡状态。当地层被钻开后，井内钻井液作用于井壁的压力取代了所钻岩层原先对井壁岩石的支撑，破坏了地层原有应力平衡，引起井壁周围应力的重新分布。如井壁周围岩石所受应力超过岩石本身的强度而产生剪切破坏，对于脆性地层就会发生坍塌，井径扩大；而对于塑性地层，则发生塑性变形，造成缩径。

地层坍塌压力主要受地应力（由于地质构造运动等原因使地壳物质产生的内应力效应）、地层强度、孔隙压力、地层渗透性（渗透性地层，钻井液就会向地层渗透而产生渗透压力，导致井壁周围的孔隙压力发生变化，从而引起地层的坍塌压力增大）、井径扩大率、地层破碎程度、钻井液的组成与性能等因素的影响。

其中，地层的坍塌压力与破裂压力均随着孔隙压力的增大而增大，但破裂压力的增长速度小于坍塌压力，因此随着孔隙压力的增大，钻进的安全钻井液密度窗口范围变小。当孔隙压力增大至一定程度后，坍塌压力将等于破裂压力，此时无法进行正常钻进。但在通常情况下，地层破裂压力大于地层孔隙压力，且大于地层坍塌压力。一口井在施工的过程中，钻井液密度窗口应该满足不压破地层，又要保证井壁稳定，同时钻井液密度窗口要高于地层孔隙压力当量密度，防止溢流。钻井液密度窗口上限为地层破裂压力当量密度，下限为地层孔隙压力当量密度和地层坍塌压力当量密度的最大值。地层孔隙压力、地层破裂压力和地层坍塌压力关系示意图如图2-4所示。

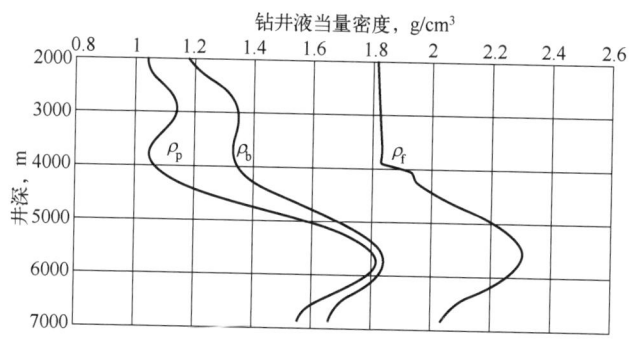

图2-4　地层孔隙压力、地层破裂压力和地层坍塌压力关系示意图
ρ_p—地层坍塌压力当量密度；ρ_b—地层孔隙压力当量密度；ρ_f—地层破裂压力当量密度

二、地层破裂压力和地层漏失压力的区别

地层破裂压力是使地层原有裂缝张开延伸或形成新裂缝时的井内液体压力,也就是说,在井下一定深度裸露的地层,承受液体压力的能力是有限的,当液体压力达到一定数值时会使地层破裂。

通常,在进行地层破裂(漏失)试验时,只有当井内液体的压力大于地层孔隙压力之后,液体才能进入地层孔隙中去,如果继续施压,进入孔隙的液压超过了地层的强度,在液压的作用下,地层才会产生裂痕、裂缝,发生破裂。

地层漏失压力是使钻井液漏失到地层中的井内液体压力。通常情况下,当井内液体压力大于地层漏失压力后,井内液体会进入地层孔隙中,但该压力往往小于地层破裂压力,地层不会被压破。

对于正常压力的高渗透性砂岩、裂缝性地层以及断层破碎带、不整合面等处,往往地层漏失压力比地层破裂压力小得多,并且对钻井安全作业危害很大。

在现场进行地层破裂(漏失)压力试验时,通常只试到地层漏失即可,因为一旦把地层压破,会造成地层裂缝张开延伸或形成新的裂缝,地层承压能力势必会降低。

三、液柱压力与各压力间关系

钻井液安全密度窗口值范围的大小直接影响井眼的稳定性,井内钻井液液柱压力应始终处于以地层孔隙压力、地层坍塌压力为下限,以地层破裂压力、地层漏失压力为上限所限定的区域内,从而使井眼处于稳定状态,且能保持钻井过程中不漏、不塌、不涌、不喷的状态。井眼不稳定的状态有以下表现:

(1)钻井液液柱压力低于地层坍塌压力时,井眼发生缩径、坍塌。当发生坍塌时,掉块大小与钻井液液柱压力和坍塌压力的差值大小有关,有时为兼顾钻井液液柱压力上限,允许钻井液液柱压力略低于坍塌压力,这时会产生较小掉块,但不至于卡钻。

(2)钻井液液柱压力低于地层孔隙压力时,地层流体可能侵入井眼,从而发生溢流或井喷。在地层坍塌压力较高时,可采用欠平衡钻井技术,通过

第二章 井控相关压力

地面装置有效控制地层流体进入井眼，并在地面对其进行有效处理。

（3）钻井液液柱压力高于地层漏失压力时，通常会发生漏失，造成钻井液材料与时间上的损失，对于破碎性泥岩段，会发生地层微裂缝扩张，如果钻井液封堵能力不强，加之起下钻等产生较大的波动压力，就易发生大规模垮塌造成卡钻。防止此类卡钻的主要途径是控制适当的钻井液液柱压力、增强钻井液的封堵能力及减少井内压力波动。

（4）钻井液液柱压力高于地层破裂压力时，通常会发生漏失，且这类漏失经常不能通过堵漏等途径解决，因此在钻井作业过程中要避免压裂地层。

第三章　地层压力检测

在油气井设计和施工中，只有准确了解地层压力，才能确定合理的钻井液密度和套管程序，实现近平衡压力钻井，有效地防止井喷、井漏、井塌以及施工中其他井下复杂情况。实践表明，在钻井过程中，异常高压地层的存在具有普遍性，而且钻遇异常高压地层比异常低压地层更为常见。如果地质上对可能钻遇的异常高压地层未能准确预测，或对地层孔隙压力、地层破裂压力等掌握不准确，钻进时所用钻井液密度就有可能低于地层压力当量钻井液密度，极可能导致井涌、井喷或井喷失控事故的发生。因此，掌握科学的压力预测方法，准确预测异常高压地层及其压力参数，对钻井工程及井控安全有着重要的意义。地层压力检测的意义在于：

（1）关系到快速、安全、低成本的钻井作业，甚至关系到钻井的成败。

（2）掌握准确的地层孔隙压力、地层破裂压力和地层坍塌压力等地层参数，才能正确合理地选择钻井液密度、设计合理的井身结构和选择满足要求的井控设备。

（3）更有效地开发、保护和利用油气资源。

第一节　异常地层压力的形成

在某些地区，地层压力因地质方面的原因而增大，一般形成异常高压地层应具备以下条件：

（1）有相应的地层流体储存空间。

（2）有低渗透或不渗透的圈闭层。

（3）有一定的上覆岩层压力。

圈闭层的作用是阻隔地层流体与外界连通，使流体能量得不到释放而保持高的压力状态。垂直方向上圈闭层，即盖层，主要指大段的致密页岩、盐岩、硬石膏、石膏、白云岩等地层；水平方向的圈闭限制则常见有断层、褶皱、盐丘、尖灭等地质构造。异常高压的成因是多方面的，主要有压实作用、

第三章 地层压力检测

构造运动、黏土成岩作用、密度差作用、流体运移作用、水热增压作用、盐丘与盐层作用等。

一、压实作用

随着埋藏深度的增加和温度的升高，孔隙水膨胀，而孔隙空间随地静载荷的增加而缩小。因此，只有足够的渗透通道才能使地层水迅速排出，保持正常的地层压力。如果水的通道被堵塞或严重受阻，增加的上覆岩层压力将会引起孔隙压力增加而高于静水压力，从而地层孔隙度也将大于一定深度时的正常值。压实作用是产生异常高压的主要原因。

泥质沉积物的压实过程是由上覆沉积物的重量所引起的。如果沉积速度较慢，沉积层就有足够的时间使页岩颗粒排列得很好，随着埋藏深度的增加，孔隙度就会迅速减小；反之，当沉积速度较快时，页岩颗粒本身没有足够的时间去排列，与沉积较慢的相同沉积深度的泥页岩层相比，便产生了较大的孔隙度，如图3-1所示。

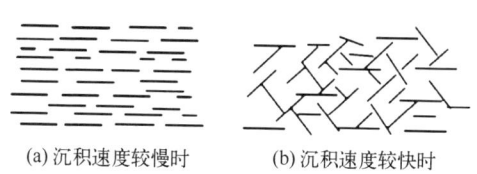

(a) 沉积速度较慢时　　(b) 沉积速度较快时

图 3-1　泥质沉积物沉积速度对孔隙度的影响示意图

在正常的地层压力环境中，地层孔隙中的流体可以看成是一个"开放式"水力学系统，即地层孔隙是连通的，其流体是连续的、可以流通的。随着地层埋藏深度的增加，上覆岩层压力增加，岩石颗粒重新排列得更加紧密，使地层孔隙度变小，地层孔隙中的部分流体就会被排走，岩石颗粒被压实，岩石就会变得致密。在开放的地质环境中，这些排出的流体总是沿着最小阻力的方向流动，如向上流动或向低压高渗透方向流动，于是便建立了一个正常的静液压力环境，也就保持了压实与沉积速度及排水速度的平衡，地层压力为正常静液压力。但是，这种压实状态变化是不均匀的，开始时压实速度较快，以后压实速度逐渐减缓。因此，在正常的压实地层中，地层孔隙度随埋藏深度的变化不是线性关系，而是成指数关系。一般情况下，地层要保持正常的压实平衡，起主要控制作用的因素有以下4个方面：

(1) 沉积速率的大小。
(2) 地层渗透率的大小。
(3) 孔隙排出流体的能力。
(4) 孔隙空间减小的速率。

在地层沉积期间，如果这些因素能保持较好的平衡，沉积物慢速沉积，泥页岩就能正常地压实，使沉积速率小于排水速率，地层可保持为静液压力。

地层在正常沉积期间，如果上述某个因素发生变化，例如在地层快速沉积环境中，孔隙中的流体被一些不渗透的岩层所圈闭，成为一个"封闭式"水力学系统，或者由于某种构造运动引起了断层遮挡，造成岩石孔隙中的流体与外界隔绝，在排出孔隙水的速率小于沉积的速率时，岩层就没有足够的时间正常压实。而同时由于埋深增加，上覆岩层压力不断增加，部分增加的载荷传递给孔隙中的流体，造成下部地层孔隙中的流体多承担了上部地层岩石的重力，即形成了异常高压地层。这就是高压层的形成机理，又被称为欠压实理论，是检测异常地层压力的理论依据。

现实中有较多的地层压力高于正常地层压力的异常高压现象，也有少部分低于正常地层压力的异常低压存在。图 3-2 所示为正常压力地层与异常压力地层孔隙度随深度的变化曲线，可以看出，异常压力段地层欠压实，地层孔隙度明显大于正常压力段的孔隙度。

压实作用是由沉积产生的，在有渗透通道时，不会形成异常压力；在渗透通道被封闭时，由于封闭在下部的地层压实不足（欠压实），孔隙度大，就可能会形成异常高压。

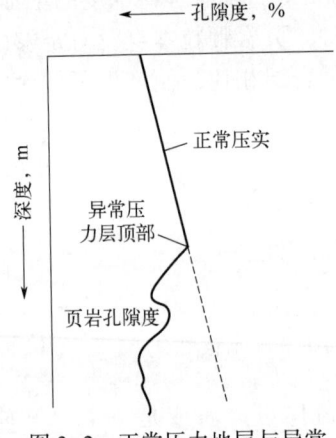

图 3-2　正常压力地层与异常压力地层孔隙度随深度的变化曲线

二、构造运动

构造运动会引起各地层之间相对位置的变化。由于受断层、横向滑动、褶皱或侵入等构造运动所挤压，圈闭有地层流体的地层会因受到挤压变形而压力增大，如图 3-3 所示。

第三章　地层压力检测

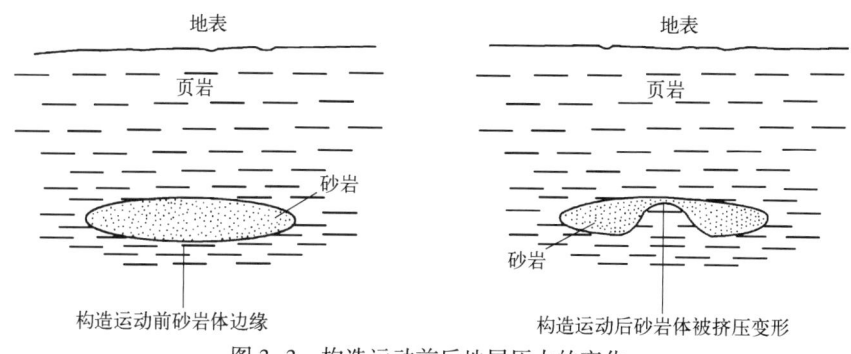

图 3-3　构造运动前后地层压力的变化

在地层断裂发生之前，由于水平应力不断增加甚至超过上覆岩层应力 2~3 倍，将导致孔隙空间进一步缩小，使原有压力升高。断层发生之后，断层使油藏原有部位产生大幅度的升降。断层发生之前，原始地层压力受供水头的控制，压力是正常的；断层发生后，若油藏部分上升且上覆地层遭受了削蚀，深度变浅，但因断层是封闭型的，油气未曾逸散，仍保留原深度的地层压力，以致形成异常高压。若油藏部分下降，其深度变深，但因断层是封闭型的，油气未曾逸散，仍保留原深度的地层压力，以致形成异常低压。

三、黏土成岩作用

泥质岩是由黏土和数量不等的粉砂组成的一种混合物，它的主要成分是黏土。常见的黏土矿物有高岭石、蒙脱石、伊利石和绿泥石。泥质岩在成岩过程中，不仅产生机械压实作用，同时黏土本身的矿物成分也发生了变化，主要表现为蒙脱石的脱水作用并向伊利石的转化作用。蒙脱石的脱水作用是指在压实作用和地温的共同作用下，黏土结构晶格开始破裂，蒙脱石的层间水（束缚水）变成自由水，导致岩石孔隙中水的体积大量增加，可能产生异常高的地层压力。在这个过程中，如果存在钾离子，吸附钾离子的作用就是蒙脱石向伊利石的转化作用。

四、密度差作用

存在于非水平构造中孔隙流体的密度比本地区正常孔隙流体密度小时，由于密度差的作用，在构造斜上部可能会形成异常高压。这种情况在钻构造斜度大的气层时较为常见。因此，在钻井中进入构造顶部气层时，需要比钻气层其他部位所需要的钻井液密度高。

五、流体运移作用

从深层油藏向上部较浅层运动的流体可以导致浅层变成异常压力层，这种情况称为浅层充压。这种流体移动的通道可能是天然的，也可能是人为的，如图3-4所示。在油田开发过程中，向低压层注水（蒸气），也可以提高注入层的压力，甚至形成高压。

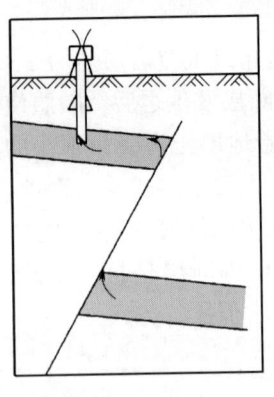
(a) 沿断层流入上层

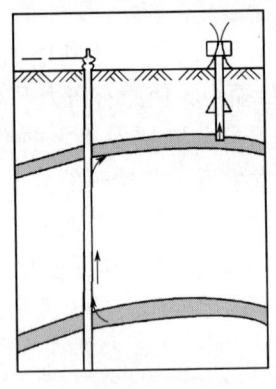
(b) 沿断泥环流入上层

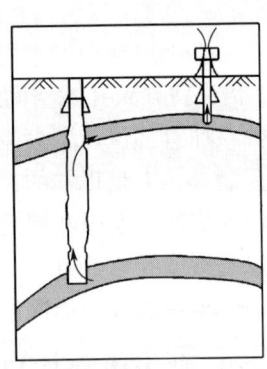
(c) 地下井喷到上层

图3-4 流体运移形成的异常高压

六、水热增压作用

密闭容器中的液体，其压力会随着温度的升高而增大。研究表明，密闭容器中的水，温度每升高1℃，压力将升高大约1.564MPa。在一个孔隙流体能正常排出的压实平衡的地层，地温的升高，不会导致孔隙中流体压力的增大。但如果地层是一个封闭系统，地温的升高将产生异常高压。水热增压作用的大小取决于地温梯度。沉积层系中，地温梯度介于0.55~1.37℃/30m范围内，对于绝对"封闭"地层，由于水热增压作用而产生的压力梯度可以达到0.028~0.072MPa/m，这个值要比纯上覆地层负荷而引起压力梯度0.0226MPa/m高得多。

因水热增压引起的异常高压带，其周围地层的地温梯度有明显的异常，

第三章 地层压力检测

钻井时在出口管中可以检测到温度比正常情况时高得多。地层中实际上不存在完全不渗透的岩层，所以水热增压作用与压实作用常同时存在于同一异常压力地层之中。

七、盐丘与盐层作用

盐作为沉积物拥有与其他沉积物不一样的特性，它可以流动，就像夹在地层中间的一层液体。当地下的盐层受到来自四周的压力时，它也会向上方最薄弱的地方突破。对于盐来说，这种压力有两个来源：一是来自上覆岩层往下的压力；二是来自下面地壳往上挤的压力。无处可走的盐在压力作用下冲击着周边的岩石，而这其中最薄弱的地方，例如不稳定的断裂带、正在形成的背斜或者被严重侵蚀的山谷，便会被突破，成为盐丘形成的地方。盐岩有两个特点：一是不渗透；二是易溶解并以不同形状再结晶。盐丘在上升过程中，地下巨厚的盐岩、石膏或黏土等低黏性易流动的物质，会在构造力或浮力的作用下向上蠕动，刺穿或长距离穿刺上覆岩层，使上覆岩层拱起，形成规模空前的盐丘。

盐丘就是由于盐岩和石膏向上流动并挤入围岩，使上覆岩层发生拱曲隆起而形成的一种构造。盐丘形成的驱动力来自密度差产生的浮力，是垂直向上的力。因此，盐丘的分布不像沙漠中沙丘那样呈平行条带状，而是呈分散的点丘状。通俗的比喻盐丘的运动就像是用手去捏刚出笼的热豆包，豆沙馅就冒出来了一样。随着盐不断上涌，其顶上的岩石被挤成了拱形，而这个石拱的两边，就成了绝佳的储存地。这样，油气资源就会不断涌入这个拱中将其填满。因此，在盐丘下面，往往被隔成高压，而在盐丘向上运动过程中，则它向周围地层施加压力，同构造运动一样，促使盐丘附近圈闭地层变为异常高压。

此外，还有一些引起异常高压的其他成因。异常高压地层也往往是几种因素交织在一起而形成的，但压实作用是引起异常高压最根本、最主要的机理。

第二节 地层压力检测方法

准确地检测地层压力直接关系到钻井作业的成败。为了实现钻井的安全、

优质、高速、低耗，必须有一个科学、针对性强、可操作的地质工程设计。通常地质工程设计中对钻井钻遇的地层压力进行预报。根据钻井工作阶段的不同，检测预报地层压力的方法也不同。如钻前是利用地震资料或已钻井资料进行地层压力的分析和预测，建立单井或区块地层压力剖面，用于钻井工程设计和施工；钻井过程中对地层压力进行监测，掌握地层压力的实际变化，确定现行钻井措施及溢流监控措施；钻井后通过测井对地层压力进行检测与分析。

一、钻井前地层压力的预测

随着深度的增加，地层压实程度增大，孔隙度减小。在相同的埋藏深度，异常高压地层比异常低压地层压实差，孔隙度较大。因此，反映地层孔隙度变化的参数均可用来预测地层压力。地层压力的预测依据压实理论、均衡理论及有效应力理论等。预测地层压力的方法有两种：一是采用地震资料预测；二是参考邻井资料。对于新探区无钻井资料可供参考的情况下，只有依靠地震资料预测地层压力，发现异常高压层的位置，计算储层的异常压力值。

1. 地震资料预测地层压力

地震波在地下的传播速度与岩性和埋藏深度有关，地震波每米传播时间可用来预测地层压力。在正常压力地层，随着岩石埋藏深度的增加，上覆岩层压力逐渐增大，地层孔隙度逐渐减小，这就使地震波的传播速度随岩石埋藏深度的增加而加快。当地震波到达高压油气层时，由于高压油气的存在，地震波在流体中的传播速度低于在岩石固体骨架中的传播速度，另外，由于异常高压地层孔隙度大，这些因素都会导致地震波传播的速度下降，传播时间随之增加，如图3-5所示。因此，如果地震波传播时间随深度的增加而明显增加，便有可能是异常高压地层的显示。可以根据地震波在不同深度地层中的传播时间，在半对数坐标纸上绘出传播时间与深度的关系曲线，然后用等效深度法或根据经验公式计算地层压力的大小。

2. 等效深度法

由于地震波的传播速度反映了泥页岩的压实程度，若地层具有相等的地震波传播速度，则可视其骨架应力相等。由于上覆地层压力总是等于骨架应力和地层压力之和，所以利用传播时间相等、骨架应力相等的原理，通过找出异常地层压力下某井深的地震波传播时间与正常地层压力下该传播时间对应的井深，求出异常高压地层的地层压力。

第三章 地层压力检测

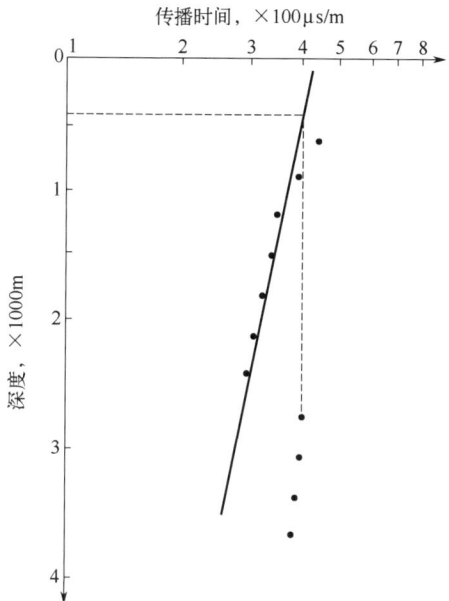

图 3-5 地震波传播时间与井深的关系

$$p_p = HG_o - H_e(G_o - G_n) \qquad (3-1)$$

式中 p_p——所求深度的地层压力，MPa；

H——所求地层压力点的深度，m；

G_o——上覆岩层压力梯度，MPa/m；

G_n——等效深度处的正常地层压力梯度，MPa/m；

H_e——等效深度，m。

二、钻井中地层压力的检测

在钻井过程中通过对地层压力的检测能及时了解地层压力的变化，并发现异常压力地层，检测质量将直接关系钻井作业的成败。随钻压力检测方法主要包括机械钻速法，d 指数法及 dc 指数法、页岩密度法和 C 指数法等。下面对 dc 指数法和页岩密度法做简单介绍。

1. dc 指数法

dc 指数法是利用泥页岩压实规律和压差理论对机械钻速的影响规律来检测地层压力的一种方法，也是钻井过程中地层压力检测的一种重要方法。

1) dc 指数法检测原理

钻进时的机械钻速与钻压、转速、钻头类型及尺寸、水力因素、钻井液性能、地层岩性等诸多因素有关。在保持其他因素不变的条件下，则影响机械钻速的是钻井液液柱压力与地层孔隙压力之间的压差，如果钻井液密度不变，地层压力升高，机械钻速会升高，即机械钻速随压差减小而增大。

正常地层在其上覆岩层压力的作用下，随着埋藏深度的增加，泥页岩的压实程度相应也增大，地层孔隙度减小，机械钻速下降。当钻入压力过渡带之后，由于压差减小，且岩石孔隙度增大，机械钻速反而加快。利用这一规律可及时地发现异常高压地层，并根据机械钻速升高的多少来评价地层压力的高低，这就是最初的机械钻速法。d 指数法是基于宾汉方程建立的，宾汉在不考虑水力因素的影响下建立了钻速方程：

$$v_m = kn^e(W/D)^d \tag{3-2}$$

式中 v_m——机械钻速，m/h；

k——岩石可钻性系数；

n——转速，r/min；

e——转速指数；

W——钻压，kN；

D——钻头直径，mm；

d——钻压指数，即 d 指数。

这一方程反映了影响机械钻速各因素之间的关系，但还是不能直接检测地层压力。对钻速方程进行简化推导，假设钻井条件（水力因素、钻头类型）和地层岩性不变（均为泥页岩），则 k 值保持常量不变，取 $k=1$。又因泥页岩均属软地层，转速 n 与机械钻速 v_m 呈线性关系，即 $e=1$。

对上述钻速方程整理，取对数后，得到 d 指数表达式。

$$d = \frac{\lg \dfrac{3.28L}{nt}}{\lg \dfrac{0.0685W}{D}} \tag{3-3}$$

式中 L——t 时间内的进尺，m；

t——钻进 L 所用时间，min。

d 指数法的前提之一是保持钻井液密度不变，但在实际钻井过程中难以达到。当钻入压力过渡带时，井底压差减小，为了确保钻进的安全，一般情况下都要提高钻井液密度，钻井液密度的增大使井底压差增大，进而影响 d 指

第三章　地层压力检测

数的正常变化规律。为了消除钻井液密度变化的影响，需修正 d 指数，即 dc 指数法。

$$dc = \frac{\rho_n}{\rho_d} \cdot \frac{\lg \frac{3.28L}{nt}}{\lg \frac{0.0685W}{D}} \tag{3-4}$$

式中　dc——修正的 d 指数，即 dc 指数；

ρ_n——正常地层压力当量密度（一般取 1.0~1.07），g/cm^3；

ρ_d——实际钻井液密度，g/cm^3。

dc 指数法是在机械钻速法的基础上建立起来的。在正常地层压力情况下，随着井深的增加，机械钻速 v_m 逐渐降低，dc 指数变大，在 dc 指数录井图上表现为随井深的增加 dc 指数逐渐增大的趋势；当进入异常高压地层时，井底压差减小，机械钻速升高，相应的 dc 指数就会减小，在 dc 指数录井图上表现为向左偏离了正常趋势，这就是 dc 指数检测异常高压地层的原理，如图 3-6 所示。

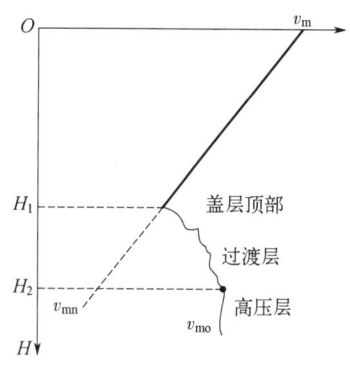

图 3-6　机械钻速、dc 指数与井深的关系

2）dc 指数法检测步骤

（1）在钻入成岩后的砂泥岩层后开始检测。

（2）按一定深度取点，一般 1~5m 取一点，进入可能的压力过渡带时应每 1m 取一点。为提高绘图及计算精度，可采用较密的采集点。

（3）按点距采集纯钻进时间、井深、钻压、转速、钻井液密度等参数值。各参数采用均匀层段的平均值，而不应采用瞬时值。还应记录所采用钻头尺寸及类型；所采用的排量及泵压；发生井漏、溢流、油气侵时，还应记录时间、井深、层位、进出口钻井液密度及黏度、漏失量、溢流量等数据。dc 指数数据表示例见表 3-1。

表 3-1　dc 指数数据表

井深 m	钻时 min	钻压 kN	转速 r/min	钻井液密度 g/cm³	排量 L/s	泵压 MPa	钻头			地层	岩性	dc 指数	地层压力当量密度 g/cm³	备注
							直径 mm	型号	水眼直径 mm	比水功率 W/mm²				

（4）按照 dc 指数计算公式进行计算。

（5）将 dc 值按相应的深度画到半对数坐标纸上，纵坐标是井深，等刻度；横坐标是 dc 值，对数刻度。

（6）从正常压力井段延长做出正常趋势线。可以按几何关系写出其直线方程，也可以根据数理统计分析理论回归出其直线方程。用于确定正常趋势线的正常孔隙压力井段宜大于 300m。在数据选取、处理时，对于纠斜吊打、取心钻进、钻头磨合及磨损后期、井底不清洁等非正常钻进情况，dc 指数点不参加正常趋势线定位。

（7）计算地层压力。作出 dc–H 图和正常趋势线后，可直接观察到异常高压出现的层位和该井段 dc 指数的偏离值。dc 指数偏离正常趋势线越远，说明地层压力越高。根据 dc 指数偏离值计算地层压力的方法有 A. M. 诺玛纳公式、等效深度法、伊顿法、康布法等。其中 A. M. 诺玛纳公式简便实用，准确度较好，应用广泛。A. M. 诺玛纳公式如下：

$$\rho_p = \frac{dc_n}{dc}\rho_n \tag{3-5}$$

式中　ρ_p——地层压力当量密度，g/cm³；

　　　dc_n——正常趋势线的 dc 值；

　　　dc——实际得到的 dc 值；

　　　ρ_n——地区正常地层压力当量密度，g/cm³。

2. 页岩密度法

在地层压实作用下，页岩的密度随井深增加而增大，如钻遇压力过渡带或异常高压层段，由于欠压实的结果，孔隙度要比正常条件下大，通过页岩密度的这种变化可用来检测异常高压地层，这就是页岩密度法。

钻进中，从振动筛处捞取泥页岩井段返出的岩屑，测量其密度，作出密度与深度的关系曲线，压力异常值越高，与正常值趋势线偏离就越大，开始偏离点即为压力过渡带顶部深度，如图3-7所示。

1) 岩屑的选取

岩屑选取的可靠性直接影响岩屑密度的准确度。在页岩井段，每3~5m取一次砂样，钻速快时可10m或20m取一次，钻速慢时重要层位也可每1m取一次。选取岩屑时注意记准迟到时间，除去掉块和磨圆的岩屑。用清水洗去岩屑上的钻井液，用吸水纸将岩屑擦干（或烘干，取一致的干度）。

2) 岩屑密度的确定

岩屑的密度可通过以下两种方法确定：

（1）钻井液密度计称量法。将适量岩屑放入密度计的量杯中，使加盖后数值等于$1.00g/cm^3$；再加淡水充满量杯，加盖后称得杯内的密度值ρ_T；利用式(3-6)计算页岩密度ρ_{sh}值。

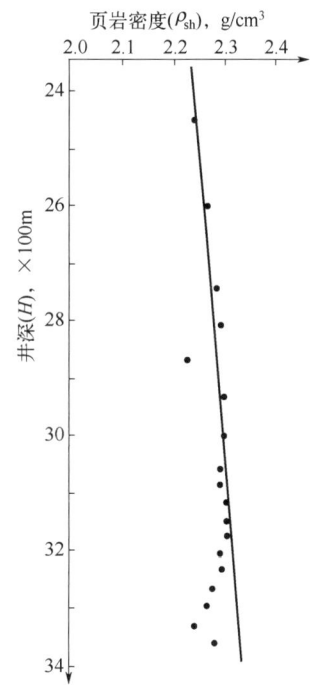

图3-7 页岩密度与井深的关系

$$\rho_{sh} = \frac{1}{2-\rho_T} \tag{3-6}$$

式中 ρ_{sh}——页岩密度，g/cm^3；

ρ_T——页岩与淡水混合物的密度，g/cm^3。

（2）密度液法。把岩屑放入标准密度液内，看其在液柱内停留的位置，直接读出密度大小。

3) 页岩密度法的作图

将ρ_{sh}值按相应的深度画到坐标纸上，纵坐标是井深，横坐标是ρ_{sh}值。根据上部正常压力井段的页岩密度数据作出正常压实趋势线并延长。画正常压实趋势线时应尽量使密度数据点分布在趋势线的两侧，以利于准确求值。

4）用透明标准图版求出测点的地层压力

把透明的标准图版覆盖在 H-ρ_{sh} 图上，使标准图版的正常地层压力当量密度线与 H-ρ_{sh} 图上的正常密度趋势线重合，则偏离正常趋势线的点落在透明图版的某线上或两线间。图版上所表示的密度值即该地层的地层压力当量密度值。

三、钻井后地层压力的检测

钻井后检测地层压力主要通过分析测井资料或直接测试的方式进行。直接用于评价地层压力的测井方法包括声波测井、电阻（导）率测井、密度测井等。下文重点介绍声波测井和电阻（导）率测井。

1. 声波测井评价地层压力

声波测井就是对已钻井进行单井或区域地层压力预测，建立单井或区域地层压力剖面的一种常用而有效的方法。声波测井记录的纵向声波速度是岩石孔隙度和岩性的函数，在某种特定的岩石中测井，则声波测井曲线基本上反映孔隙度的变化。在正常压实条件下，泥岩孔隙度随井深增加而减小。因此，声波时差也随井深增加而减小。

声波在地层中传播速度与岩石的密度、结构、孔隙度及埋藏深度有关。不同的地层，不同的岩性，有不同的声波速度。当岩性一定时，声波的速度随岩石孔隙度的增大而减小。地层声波时差与孔隙度之间的关系如下：

$$\phi = \frac{\Delta t - \Delta t_m}{\Delta t_f - \Delta t_m} \times 100\% \tag{3-7}$$

式中　ϕ——岩石孔隙度；

　　　Δt——岩石声波时差测量值，$\mu s/m$；

　　　Δt_m——岩石骨架声波时差，$\mu s/m$；

　　　Δt_f——岩石孔隙中流体的声波时差，$\mu s/m$。

在正常地层压力井段，随着井深增加，岩石孔隙度减小，声波速度增大，声波时差减小。当进入压力过渡带和异常高压带地层后，岩石孔隙度增大，声波速度减小，声波时差增大，偏离正常压力趋势线，因此可利用这一特点检测地层压力。如图3-8所示的井深——声波时差关系，在半对数坐标纸上，正常压力井段为一条直线——正常趋势线。在该线的左边是低压区，右边是高压区。在深度3000m处开始出现异常高压显示，该处即所谓的异常高压过渡带。声波时差检测地层压力的步骤如下：

第三章 地层压力检测

（1）在标准声波时差测井资料上选择泥质含量大于80%的泥页岩层段，以5m为间隔点读出井深相应的声波时差值。

（2）建立正常压实趋势线及正常压实趋势线方程。

（3）将测井曲线上的声波时差值代入趋势线方程，求出等效深度。

（4）根据等效深度法计算地层压力。

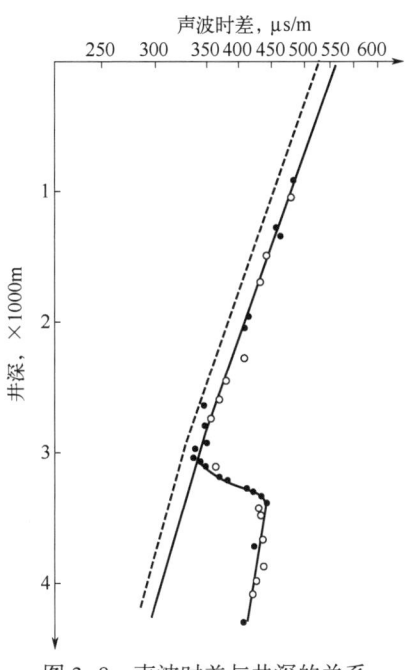

图 3-8 声波时差与井深的关系

2. 电阻（导）率测井评价地层压力

电阻率测井有多种方法，其中感应测井是较普遍用于评价地层压力的一种电阻率测井方法。

感应测井记录地层的电导率，单位为西门子每米（S/m），电导率的倒数是电阻率，单位为欧姆·米（Ω·m）。感应测井的简单原理是：发射线圈发射高频交流电进入地层，高频交流电在地层中产生的磁场形成涡流，接收线圈接收并记录涡流产生的二次磁场。仪器记录结果主要与地层电导率成正比。在地层水性质相对稳定的层段，岩性已知，地层电导率取决于地层孔隙度。因此，对于正常压实的地层，随着埋深增加，泥岩孔隙度减小，电导率也逐渐减小。在异常高压带，泥岩电导率则增大而偏离正常变化趋势。

在半对数坐标上，以对数横坐标为泥岩电阻率 C_{sh} 刻度，纵坐标为深度 H，作出 C_{sh}-H 关系点图。在正常压力井段，地层电阻率与深度关系数据点存在一正常趋势。它与沉积构造特征、地层沉积年代及泥岩性质等有关。如图 3-9 所示，通过某地区的两口井可以看出，C_{sh} 和 H 的正常趋势线明显呈线性关系。在 A 井，显然全井段均为正常压力；在 B 井，约 2440m 深度以上是正常压力，在该深度以下层段，泥岩电阻率偏离正常压实趋势，电阻率急剧增大，是异常高压地层。

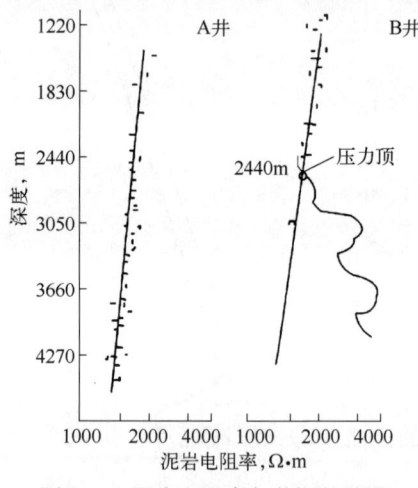

图 3-9　泥岩电阻率与井深的关系

由于感应测井等电阻率测井方法测得的地层电导率（或电阻率），受地层水含盐量及泥岩矿物成分变化的影响很大，这些不利因素影响了感应测井方法定量计算地层压力的广泛应用。

第三节　地层强度检测方法

在钻井作业中，应使用合理的钻井液密度，形成略高于地层压力的液柱压力，以防止地层流体进入井内造成溢流或井喷。同时，液柱压力又不能超过地层破裂压力而压漏地层。因此，在准确预测地层压力的同时，还要了解地层的承压能力。

在钻井施工中，通常通过地层强度试验了解地层承压能力的大小，地层

第三章　地层压力检测

强度试验的目的主要有两个：一是了解套管鞋处地层破裂压力值；二是钻开高压油气层前了解上部裸眼井段地层的承压能力。试验的方法主要有两种，即地层破裂（漏失）压力试验和地层承压能力试验。

一、地层破裂（漏失）压力试验

目前有多种方法预测地层破裂压力，但计算出的数据与实际有一定的误差，要得到准确的地层破裂压力，最好的方法就是进行液压试验。地层破裂（漏失）压力试验就是为了确定套管鞋处地层的破裂压力，即在下完套管固井候凝后，钻穿水泥塞，打开套管鞋下面第一个砂岩层，关防喷器后缓慢泵入钻井液憋压，直至把地层压漏，以取得该砂岩层的地层破裂压力数据。

1. 试验原则及要求

（1）实测地层破裂（漏失）压力的方法适用于砂泥岩为主的地层，对于脆性地层只做承压试验。

（2）一般在钻穿套管鞋以下第一个砂岩层进行破裂压力试验，新井眼长度不宜超过100m。

（3）利用预测或邻井资料估算试验层的破裂压力，根据估算结果及钻井液的密度，选择合适的试压泵和试压流程。

（4）试验压力应低于井口承压设备中的额定工作压力，同时也低于套管最小抗内压强度的80%。

2. 试验方法

（1）调整钻井液性能，保证密度均匀、性能稳定，满足试验要求。

（2）上提钻头到套管鞋以上，井内灌满钻井液，关闭相应钻具尺寸的闸板防喷器。

（3）缓慢开泵，向井内泵入钻井液。当裸眼长度在5m以内时可选用0.7~1L/s的排量；超过5m时可选用2~4L/s的排量。

（4）当试验压力不再随注入量的增大而增大，或当试验压力随着注入量的增大而减小时，终止试验。

3. 试验数据记录

（1）记录井号、试验日期、井深、地层岩性、钻井液密度、泵型号、套管直径、套管钢级、套管壁厚、套管下深及防喷器额定工作压力等数据。

（2）每增加20~50L泵入量记录一次相应的时间、总泵入量、立管压力或套管压力。要采用较小的泵入量间隔,以提高绘图和计算精度。试验数据记录格式见表3-2。

表3-2 地层破裂(漏失)压力试验数据

_____井 地层破裂压力(漏失)压力试验数据				
试验时间	年 月 日		套管直径 mm	
井深 m			套管钢级	
地层岩性			套管壁厚 mm	
钻井液密度 g/cm³			套管下深 m	
泵型号			防喷器额定压力 MPa	
试验方式	钻具内加压□		环空内加压□	
时间—泵入量—压力记录				
时间 h:min	总泵入量 L	立管压力 MPa	套管压力 MPa	备注
...				

4. 试验数据处理计算

1) 绘制泵入量与压力的关系图

试验压力随泵入量的变化关系曲线如图3-10所示,其中试验曲线偏离直线的点 p_L 为漏失压力,此点之后的压力仍有上升,但有偏离直线趋势,此时井内钻井液开始向地层少量漏失。习惯上以此值作为确定井控作业的关井压力依据。试验曲线中最高点 p_f 为破裂压力,反映了井内压力克服地层的强度使其破裂,形成了裂缝,钻井液向裂缝中漏消,此点之后压力随泵入量下降。试验曲线上压力随泵入量下降并趋于平缓时的压力 p_r 为传播压力,它使裂缝向远处扩展延伸。

2) 地层破裂(漏失)压力计算

上述记录的漏失压力(p_L)和破裂压力(p_f)为井口压力,为了计算实际的地层漏失压力或地层破裂压力,还需加上井内钻井液的静液压力,计算公式为:

第三章 地层压力检测

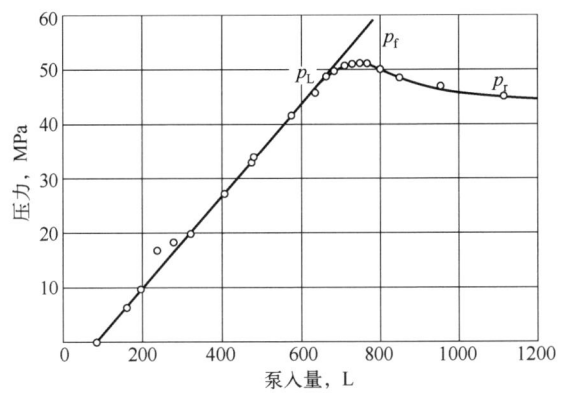

图 3-10 地层破裂（漏失）压力试验曲线

$$p_f = p + 0.00981\rho_m H \tag{3-8}$$

式中 p_f——地层破裂压力，MPa；

p——地面记录的压力，MPa；

ρ_m——钻井液密度，g/cm³；

H——试验地层垂深，m。

按照上述方法计算所得地层破裂压力，对于砂岩或硬的泥页岩地层，一般称为地层破裂压力；对于易漏失的裂缝性地层，一般称为地层漏失压力。

当套管鞋以下第一层为脆性岩层时，如砾岩、裂缝发育的石灰岩等，只对其做极限压力试验，而不做破裂压力试验，因为脆性岩层做破裂压力试验时在其开裂前变形很小，一旦被压裂则承压能力会显著下降。极限压力试验要根据下部地层钻进将采用的最大钻井液密度，以及溢流关井和压井时对该地层承压能力的要求决定。试验方法同地层破裂（漏失）压力试验一样，但只试到极限压力为止，如图3-11所示。

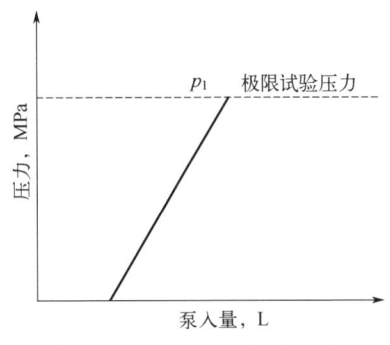

图 3-11 极限压力试验曲线

二、地层承压能力试验

在钻开高压油气层前，用钻开高压油气层的钻井液循环，观察上部裸眼地层是否能承受钻开高压油气层钻井液的液柱压力，若发生漏失，则应堵漏后再钻开高压油气层，这就是地层承压能力试验。

承压能力试验也可以采用分段试验的方式进行，即每钻进 100~200m，就用钻进下部地层的钻井液循环试压一次。

现场地层承压能力试验常采用地面加回压的方式进行，就是把高压油气层或下部地层将要使用的钻井液密度与当前井内钻井液密度的差值折算成井口压力，通过井口憋压的方法检验裸眼地层的承压能力，其操作类似于极限压力试验。

由于井口憋压的方式是在井内钻井液静止的情况下进行的，所以试验时要考虑给钻井液密度差附加一个系数，即环空压耗，以确保在提高密度后，在循环的情况下也不会发生漏失。

第四节　最大允许关井套压与最大允许钻井液密度

一、最大允许关井套压

最大允许关井套压是在不破坏井口装置、套管或地层的条件下，所能承受的最大压力。发生溢流关井时及关井后，其最大允许关井套压值原则上不得超过下面三个数值中的最小值：

(1) 井口装置的额定工作压力。
(2) 套管最小抗内压强度的 80% 所允许的关井压力。
(3) 地层破裂压力所允许的关井套压值。

按规定，井口装置的额定工作压力要与地层压力相匹配，如果井口装置是严格按规定进行选择、安装和试压的，其承压能力应完全满足关井的要求。在一口设计正确的井中，该数值通常是最大的。

套管抗内压强度可以在相关的钻井手册中查到。其数值的大小取决于套管外径、壁厚与套管材质。根据套管抗内压强度确定关井套压时需要考虑一定的安全系数，即一般要求关井套压不能超过套管抗内压强度的 80%。一旦在施工中出现了套管磨损，或溢流物中有硫化氢存在，以及其他一些影响套管强度的因素，需要考虑重新确定该数值。另外，在具体计算时还要考虑套管外水泥封固和管内外流体密度不同带来的影响。

地层所能承受的关井压力，取决于地层破裂压力梯度、井深以及井内液柱压力。一般情况下，套管鞋下的地层通常是裸眼井段最薄弱的部分。因此，现场以套管鞋处的地层破裂压力所允许的关井套压值作为最大允许关井套压。其计算方法如下：

$$p_{amax} = (\rho_e - \rho_m)gH \tag{3-9}$$

式中　p_{amax}——最大允许关井套压，MPa；

　　　ρ_e——地层破裂压力当量钻井液密度，g/cm³；

　　　ρ_m——井内钻井液密度，g/cm³；

　　　H——地层破裂压力试验层（套管鞋）垂深，m。

二、最大允许钻井液密度

钻井过程中，安全的井底压力控制范围是不小于地层孔隙压力或地层坍塌压力的较高值，小于地层破裂压力值，在这个范围内才能实现安全钻井施工。特别是对于在密度窗口较窄的地区钻井，非常重要。因此，作业时钻井液液柱压力的下限要保持与地层压力相平衡。而其上限则不能超过地层破裂压力，以避免压裂地层造成井漏。

在做地层破裂压力试验时，在套管鞋以上钻井液的静液压力和地面回压的共同作用下，使地层发生破裂而漏失。地层破裂压力的大小，可以用地层破裂压力当量钻井液密度来表示。地层破裂压力当量钻井液密度指的就是最大允许钻井液密度，是根据地层破裂压力来确定的，还要综合考虑油气层特点、井深、井壁稳定等因素。地层破裂压力当量钻井液密度计算公式为：

$$\rho_e = \frac{p}{0.00981H} + \rho_m \tag{3-10}$$

式中　ρ_e——地层破裂压力当量钻井液密度，g/cm³；

　　　p——地面回压，MPa；

　　　ρ_m——井内钻井液密度，g/cm³；

　　　H——试验地层垂深，m。

地层破裂压力一般随井深增加而增大，但每口井套管下深是固定的，因此每口井套管鞋下地层的地层破裂压力值是一定的，现场使用的钻井液密度越高，最大允许关井套压值就会越小。所以在确定钻井液密度时要综合考虑以下几个方面：

（1）地层孔隙压力预测的精度，地层坍塌压力预测的精度。

（2）地层的特性，如断裂层位、构造应力、流体运移、注水开发等因素会造成地层孔隙压力和地层坍塌压力预测不准。

（3）考虑保护油气层、实行近平衡压力钻井等因素，附加的钻井液密度余量不能过大。

因此，在钻井过程中，要加强地层对比，及时监测地层孔隙压力、地层坍塌压力和地层破裂压力的变化，根据井下情况、现场经验及本地区常见的井下复杂问题来适时调整钻井液密度。如果钻井液密度过高会伤害油气层，钻井液密度过低又不能平衡地层孔隙压力和地层坍塌压力，因此要做好井控工作，充分利用井控技术及井控装备，正确运用井控技术理论，精心设计和施工，实现近平衡压力钻井，从而达到发现和保护油气层的目的。

第四章 井控设计

井控设计（即油气井压力控制设计）是钻井工程设计的重要组成部分，主要内容包括满足井控要求的钻前工程及井场布置、合理的井身结构、适合地层特性与压力要求的钻井液类型与密度、满足井控安全的井控设备以及井控工艺技术要求等。井控设计的目的是满足钻井施工中对井筒压力的控制要求，防止井喷及井喷失控事故的发生。科学、合理的井控设计，应符合有关法律法规、标准与规定的要求，根据全井段地层孔隙压力梯度、地层破裂压力梯度、地层坍塌压力梯度、浅气层资料以及已开发地区分层油气层生产动态数据等基础资料，满足现场实施的需要。

第一节 井筒完整性与井筒屏障

一、井筒完整性相关概念

井筒完整性是指综合运用技术、操作和组织管理的解决方案来降低井在全生命周期内地层流体不可控泄漏的风险。井筒屏障是指限制和控制井筒流体与压力的系统或设备。

井筒完整性贯穿于油气井方案设计、钻井、试油、完井、生产、修井、弃置的全生命周期，核心是在各阶段都必须建立有效的井筒屏障。井喷或严重泄漏都是由于井筒屏障失效导致的重大井筒完整性破坏事件。

井筒完整性设计是指在钻井、试油、完井投产和弃置阶段，通过开展作业前完整性评价、井筒屏障部件优化设计，制定井筒屏障部件的测试和监控方法、作业过程中各工序的井筒完整性控制和监控要求及各施工节点的井筒完整性评价方法等，建立合格、有效的井筒屏障，保障全生命周期内的钻井、试油、完井、弃置等不同阶段井筒的完整性。

井筒屏障可以是能够施加充分液柱压力以平衡地层压力的液柱，如钻井液液柱；可以是井内经过试压的套管或水泥塞；也可以是能够定期试压的设备阀件，如防喷器、节流压井管汇、内防喷工具等。井筒屏障是由1个或几个组件组成的1道（或2道甚至多道）集成屏障体，以防止液体或气体在未控制的情况下从地层流入另一地层或外流至地面，实现对井筒的屏障功能。井筒屏障层系是实现井筒完整性的关键，如果任何一个井筒屏障组件损坏或降低了入井前经过鉴定的设计标准，井筒完整性也就被破坏或降格。根据井筒屏障的状态不同可进行以下分类：

（1）开式屏障：常态下处于开放，但随时准备关闭的设备，如井控设备。

（2）闭式屏障：套管及水泥环等井内永久安装的设施。

（3）第一屏障：用于首先起屏障作用的钻井液。

（4）第二屏障：第一屏障失效时，进行补救的设施，如防喷器、内防喷工具等。

所有屏障必须试压，以确保其承压能力在设计的标准之内。如果屏障失效，必须立即进行修复或更换屏障，再恢复工作。

二、井筒完整性设计技术的发展

目前越来越多的超深高温高压及高含硫油气井投入开发，钻井、完井等作业复杂程度也不断增加，井筒失效事件越来越多，国外相关机构对井筒完整性失效事件做了大量调查研究。石油行业协会和标准化组织都相继制定、完善和发布了井筒完整性设计相关的推荐做法、指南、标准和法规。

1986年，挪威NORSOK标准（挪威石油工业技术标准）第1版问世，是世界上第一个在钻井等井筒作业中的井筒完整性标准。2004年8月，挪威NORSOK标准第3版D—010《钻井和井筒作业中井筒完整性》出台，提出了井筒屏障设计理念，进一步推动国际石油界关注井筒完整性理念与应用。

2011年美国石油学会发布API RP 96《深水井筒设计与施工》第1版（Deepwater Well Design and Construction），吸取墨西哥湾Macando井喷事故教训，对海洋深水油气井设计和施工中井筒完整性提出了许多新理念和技术条款。

2011年，挪威石油工业协会（OLF）牵头成立由BP（英国石油）、Conoco Phillips（康菲）、Eni Norge（埃尼挪威）、Exxon Mobil（埃克森美孚）、Nexen

第四章　井控设计

Inc（尼克森）、Norske Shell（壳牌）、Statoil（挪威国家石油）、Total（道达尔）等跨国石油公司专家组成的工作组，负责编写井筒完整性标准《OLF井筒完整性推荐指南》。2011年6月，挪威石油工业协会发布了该推荐指南。

2013年6月，挪威标准化委员会采纳了行业对墨西哥湾Macando井喷事故提出的450条建议，发布了"NORSOK D—010 Well Integrity in Drilling and Well Operations—2013"（挪威NORSOK标准第4版D—010《钻井和作业过程中的井筒完整性》—2013），该标准被世界众多石油公司采用，并作为井完整性设计的指导原则，是现在国际石油界比较公认的井筒完整性标准。

国内外石油工作者在应用上述诸多标准、指南、手册的同时，不断研究井筒完整性和井筒屏障问题，提出了井筒完整性管理、井筒安全屏障系统、地层完整性、液柱—水力完整性、实体完整性、操作完整性、水力完整性与腐蚀性管理和控制等细则和新概念。

2007年7月，针对罗家2井地面冒气及其对周围居民安全的影响，在国家安全生产监督管理总局的组织下，西南石油大学借鉴国际上井筒完整性相关的规范和标准，引入井筒完整性设计、管理理念，开展含硫化氢气田的井筒完整性及安全研究。

集团公司在2017年2月发布了国内首套《高温高压及高含硫井完整性系列标准》。国内塔里木油田、西南油气田、大庆油田、吉林油田等结合自身油气田的特点，开展对井筒完整性的设计研究和应用，并取得一定的效果和成绩。

三、井筒完整性的功能

井筒完整性的功能主要体现在以下几个方面：

（1）井筒在功能及其物理与化学、力学及水力学等理论上是完整的，能够保证顺利安全作业。钻井作业在实现井筒完整性的基础上要按计划实现钻井任务，主要是钻达预期的地质目的层，完成勘探井取心、测录井等作业，完成钻井液录井、岩屑录井等各项录井工作，弄清探井地层剖面各方面内容，特别是储层特征，了解在该地区钻井存在的漏喷塌卡、缩径、腐蚀源等井下复杂情况，为后续生产井钻探提出复杂提示，并实现井身结构设计及固井，为完井作业打好基础。完井作业要在实现井筒完整性的基础上保护好储层，正确选择完井方法，直到顺利交接井。

(2) 井筒自始至终处于受控和监视（监管）状态。这样才能及时发现风险、处理风险，使作业处于安全的环境下，也只有这样才能进行原来设计中计划和没有计划的井控作业，以及不压井起下钻、强行作业等应急作业。

(3) 井筒完整性为石油天然气上游领域的技术发展、技术创新奠定基础。在新油田、新区域率先进行水平井、多分支井、最大油藏接触面积井等复杂结构井的钻井、完井、测试、生产等作业时，综合动用井筒完整性的解决方案，降低地层液体不可控泄漏的风险，确保安全实施作业。

不能简单地认为井筒完整性只是为了保护油气资源、地下水资源和环境，更应认识井筒完整性的另一重要功能是防止油气藏内和油气水层之间的相互窜流以及意外地泄漏溢出井筒导致事故。上述几方面是井筒完整性功能的最低要求，也是对各项作业的普遍要求。对各项作业应该有具体的功能要求，并在技术上、操作上、组织上采取相应措施。还要注意：在实施与应用井筒完整性规程时要和井筒完整性概念应用之前的井身结构设计、套管设计、固井设计、完井设计等内容配套实施，并集成提高到在一个井筒全生命周期间的各项具体设计和作业中，这就增强了作业的连续性、衔接性。例如，在钻井作业设计套管时，如果没有考虑该井采油作业时将要采用强化水力压裂措施（特别是页岩气开发往往要反复多次进行水力压裂），那就给水力压裂设置了限制和障碍。

四、井筒屏障的构成

钻井作业期间是井筒屏障建立的关键阶段，典型的井筒屏障构成如下：

(1) 常规表层钻井时，若没有安装导流器，则钻井液为唯一的井筒屏障，如图 4-1(a) 所示。有导流井口时，导流井口可在一定程度上与钻井液一起作为井筒屏障。

(2) 钻进、起下钻具等作业时，钻井液为第一井筒屏障，地层、套管、固井水泥环、套管头、套管挂及密封、钻井四通、防喷器组、内防喷工具、钻柱共同组成第二井筒屏障，如图 4-1(b) 所示。

(3) 下套管、固井作业时，钻井液、水泥浆、水泥塞为第一井筒屏障，地层、套管、固井水泥环、套管头、套管挂及密封、钻井四通、防喷器组、待固井套管、套管浮箍共同组成第二井筒屏障。

(4) 空井状态下，钻井液为第一井筒屏障，地层、套管、固井水泥环、套

第四章 井控设计

管头、套管挂及密封、钻井四通、防喷器组共同组成第二井筒屏障,如图4-1(c)所示。

(5)测井作业时,钻井液为第一井筒屏障,地层、套管、固井水泥环、套管头、套管挂及密封、钻井四通、防喷器组共同组成第二井筒屏障。

(6)欠平衡钻井作业时,钻井液、套管、固井水泥环、套管头、套管挂及密封、钻井四通、防喷器组、旋转防喷器、节流阀、钻柱、单流阀共同组成第一井筒屏障,地层、套管、固井水泥环、套管头、套管挂及密封、钻井四通、防喷器组、内防喷工具共同组成第二井筒屏障。

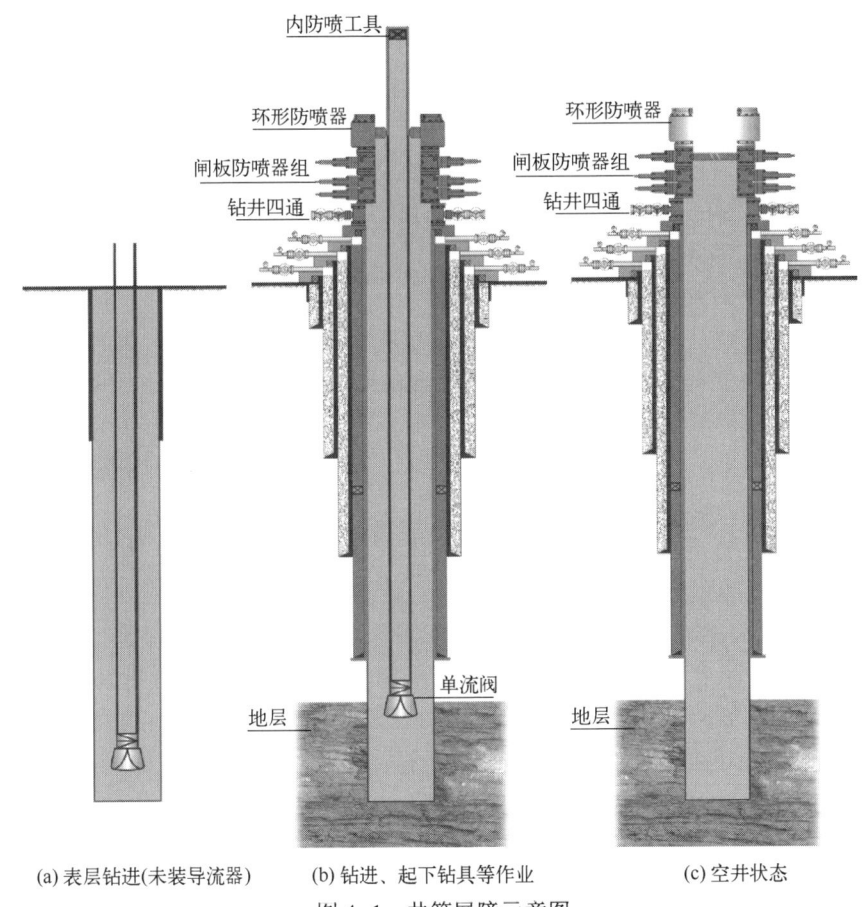

图4-1 井筒屏障示意图

通过典型的井筒屏障构成可以看出,钻井液所形成的液柱是井筒最早的井筒屏障,在很多情况下,液柱是唯一屏障或者是第1道屏障的重要组件。

在钻井阶段要保持以井筒稳定和保护储层为主的井筒完整性,特别是在不同孔隙的砂泥岩、页岩和裂缝性地层的裸眼井段钻进以及在页岩气气藏钻进时,保护油气层和防止漏喷塌卡、井眼缩径掉块等复杂性问题的发生。

五、井筒完整性与井筒屏障的问题与对策

井筒完整性与井筒屏障发生的主要问题包括:
(1)井身结构设计不合理或者由于地层变化而不适应。
(2)水泥返高不够或者水泥环质量差,没有把复杂地层封固住。
(3)地层压力预测不准确,导致持续过高的环空压力。
(4)套管水泥固井质量问题,地层与水泥环、套管与水泥环这"两界面"胶结不达标。
(5)完井管柱发生变形、磨损、腐蚀、渗漏、穿孔等。
(6)防喷器或采油树与套管头连接处密封不达标。
(7)阀门渗漏。
(8)井下封隔器失效。

失效问题就是井筒完整性的隐患,减少和消除隐患的主要对策有:
(1)重视井筒完整性与井筒屏障的全过程、全方位监测检查管理等工作,并按照法规、标准、指南等法定文件实现井筒完整性与井筒屏障标准化、规范化,从技术上、作业上、操作上和组织管理上加强对全生命周期施工作业的一体化设计,提高技术水平、工程质量。
(2)按照标准进行井筒及井筒屏障体系设计,其主要内容是:井眼全服役期的用途与目的、服役期寿命、预测地质剖面(含温度、孔隙压力、地层应力等)、井身结构、钻井液或完井液(工作液)、管柱及配件设计、井身剖面及靶位、各层套管及注水泥设计及其质量检查、各次开钻的井口装置、防喷器设计、井筒测试和完井设计、风险分析及应急处理预案等。
(3)按照不同作业的验收标准进行验收。在符合当地法律、法规,满足健康、安全、环境体系管理要求的基础上,依据钻井地质设计开展钻井工程设计。基于井筒屏障完整性考虑,应遵循以下原则:明确地质要求,充分分析地质和工程的风险点,评价其风险大小,优化各井筒屏障部件的设计,对施工过程提出质量控制要求,并进行完整性评价和验证,保证钻井期间的井筒完整性以及钻井期间建立的井筒屏障部件全生命周期的有效完整。

第四章 井控设计

第二节 井控设计依据

各种法律、法规、标准及规定是井控设计必不可少的首要依据。无论是在国内钻井还是在国外钻井，在海上还是在陆上，都要遵守所在国和所在地政府及部门的有关规定。在井控设计中目前主要依据但不限于以下法律法规、标准规范和规定。

一、国家法律法规及标准

（1）《中华人民共和国安全生产法》。
（2）《中华人民共和国环境保护法》。
（3）GB/T 20174—2019《石油天然气钻采设备 钻通设备》。
（4）GB/T 22513—2023《石油天然气钻采设备 井口装置和采油树》。
（5）GB/T 31033—2014《石油天然气钻井井控技术规范》。
（6）GB 42294—2022《陆上石油天然气开采安全规程》。

二、行业相关标准

（1）AQ 2012—2007《石油天然气安全规程》。
（2）SY/T 5087—2017《硫化氢环境钻井场所作业安全规范》。
（3）SY/T 5225—2019《石油天然气钻井、开发、储运防火防爆安全生产技术规程》。
（4）SY/T 5333—2023《钻井工程设计规范》。
（5）SY/T 5431—2017《井身结构设计方法》。
（6）SY/T 5466—2013《钻前工程及井场布置技术要求》。
（7）SY/T 5467—2007《套管柱试压规范》。
（8）SY/T 5480—2016《固井设计规范》。
（9）SY/T 5623—2009《地层压力预（监）测方法》。
（10）SY/T 5724—2008《套管柱结构与强度设计》。
（11）SY/T 5964—2019《钻井井控装置组合配套、安装调试与使用规范》。

（12）SY/T 5965—2017《油气探井钻井地质设计规范》。
（13）SY/T 5974—2020《钻井井场设备作业安全技术规程》。
（14）SY/T 6203—2014《油气井井喷着火抢险作法》。
（15）SY/T 6244—1996《油气探井井位设计规程》。
（16）SY/T 6277—2017《硫化氢环境人身防护规范》。
（17）SY/T 6355—2017《石油天然气生产专用安全标志》。
（18）SY/T 6432—2019《浅海石油作业井控规范》。
（19）SY/T 6543—2019《欠平衡钻井技术规范》。
（20）SY/T 6789—2010《套管头使用规范》。
（21）SY/T 7377—2017《钻井液设计规范》。

三、企业相关规定及标准

（1）《中国石油天然气集团有限公司井控管理规定》。
（2）Q/SY 01037—2022《高温高压及高含硫井完整性技术规范》。
（3）Q/SY 01122—2020《探井钻井设计规范》。
（4）Q/SY 02029—2018《控压钻井设计方法》。
（5）Q/SY 02063—2017《液相欠平衡钻井技术规范》。
（6）Q/SY 02552—2022《钻井井控技术规范》。
（7）Q/SY 02661—2020《钻井液设计规范》。
（8）Q/SY 16002—2017《煤层气井井位设计规范》。
（9）Q/SY 16851—2020《页岩气钻井安全规范》。
（10）Q/SY 16855—2020《页岩气井钻井地质设计规范》。
（11）Q/SY 16856—2020《页岩气水平井钻井工程设计规范》。

除以上规定和标准规范外，与井控设计相关的其他标准、规定及各企业相关规定、细则等，也是井控设计的直接依据。

第三节　钻井设计

钻井是油气勘探与开发的重要环节，是实现地质目的和产能建设的必要手段。钻井工程设计的目的是确保油气钻井工程顺利实施和质量控制，实现

第四章 井控设计

安全、优质、高效和经济钻井,顺利完成地质钻探目的,开发并保护油气资源,并为钻井工程提供预算的依据。

一、钻井地质设计

1. 地质设计的内容

钻井地质设计依据井位设计书与地质任务书要求,介绍设计井区自然情况、设计井基本数据、区域地质情况,提出设计依据及钻探目的与工程设计要求,给出预测地层剖面,预计油气水层位置及温度、压力情况,提出录井、测井资料录取、中途测试以及特殊要求,为钻井工程设计提供必要的地质图件。

2. 地质设计中井控相关内容

(1) 地质设计书中所提供的井位必须符合以下安全距离的要求:

① 油气井井口距离高压线及其他永久性设施不小于75m;距民宅不小于100m;距铁路及高速公路不小于200m;距学校、医院、油库、河流、水库、人口密集场所及高危场所等不小于500m。

② 油气井之间的井口间距不小于2m;"三高"油气井井口距其他井井口的距离大于钻进本井所用钻机的钻台长度,且不小于8m。

③ 井筒与地下矿产采掘坑道、矿井通道之间的距离不小于100m。

若安全距离不能满足上述规定,应进行安全评估,按评估意见处置与实施。

(2) 进行地质设计前应对井场周围一定范围内的居民住宅、学校、厂矿、国防设施、饮用水资源以及风向变化等进行勘察和调查。在地下矿产采掘区钻井,应标明采掘矿井井口位置及坑道的分布、走向、长度和离地表深度;在江河、干渠周围钻井,应标明河道、干渠的位置和走向等。

(3) 地质设计书应根据物探资料及本构造邻近井和邻构造的钻探情况,提供本井全井段地层孔隙压力、地层坍塌压力和地层破裂压力剖面(裂缝性碳酸盐岩地层可只提供邻近已钻井地层承压检验资料)、浅气层资料、油气水显示和复杂情况,以及邻井井身结构、水泥返高、固井质量及邻井注采层位和动态压力等资料。

(4) 在开发调整区钻井,地质设计书中应明确要及时查清周边500m范围内的注水、注气(汽)井分布及注水、注气(汽)情况,提供分层动态压力数据。钻开油气层之前应采取相应的停注、泄压措施,直到相应层位套管固井候凝完为止。

（5）在含硫化氢等有毒有害气体的地区钻井，地质设计应对其层位、埋藏深度及硫化氢等有毒有害气体的含量进行预测。

二、钻井工程设计

1. 工程设计的内容

钻井工程设计依据钻井地质设计及相关的法规、标准进行编制，是对钻井工程施工的要求。钻井工程设计包括设计依据、技术指标及质量要求、井下复杂情况提示、地层可钻性分级及地层压力预测、井身结构设计、钻机选型及钻井主要设备选择、推荐钻具组合、钻井液设计、推荐钻头及钻井参数设计、油气井压力控制设计、特殊工艺设计、取心设计、地层孔隙压力监测与地层漏失试验要求、中途测试安全措施、油气层保护设计、固井设计、各次开钻或分井段施工重点要求、完井设计、弃井要求、钻井进度计划、健康安全与环境管理要求、生产信息及完井提交资料、邻井资料及其分析等内容。

2. 工程设计中井控相关内容

（1）工程设计书应根据地质设计提供的资料进行钻井液设计。

（2）钻开油气层前应储备一定量的加重钻井液和加重材料，含硫油气井还应储备足量的除硫剂。对于可能存在异常高压层的井、边远井，应对加重钻井液和加重材料储备做特别要求。

（3）根据地层孔隙压力梯度、地层破裂压力梯度、地层坍塌压力梯度、岩性剖面及保护油气层的需要，设计合理的井身结构和套管程序。

（4）工程设计书应明确探井每层套管固井开钻后，按照SY/T 5623—2009《地层压力预（监）测方法》的要求，测定套管鞋下易漏层的破裂压力（碳酸盐岩地层可不作地层破裂压力试验）。

（5）工程设计书应明确对探井、预探井、资料井采用地层压力随钻预（监）测技术，绘制本井预测地层压力梯度曲线、设计钻井液密度曲线和实际钻井液密度曲线，根据监测和实钻结果，及时调整钻井液密度。

（6）工程设计书应明确防喷器等井控装置的配套标准。

（7）绘制各次开钻井口装置及井控管汇安装示意图，并提出相应的安装、试压要求。

（8）根据地层流体中硫化氢、二氧化碳等有毒有害气体含量及完井后最

第四章 井控设计

大关井压力值,并考虑能满足进一步采取增产措施和后期注水、修井作业的需要,工程设计书应按照 GB/T 22513—2023《石油天然气钻采设备 井口装置和采油树》选择完井井口装置的型号、压力等级和尺寸系列。

(9)应制定钻遇浅层气、异常高压、失返性井漏、高含硫、窄密度窗口、高产等地层钻井井控预案。

第四节 地层压力剖面

按照地质设计,应根据物探资料及本构造邻近井和邻近构造的钻探情况,提供本井全井段预测地层孔隙压力和地层破裂压力的要求,建立本井全井段的地层压力剖面。地层压力剖面是科学、合理编制井控设计的直接依据。

一、地层压力剖面的确定

预测精准的地层压力是井控设计的重要条件。通常在钻井设计时,利用邻区以及本井区地震资料或测井资料来预测待钻井的地层压力。为了精确地掌握井内各层段的预计地层压力,可以采用以下 5 种方法建立地层压力曲线:

(1)邻近井的钻井井史和钻井液密度。
(2)综合录井资料。
(3)邻近井的电测资料解释评价。
(4)邻近井的 dc 指数曲线。
(5)所在地区地震波传播时间。

邻近井钻井液密度记录是地质工程设计的重要参考。钻井过程中所发生的任何井下问题如井涌、井漏、压差卡钻等都会在钻井井史中进行记录和描述,对于设计以及在钻井中可能遇到的复杂情况有着重要的提示作用。另外,井史中还列出了套管资料、钻头记录等资料,对地质设计和工程设计的制定均有重要参考价值。为了减少复杂情况,在那些易出现问题的页岩(裂缝的、脆性的)层段,钻井液密度可能偏高。因此,从钻井液记录与钻井井史中所得的资料需要进行分析修正,特别是对于钻遇断层或发生坍塌等情况的地层。

除综合录井资料、dc 指数曲线等方法外,用于预测地层压力的电测方法有:

(1)电阻(导)率测井。

(2）声波测井。
(3）密度测井。
(4）孔隙度测井。

在缺少邻近井作参考的新探区，就必须通过使用先进的计算技术把地震数据转换成层段传播时间，经速度分析解释以后，把层段地震波传播速度标定成地层孔隙压力梯度或当量钻井液密度。选用以上方法作出的地层压力剖面，如图4-2所示。

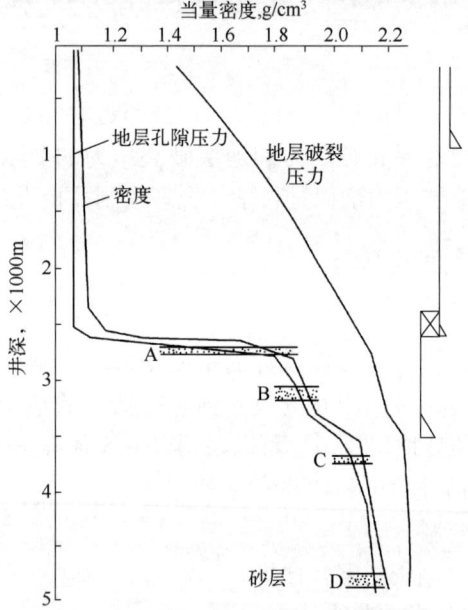

图4-2　地层压力剖面与井身结构示意图

二、地层破裂压力的确定

在钻井施工中，必须要有足够高的钻井液密度来平衡地层压力，同时，要注意过高的钻井液密度会使较浅或较薄弱的地层产生裂缝或使裂缝延伸，造成井漏或地表窜通。除导致钻井液损失外，还会降低井内的液柱压力，从而形成了井喷的条件。合理的钻井液密度所形成的液柱压力应该是略大于（平衡）地层孔隙压力，大于地层坍塌压力，而小于地层破裂压力和地层漏失压力。

因此，在预测地层孔隙压力的同时，还应预测全井段的地层破裂压力，并一同画在地层压力剖面上。

为了防止压裂地层，钻井作业时可以采取以下措施：

（1）在不受潜在井涌威胁下，尽可能使钻井液密度维持最低。

（2）为了减少环形空间的压力损失，应采用较低的钻井液黏度和切力，以维持钻井液良好的流动性能。

（3）根据井深、井径、钻具结构等确定钻井泵排量，避免循环时过大的循环上返速度。

（4）中断循环再次开泵时，应低速开泵并缓慢提高泵速；下钻中途应分段循环顶通。

（5）为减小压力激动，应降低下放管柱速度。

（6）按整个钻井液液柱压力小于最小地层破裂压力的原则，计算最大关井套管压力，初始关井的套管压力不应超过这一数值。

三、地层强度试验

地层强度试验是井控设计的组成部分。进行地层强度试验可以了解套管鞋处地层破裂压力值；也可以在钻开高压层前了解上部裸眼井段地层的承压能力。通过地层强度试验，确定下一步钻井作业时的钻井液密度，既能保证井控安全，又能防止井漏问题的发生。

地层强度试验包括地层破裂（漏失）压力试验和地层承压能力试验。具体的试验方法详见第三章第三节相关内容。

井控设计中，应明确地层强度试验的要求，提出试验方法及达到的指标，使钻井施工具有科学依据。

第五节 套管程序确定

井身结构设计是钻井工程设计的基础，应在全面分析相关基础资料、地层三压力剖面的基础上，综合考虑工程与地质风险、采油采气需求以及整体开发方案，以全生命周期井筒完整性为原则，确定合理的井身结构。科学确定最佳的套管层次及下入深度，比其他工艺对钻井的经济性与安全性影响都大。套管的主要功能是：

（1）保护淡水层，封隔非胶结地层。
（2）封隔易坍塌和井眼稳定性差的井段。
（3）避免高低压层同在一裸眼井段，喷层和漏失层同在一裸眼井段。
（4）为油气生产提供通道，为井下作业提供施工条件。

确定套管程序时首先要考虑地层三压力剖面，即地层孔隙压力当量密度曲线、地层坍塌压力当量密度曲线、地层破裂压力当量密度曲线与有效钻井液密度曲线的综合图（图4-2）。确定套管程序主要包括确定下入套管的种类、套管尺寸及下入深度等内容。

一、套管的种类

常见套管的种类包括导管、表层套管、技术套管、生产套管（油层套管）及尾管，如图4-3所示。

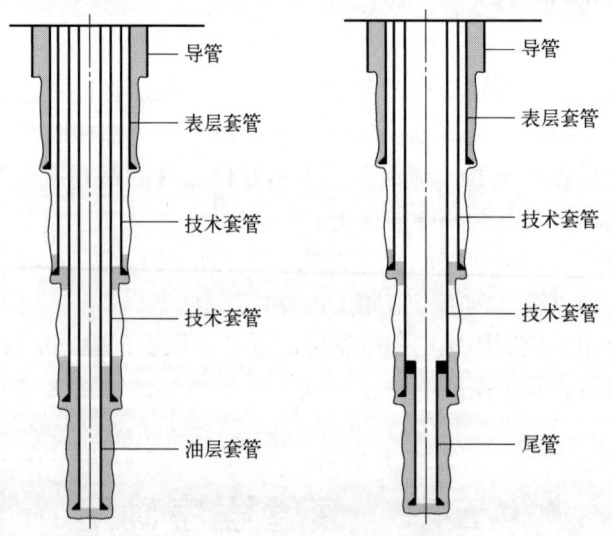

图4-3 套管层次示意图

1. 导管

导管是在开钻前埋入，并注入水泥固结的一段钢管，其作用是在钻表层时用来封隔地表疏松不胶结的地层，并将钻井液从地表引导入钻井液处理装置中。导管下深变化较大，在坚硬的岩层中仅需10~20m，在松软或沼泽地区则可能需要上百米。

第四章 井控设计

2. 表层套管

表层套管是第一次开钻后下入的套管,用来防护浅水层污染,封隔浅层流砂、砾石层及浅层气,安装井控装置,并承载后续下入各层套管与井口装置的重量。其下深一般为 $25\sim1500m$,且坐入稳固岩层应不少于 $10m$,固井水泥应自环形空间返至地面。

3. 技术套管

技术套管是满足安全钻井要求而下入的套管,通常用来解决不同压力系统的钻井安全问题,此外也可用来隔离坍塌地层及高压水层,防止井眼扩大,减少阻卡及键槽的发生,以便继续钻进,为井控设备的安装、防喷、防塌及悬挂尾管提供条件,对油层套管还具有保护作用。当下部作业所用钻井液当量密度接近上一层套管鞋处的破裂压力当量钻井液密度时,就应下技术套管。当高压层在低压层上部时,技术套管应下过高压层,以便能用较低密度的钻井液钻开低压层。这样,既保证了上部地层不发生井控问题,又可以减少伤害下部油气层,提高机械钻速。固井水泥应返至套管中性(和)点 $300m$ 以上或上层套管鞋 $200m$ 以上。

4. 生产套管

生产套管又称为油层套管,主要作用是提供油气井的开采、注入通道,满足生产过程中各种作业要求,达到油气井分层测试、分层采油、分层改造的目的。对于油气井,通常固井水泥返至最上部油气层顶部 $200m$ 以上或上层套管鞋 $200m$ 以上。对于高压、酸性天然气井,注入井、转注井和储气库注采井,以及环境敏感地区油气水井等,固井水泥应返至地面。

5. 尾管

尾管是一段不延伸到井口的套管柱,分为钻井尾管和生产尾管。它的优点是下入长度短、费用低。在深井钻井中,尾管的另一个优点是在继续钻进时可以使用复合钻具(异径钻具),在顶部的大直径钻具具有更高的抗拉伸能力。需要时尾管可以回接到地面,高压气井通常采用这种方法,并使固井水泥返至地面,以保持井筒的完整性。

二、套管程序设计的原则与依据

1. 套管程序设计的原则

(1) 表层套管应封固地表水及地表疏松地层。

(2) 减少漏、喷、塌、卡、阻等复杂与事故。

① 分别封固所钻井剖面内的各个复杂不稳定井段，确保钻下部高压油气层用的钻井液不致压破上部套管鞋处的地层；钻下部低压油气层，不受上部高密度钻井液的影响。

② 当出现溢流时，在一定范围内具有压井处理溢流的能力。

③ 下套管作业中，不因压差卡套管。

(3) 有利于发现、认识和保护油气层，减少钻井液对不同压力系数油气层的伤害。

(4) 满足勘探开发需要，实现钻探目的并有利于延长油气井的寿命。

(5) 探井设计要考虑地质不确定因素导致的增加套管层次的需要。

2. 套管程序设计依据

(1) 地质、地层条件。主要包括地层孔隙压力、地层破裂压力及地层坍塌压力剖面；地层岩性剖面，特别是复杂地层的情况；地表高差、水源分布情况、溶洞、地下淡水层底部深度、矿产采掘井矿井坑道等井场周边环境。

(2) 完井方式和油层套管尺寸要求。

(3) 同区块邻井、相邻区块参考井的实钻资料，开发调整井的注水(气)层位深度、注污（污水、岩屑等）层位深度。

(4) 钻井装备及工艺技术水平。

3. 确定套管下深需要的资料和基础数据

(1) 岩性、压力剖面。

(2) 操作安全系数。依据 SY/T 5431—2017《井身结构设计方法》，设计参数取值范围分别为：

① 抽汲压力当量密度 S_b 与激动压力当量密度 S_g 一般取 0.015 ~ 0.040g/cm³。

② 地层破裂压力当量密度安全允许值 S_f 一般取 0.03g/cm³。

③ 溢流压井当量密度允许值 S_k 一般取 0.05 ~ 0.10g/cm³。

④ 正常压力地层压差卡钻临界值 Δp_n 一般取 12 ~ 15MPa，异常压力地层压差卡钻临界值 Δp_a 一般取 15 ~ 20MPa。

(3) 压力异常井段。在压力异常井段，压差卡套管最容易发生在渗透性高、地层孔隙压力小的层段。

(4) 必须封固的复杂不稳定井段等。

第四章 井控设计

三、套管层次与下深的确定

套管层次与下深应依据地层三压力剖面及保护油气层的需要，综合考虑必封点、安全裸眼井段约束条件和溢流关井时的井口安全关井余量，按安全、经济原则进行设计。

1. 必封点选择

（1）应根据地质、工程风险分析评估结果和地层三压力剖面，确定合理的必封点和套管下深，避免由于风险点漏封、错封而导致的井筒完整性风险。

（2）必封点选择考虑的因素包括以下内容：

① 同一裸眼井段中原则上不应有两个及以上压力梯度差值超过 0.3MPa/100m，易产生喷漏矛盾的油气水层。

② 井场周边地表高差、地下淡水层底部深度及浅层气、溶洞所在层位。

③ 易坍塌地层、煤层、塑性地层（盐层、盐膏层、软泥岩）等。

④ 裂缝溶洞型、开放断层、破裂带、垮塌堆积体、表层风化体、不整合交界面型漏失地层。

⑤ 对于存在浅层气的井，表层套管原则上应下至浅气层顶部。

⑥ 在地下矿产采掘区钻井，井筒与采掘坑道、矿井通道之间的距离不小于 100m，套管下深封住开采层并超过开采层 100m。

⑦ 含硫化氢等有毒有害气体的地层。

⑧ 欠平衡钻井等特殊工艺技术要求。

（3）应以技术可行、安全可靠、经济合理为原则，对潜在"风险点"从钻井工艺措施方面提出解决方案，在现有工艺技术满足的前提下，确定必封点，每个必封点原则上应采用一层套管封隔。

（4）对于探井、超深井、复杂井等复杂地质条件和地质信息存在不确定性资料的井，井身结构应充分考虑不可预测因素，留有一层备用套管。

2. 安全裸眼井段约束条件

裸眼井段钻进或固井时应满足防止井涌、井壁坍塌、压裂地层、压差卡钻或卡套管等要求。

（1）防止井涌：采用近平衡钻井时，钻井液密度应略大于或等于裸眼井段的最大地层孔隙压力当量密度加上钻井液密度附加值。

（2）防止井壁坍塌：钻井液当量密度应不小于裸眼井段最大坍塌压力当量密度。

（3）防止正常作业压裂地层：正常作业时最大当量钻井液密度应不大于裸眼井段最小安全地层破裂压力当量密度。

（4）防止溢流关井压裂地层：发生溢流关井时，裸眼井段内每一井深处的压力当量密度应不大于该井深处的安全地层破裂压力当量密度。

（5）防止压差卡钻：钻井或下套管作业过程中，裸眼井段内钻井液液柱压力与地层孔隙压力最大压差不大于压差卡钻允许值。

（6）平衡压力固井：固井全过程中环空液柱压力始终大于地层孔隙压力、小于地层漏失压力和地层破裂压力。

四、套管柱设计

套管柱是避免地层和井筒内流体互窜的重要井筒屏障部件，主要由套管和套管附件组成。套管柱的设计应考虑套管的材质、扣型、强度等因素，满足钻完井作业、油气井长期安全运行对井筒密封完整性的要求，具备一定的承载余量，同时考虑经济性。

1. 套管尺寸

（1）确定套管与井眼配合尺寸应由内向外逐层依次进行。首先确定生产套管尺寸，再确定下入生产套管的井眼（钻头）尺寸，然后确定各层技术套管尺寸及相对应的井眼尺寸，直到表层套管的井眼尺寸，最后确定导管尺寸，如图4-4所示。各层套管及相应井眼的尺寸根据勘探、开发对生产套管的要求确定。为了保证水泥封固质量，一般情况下要求套管与井眼环空间隙不小于19mm，必要时采取扩眼等相应措施。

（2）生产套管尺寸应满足测试、改造工艺和油气藏勘探开发需求。对于生产井，根据储层的产能、完井管柱、增产措施及井下作业等要求确定生产套管尺寸；对于探井，井眼尺寸应满足顺利钻达设计目的层以及勘探对目的层井眼尺寸的要求。

（3）套管与井眼（钻头尺寸）间隙应保证套管安全下入，并满足水泥环密封完整性的要求。特殊情况下可采用无接箍或小接箍套管。

（4）每一层套管壁厚与通径设计应满足下一开钻头或工具的安全下入要求。

（5）封隔外挤载荷较大的井段时，优先考虑使用低径厚壁套管。

第四章 井控设计

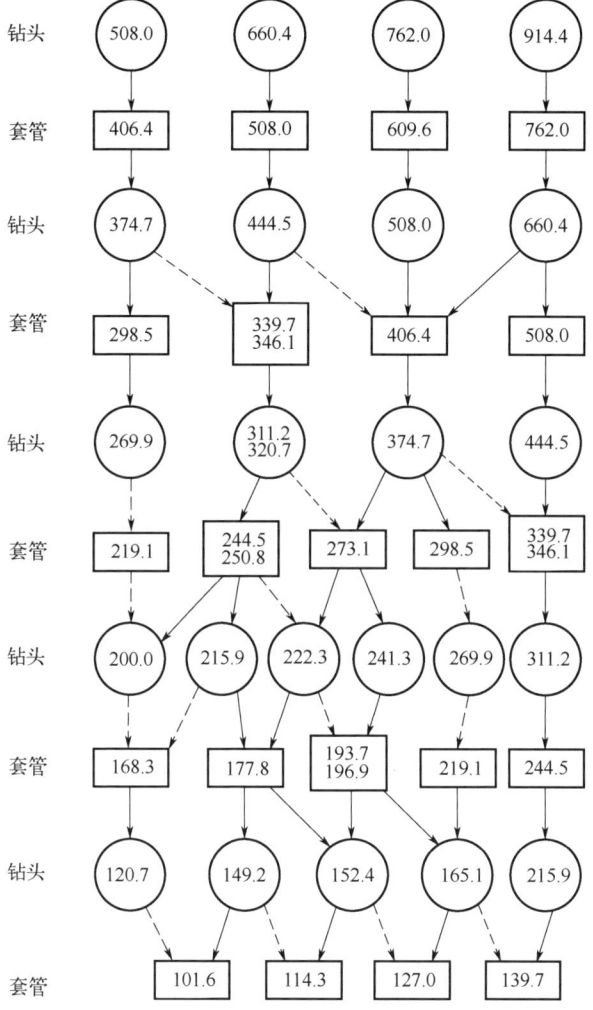

图 4-4 套管与井眼（钻头）尺寸配合选择路线图
（实线为常用配合，虚线为非常规配合；单位为 mm）

2. 套管材质

（1）含有腐蚀介质的井，在套管材质选择时，应综合考虑压力、温度、载荷和环境介质等各种因素影响，以安全、经济为原则选择套管材质，明确提出材质的抗腐蚀要求，保证套管柱在全生命周期内安全可靠。

（2）含硫油气井油层套管在温度低于 93℃ 的井段应使用抗硫套管。

（3）套管抗内压强度，取以下各种工况下的最大内压载荷。

① 固井期间：注水泥碰压及碰压后立即对套管试压引起的最高内压力。

② 钻进期间：管内外密度差；测完固井质量后对套管试压；地层破裂压力试验；发生溢流时的最高关井压力；环空压耗引起附加压力；岩屑上返对环空钻井液密度的影响。

③ 测试、生产、关井期间：测试关井恢复压力；生产初期油管顶部泄漏，导致生产层压力施加到井口；压裂增产期间工作液和井口施工压力对套管施加的内压力。

3. 套管柱试压

（1）套管柱试压方法参照 SY/T 5467—2007《套管柱试压规范》的相关规定执行。高压气井套管试压应考虑对水泥环完整性的影响，套管柱试压压力不能超过套管抗内压屈服强度的 80%，否则应采用封隔器试压。

（2）套管柱试压值原则上执行 SY/T 5467—2007《套管柱试压规范》规定，具体参照各油田井控细则或设计书中试压要求；采用固井质量评价后试压的套管柱，直径不大于 244.5mm 的套管柱试压值为 20MPa，套管柱直径大于 244.5mm 的套管柱试压值为 10MPa，稳压 30min，压降不大于 0.5MPa 为合格。对于高密度条件下固井，套管柱试压值应综合考虑井筒内承压套管的抗内压强度，采取合理的试压方法。

（3）若固井施工实现碰压，碰压结束时可按规定的套管柱试压值、试压时间进行套管串试压。稳压 10min 无压降为合格，测完固井质量后不再试压。特别注意，碰压后立即进行套管柱试压的试压值不得超过套管柱剩余抗拉强度的 60%。

（4）喇叭口试压：钻塞至喇叭口后，对喇叭口封固质量检验试压 10~20MPa。

（5）试压达不到规定要求时，应找准压力泄漏点，实施挤水泥作业。挤水泥作业后试压达到要求仍视为试压合格。若喇叭口试压达不到要求，应采取挤水泥、短回接等补救措施。

第六节　钻井液设计

钻井液是钻井施工中最为重要的屏障，是维持一次井控实现井内压力平衡的重要手段。钻井液的设计主要考虑以下几个问题：

（1）钻井液体系与性能的选择。

（2）钻井液性能与地层的配伍性。

第四章　井控设计

(3) 钻井液成本和处理材料的可控性。
(4) 便于维护管理。
(5) 能避免和消除井下各种复杂情况。

一、钻井液体系设计的原则

根据油气藏特性、井型、复杂地层特点、温度与压力等选择钻井液体系，钻井液体系要适合地层特性、满足安全高效钻井要求、有效提高井眼质量、满足井控要求，以利于有效井筒屏障的建立。钻井液体系选择主要考虑以下几个方面：

(1) 钻井液体系应适应预计钻遇的易塌层、易漏层、盐层、石膏层、高压盐水层及含 H_2S、CO_2 等复杂地层。

(2) 高温井应采用抗温性能大于地层可能最高温度的钻井液配方，并经过 72h 以上热滚重复性能试验，确保高温性能稳定。

(3) 高密度钻井液应采用流变性易于维护、控制的体系。

(4) 盐岩层应使用盐水钻井液或油基钻井液，以防止钻井液性能变坏或井壁被破坏，不应在盐岩层钻开后采用边钻边处理的方法转换钻井液体系。

二、钻井液密度的确定

钻井液性能要满足井控要求，适当的黏度与切力对于悬浮岩屑和加重材料十分重要，这样既能加重钻井液，又能有效携带岩屑并在停止循环时悬浮岩屑。钻井液其他性能，在一定程度上是为了维持密度的需要，而钻井液的密度直接用来平衡地层压力、稳定井壁、实现钻井井控和井下安全。

钻井液的密度由下式确定：

$$\rho_m = \rho_{pmax} + \rho_e \tag{4-1}$$

或

$$\rho_m = (p_p + p_e)/0.00981H \tag{4-2}$$

式中　ρ_m——钻井液密度，g/cm^3；

ρ_{pmax}——裸眼井段地层最高孔隙压力当量密度，g/cm^3；

ρ_e——安全密度附加值，g/cm^3；

p_p——地层压力，MPa；

p_e——井底压差附加值，MPa；

H——井深，m。

合理的钻井液密度应以裸眼井段地层最高孔隙压力系数为基准，再增加一个安全附加值，尽可能使钻井液液柱压力处于井眼安全压力窗口内。

（1）油水井密度附加值为 0.05~0.10g/cm^3 或增加井底压差 1.5~3.5MPa。

（2）气井密度附加值为 0.07~0.15g/cm^3 或增加井底压差 3.0~5.0MPa。

（3）煤层气井密度附加值为 0.02~0.15g/cm^3。

具体选择钻井液密度附加值时还应重点考虑以下内容：

（1）地层压力预测精度。

（2）油气水层埋藏深度，预测的油气水层产能及流体性质。

（3）井控装备配套情况。

（4）对于含硫化氢等有毒有害气体地层，安全附加值应取最大值。

（5）对于易塌、易漏地层，应根据预测的地层坍塌压力、地层破裂（漏失）压力，合理确定钻井液密度。

（6）对于窄密度窗口地层，以平衡地层压力为原则，合理确定钻井液密度。

（7）对于实施控压钻井等特殊工艺的井，以能够和井控装置一起建立有效井筒屏障为原则，合理确定钻井液密度。

（8）对于盐膏层等易发生塑性变形的特殊复杂地层，依据上覆岩层压力值与地层蠕变性，合理确定钻井液密度。

三、钻井液性能及其维护

钻井液性能的好坏，直接影响着钻井作业的安全。对于普通开发井，控制钻井液基本性能就能够满足钻井需要。对于高温地层、高压地层、山前构造带、盐膏层以及含硫化氢地层等复杂地层，还需要进行钻井液流变参数控制。从钻井与井控安全角度考虑，最重要的参数还是钻井液的密度、黏度与切力。

为了保证钻进和起下钻过程的安全，必须合理控制钻井液的密度和黏度，做到井壁稳定，既不压漏薄弱地层也不会引起溢流。固控设备如振动筛、除砂器、除泥器及离心机可用来除去钻井液中的有害固相。液气分离器和除气器用来清除侵入钻井液中的气体。对于高温井、高压井及高含硫井，还应考虑钻井液润滑性能与腐蚀抑制性。

1. 钻井液润滑性能

（1）高密度钻井液应添加润滑剂和减摩剂，以提高钻井液润滑性，将摩阻系数控制在 0.10 以下。

（2）加重材料选用应考虑对管柱、管线的磨损和冲蚀。具体措施有：

① 水基钻井液采用重晶石加重至 1.80~2.00g/cm^3，超过部分使用铁矿粉

加重。

② 油基钻井液 2.45g/cm³ 以下采用重晶石加重，超过 2.45g/cm³ 部分可采用重晶石和微球状铁矿粉按照 3∶1 的比例复配加重。

2. 钻井液腐蚀抑制性

（1）对于高含硫油气井，钻井液必须具有足够的碱性来抑制（或缓冲）可能进入井眼的硫化氢，应确保 pH 值控制在 9.5 以上，油基钻井液碱度应大于 2.5。

（2）进入含硫化氢层段之前，推荐加入具备可除去浓度 500mg/L 硫化物能力的除硫剂。

（3）对于含 CO_2 与含 HCO_3^- 的井，应确保 pH 值大于 10。

（4）钻井液应减轻对其他井筒屏障部件造成的腐蚀。

第七节　固井设计

固井质量是油气井全生命周期内井筒完整性的重要保证，水泥环是钻完井与后期生产过程中重要屏障之一。水泥环应实现对油气水层长期有效封固，保证油气井全生命周期的安全生产。固井工作的各环节均应按相关规定及标准执行，对于高温井、高压井及高含硫井，在进行固井设计时应符合以下内容。

一、固井设计原则

固井设计应从地质及开发特点、地层承压能力、井筒压力和温度情况、钻井液和水泥浆性能、固井施工和增产措施及投产后井筒压力、温度变化等方面综合考虑影响固井质量及施工安全的因素，确保水泥环完整密封。

1. 基本原则

（1）应遵循平衡压力设计原则，即固井全过程中环空液柱压力始终大于地层孔隙压力、小于地层漏失压力和地层破裂压力。核实完钻时的地层漏失压力和地层破裂压力，掌握安全密度窗口，以地层承压能力为依据，合理确定水泥浆密度、环空液柱结构和固井施工参数。

（2）应重点考虑油气水层段及隔层段、特殊岩性段、尾管喇叭口处、上层技术套管（尾管）鞋处、回接套管段的固井质量，以满足井筒长期密封的需要。

(3) 根据平衡压力固井和提高顶替效率要求进行辅助设计,为确定液柱结构与注替参数提供依据。优化套管扶正器安放位置和数量,保证套管居中度不小于67%。

2. 封固要求

(1) 各层套管固井水泥浆应设计返至地面。生产套管固井不应使用分级箍,需要分段注水泥时,可采用尾管悬挂再回接的方式。

(2) 采用尾管固井方式封固气层时,重叠段长度应不小于100m,尾管悬挂器位置距离气层顶部应不小于200m,设计水泥上塞段应不小于150m。若主要气层距离上层套管鞋不足200m时,增加重叠段到400~600m。

(3) 对于生产套管固井,水泥胶结质量中等以上井段应达到应封固段长度的70%。对于封固盖层的套管,盖层段固井质量连续优质水泥段不小于25m,且胶结质量中等以上井段不小于70%。

(4) 长封固段套管固井具备条件的可采用高强低密度领浆一次上返至井口,或采用尾管悬挂再回接等方式返至井口。

(5) 技术套管若采用分级固井时,原则上不留自由段。若存在自由段,一级和二级之间的自由套管段必须避开储层段、断层发育井段、特殊岩性段;一级固井水泥浆在气层顶部以上有效封隔段不小于200m,二级固井水泥浆应返出地面;当上层套管固井留有自由段,下层套管固井时设计水泥浆封固段应覆盖上层套管固井水泥浆未封固井段。水泥浆必须至少返至上层套管鞋以上100m。

(6) 油气水层段、尾管重合段、上层套管鞋处、上层套管分级箍处及其以上25m环空范围内,应形成具有密封性能的连续胶结中等以上的水泥环,其余井段环空至少应形成纵向上比较连续、声幅值不超过无水泥井段套管声幅值50%的水泥环。

二、水泥浆柱设计

水泥浆柱设计应满足平衡压力固井约束条件,按有利于提高顶替效率的原则设计液柱结构,按有利于保持水泥环在井全生命周期内长久密封有效性的原则设计水泥石性能。

1. 水泥浆

(1) 孔隙性地层固井时,水泥浆密度要比同井段使用的钻井液密度高 $0.24g/cm^3$ 以上。

第四章 井控设计

（2）裂缝性地层采用高密度固井时，水泥浆密度不应超过同井段钻井液密度 $0.12g/cm^3$。

（3）窄密度窗口及异常高压井段，应根据地层孔隙压力、地层破裂压力，遵循平衡压力原则设计水泥浆密度。

（4）封固井底至产层顶部以上200m井段，不应使用低密度水泥浆。

（5）封固低压漏失层时，采用高强低密度防漏水泥浆，添加减轻剂、堵漏纤维的技术指标需满足施工要求。

2. 前置液

（1）设计前置液密度和用量时，应考虑平衡压力固井及井下安全的需要，满足提高顶替效率、提高固井质量的要求。

（2）前置液一般占环空高度300m以上或紊流接触时间不少于10min。在保证环空液柱动态压力平衡和井壁稳定的前提下，产层固井可适当增加前置液用量。

（3）隔离液的密度要介于钻井液密度和水泥浆密度之间，一般情况下隔离液密度比钻井液密度高 $0.12\sim0.24g/cm^3$，比水泥浆密度低 $0.12\sim0.24g/cm^3$。

（4）隔离液应具有良好的悬浮顶替效果，与钻井液、水泥浆具有良好的相容性，不腐蚀套管，不影响水泥浆滤失量和稠化时间，不影响水泥环的胶结强度，高温条件下隔离液上下密度差应不大于 $0.03g/cm^3$。

（5）钻井采用油基钻井液或水基钻井液中混油时，应采用驱油型前置液。

三、固井前井眼准备

1. 井眼质量要求

钻井过程中，应采取有效措施，严格控制井斜和全角变化率，保证井眼轨迹平滑、井壁稳定、井径规则，为固井创造良好的井筒条件。

2. 承压试验

固井前应先进行承压试验，承压能力满足固井施工要求，承压值不低于固井施工过程环空井底受到的最大压力。承压试验不合格时，应进行堵漏作业。对下套管前进行过堵漏作业的井，应循环、冲洗、携带、清除钻井液中的堵漏剂，以免在下套管及固井过程中堵塞水眼或环空。

3. 通井循环

（1）下套管前，钻井液API滤失量应小于5mL，滤饼厚度小于0.5mm。

(2) 通井应用大排量洗井2周以上，环空上返速度不低于1.2m/s。

(3) 气井钻井液进出口密度差应小于0.02g/cm³。

(4) 通井起钻前，应测油气上窜速度，控制油气上窜速度不大于10m/h。

(5) 对于高压油气井及高含硫油气井，在短程起钻后应静止观察，井深小于3000m（含3000m）的井应静止观察不少于2h，井深在3000~5000m（含5000m）的井应静止观察不少于4h，井深超过5000m的井应静止观察不少于5h。

四、下套管及候凝要求

下套管及候凝期间与井控相关的要求，主要有以下内容：

(1) 应根据环空返速、地层承压能力、钻井液性能等参数，确定套管柱下放速度，避免猛提、猛放、猛刹和猛顿，造成井漏、溢流或损坏套管与固井工具。

(2) 下尾管过程中遇阻或中途循环，循环压力不应超过坐挂压力的80%，尾管出上层套管鞋前应开泵循环一次。

(3) 使用高密度或低密度水泥浆固井时，应严格按设计比例干混加重材料或减轻材料。干混完成后应按设计水泥浆配方抽样检查混拌成品的水泥浆密度，符合设计后方可使用。

(4) 注水泥作业应按设计连续施工，水泥浆密度应保持均匀，单点密度控制在设计密度的±0.02g/cm³范围内，平均密度控制在设计密度的±0.01g/cm³范围内。

(5) 注水泥作业应密切观察注替过程中压力变化及返出情况，发生施工异常应及时根据应急预案进行处置。采用小排量碰压，碰压附加值控制在3~5MPa。

(6) 注水泥作业结束后，正常情况下应开井敞压候凝。若浮鞋、浮箍失灵，应关井憋压候凝，管内憋压值高于管外静压力2~3MPa。

(7) 替浆结束后，如采取在环空施加压力，要依据水泥浆失重压力、地层承压能力、地层压力和环空液柱压力等计算加压值，补偿候凝期间水泥失重导致的环空静液压力降低值，防止气窜发生；候凝期间应观察并记录压力等参数的变化情况。

(8) 水泥凝固期间不得进行任何井下作业，避免产生微间隙。

(9) 生产套管候凝时间，浅井不少于24h，深井不少于48h，超深井不少于72h。

第四章　井控设计

第八节　井控设备选择

钻井过程中的井控设备包括套管头、钻井四通、防喷器组、井控管汇、内防喷工具、井控监测设备等部件。井控设备的组合配套、安装调试与使用等要执行相关标准与规定。选择设备前，应对地层压力、井眼尺寸、套管尺寸及类型、井身结构进行详尽了解，从装置、工艺等方面把好设计关和施工关，保证钻井期间井控安全，满足后续作业井筒完整性控制要求。

一、井控设备应满足的要求

（1）能有效地控制环空、钻具水眼，关闭井的顶部。要求井中必须下入足够的套管，以提供井口装置的支撑和固定，套管必须有足够的抗内压强度，下入深度保证有较高的抗破裂压力，同时无论井中有钻杆或无钻杆，均能实施关井。

（2）控制流体的释放。要求节流阀等各种阀门和管线能在一定的压力下排出钻井液、天然气、原油、盐水。从井中循环出来的钻井液和天然气有分离装置，以及排气管线。

（3）允许向井内泵入流体。井控设备应满足在关井后允许向钻杆内或环空泵入钻井液或其他流体的要求。

（4）允许钻杆进行上下运动。关井状态下，井控设备在必要时可以允许钻具进行上下活动，并允许钻杆强行下入井中或从井中起出钻具。

（5）操作方便、安全、灵活可靠。防喷设备开启、关闭必须方便灵活，对操作人员安全。

二、防喷器组的选择

（1）套管头压力等级应与相应裸眼井段中的最高地层压力相匹配；套管抗内压强度和套管鞋下面裸眼地层的承压能力是确定防喷装置组合额定工作压力的决定因素。

（2）防喷器压力等级应与相应井段中的最高地层压力相匹配，同时综合考虑套管最小抗内压强度的80%、套管鞋处地层破裂压力、地层流体性质等因素。对于高压气井，假设地层天然气侵占满整个井筒时，一般按3MPa/1000m计算井底压力和合理选用防喷器压力等级。任何防喷装置组合的额定工作压力是由组合中额定工作压力最低的部件所确定的。这个部件包括套管、套管头、防喷器（70MPa及以上压力等级的防喷器组中，环形防喷器的额定工作压力可比配套的闸板防喷器低一级）或其他承受压力的部件。

（3）防喷器尺寸、组合形式和数量应满足各开次、不同作业的井控需求，选用高一等级的井控装备时，防喷器组合形式选择参照原来压力等级的防喷器组合标准。

（4）高含H_2S区域的井、新区第一口探井、高压气井的钻井作业中，技术套管固井后直至完井全过程应配套使用剪切闸板防喷器。剪切闸板防喷器的压力等级、通径应与其配套的井口装置一致；含H_2S地层钻井应选用抗硫设备。

（5）使用复合钻具时，应配齐相应数量的闸板防喷器，并配备相应尺寸的半封闸板或使用变径闸板。下技术套管和生产套管前应换装与套管尺寸相匹配的半封闸板。

（6）恶性井漏、窄密度窗口地层钻井宜配备旋转控制头。

（7）确定防喷器组合后，根据控制对象的数量及关井操作所需油量的多少，按照相关标准要求去合理选择液压控制装置。控制装置的选择详见第十六章中相关内容。

三、井控管汇的选择

（1）压井管汇、节流管汇的压力级别应与闸板防喷器一致。

（2）放喷管线和钻井液回收管线使用的金属管材，应经探伤合格。

（3）节流管汇组合形式的选择，要满足以下要求：

① 压力等级为70MPa及以下的节流管汇应不少于两路节流通道，并至少安装一只液动节流阀。

② 压力等级为105MPa及以上的节流管汇应不少于三路节流通道，并至少安装两只液动节流阀。

（4）节流管汇应配套使用相应压力级别的抗震压力表及传感器，仪表法兰上还应预留套压传感器接口。对于传感器接口：70MPa及以下可使用1/2in NPT螺纹接口，105MPa及以上用9/16in Autoclave螺纹接口。

(5)压力等级为35MPa及以上的节流管汇每条通道的高压区均应采用双平板阀配置。

(6)对于含硫油气井,管汇上闸阀材料等级应满足预计井口环境的要求。

四、内防喷工具的选择

(1)采用转盘驱动时应安装方钻杆上部旋塞阀和下部旋塞阀,顶驱应安装液动和手动两个旋塞阀,旋塞阀的额定工作压力应与防喷器压力级别相匹配,105MPa及以上的防喷器可选用105MPa的旋塞阀。

(2)油气层钻进作业中,应在钻柱底部安装钻具止回阀,其额定工作压力不低于所使用的闸板防喷器的压力等级,对于配套使用额定工作压力105MPa防喷器及以上的井,允许使用工作压力为70MPa及以上压力等级的钻具止回阀。内防喷工具的外径、强度应与相连接钻柱的外径、强度相匹配。

五、井控监测设备

在钻井作业中用于检测溢流的基本设备仪器有泵冲计数器、钻井液循环罐液面指示器、流量指示器、井筒环空液面监测仪、起钻监控系统及可燃气体、硫化氢气体检测报警仪等。高难度的外围探井和复杂井,通常需要更好的设备和训练有素的人员,以便连续监控钻井作业。对于新区探井和重点区域钻井,应配备齐全可靠的监视检测设备。常规的开发井,有较多参考资料,并对地层压力情况比较清楚,可根据情况配备基本的监测设备。

在气油比高($\geqslant 50m^3/m^3$)、含有硫化氢和其他酸性气体的区域钻井时,必须配备可燃气体、硫化氢气体的检测与监控报警仪器或设备。这些设备检测到相应气体的阈限值时,能发出声光报警信号。为确保发生险情时抢险和作业人员的安全,还应配备足量的正压式空气呼吸器、充气设备等防护设备。

第五章 溢流的原因、显示与预防

第一节 溢流发生原因

在钻井作业过程中,要发生溢流,势必有地层流体进入了井内,地层流体向井眼内流动必须具备以下两个条件:

(1) 井底压力小于地层压力。
(2) 地层具有允许流体流动的条件。

当井底压力比地层压力小时,就存在着负压差值,在这种条件下遇到高孔隙度、高渗透率或裂缝等连通性好的地层,就可能发生溢流。地层孔隙度和渗透率越高,负压差值越大,则溢流就越严重。从溢流必须具备的两个条件不难看出,地层具有允许流体流动的条件是由地层性质确定的,因此发生溢流的最本质的原因就是井底压力小于地层压力。井底压力的降低或地层压力的升高(地层压力异常),都会影响井底压力和地层压力之间的差值,从而导致溢流的发生。

一、井底压力降低

在不同工况下,井底压力是由一种或多种压力构成的一个合力。因此,任何一个或多个引起井底压力降低的因素,都有可能导致溢流的发生。其中导致井底压力降低的主要原因有:

(1) 起钻时井内未灌满钻井液。
(2) 井眼漏失。
(3) 钻井液密度低。
(4) 起钻抽汲。

1. 起钻时井内未灌满钻井液

起钻过程中,由于钻柱的起出,钻柱在井内的体积减小,井内的钻井液

第五章　溢流的原因、显示与预防

液面下降，从而导致静液压力及井底压力的降低，因此溢流就可能发生。根据起钻卸开钻具后有无钻井液外泄的现象可以分为两种：一种是起钻卸扣时，钻具水眼内无钻井液外泄现象，此时的起钻操作称为干起；另一种是由于钻柱水眼堵塞或其他原因，在起钻卸扣后发生钻具水眼内钻井液外泄，该起钻操作称为湿起。干起更有利于溢流的及时正确发现。

起钻过程中，需要及时准确地向井内灌满钻井液以维持足够的静液压力。灌入的钻井液体积应等于起出的钻具体积。干起时，起出钻具体积，也就是钻具的排替量，即钻具本身体积所代换的等量钻井液体积。对普通尺寸的钻杆和钻铤应以钻具体积表的数据为准，也可由式（5-1）计算：

$$V_{排} = 7.854 \times 10^{-7} \times (r_{外}^2 - r_{内}^2) \quad (5-1)$$

式中　$V_{排}$——钻具排替量，m^3/m；

　　　$r_{外}$——钻具本体外径，mm；

　　　$r_{内}$——钻具水眼内径，mm。

钻具排替量取决于每段钻具的长度、本体外径、水眼内径，由于受钻杆接箍和内外加厚等因素的影响，计算结果与实际有一定的误差。常用标准钻杆排替量见表5-1。

表5-1　常用标准钻杆排替量

尺寸规格 mm(in)	壁厚 mm	名义质量 kg/m	每米排替量 L/m	组成27.4m长立柱时排替量 L			
				一柱	三柱	五柱	十柱
73.0 ($2\frac{7}{8}$)	5.5	10.20	1.39	38	114	190	381
	9.2	15.49	2.07	57	170	284	567
88.9 ($3\frac{1}{2}$)	6.5	14.15	1.95	53	160	267	534
	9.3	19.81	2.63	72	216	360	721
	11.4	23.08	3.06	84	252	419	838
114.3 ($4\frac{1}{2}$)	6.9	20.48	2.87	79	236	393	786
	8.6	24.72	3.38	93	278	463	926
	10.9	29.79	4.05	111	333	555	1110
127.0 (5)	7.5	24.18	3.36	92	276	460	921
	9.2	29.04	3.92	107	322	537	1074
139.7 ($5\frac{1}{2}$)	9.2	32.59	4.02	110	330	551	1101
	10.5	36.80	4.54	124	373	622	1244

湿起时灌入的钻井液体积应等于所起出钻具的排替量与内容积之和。对于钻具的内容积，可以从钻具体积表中查出，也可以用式（5-2）来计算：

$$V_{内}=7.854\times10^{-7}\times r_{内}^{2} \quad (5-2)$$

式中　$V_{内}$——钻具内容积，m^3/m；

　　　$r_{内}$——钻具水眼内径，mm。

此时，灌浆量（m^3/m）$=V_{排}+V_{内}=7.854\times10^{-7}\times r_{外}^{2}$。

在湿起时需注意：钻具卸扣后水眼内钻井液外泄，难免会有部分钻井液流回井眼，因此灌入钻井液体积与理论值可能有较大误差，对溢流的监测与及时发现造成较大的影响。

2. 井眼漏失

由于钻井液密度过高或下钻时的压力激动，使得作用于地层上的压力超过地层的破裂压力或漏失压力而发生漏失。在深井、小井眼井里使用高黏度的钻井液钻进时，环空压耗过高也可能引起循环漏失。另外，在压力衰竭的砂层、疏松的砂岩以及天然裂缝的碳酸盐岩中漏失也是很普遍的现象。由于大量钻井液漏入地层，引起井内液柱高度下降，从而使静液压力和井底压力降低，由此导致溢流发生。

3. 钻井液密度低

钻井液密度低是导致溢流最常见的原因。出于保护油气层的考虑，为了获得高的机械钻速，处理或预防压差卡钻都可能使用较低密度的钻井液；施工中钻井液受到油侵、气侵、水侵的污染；处理钻井液时，加入过量低密度钻井液处理剂，或使用离心机等固控设备将钻井液中的加重材料清除过多，都会使钻井液密度降低。钻井液密度降低使井筒内静液压力减小，若井底压力不能平衡地层压力，就会导致溢流发生。

4. 起钻抽汲

起钻时由于钻井液黏附在钻具外壁上并随钻具上移，同时钻井液要向下流动，填补钻具上提之后的下部空间，由于钻井液的流动没有钻具上提得快，就会产生抽汲作用，这样就会在钻头下方造成一个抽汲空间并产生压力降，地层流体因抽汲作用会进入井内，受污染的钻井液当量密度下降，当井底压力低于地层压力时，就会造成溢流。只要进行起钻作业，抽汲作用就会产生。除起钻速度对抽汲压力大小有影响外，钻具环形空间大小、钻井液的黏度和静切力等性能、管柱结构、井眼轨迹与井眼尺寸、井深等都会对抽汲压力的大小造成影响。

第五章 溢流的原因、显示与预防

二、地层压力异常

钻遇异常压力地层并不一定会直接引起溢流。如果钻井液密度低或其他原因造成井底压力小于地层压力，则会引起溢流发生。地层压力异常的原因主要有：

（1）在预探井、调整井，裂缝性碳酸盐岩地层和其他硬地层，钻井前对地层压力难以准确掌握。

（2）开发区域的注水、注气使地层压力升高。

（3）其他原因造成高压层流体流窜到上部地层。

存在地层压力异常时，就可能导致钻井施工时用比较低的钻井液密度打开高压层，而导致溢流的突然发生。

第二节 溢流显示

发生溢流就可以观测到溢流的一些显示，在钻井现场可观察到一些由井下反映到地面的信号，识别这些信号对及时发现溢流十分重要。有些显示并不能确切证明是溢流，但它却可警告可能发生了溢流。根据一些显示对监测溢流的重要性和可靠性，将溢流的显示分为直接显示和间接显示两大类。

一、直接显示

1. 钻井液返出量增加

正常钻进和循环时，当泵排量没有改变，钻井液的返出量与泵入量应基本相等。当地层流体流入井内，液量的增加提高了钻井液在环空的上返速度，就会出现返出量大于泵入量的现象。侵入井内的天然气临近井口时因压力降低而快速膨胀，更会使出口管线内返出的钻井液流量增加和流速加快。

2. 钻井液循环罐液面上升

钻井液循环是在一个相对封闭的循环系统中进行的，正常循环期间液面基本保持不变。如果地面未对钻井液进行处理，钻井液循环罐内钻井液液面升高，就可以确定为井内发生了溢流。溢流量的大小取决于溢流时间长短，同时也与地层的渗透率、孔隙度和井底压差有关。地层渗透性好、孔隙度大，地层流体向井内流动快；反之流动慢。井底欠平衡量越大，溢流越严重。地层流体进入井内的条件不同，液面升高的速度也不同。钻井液循环罐液面升高有以下几种形式：

（1）钻开高渗透性的高压油气层时，井底压力欠平衡量较大，钻井液从井内快速流出，钻井液循环罐液面快速升高。从井内返出大量钻井液之前，钻井液并无油气侵显示，通常会有钻进放空现象，这是最危险的溢流信号。

（2）钻开高渗透性的油气层时，井底压力欠平衡量小，地层流体进入井内的速度开始很小，钻井液循环罐液面升高也很慢，但随着井内侵入的地层流体增加，欠平衡量增大，钻井液快速从井内流出，钻井液循环罐液面迅速升高。

（3）钻开低渗透性的高压油气层时，井底压力处于欠平衡状态，地层流体向井内流动时受到的阻力大，因而钻井液循环罐液面升高缓慢。如果压差很小，井内返出的钻井液常有油气侵显示。

（4）钻开高压气层后，井底处于欠平衡状态，高压气体侵入井筒。开始时钻井液循环罐内液面上升很慢，随着气体被循环至井口附近时，由于气体体积急剧膨胀，钻井液循环罐内液面快速升高。

（5）起钻过程中，因抽汲导致天然气进入井内，天然气在井内滑脱上升并逐渐膨胀，临近井口迅速膨胀，引起钻井液循环罐液面变化，这种情况也非常危险。

3. 起钻时灌入的钻井液量小于起出钻具体积

起钻时，井内钻井液液面会随起出钻具而相应下降。如果经计量发现应灌入量减小，说明地层流体已经进入井筒，填补了部分起出钻具的空间。

4. 下钻时返出的钻井液量大于下入钻具的体积

下钻时，井内钻井液液面随下入钻具而替出井筒，如果经计量发现返出量增加，说明地层流体进入井筒，占据了更多的空间，导致返出量增加。

5. 停泵后井口钻井液外溢

停止循环后，钻井液仍然从井口自动外溢，是发生溢流最直接、最可靠的显示。在出现其他显示且不能最终确定是否发生溢流的情况下，应立即停泵保持钻具静止，观察井口是否存在自动外溢的现象，是判断和确定溢流最简便、最有效的检测方式。

但应注意井筒中钻柱内外钻井液密度不一致的情况，尤其在起钻前向钻

第五章 溢流的原因、显示与预防

柱内泵入一定量重钻井液时，会造成钻柱内钻井液当量密度比环空钻井液当量密度高，停泵后钻井液也会外溢持续一些时间；泵入钻井液中如有少量气泡，气体在环空上升时体积膨胀也会造成停泵后较长时间外溢；还有因地层的因素，如衰竭砂层及地层微裂缝，在开泵时，井底压力较高，微裂缝会充满钻井液，在停泵后由于井底压力降低，造成衰竭砂层及地层微裂缝中的钻井液要回吐，外溢较长时间。这些因素都会对溢流的直接显示造成一定的影响，在工作中要正确判断。

二、间接显示

在钻进作业中，发生溢流除了有钻井液返出量增加、钻井液循环罐液面上升的直接显示外，还经常伴有诸多的间接显示。

1. 钻速突然加快或放空

这是可能钻遇到异常高压油气层的征兆。当钻遇异常高压地层过渡带时，地层孔隙度增大，破碎单位体积岩石所需能量减小，同时井底正压差减小也有利于井底清岩，此时钻速会突然加快。钻遇碳酸盐岩裂缝发育层段或钻遇溶洞时，往往发生蹩跳钻或钻进放空现象。所以，钻速突然加快或放空是可能发生溢流的前兆，但钻速突快也可能是所钻地层岩性发生变化导致的，因此并不能确定肯定要发生溢流。

一般情况下，钻时比正常钻时快 1/3 时，即认定为钻速突快。钻遇到钻速突快地层，进尺不应超过 1m，司钻操作刹把如果感觉到钻速有突然加快或放空现象时，就应立即停钻停泵观察，地质录井人员发现后也应及时通知司钻。如有放空，钻头探到底后，应停钻上提钻柱，停泵检测是否发生溢流。尤其在设计的目的层附近钻进时，要将钻速突然加快和放空作为及时发现溢流的首要信号。进行溢流检查的操作详见第六章第四节相关内容。

2. 泵压下降，泵速增加

井内发生溢流后，若溢流物密度小于钻井液密度，钻柱内液柱压力就会大于环空液柱压力，由于 U 形管效应使钻具内的钻井液向环空流动，因此泵压下降。气体沿环空上返时体积膨胀，有助于克服环空压耗，也会使泵压下降，泵压下降后，泵负荷减小，则泵速增加。

3. 钻具悬重发生变化

天然气侵入井内的初期，因环空钻井液当量密度下降，钻具所受浮力减小而悬重增加；天然气大量侵入井内或接近地面时剧烈膨胀，托举钻具悬重会下降。若溢流物为盐水时，其密度小于钻井液密度则悬重增加，其密度大于钻井液密度则悬重减小。油气溢流通常会使钻井液密度减小，因而悬重增加。在起下钻过程中，若在钻头下方出现溢流，上托力量会导致悬重下降。

4. 钻井液性能发生变化

不同的地层流体进入井筒，会给钻井液性能带来不同的影响或变化。油或气侵入钻井液，会使钻井液密度降低，黏度升高；地层水侵入钻井液，会使钻井液密度和黏度都降低；钻井液中还会有油花、气泡，并散发出油气味等。但应注意，有时钻井泵吸入了空气，或通过加水混油等方式处理钻井液，也会使井内钻井液性能发生变化。

5. 气测烃类含量升高或氯离子含量升高

在钻井过程中，气测烃类含量升高，说明有油气进入井内；如氯离子含量升高，可能是地层水进入井筒。

6. dc 指数减小

正常情况下，随着井深的增加，dc 指数越来越大。如果 dc 指数减小，则可能是钻遇到异常高压地层的显示。

7. 岩屑尺寸加大

随着正压差减小，大块页岩将开始坍塌，这些坍塌造成的岩屑比正常岩屑大一些，多呈长条状，带棱角。

除以上间接显示外，发生溢流时还会有温度升高、电导率增大等间接显示。需要注意的是，发生溢流后通常会观测到以上所提及的现象，但在作业过程中，出现以上现象时却并不一定就发生了溢流。上述现象只是发生溢流的间接显示，不能当作确定发生溢流的依据。

第三节　溢流及早发现的重要性

尽可能早地发现溢流显示，并迅速实现控制，是做好井控工作的关键环节。

第五章 溢流的原因、显示与预防

一、迅速控制井口是防止井喷的关键

井喷或井喷失控大多是溢流发现不及时或井口控制失误造成的。在钻遇气层时,由于天然气密度小、可膨胀、易滑脱等物理特性,从溢流到井喷的时间间隔短。若发现不及时或控制不正确,就容易造成井喷,甚至失控着火。

二、减少关井和压井作业的复杂情况

溢流发现得越早,关井时进入井筒的地层流体越少,关井套压和压井最高套压就越低,就不易在关井和压井过程中压漏(裂)地层发生井漏等复杂情况,有利于关井及压井安全,使二次井控处于主动。进入井筒的地层流体越少,对钻井液性能影响越小,井壁越不易失稳,压井作业越简单。因此,及早发现溢流,直接关系到排除溢流、恢复和重建井内压力平衡时能否处于主动。

三、防止有毒有害气体的释放

在钻遇含硫化氢、二氧化碳的地层时,及时发现溢流并正确处理,可以防止这类气体对钻井液性能的破坏,同时也减少这类气体溢出井筒,对人员、环境及设备等造成更大的危害。

四、防止造成更大的污染

溢流若未及早发现,易造成过高的关井套压,为了不使井口承受过高的压力,必要时要通过放喷管线放喷,这样就对施工现场附近的环境造成严重污染,危及农田、河流、渔场、牧场、林场、湿地等。

第四节 溢流预防措施

预防溢流发生最重要的原则是在整个钻井过程中,始终保持井底压力略大于地层压力。钻井过程中的不同作业,其井控风险不同,针对溢流发生的

原因要采取相应的预防措施,是确保施工正常进行和减少井控风险的关键。

一、钻进作业的井控风险及预防措施

由于地层情况复杂,钻前地层压力的预测很难准确反映实际的地层压力情况,因此在钻进过程中,随时监测地层压力的变化趋势,及时发现溢、漏并采取调整钻井液密度和其他措施,才可实现安全优质快速钻井。钻进作业井控风险和预防措施如下。

1. 井控风险

(1) 井眼漏失导致井底压力小于地层压力,发生溢流。

(2) 钻井液性能被破坏,致使钻井液密度降低,引发溢流。

(3) 钻遇高压地层,井底压力小于地层压力,发生溢流。

(4) 产层漏溢置换,地层流体置换至井筒,引发溢流。

2. 预防措施

(1) 在施工作业前,设计好井身结构,按照规定要求确定套管下深。

(2) 做好地层破裂(漏失)压力试验,钻开高压地层前应对上部裸眼段进行承压能力试验。若地层承压能力过低,可通过堵漏等措施来提高地层承压能力,直到满足钻开高压地层所需的承压能力要求。预防发生井漏还应做好以下工作:

① 使用的钻井液密度在设计范围内,并根据地层压力实际情况及时调整钻井液密度。

② 避免不均匀加重引起的高密度段塞进入井筒压漏地层。

③ 优化钻井液流变性,降低井底循环当量密度。

④ 在易漏井段提前加入随钻堵漏材料。

⑤ 高压盐水层的钻井液应尽量具备堵漏的功能。

(3) 钻进过程中发生井漏,应将钻具提离井底、将方钻杆提出转盘,采取定时、定量反灌钻井液措施,保持井内液柱压力与地层压力平衡。依据判断的井漏类型和漏层位置,可采用以下处理措施:

① 在保证井下安全的前提下,适当降低钻井液密度。

② 针对窄密度窗口地层,可配合控压钻井,适当降低钻井液密度。

③ 根据漏层温度、压力、漏速大小优选堵漏材料及浓度。

④ 发生漏速小于 $10 m^3/h$ 的漏失时,可先采用静止堵漏、适当提高钻

液黏度和泵入桥浆等方法堵漏。

⑤ 发生漏速大于 $10m^3/h$ 但未失返的漏失时,应采用桥浆替入漏失井段的方法进行堵漏。

⑥ 油气层(目的层)井段发生井漏失返,应安装井筒液面监测仪,监测井筒内液面位置的变化,确定液面平衡点,依据液面波动情况及时调整钻井液密度、灌液量及灌液频次。使井内液面处于动平衡点之上,处于微漏状态,以抑制地层气体置换进入井筒的速度。失返性漏失可采用高浓度、高黏度和高切力的桥浆堵漏,或配合水泥浆、化学凝胶等进行堵漏。

⑦ 发生井漏,若需起钻更换钻具组合堵漏时,应采取溢流监测与防喷措施。

(4) 钻开油气层前,实行坐岗制度,指定专人坐岗。钻进作业中坐岗有以下要求:

① 要严密注意钻井液出口流量变化、循环罐液面变化、钻井液性能变化、录井全烃值的变化等,并做好记录。

② 应观察返出钻井液有无气泡、油花等,观察停泵后钻井液是否断流。

③ 坐岗记录填写间隔时间不超过 15min,液面增减量超过 $0.5m^3$ 时要分析并注明原因,发现异常情况及时报告司钻。

④ 钻遇油气水显示、井漏时要加密观察。

⑤ 在 15min 内反复进行开泵停泵、调节排量、转浆等操作时,要在每次操作结束后进行记录。

(5) 保持好钻井液性能,使其黏度和静切力维持在最佳值上,同时提高钻井液悬浮携带岩屑的能力。针对钻井液性能的维护措施还包括:

① 一旦发现油气侵入钻井液,要在地面充分脱气,不能将气侵钻井液再次重复循环到井内。

② 若需对钻井液加重,需停止钻进,对钻井液进行循环排气加重,严禁边钻进边加重。

③ 需要加重时,加重材料应经加重装置按照循环周均匀加入,每个循环周密度差控制在 $0.02\sim0.04g/cm^3$。

④ 钻井液受盐水、钙镁离子、CO_2 等污染后,应及时处理钻井液,确保钻井液性能稳定。

⑤ 监测钻井液中 H_2S 含量,及时足量补充除硫剂,同时钻井液 pH 值应保持在 9.5 以上,油基钻井液碱度应大于 2.5。

(6) 钻井液性能若进行较大的调整,或需要向井内注油、注解卡剂时,

必须做好压力平衡计算并按设计程序处理，以防压力波动过大，引发险情。处理钻井液会造成液面上涨时，钻井液人员要将相关情况与液面预计增量告知坐岗人员。

（7）按照设计要求保持合理的钻井液密度。具体措施有：

① 钻井液密度以裸眼井段中的最高地层孔隙压力当量钻井液密度值为基准，另增加合适的安全密度附加值。

② 浅层气井应综合考虑密度附加值，若按密度附加，井底压差有可能过小；若按井底压差附加，又有可能使密度过大。因此，浅层气井在附加密度时要综合考虑两种方法，使井底压差尽可能大，同时，又要防止压漏地层。

（8）因故等停时，应将钻具起下至套管鞋处或安全井段，期间根据油气上窜速度，分段循环通井。

（9）强化岗位人员责任心，以防将清水或胶液混入钻井液循环罐内从而降低钻井液密度。

（10）做好录井全烃值的监测，及时发现其变化。

（11）做好地层压力监测工作，特别是在探井的钻井过程中，要做好随钻压力监测，准确判断地层压力。现场可根据监测结果，及时调整与修正钻井液密度。

（12）钻进过程中要密切观察参数的变化，遇到钻速突快、放空、悬重和泵压等发生变化，都要及时停钻停泵进行溢流检查。

（13）对于老区调整井，分析相邻注水、注气井资料，特别是注水（气）生产情况、注水（气）量、注水（气）压力等，采取停注、泄压等措施降低压力，同时，也要防范由于注水（气）导致地层形成圈闭压力而产生的异常高压。

二、起下钻作业的井控风险及预防措施

起钻相对其他作业井底压力最小，并且在起钻时，容易因抽汲、灌浆不够或不及时而引发溢流。起下钻作业的井控风险和预防措施如下。

1. 井控风险

（1）起钻时井内未及时灌满钻井液，引发溢流。

（2）起钻抽汲导致井底压力小于地层压力，引发溢流。

（3）下钻激动压力过大压漏地层，液面下降，导致井底压力小于地层压力，引发溢流。

（4）长时间起下钻作业，油气侵导致钻井液密度降低，引发溢流。

第五章 溢流的原因、显示与预防

2. 预防措施

（1）在施工作业前，设计好井身结构、钻具结构和井眼尺寸，降低起下钻过程中的波动压力。

（2）起钻前充分循环井内钻井液，调整钻井液性能，维持钻井液静液压力稍微高于地层压力，进出口密度差不大于 $0.02g/cm^3$，保持钻井液有良好的造壁性和流变性，确保钻井液黏度、静切力保持在最佳水平，防止钻头或稳定器等发生泥包。

（3）短程起下钻检测油气上窜速度，满足安全起下钻作业要求（起下钻周期+10h<油气上窜到井口的时间）。以下情况时需要进行短程起下钻检测油气上窜速度：

① 钻开油气层后第一次起钻前。
② 钻进中曾发生严重油气侵起钻前。
③ 溢流压井后起钻前。
④ 调低井内钻井液密度后起钻前。
⑤ 取心钻井后起钻前。
⑥ 目的层水平钻井后起钻前。
⑦ 钻开油气层井漏堵漏后起钻前。
⑧ 需长时间停止循环作业进行其他作业（电测、下套管、下油管、中途测试等）起钻前。

现场采用的短程起下钻方法有以下两种：

① 一般情况下试起 10~15 柱钻具，再下入井底循环一周以上，观察并测量返出的钻井液，若钻井液无油气侵，或根据油气上窜时间判断满足起钻要求时，则可正式起钻；否则，应循环排除油气侵，并适当提高钻井液密度，以达到起钻过程中不发生抽汲溢流的目的。

② 特殊情况时（需长时间停止循环或井下复杂时），将钻具起至套管鞋内或安全井段，停泵观察一个起下钻周期或需停泵所需的等值时间，若井口无外溢，则再下入井底观察一个循环周，若钻井液无油气侵或油气上窜速度满足安全作业时间，则可正式起钻。否则，应适当提高钻井液密度，以达到井控安全的目的。

（4）在钻具水眼泵入一定体积的重钻井液，以实现"干起"，泵入重钻井液体积的计算公式为：

$$V=h_1\rho_1 V_内/(\rho_2-\rho_1) \quad (5-3)$$

式中　V——重钻井液体积，L；

h_1——钻具内液面计划降低高度，m（一般取值为30m）；
ρ_1——原钻井液密度，g/cm³；
$V_内$——钻具内容积，L/m；
ρ_2——重钻井液密度，g/cm³。

（5）起钻过程中严格执行坐岗制度，按规定及时向井内灌满钻井液，起下钻过程中注意观察、记录、核对起出（或下入）钻具体积和灌入（返出）钻井液体积，并做好记录、校核，及时发现异常情况。起下钻进行坐岗的要求包括：

① 表层套管固井后，每次开钻前，调整好钻井液性能，在第一次起下钻时对钻井液灌入、返出量进行实测修正。钻井过程中，如遇钻井液性能发生重大调整，在保证井下安全的前提下，变化后第一次起下钻应对钻井液灌入、返出量进行实测修正，并记录到"钻具起下钻井液灌入、返出量修正表"中，见表5-2。

表5-2 钻具起下钻井液灌入、返出量修正表

在用钻具	内径 mm	外径 mm	实测修正灌返量 m³/柱		备注
			带止回阀	不带止回阀	

② 数据修正后，实际灌、返量与实测修正值误差不应超过 0.5m³/km。如误差较大，坐岗人员与现场技术人员应认真分析，查明原因并做好记录。

③ 起钻停止灌浆和下钻钻具停止下放时，坐岗人员应观察出口是否断流，每起下 3~5 柱钻杆或 1 柱钻铤，记录一次灌入或返出钻井液体积，及时校核单次和累计灌入或返出量，发现异常情况及时报告司钻。如井下复杂，每起下 3~5 柱钻杆或 1 柱钻铤的时间超过 15min 时，应每 15min 记录一次液面变化。

④ 带有钻具止回阀下钻时，每下 20~30 柱向钻具内灌满钻井液，坐岗人员校核灌入量，如下钻中途实际返浆量小于理论返浆量，应将钻具内灌满钻井液，坐岗人员校核灌、返浆量，确定是否为止回阀失效或发生井漏。

⑤ 起下钻时，钻井液应直接返至灌浆罐内，灌浆罐液面报警值按增减 0.5m³ 进行设置。坐岗人员校核灌、返浆量时，应随液面变化及时调整报警值设置。

（6）起钻过程中控制起钻速度，钻头在油气层中和油气层顶部以上 300m 井段内起钻速度不大于 0.5m/s，以降低抽汲压力。

例如：某井井深 4500m，井眼直径 216mm，钻杆外径 127mm，钻铤

第五章 溢流的原因、显示与预防

159mm×103.58m，钻铤 178mm×75.48m，钻头水眼 12.7mm×3，钻井液密度 1.50g/cm³，$R_{600}=78$，$R_{300}=52$，不同起钻速度下的抽汲压力值见表 5-3。

表 5-3 不同起钻速度下的抽汲速力值

起钻速度，m/s	0.1	0.2	0.3	0.4	0.5	0.6	0.7	0.8	0.9	1
抽汲压力，MPa	1.357	1.847	2.250	2.568	2.870	3.057	3.237	3.488	3.583	3.770
当量钻井液密度 g/cm³	0.030	0.041	0.050	0.057	0.064	0.068	0.072	0.078	0.080	0.084

可见，起钻速度直接影响抽汲压力的大小，很可能造成井底压力小于地层压力，并引发溢流。

（7）在疏松地层，特别是造浆性强的地层，遇阻划眼时应保持足够的循环排量，防止钻头或稳定器泥包。严禁泥包抽汲起钻，一旦发现钻具上提时悬重增加、井口有外溢，在停止上提时外溢停止，说明发生了钻头或稳定器泥包抽汲，应采取以下措施：

① 立即接方钻杆灌满钻井液，建立循环，循环一周以上，观察是否有油气侵，若有油气侵则排除，并根据情况确定是否调整钻井液密度。

② 在保证安全的前提下进行下钻。若钻具组合中没有安装钻具止回阀，下钻前应在当前位置安装钻具止回阀，再将钻具下到原井深。

③ 循环排除油气侵并调整钻井液性能，大排量冲洗钻头和井下工具，解除泥包复杂后再起钻。

（8）起钻过程中，即便钻具悬重和灌浆等未发现异常，也应根据现场情况，至少在起钻至套管鞋及钻铤前，通过静止观察的方式来主动进行溢流检查。

（9）起钻完应及时下钻，检修设备时应保持井内有一定数量的钻具，严禁在空井情况下进行设备检修。起完钻空井及检修设备期间，应确保井筒灌满钻井液，并由专人坐岗观察液面变化。

（10）下钻前应观察井内液面，无异常情况方可下钻。

（11）下钻过程中应控制下钻速度，避免因激动压力过大导致井漏。

（12）下钻过程中，必要时应分段循环钻井液；开泵时控制排量，降低由于钻井液由静止到流动所引起的过高循环压力损失。

三、常规电缆测井作业的井控风险及预防措施

钻井施工中的电测作业主要分为常规电缆测井和钻具传输测井，钻具传

输测井的井控风险及预防措施参考起下钻作业的内容。常规电缆测井是指在井口不带压的情况下的测井及射孔施工作业。常规电缆测井作业的井控风险和预防措施如下。

1. 井控风险

（1）每次起电缆后井内未灌满钻井液，引发溢流。

（2）起电缆速度过快，抽汲导致井底压力小于地层压力，引发溢流。

（3）下测试管串激动压力过大，压漏地层后引发溢流。

（4）测井作业时间长或处理井筒复杂，长时间未建立井下循环，油气侵导致钻井液密度降低，引发溢流。

2. 预防措施

（1）电测前选用合理钻具组合，进行通井作业，修整井壁，调整钻井液性能，确保井内情况正常、稳定，不溢不漏，满足电测要求。

（2）通井时，调整好钻井液性能后，进行短程起下钻检测油气上窜速度，达到安全时间后方可起钻电测（起下钻周期+测井所需的时间+10h<油气上窜到井口的时间）。

（3）起（下）电缆时在裸眼井段上提、下放速度应小于4000m/h，减少波动压力，在储层段速度应小于600m/h。

（4）落实坐岗制度。测井过程中，坐岗人员对出口进行观察，电测仪器下至电测井深后，钻井人员与测井人员校核钻井液返出体积，若发现异常，及时汇报司钻。

（5）每次起出仪器，向井内灌满钻井液；根据现场情况，在满足测井工艺需要的情况下，每起出2000m电缆，应灌满钻井液一次；电缆静止时，定时向井内灌满钻井液。

（6）电测时间长，不能满足油气上窜速度安全条件时，应进行中途通井循环，排出受侵钻井液。

（7）电测期间，电缆剪切装置应摆放在井口方便取用的位置，含硫高风险井应安装液压远程电缆剪切装置。

四、下套管作业的井控风险及预防措施

1. 井控风险

（1）下套管过程中，油气侵导致钻井液密度降低，引发溢流。

第五章 溢流的原因、显示与预防

（2）下套管速度过大，产生较大的激动压力，压漏地层后引发溢流。

（3）套管下到位后，套管与井眼间环空间隙小，环空循环压耗大，压漏地层后引发溢流。

2. 预防措施

（1）下套管作业前选用合理钻具组合，进行通井作业，修整井壁，调整钻井液性能，确保井内情况正常、稳定，不溢不漏，满足下套管要求。

（2）通井时，调整好钻井液性能后，进行短程起下钻检测油气上窜速度，达到安全时间后方可起钻下套管（从起钻前停泵开始到下完套管所需的时间+10h<油气上窜到井口的时间）。

（3）下技术套管或生产套管前，换装与套管尺寸相匹配的半封闸板。下尾管可不换装半封闸板，但需准备相应的防喷单根或防喷立柱。

（4）下套管过程中控制下放速度，一般不超过 0.5m/s，在通过低压渗透性井段，带有浮箍、扶正器等工具附件时，下放速度控制在 0.25~0.3m/s。高速下放套管，环空回流速度往往超过正常上返流速 1~3 倍，这样将会压漏地层，引发井控险情。

（5）按规定向套管内灌注钻井液，以防止回阀及套管被挤毁。一般 10~15 根灌满钻井液，具备条件时也可采用连续灌浆的方式。出上层套管鞋时灌满钻井液，裸眼段在长时间灌钻井液时要活动套管以防黏卡。

（6）下完套管灌满钻井液后方可开泵循环。应控制循环排量由小到大，确认泵压无异常变化和井下无漏失后，再将排量逐渐提高至固井设计的排量。

（7）下套管全过程应严格落实坐岗制度，按照规定要求坐岗，注意观察下入套管体积、灌入和返出钻井液体积，并做好记录、校核，及时发现井漏、溢流及其他异常情况。

（8）使用普通型浮箍（浮鞋）时，下套管过程中应及时、足量灌满钻井液。使用自灌型浮箍（浮鞋）时，应随时观察，发现自灌装置失效后应及时、足量灌满钻井液。对于管柱下部装有漂浮接箍的井，无异常情况中途不应循环钻井液。下套管过程中应注意对套管浮箍的保护，应平稳操作，防止产生过大激动压力，记录、观察悬重和钻井液灌入与返出量，严防浮箍失效，引发井控风险。

（9）下套管过程中发生溢流，应依据实际情况，在条件允许的情况下强行下至预计位置，如条件不允许，应立即实施关井操作。

五、固井作业的井控风险及预防措施

1. 井控风险

（1）固井前油气层没有压稳，或固井施工过程中的某一阶段环空液柱压力（钻井液液柱压力+前置液液柱压力+先导浆液柱压力）小于地层压力，导致溢流。

（2）固井前未做承压试验，导致水泥浆密度过大，井漏后发生溢流。

（3）水泥浆在初凝时产生失重现象，引发溢流。

2. 预防措施

（1）在油气层未压稳的情况下，不能进行固井作业。固井前选用合理钻具组合，进行通井作业修整井壁，调整钻井液性能，确保井内情况正常、稳定，不溢不漏，排量、泵压稳定，满足固井要求。

（2）通井时，做好地层承压能力试验，地层承压能力要满足固井需求；若地层承压能力过低，可通过堵漏来提高地层承压能力，直到满足固井施工所需的承压能力要求。

（3）固井过程中合理选择循环、注水泥、替浆的排量，避免因排量过大可能导致的漏失。

（4）前置液类型、密度、数量的选择要满足平衡地层压力的需要。

（5）可使用重钻井液帽、憋压候凝、分段凝固等方法，防止候凝期间因水泥浆失重可能造成的溢流。

（6）若在固井过程中发生井漏，应从环空灌注钻井液，维持液柱压力，并观察井口动态，如发现井口外溢，应立即关井，并从环空反挤水泥压井。

（7）因固井质量存在缺陷，影响井控安全时，应采取有效措施进行处理。

六、换装井口作业的井控风险及预防措施

采用筛管完井或裸眼完井等特殊完井方法，由于油气层与井筒处于连通状态，在完井作业时，卸掉防喷器组并安装采油树期间，会存在井口处于敞开的状态；对于已经射孔的油气井，如需原钻机进行侧钻或其他作业，在拆卸采油树换装防喷器的更换井口作业期间，也会使井口处于无控制的状态，存在井控风险。

第五章　溢流的原因、显示与预防

1. 井控风险

(1) 换装井口作业时，由于井底压力小于地层压力，发生溢流。

(2) 换装井口时间过长，超出安全作业时间，发生溢流。

2. 预防措施

(1) 对于筛管完井或裸眼完井的井，更换井口前，与起钻中防止溢流的措施相同，即起钻前充分循环，检测油气上窜速度，控制起钻速度，及时向井内灌满钻井液，中途进行溢流检查。起钻完立即更换井口。

(2) 对于射孔的油气井，换装井口前，应压稳地层或采取打水泥塞、下入套管封隔器、油管阀等封堵措施。换装井口前，用压井液节流循环压井1.5个循环周以上，进出口压井液密度差不超过$0.02g/cm^3$，停泵关井地面压力为零。开井观察，时间大于2倍预计换装井口时间，无溢流显示，然后再循环一周以上，确定无油气侵，方可换装井口。

(3) 换装井口前要做好人员分工和配件、工具、机具等准备工作，严禁换装井口作业过程中出现等停。如遇特殊情况无法继续作业，则视情况装回原井口装置或采取其他可以控制井口的措施确保井筒屏障有效可靠。

(4) 在井漏等复杂情况下，需要采取封堵措施后再换装井口。

(5) 换装井口后，按规定要求进行试压，合格后方可进行下一步工序作业。

第六章 气侵特性及其对井内压力的影响

基本上所有井喷事件与天然气都有关。由于在使用不同的钻井液类型时，天然气在井下不同温度和压力条件下，具有压缩与膨胀、滑脱与运移、溶解与渗透等不同的特性，即使在井底压力大于地层压力的情况下，也会存在气侵现象，这就易造成发生溢流的假象。现场出现气侵时若处理不当，会出现两种结果：一是没有及时发现与正确控制，会造成井喷或井喷失控着火；二是错误判断与盲目加重钻井液，造成油气层的严重污染或压漏地层。因此，要做好井控工作，必须掌握天然气的相关知识，才能保证作业中能正确判断、控制与处理。

第一节 天然气基础知识

广义的天然气是指存在于自然界的一切气体。在油气勘探方面，所指的天然气主要是与油气田有关的气体，即狭义的天然气，指天然存在于地下岩石储层中的烃类和非烃类气体的混合物。

天然气主要成分是烷烃，其中甲烷约占85%，另有少量的乙烷、丙烷和丁烷，此外一般还有硫化氢、二氧化碳、氮、水汽及少量一氧化碳等气体。天然气的密度与天然气的组分、温度及压力等有关，天然气的密度一般为$0.75~0.8kg/m^3$，相对密度一般为0.58~0.62（空气的相对密度为1）。

按照天然气的分布特征和赋存相态（指元素在矿石中的存在形式）主要有以下几种类型：

（1）气藏气：是指圈闭中单独的呈游离相态聚集的天然气。

（2）气顶气：是指呈游离态存在于油气藏顶部，与油共存于油气藏中的天然气。

（3）页岩气：是指呈吸附态、游离态和水溶状态存在于页岩和泥岩中的

第六章　气侵特性及其对井内压力的影响

天然气，是一种非常规天然气聚集。

（4）煤层气：是指呈吸附态、游离态和水溶状态存在于煤层中的天然气。煤矿中将这种天然气称为瓦斯。

（5）油溶气：是指溶解于油藏原油中的天然气。

（6）水溶气：是指溶解于地层水中的天然气。

（7）天然气水合物：是指由水与天然气（主要是甲烷）结合形成的白色固态的结晶物。

天然气在地下存在的形式又可分为伴生气和非伴生气两种。

（1）伴生气：伴随原油共生，与原油同时被采出的油田气。其中伴生气通常是原油的挥发性部分，以气的形式存在于含油层之上，凡有原油的地层中都有，只是油、气量比例不同。即使在同一油田中的石油和天然气来源也不一定相同。它们由不同的途径和经不同的过程汇集于相同的岩石储层中。

（2）非伴生气：包括纯气田天然气和凝析气田天然气两种，在地层中都以气态存在。凝析气田天然气从地层流出井口后，随着压力的下降和温度的下降，分离为气液两相，气相是凝析气田天然气，液相是凝析液，称为凝析油。

一、天然气中的主要气体

1. 甲烷

甲烷是天然气的主要成分，是一种有机化合物，分子式是 CH_4，甲烷是最简单的有机物，也是含碳量最小、含氢量最大的烃。甲烷是一种很重要的燃料，其密度为 $0.717kg/m^3$，相对密度为 0.5548，比空气轻。在标准压力的室温环境中，甲烷无色、无味；空气中的甲烷浓度达到 5%~15% 时，遇到火源会发生爆炸。作业现场所说的天然气一般指的就是甲烷，现场从钻井液中分离出的天然气（甲烷）允许安全地释放及扩散到大气中或燃烧掉。

甲烷毒性较低，当人员接触高浓度甲烷时，因空气氧含量相对降低造成缺氧窒息而引起中毒。空气中甲烷浓度达到 25%~30% 时，人员就会出现头昏、呼吸加速、运动失调症状，如浓度很高，患者可迅速死亡。

甲烷可以形成笼状的水合物，甲烷被包裹在"笼"里，这也就是常说的可燃冰。它是在合适的温度、压力、气体饱和度、水的盐度、pH 值等条件下，由水和天然气在中高压和低温条件下混合时组成的类冰的、非化学计量的、笼形结晶化合物，可燃冰主要储存于海底或寒冷地区的永久冻土带，比较难以寻找和勘探。

2. 硫化氢

硫化氢分子式为 H_2S，为无色酸性有毒气体，密度为 $1.363kg/m^3$，相对密度为 1.189，比空气重，极易聚集在低洼处，能在较低处扩散至相当远的地方，遇明火迅速引着回燃；硫化氢易溶于水及原油中，在 20℃、1 个标准大气压下 1 体积的水可溶解 2.9 体积的硫化氢，其溶解度随温度升高、压力降低而下降；硫化氢在低浓度时可闻到臭鸡蛋味，当浓度高于 $6.9mg/m^3$（4.6ppm）时，人的嗅觉迅速钝化而感觉不到硫化氢的存在。硫化氢与空气的混合浓度达到 4.3%~46%，遇到火源会发生爆炸，燃烧时为蓝色火焰，并生成危及人眼睛和肺部的二氧化硫（SO_2）。

硫化氢的毒性比一氧化碳大 5~6 倍，可与氰化物相比，是一种致命的气体。不同浓度硫化氢对人体的伤害见表 6-1。

表 6-1　不同浓度 H_2S 对人体的伤害

在空气中的浓度			暴露于硫化氢的典型特性
%（体积分数）	ppm	mg/m^3	
0.000013	0.13	0.195	通常，在大气中含量为 $0.195mg/m^3$（0.13ppm）时，有明显和令人讨厌的气味，在大气中含量为 $6.9mg/m^3$（4.6ppm）时气味就相当明显。随着浓度的增加，嗅觉就会疲劳，气体不再能通过气味来辨别
0.001	10	15	有令人讨厌的气味，眼睛可能受刺激，推荐的阈限值：8h 加权平均值
0.0015	15	22.5	推荐的 15min 短期暴露范围平均值
0.002	20	30	在暴露 1h 或更长时间后，眼睛有烧灼感，呼吸道受到刺激
0.005	50	75	暴露 15min 或以上的时间后嗅觉就会丧失；时间超过 1h，可能导致头痛、头晕和(或)摇晃；超过 $75mg/m^3$（50ppm）将会出现肺浮肿，也会对人员的眼睛产生严重刺激或伤害
0.01	100	150	3~15min 就会出现咳嗽、眼睛受刺激和失去嗅觉；在 5~20min 过后，呼吸就会变样、眼睛就会疼痛并昏昏欲睡；在 1h 后就会刺激喉道；延长暴露时间将逐渐加重这些症状
0.03	300	450	明显的结膜炎和呼吸道刺激
0.05	500	750	短期暴露后就会不省人事，不迅速处理就会停止呼吸；头晕、失去理智和平衡感。需要对患者迅速进行人工呼吸和(或)心肺复苏术
0.07	700	1050	意识快速丧失，不迅速营救，呼吸就会停止并导致死亡。必须立即采取人工呼吸和(或)心肺复苏术

第六章　气侵特性及其对井内压力的影响

续表

在空气中的浓度			暴露于硫化氢的典型特性
%（体积分数）	ppm	mg/m³	
0.10+	1000+	1500+	立即丧失知觉,会产生永久性的脑伤害或脑死亡。必须迅速进行营救,应用人工呼吸和(或)心肺复苏术

硫化氢及其水溶液对金属有强烈的腐蚀作用,如果溶液中同时含有二氧化碳或氧气,其腐蚀作用更快。硫化氢对金属材料的腐蚀主要表现为电化学失重腐蚀、氢脆、硫化物应力腐蚀开裂等三种形式。在钻井施工过程中,硫化氢可对钻具和井控设备产生氢脆腐蚀,造成钻具断裂和井口设备损坏,使井控工作进一步复杂化,甚至引发井喷失控。硫化氢及其水溶液会加速橡胶、浸油石墨、石棉等非金属材料密封件的老化。

钻井作业中,硫化氢的来源主要有以下几个方面：

（1）热作用于油气层时,石油中的有机硫化物分解,产生硫化氢。地层埋藏越深,地温越高,硫化氢含量将会增加。例如,井深2600m,硫化氢含量为0.1%~0.5%,而井深超过2600m或更深,则硫化氢含量将达到2%~23%。地层温度达到200~250℃,热化学作用将加剧而产生大量硫化氢。

（2）石油中的烃类和有机质通过储层水中的硫酸盐的高温还原作用而产生硫化氢。

（3）通过裂缝等通道,下部地层中硫酸盐层的硫化氢上窜而来。在非热采区,因底水运移将含硫化氢的地层水推入生产井而产生硫化氢。

（4）某些化学处理剂在高温作用下热分解以及钻井液中的细菌作用,产生硫化氢。

（5）含硫的地层流体（油、气、水）侵入井内。

3. 二氧化碳

二氧化碳分子式为CO_2,常温常压下是一种无色无味的气体,也是一种常见的温室气体,空气中二氧化碳占大气总体积的0.03%~0.04%。二氧化碳的密度为1.997kg/m³,相对密度为1.53,比空气重,溶于水。二氧化碳的化学性质不活泼,不能燃烧,通常也不支持燃烧,属于酸性氧化物,与水反应生成的是碳酸。

二氧化碳不是有毒气体,空气中二氧化碳浓度低于2%时,对人没有明显的危害,但当空气中二氧化碳浓度超过一定限度时,则会使肌体产生中毒现

象，如头晕、头痛、全身酸软、胸闷、憋气、昏迷等症状，高浓度的二氧化碳则会让人缺氧窒息。

钻井液中二氧化碳的来源主要有以下几个方面：

(1) 钻井过程中，空气中的二氧化碳溶解进入钻井液。

(2) 钻井液处理剂相互反应或处理剂在高温高压下分解产生二氧化碳。

(3) 处理钙侵和水泥侵时加入纯碱等材料，因化学反应产生二氧化碳。

(4) 地层中含二氧化碳的天然气侵入钻井液。

若钻井液被二氧化碳污染而变质失效，防控措施不当则会发生井下复杂和增加井控风险，严重影响钻井施工的安全。二氧化碳污染钻井液的危害机理主要体现在：

(1) 地层中大量的二氧化碳进入钻井液，使二氧化碳含量增加，造成黏土等低密度固相物质形成细分散，使钻井液黏度、切力大幅度上升。

(2) 污染钻井液，pH 值迅速降低，导致钻井液中的处理剂失效。钻井液受二氧化碳污染后，由于大量碳酸氢根离子的存在，pH 值迅速降低，导致碱性环境中才能有效发挥作用的处理剂功效下降，钻井液表现出不接受降黏剂处理，黏度、切力难以控制。

(3) 侵入的二氧化碳在钻井液中形成细分散微泡，导致钻井液切力大幅度升高，初切、终切接近，流变性恶化，尤其是高密度钻井液更为突出。

(4) 低密度钻井液受到二氧化碳污染，通常表现为钻井液大量起泡，随着二氧化碳污染量的增大，钻井液黏度、切力和滤失量均略有增加，pH 值降低。

(5) 高密度钻井液受到二氧化碳污染则不会有明显的"起泡现象"，失水变化不大，但是黏度、切力变化明显，初切、终切数值拉近甚至相等，滤饼质量变差。当出现严重二氧化碳气侵，未溶解的二氧化碳气体完全分散进入钻井液形成高度细分散微泡，引起明显的流态变化，尤其是固相含量很高的超高密度钻井液甚至可能会在较短的时间内失去流动性。

二、天然气的特性

1. 压缩性与膨胀性

气体与液体最显著的差别在于其可压缩性和膨胀性。气体受到的压力增大，其体积减小；气体受到的压力减小，其体积增大。这种特性可用下面的公式来描述：

第六章 气侵特性及其对井内压力的影响

$$pV = ZnRT \tag{6-1}$$

或

$$\frac{p_1 V_1}{Z_1 T_1} = \frac{p_2 V_2}{Z_2 T_2} = 常数 \tag{6-2}$$

式中 p——气体所受到的绝对压力，MPa；

V——气体的体积，m^3；

Z——气体的压缩性系数；

n——气体的物质的量，mol；

R——气体常数，$J/(K \cdot mol)$；

T——气体的热力学温度，K。

由于井筒内的气体压缩性系数及温度的变化对其影响并不太大，在不考虑这些因素时，式(6-2)可简化变为：

$$p_1 V_1 = p_2 V_2 \tag{6-3}$$

由式(6-3)可以看出，气体压力增大一倍，体积减小一半；相反，气体压力减小一半，体积增大一倍，这就是波意耳定律。

在起钻过程中，由于抽汲等因素的影响，若有少量的地层气体（天然气）进入井内，在其向上运移的过程中，体积会随着所受钻井液液柱压力的减小而增大，造成环空液柱压力逐渐减小，使井筒内压力系统由正平衡逐渐转为欠平衡，导致溢流的发生。如果是在井底压力小于地层压力的情况下，气体进入井内，若不及时关井，气体向上运移时体积膨胀，造成井底压力进一步降低，则会加剧溢流的发展。特别是井底的高压气体运移至井口附近时，由于体积急剧膨胀，将会使溢流急剧加速，很快造成液柱压力迅速降低，形成井喷。另外，在处理气体溢流时，由于气体的膨胀，会导致过高的套压，一方面可能造成地下井喷；另一方面直接威胁到井口的安全，如引起防喷器、地面管汇、井口附近的套管刺漏甚至憋爆，导致压井失败甚至井喷失控。

因此，对于气体溢流来说，更要强调及时发现溢流并迅速关井的重要性。

2. 密度低

天然气的密度与钻井液、地层水、原油相比要低得多，在常温下水的密度是天然气密度的1000倍以上。

由于天然气的密度低，地层中的天然气与钻井液有强烈的置换性，不论是开井还是关井，是循环还是静止，进入井筒的气体向井口的运移总是要产生的。在开井状态下，气体在井内膨胀上升，会改变井内的平衡状态，并加剧溢流的发生；在关井状态下，气体在井内带压上升，会导致井内各处压力均升高，威胁关井的安全，或将地层憋漏，造成地下井喷，给事故处理带来更大的难度。

因此，发生气侵或气体溢流时，要及时关井和组织压井。

3. 易扩散、易燃、易爆

天然气中主要成分为甲烷，作为燃料的天然气具有易燃易爆的特点。天然气的这一特点导致大部分天然气井井喷失控后都引发着火，或是在关井和压井过程中，由于井口设备刺漏，最终引发井口爆炸着火。如果井喷失控瞬间未着火，或在抢险过程中某种原因导致火焰熄灭，由于天然气的扩散性，会以井眼为中心向井场四周扩散，或向下风方向扩散，在这个过程中，遇到火源同样可能发生着火或爆炸。

因此，天然气井的井场规格、设备布置，要充分考虑防火要求。另外，在关井和压井以及在井控抢险过程中，要做好井场及周围的消防工作，防止着火。

4. 易含有硫化氢

世界上已发现的气藏中，几乎都存在硫化氢气体，硫化氢是有毒气体，对人员、设备、环境等都会造成严重伤害。硫化氢对现场施工人员的人身安全造成威胁；硫化氢对钻具和井控设备产生氢脆腐蚀，造成钻具断裂和井口设备损坏，使井控工作进一步复杂化，甚至引发井喷失控；硫化氢能加速非金属材料的老化，使井控设备中的密封件失效而威胁到关井的安全；硫化氢对水基钻井液具有较大污染，甚至使之形成流不动的冻胶。

因此，钻探含硫化氢天然气井比普通油气井具有更大的风险，一旦发生井喷失控，容易造成灾难性的后果。

5. 对密封性要求更高

天然气侵入井筒后，在钻井液中会自动向上滑脱运移。气体的渗透性比液体要高得多，对套管、油管、井控设备等密封性能提出更高的要求。一旦发生泄漏，很容易引起井喷失控甚至着火。

由于天然气的上述几个特性，使天然气井的井控问题变得更加复杂，处理不当很容易引发井喷，甚至井喷失控着火事故。因此，必须研究和掌握天然气气侵的方式及特性、天然气对井内压力影响所带来的井控技术问题，从而保证钻井作业的井控安全。

第六章 气侵特性及其对井内压力的影响

第二节 气体侵入井内的方式及状态

一、气体侵入井内的方式

1. 岩屑气侵

在钻开气层的过程中，随着岩石破碎和岩屑进入井内，岩石孔隙中的天然气被释放出来而侵入钻井液。侵入天然气量与岩石的孔隙度、含气饱和度、井径、机械钻速和气层的厚度成正比。如果是薄气层，侵入钻井液的天然气较少；如果是钻开大段气层，应控制机械钻速，从而控制单位时间内侵入钻井液中的天然气量。钻井液循环到地面后，应进行地面除气，以防止天然气重新进入井内而对钻井液液柱压力产生不利影响。

岩屑气侵的特性包括：
(1) 只要在油气层中钻进，岩屑气就始终存在。
(2) 环空中的岩屑气随钻井液循环上升而体积膨胀。
(3) 岩屑气随钻井液返至地面，录井气测全烃值会明显升高。
(4) 返至地面的含气钻井液，其密度下降明显。
(5) 单纯的岩屑气侵，液柱压力基本不变或降低非常少。
(6) 油气层钻穿后，钻井液密度和气测全烃值会逐步恢复正常。

2. 置换气侵

当钻到大段的气层，特别是大的裂缝或溶洞时，由于钻井液密度比天然气密度高很多，在密度差的影响下产生重力置换，裂缝或溶洞中的天然气被钻井液置换至井内，在井底容易积聚形成气柱。

3. 扩散气侵

气层中的高浓度气体穿过滤饼向井内扩散，而侵入钻井液，侵入井内的天然气量与钻开气层表面积、浓度差和滤饼的质量等因素有关。一般通过滤饼侵入井内的天然气量不大，尤其在循环状态时，侵入的少量天然气会被上返的钻井液冲散并返至地面，此时对液柱压力基本没有影响。但当滤饼受到破坏或停止循环时间很长时，扩散进入的气体量会增大，空井或井眼长时间停止循环时,扩散入井内的气体就容易在井底积聚。因此,要尽量减少停止循环的时间。

以上三种情况表明,即使在井底压力大于地层压力时,天然气也会通过以上几种方式侵入井内。发生气侵的钻井液,应及时通过地面除气设备进行清除。

4. 气体溢流

井底压力小于地层压力时,气体由气层以气态或溶解状态大量地流入和渗入钻井液,井底的负压差越大,进入井内的天然气越多。起钻时由于停止循环、抽汲作用等原因会使井底压力降低,同时又因较长时间停止循环,这就可能在井底积聚大量气体而形成气柱;出现岩屑气侵、置换气侵和扩散气侵后没有及时处理,逐步变得更加严重,从而使井内出现压力失衡,也会导致气体溢流。

因此,产生气侵或气体溢流若不及时关井处理,很快就可能发展成为井喷。不同气侵方式的对比和应对措施见表6-2。

表6-2 不同气侵方式的对比和应对措施

气侵方式	气侵工况	钻井液密度的影响	预防及处理措施
岩屑气侵	油气层中钻进就会存在	气侵量与钻井液密度高低无关	控制机械钻速,及时循环排气
置换气侵	油气层中更易出现,完井前都可能出现	钻井液密度越高,造成地层中被置换出的气体就会越多	尽量降低钻井液密度,控制机械钻速,大量气体被置换时要及时关井处理
扩散气侵	钻开油气层至下套管封固前均存在	钻井液密度提高可抑制侵入气量与运移速度	适当提高密度,并要减少停止循环的时间
气体溢流	刚钻开油气层时更易发生或发生其他气侵未及时处理	钻井液密度越低,侵入井内的气体就会越多、侵入速度越快	做好压力监测,使用合理密度钻井液钻开油气层;发生气侵要及时除气,防止液柱压力降低

二、气体在井内的状态

天然气侵入井筒后,呈气—液两相流动状态,形成泡状流、段塞流等形态。循环时,气体随着钻井液循环从环空中上返,同时在钻井液中滑脱上升。即使在停止循环时,钻井液中的气体由于密度低,在钻井液中也会滑脱上升。气体在井内的状态可简单地区分为两种状态:分散的气泡与连续的气柱。

1. 分散的气泡状态

大多数情况下,进入井内的气体,如岩屑气侵、扩散气侵或少量的置换

第六章 气侵特性及其对井内压力的影响

气侵等，由于受钻井液冲击及流动、钻柱旋转等影响，气体以气泡的形式散布在钻井液中。

2. 连续的气柱状态

如果因钻井液密度低，钻开油气层时造成气体溢流；大量的置换气侵或长期停止循环造成大量的扩散气侵；或者水平井的水平段较长时，气体可在井内积聚形成连续气柱。

第三节 气侵对井内压力的影响

一、气侵对钻井液密度的影响

地层中的气体刚侵入井内，处在井底，受到的压力大，体积小，对钻井液密度影响极小。气体从井底向井口上升过程中，由于所受液柱压力逐渐减小，气泡就逐渐膨胀，体积增大，单位体积钻井液中气体体积增多，钻井液密度则逐渐减小。当气泡上升至接近地面时，气泡体积膨胀到最大，而钻井液密度降低到最小。气体侵入井内后，井内钻井液密度随井深自下而上逐渐变小。

地面看到的钻井液中气泡的数量，并不能反映井底被气侵的程度。实际上仅有少量的气体进入钻井液，其密度变化甚微，此时应及时采取有效的措施除气，使泵入的钻井液保持原有密度，就不会有井喷危险。如果不及时而有效地除气，让密度低的气侵钻井液再次进入井内，则会造成井筒内钻井液受到进一步气侵，如此恶性循环，使井底压力不断降低，最终导致失去平衡，发生井喷。

二、气侵钻井液与井底压力变化

1. 气体侵入钻井液密度计算

$$\rho_{mh} = \frac{\alpha \rho_m}{\alpha + \dfrac{(1-\alpha)p_s}{p_s + 0.0098\rho_m H}} \quad (6-4)$$

式中 ρ_{mh}——在井深 H 处气侵钻井液密度，g/cm³；

α——地面气侵钻井液密度与气侵前钻井液密度的比值；
ρ_m——未气侵钻井液密度，g/cm³；
p_s——地面压力，MPa（开井时取 0.098MPa，关井时取关井套压值）；
H——计算井深，m。

2. 气侵钻井液液柱压力减小值

$$\Delta p_m = \frac{2.3(1-\alpha)p_s}{\alpha} \lg \frac{p_s + 0.0098\rho_m H}{p_s} \tag{6-5}$$

式中　Δp_m——受侵钻井液液柱压力减小值，MPa。

为了更直观地观察气侵对井内液柱压力的影响，假设井内钻井液密度分别为 1.20g/cm³ 和 2.16g/cm³，有少量气体侵入井筒，气体均匀分布在钻井液中，还未在井眼上部形成泡状流和段塞流的时候，分别计算在不同井深条件下，发生不同程度的气侵后对井内压力的影响，结果见表6-3。

表6-3　气侵对钻井液静液压力的影响

井深 m	钻井液密度为 1.20g/cm³						
	未气侵时静液压力 MPa	气侵后的钻井液密度为 1.08g/cm³		气侵后的钻井液密度为 0.90g/cm³		气侵后的钻井液密度为 0.60g/cm³	
		静液压力 MPa	压力减小值 MPa	静液压力 MPa	压力减小值 MPa	静液压力 MPa	压力减小值 MPa
305	3.587	3.548	0.039	3.469	0.118	3.232	0.355
1524	17.922	17.865	0.057	17.752	0.170	17.412	0.510
3048	35.844	35.780	0.064	35.651	0.193	35.266	0.578
6096	71.689	71.617	0.072	71.474	0.215	71.043	0.646
井深 m	钻井液密度为 2.16g/cm³						
	未气侵时静液压力 MPa	气侵后的钻井液密度为 1.94g/cm³		气侵后的钻井液密度为 1.44g/cm³		气侵后的钻井液密度为 1.08g/cm³	
		静液压力 MPa	压力减小值 MPa	静液压力 MPa	压力减小值 MPa	静液压力 MPa	压力减小值 MPa
305	6.456	6.409	0.047	6.25	0.206	6.045	0.411
1524	32.260	32.196	0.064	31.976	0.284	31.692	0.568
3048	64.520	64.448	0.072	64.202	0.318	63.885	0.635
6096	129.040	128.96	0.080	128.688	0.352	128.337	0.703

第六章　气侵特性及其对井内压力的影响

同样如图 6-1 所示，横坐标是气侵前的钻井液静液压力，纵坐标是气侵后井内钻井液液柱压力减小值。可以看出，气侵对钻井液液柱压力的影响，相对来说，浅井要大于深井。如图 6-1 所示，原井内的钻井液液柱压力为 60MPa，当返至地面气侵钻井液的密度降至只有原来的一半（$\alpha = 0.5$），井内钻井液液柱压力减小值约为 0.64MPa，约为原来钻井液液柱压力的 1.1%；而对于原井内的钻井液液柱压力为 4MPa 时，则井内钻井液液柱压力减小值为 0.37MPa，为原来钻井液液柱压力的 9.25%。无论是深井还是浅井，单纯的气侵对钻井液液柱压力减小的绝对值影响都是很小的（小于 0.7MPa）。

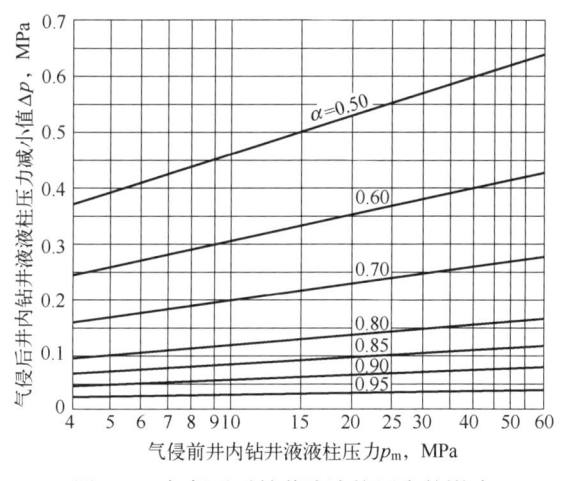

图 6-1　气侵后对钻井液液柱压力的影响

这表明，地面气侵很严重的钻井液，看起来好像有大量气体侵入钻井液，但是实际上井底只有少量的气体进入钻井液。由于气体的可压缩性，少量气体在井中并不排替更多钻井液，只有在气体接近地面时才膨胀得非常快。无论是深井还是浅井，天然气侵入钻井液后作用于井底静液压力减小的绝对值都很小，但这种差异，对深井和浅井的影响是不同的。井深时，压力减小值只有总液柱压力的 1% 左右；井浅时，压力减小值可以达到 10% 左右。不同井深会对井内压力平衡产生不同的结果，深井可能安全，浅井则不足以平衡地层压力，可能引起井喷，所以钻遇浅气层时任何钻井液密度的下降，都应该引起高度的重视。例如，一口 3000m 的直井，若有 $0.2m^3$ 的气体侵入井内，从井底到井口气体体积、气体所受压力与井底压力的变化如图 6-2 所示。

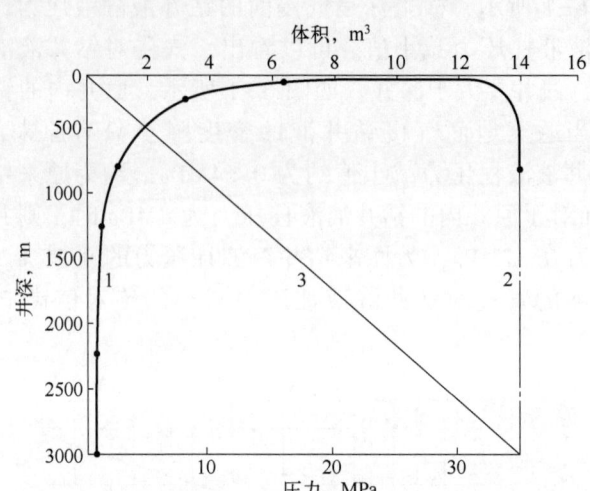

图 6-2 气侵后气体体积、气体所受压力及井底压力的变化
1—气体体积；2—井底压力；3—气体所受压力

从以上分析可以得出重要结论，仅仅由于气侵，井底钻井液液柱压力的减小是非常有限的。只要及时关井，关井立压及关井套压都为零，就说明井内钻井液液柱压力足以平衡地层压力。只要采取有效的除气措施，保证使泵入井内的钻井液保持原有密度，就不会有井喷的危险。

三、气侵后的注意事项

（1）钻井液发生气侵，密度随井深自下而上逐渐降低，不能用井口测量的密度值计算井内液柱压力。

（2）气侵对井内静液压力影响与井深有关。井越深，影响越小；井越浅，影响越大。

（3）钻井液被气侵，必须及时在地面进行除气后再使用。

（4）当发现钻井液被气侵、返出钻井液密度有明显下降时，不应急于加重提高钻井液密度。

（5）即使井口返出钻井液气侵很严重，停泵后，钻井液也可能会自动外溢，造成发生溢流的假象，但是通常情况下井内液柱压力并没有大幅度降低。

（6）发生钻井液气侵，只要停泵钻井液外溢，应采取的首要措施就是关井，根据关井压力再确定后续处理措施，是最为正确的做法。

第六章　气侵特性及其对井内压力的影响

第四节　井内气体膨胀与运移

一、开井状态下气体的运移

1. 井内气体的运移

在开井状态下，侵入井内的天然气靠密度差形成的浮力在钻井液中滑脱上升，并逐渐形成气泡甚至段塞。气泡或段塞所受的液柱压力会随着气体上升而逐渐降低，因此气体随之膨胀，并逐渐将井口附近的钻井液排出地面。根据波意耳定律：

$$p_1 V_1 = p_2 V_2 \quad (6-6)$$

气体承受的压力增大一倍，气体体积减小一半；相反，气体承受的压力减小一半，气体体积增大一倍。由于气体承受的压力受到其上方液柱压力的影响，而气体在运移过程中，其上方的钻井液密度并没有变化，因此等式进行简化后可表示为：

$$H_1 V_1 = H_2 V_2 \quad (6-7)$$

即：气体所处垂直井深增大一倍，气体体积减小一半；相反，气体所处垂直井深减小一半，气体体积增大一倍。

例如，假设井深为3000m，钻井液密度为1.20g/cm³，井眼直径为215.9mm，钻杆外径为114.3mm，环空因置换气侵或起钻抽汲造成0.26m³天然气侵入。井口敞开时气体运移的规律，如图6-3所示。在一些开始起钻就发生局部抽汲的井或钻至裂缝溶洞发生气体置换的井中，这种情况很容易发生。

气体上升到井深1500m，气体体积变为0.52m³，气柱高度变为20m，井底压力降到35.143MPa。在这个过程中，气体运移了1500m的距离，体积只增加了0.26m³。气体继续上升到井深750m处时，气体体积变为1.04m³，气柱高度变为40m，井底压力降到34.908MPa。在这个过程中，气体运移了750m的距离，体积增加了0.52m³。气体继续上升到井深375m处时，气体体积变为2.09m³，气柱高度变为80m，井底压力降到34.437MPa。在这个过程中，气体运移了375m的距离，体积增加了1.05m³。当气体上升到井口附近时，气体体积变为 8.35m³，气柱高度变为 320m，井底压力下降到 31.615MPa。

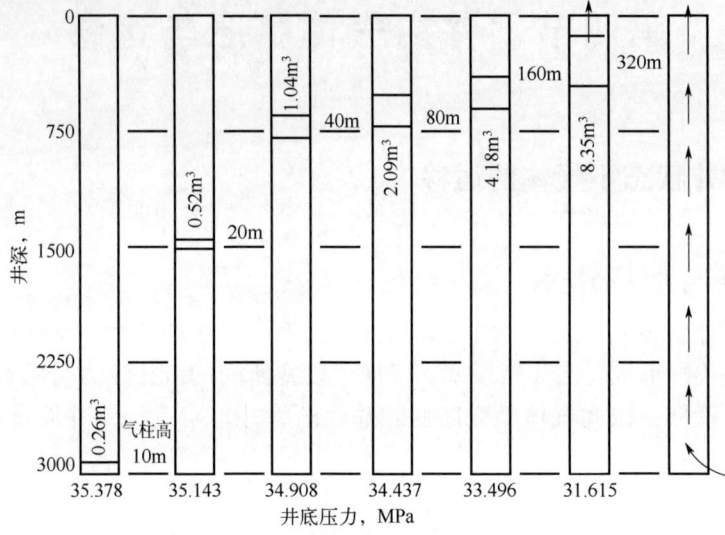

图 6-3 开井状态下气体运移的规律

气体上升到一定高度后，气体体积的膨胀就足以使上部钻井液自动外溢喷出，导致液柱压力降低，使得井底压力小于地层压力，造成地层中更多的天然气进入井内，引发更严重的溢流、井涌或井喷。

通过上面的例子可以得出以下结论：

（1）开井状态下，气体在井内上升时体积一直在膨胀，在井底时体积增加较小，越接近井口膨胀速度越快。

（2）气体越接近井口，钻井液循环罐液面上升速度越快，溢流量才变得比较明显。

（3）气体膨胀上升开始时对井底压力的影响很小，到接近井口时，井底压力明显降低。

由此可见，由于长时间停止循环或起钻抽汲，井底可能会聚集了相当数量的扩散气或抽汲气，若天然气形成气柱，由于密度差作用导致气柱上升膨胀，或开泵循环钻井液时造成气柱上升膨胀，到达某一深度时，就会发生钻井液明显外溢现象，尤其是天然气上升接近地面时，体积会迅速膨胀，从而取代井筒内大量的钻井液，大大降低了井底压力。为防止出现这样的情况，现场作业时应该尽量减少停止循环的时间，目的层井段起钻要控制速度，尽量减小抽汲压力，起完钻要尽快下钻，等钻头下至一定深度，再做其他必要

第六章　气侵特性及其对井内压力的影响

的辅助工作。

2. 溢流检查（流动测试）

由于在开井状态下，气体的膨胀是一个加速的过程，这就造成在钻井过程中，轻微的流量变化很难被发现，特别是在钻进、循环或起下钻过程中，单纯依靠监测钻井液循环罐液面变化很难做到及时发现气侵或溢流。为了保证作业的安全，可以采取溢流检查的办法。

所谓溢流检查就是停钻停泵或停止起下钻，保持钻柱静止的状态，通过观察判断井内流体是否在流动来判断溢流的方法，该方法又称为流动测试。溢流检查主要是在以下情况下进行：

（1）钻进过程中，当发现有钻速加快、放空或钻井液密度下降、气测值异常等现象时进行。

（2）起钻过程中，当钻头起至套管鞋或将要起到钻铤前，以及起钻中有任何异常现象时进行。

（3）下钻过程中，当钻头下到套管鞋、下钻到井深一半时，以及下钻中有任何异常现象时进行。

（4）空井的任何时间都进行。

（5）任何工况下，当发现工程参数、录井参数、钻井液性能等异常时进行。

溢流检查可以直接观察静止状态的井眼是否有钻井液流出，是一种积极主动发现溢流的措施。静止状态更方便现场人员及时发现与判断井筒是否正常，在进行溢流检查时，一旦确定井内流体在钻柱静止状态还在向外流动，即井口自动外溢，此时不管是什么原因造成的，都应立即关井。

井深、井眼尺寸、环空大小、钻井液性能、地层流体类型、地层渗透率、压差以及其他一些因素，都会影响溢流检查的时间长短。为正确做出判断，进行溢流检查的时间不应过短。一般观察时间不少于15min，当井深超过4500m或使用油基钻井液时，观察时间应至少30min。

1）钻进时的溢流检查

在钻进过程中，尤其钻到设计的目的层附近，当钻时突然加快或出现放空等异常信号时，就应采取积极的溢流检查措施：

（1）停止钻进，上提钻具至可直接关闭防喷器的状态。

（2）停泵，静止观察，确认钻井液是否自动外溢。

若有溢流显示，立即关井。若出口管无溢流显示，也应循环至少一个迟到时间，并做好钻井液密度及全烃值的监测。在确保井下一切正常时，才可恢复钻进。

2）起钻时的溢流检查

在起钻过程中，即便悬重、灌浆量等各种显示均正常，也应至少在钻头进入套管鞋和将要起到钻铤时，进行溢流检查：

（1）停止起钻作业，环空灌满钻井液。

（2）在钻具上安装内防喷工具并关闭。

（3）提起钻具至可直接关闭防喷器的状态。

（4）静止观察，确认钻井液是否自动外溢。

另外，对于油气活跃的井，在油气上窜速度满足安全作业时间的情况下，下钻过程中，也应进行溢流检查，并分段循环排除可能已经运移到钻头以上的气体。若后效严重，应通过节流循环，使用液气分离器除气，防止侵入井内的气体上升膨胀过程中引起溢流，甚至井喷。

在钻井作业中，出现任何异常且不能确定是否发生溢流的情况下，采取溢流检查，是判断和确定溢流最简便、最有效的检测方式。

二、关井状态下气体的运移

1. 井内气体的运移

天然气侵入井内后，由于天然气的特性影响，即使在关井状态下，气体也要滑脱上升。气体滑脱上升的速度主要取决于环空大小、钻井液黏度、气体与钻井液密度差等因素。假设气体在运移过程中体积和温度保持不变，就可根据关井后地面压力的变化，近似计算出井内气体的运移速度。

如图6-4所示，关井状态下，假设在 $t=t_1$ 时刻，气体处于井底，则此时井口压力（p_{a1}）为井底的气体压力减去其上方液柱的压力，计算方法如下：

$$p_{a1}=p_\text{气}-\rho_m gH_1 \qquad(6-8)$$

在 $t=t_2$ 时刻，气体向上运移了 H_m 的距离，则此时井口压力为（p_{a2}）为气体压力减去其上方液柱的压力，计算方法如下：

$$p_{a2}=p_\text{气}-\rho_m gH_2 \qquad(6-9)$$

由于还是关井状态，假设气体的温度和体积都未发生变化，根据波意耳定律，气体的压力也不变，根据井口压力的变化值，计算等式可以变为：

$$p_{a2}-p_{a1}=\rho_m gH_1-\rho_m gH_2=\rho_m gH_m \qquad(6-10)$$

第六章 气侵特性及其对井内压力的影响

$$H_m = \frac{p_{a2} - p_{a1}}{\rho_m g} \tag{6-11}$$

因此，计算出气体的运移距离（H_m）之后，再根据运移所用时间，就可用式(6-12)求出气体的运移速度（v_m）：

$$v_m = \frac{H_m}{t_2 - t_1} \tag{6-12}$$

由此可见，只要记录下地面压力的变化和相对应的时间，就可以计算出气体的运移速度及其在井眼内的位置。由于以上公式是在假设气体为单一体积单元的前提下推导出来的，而事实上，某些情况下气体常以气泡的形态存在，因此，运移高度和速度的计算值是近似值。

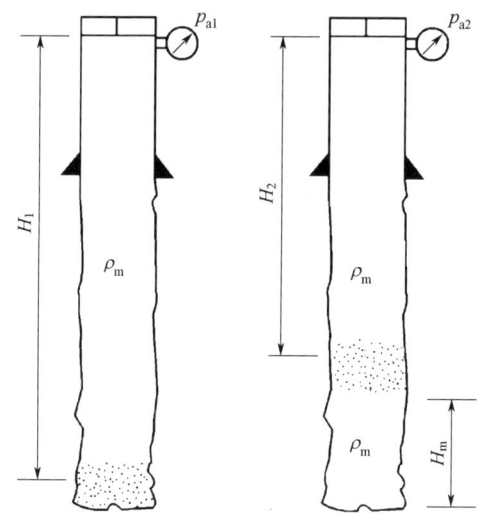

图 6-4　关井状态下气体运移速度

关井状态下，井内容积固定，假如钻井液未发生漏失，气体就不能膨胀，根据波意耳定律，气体体积不变，那么它就会始终保持着原来所承受的压力值不变。如图 6-5 所示，假设井内钻井液密度为 1.20g/cm^3，井深为 3000m，0.26m^3 气体侵入井内关井，此时的井底压力为 35.378MPa，气体所承受的压力就是 35.378MPa。当气体发生运移，而体积未发生变化，那么气体的压力就一直维持 35.378MPa，但气体以上的液柱压力减小，造成井口压力增大，增大的压力就是圈闭压力；同时气体以下的液柱压力也在增大，使得井底压力也增大。所以在关井状态下，气体的滑脱上升会导致整个井筒的压力不断地增大。

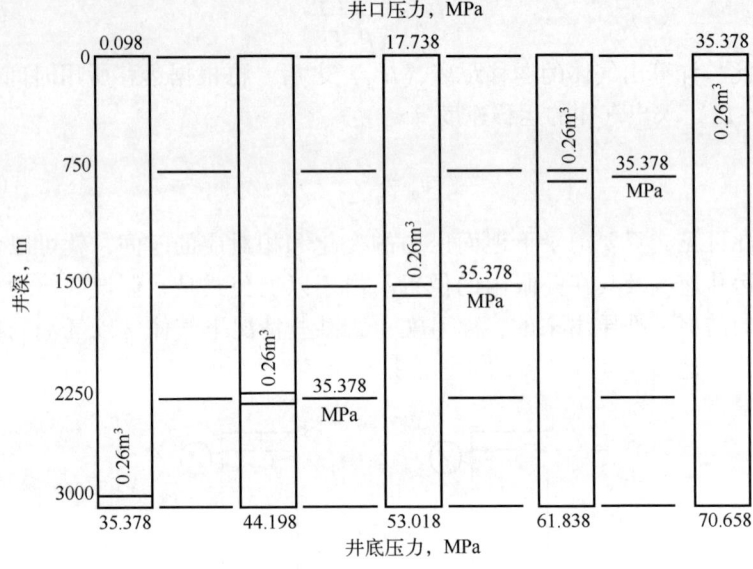

图 6-5 关井状态下气体运移

2. 关井状态下需要注意的事项

（1）在关井状态下，气体在带压滑脱上升过程中，关井立压和关井套压都会不断上升，作用在井眼各处的压力均在不断增大。也就是说，一口关井后井内存在钻井液液柱，而天然气不断在井口聚集的井，比喷空的井在井内不同深度处作用的压力更高。

（2）关井时，井口要承受很高的压力，要求井口防喷装置要有足够高的工作压力。

（3）气体滑脱上升引起井口压力不断升高，不能认为地层压力也在增大，不能录取这时的井口压力来计算地层压力。

（4）不应长时间关井而不做处理。因为长期关井将引起井口、井壁及井底产生过高的压力，井口压力有可能超过井口装置的额定压力而导致井口失控，井壁及井底压力超过薄弱地层承载能力而压漏地层，导致井下复杂。因此，一旦录取完溢流数据，应尽快实现节流循环和压井。

（5）若现场因设备原因不能及时实现循环，无法在短时间内实现节流循环排出井内气体时，应通过调节节流阀控制立压等于或略大于初始关井立压，定时释放掉由于圈闭压力引起的过高压力，以防造成井下的事故复杂。具体操作详见第八章第三节中的相关内容。

第六章　气侵特性及其对井内压力的影响

第五节　浅层气

一、浅层气的危害

浅层气是指埋藏深度比较浅、储量比较小，在目前的技术条件下无开发价值的气层。浅层气的特点是位于浅层，平面分布与总体积都很小，没有规律性，难以预测，但是对施工构成的危害很大。其危害主要表现在以下几个方面：

（1）浅层气储量小，预测困难，钻井过程中常常没有任何征兆就突然出现。

（2）浅层气对井内静液压力波动敏感。在浅层气井段钻进或起下钻，井筒钻井液液柱压力稍不平衡，天然气就会迅速进入井眼。因此，钻遇浅层气地层，起钻"拔活塞"最容易引起井喷。

（3）从溢流到井喷演变速度快，容易导致井喷事故。浅层气埋藏深度浅，而气体与液体密度差很大，会产生强烈的置换并滑脱上移。比油、水侵入井筒的速度快，短时间内就会运移到井口造成井喷甚至井喷失控。从溢流出现到井喷发生，往往只间隔几分钟且来势猛烈，在如此短的时间内很难采取有效措施控制溢流或井喷。

（4）浅层气井喷事故处理难度大。浅层气埋藏深度浅且地层疏松，套管鞋处地层承压能力弱，关井易憋漏地层，导致地下井喷；容易憋裂地层并延伸至地面，在井口周围喷出地面，对周围环境与人员造成巨大影响。由于不能有效地控制井口，井喷处理难度比常规井大。

（5）浅层气井喷事故损失大。浅层气井喷会在短时间内将井内钻井液喷空，造成井塌以致井眼报废；容易导致井喷失控，井壁砂石块及大量泥砂易随气流喷发出来，使套管及井口装置迅速磨损和失效；喷出的砂石撞击井架，常常引起井喷着火而烧毁钻井设备；一旦气体从井口周围地面喷出，将造成钻机下陷等重大问题。

二、浅层气溢流的预防与处理

目前，对浅层气的预防与处理主要从以下几个方面进行考虑。

1. 钻开浅层气前的准备工作

（1）在可能分布有浅层气的地区钻井，工程设计上要明确浅层气的提示并提出技术措施。在设计时要求制定钻遇浅层气时的应急预案，以便在钻遇时确认是关井还是分流。

（2）进行安全技术交底。施工前组织相关人员认真了解浅层气的危险性，掌握钻探浅层气的工艺技术，提高人员的防范意识，明确各岗位的职责，加强监控，争取尽早发现异常显示。

（3）储备足量重钻井液。开钻前配好重钻井液，密度比正常钻进时高 $0.20 \sim 0.30 \text{g/cm}^3$，体积为井眼容积的 5~6 倍。

（4）配备安装可靠的分流器。分流器的安装详见第十三章相关内容。

（5）按标准对井口装置试压。

（6）配备检测与报警装置。安装钻井参数检测仪、钻井液液面检测报警仪，并检测其可靠程度，特别是钻井液流量传感器必须灵敏可靠。

2. 浅层气井段钻井作业的井控措施

只有在井内下入足够深的套管或导管，并且套管鞋坐于较为坚硬的地层中时才能实施关井，维持井口压力；否则，钻遇浅层气只能分流放喷，不能完全封闭井口。一般情况下，导管或表层套管在软地层下入深度小于500m，在硬地层下入深度小于300m时不能关井，只能进行分流放喷。

1) 钻进作业的井控措施

在预测有浅层气的地区钻进时，比较安全的施工步骤为：

（1）钻进时，首先用直径216mm的钻头钻领眼至设计井深。主要考虑较小的井眼泄流面积小，喷出物体积也较小；压井作业时重钻井液在较短时间就可以在环空形成液柱，有利于迅速控制井眼。

（2）对裸眼井段进行电测，确认浅层气是否存在。

（3）按所需尺寸进行扩眼后再下套管作业。

表层钻进应坚持使用流量传感器，流量传感器发出的信号比钻井液循环罐或沉砂池液面增加发出的信号来得早，能够尽早发现异常，争取较多的时间和降低处理的难度。由于浅层气井涌多发生在停泵接单根或起下钻过程中，因此钻进和接单根前如有流量异常显示，要停钻并尽量维持循环，一是可以给井底增加一定的附加压力，二是有利于避免浅层气在井内形成集中气柱，便于分散带出。

2) 起钻作业的井控措施

起钻作业是浅层气井段井控风险最高的工况，进行起钻前（包括短程起

第六章　气侵特性及其对井内压力的影响

下钻前）应进行抽汲测试：

(1) 起钻前，充分循环，确保钻井液具有良好的性能。

(2) 停泵进行溢流检查，由于井深较浅，观察 5~10min 即可。

(3) 循环 2min。

(4) 停泵并大幅度上提和下放来活动钻具 10min。

(5) 重新开泵循环，并在地面测量记录钻井液气测值和密度变化，确认停泵后环空循环压耗消失和起管柱的抽汲作用对井底压力的影响情况。

通过抽汲测试，确定可以满足起钻的安全要求时，再进行起钻作业。在起钻过程中，还应做好以下井控防控措施：

(1) 浅井段起钻时，特别注意起最初几个立柱时，每柱都要将环空灌满钻井液。

(2) 专人观察在每起 2 个立柱之间，井口有无钻井液外流。

(3) 在起钻过程中，要准确计量灌入的钻井液是否与起出的钻具体积相等，一旦发现有异常显示，立即采取关井分流措施。

(4) 在起钻中途关键节点，进行溢流检查。

上述方法是国内外众多石油公司经过长期生产实践总结出来的，且行之有效的成功经验，能够防控浅层气而不至于在钻进及起钻中突然发生井喷失控。

3. 关井与分流

钻遇浅层气发生溢流，是关井还是分流，取决于最大允许关井套压。最大允许关井套压的计算公式如下，它限定了引起地层破裂的地面压力。

$$p_{a\max} = (\rho_e - \rho_m)gH \tag{6-13}$$

式中　$p_{a\max}$——最大允许关井套压，MPa；

ρ_e——地层破裂压力当量密度，g/cm^3；

ρ_m——钻井液密度，g/cm^3；

H——薄弱地层的垂深，m。

在大多数情况下，薄弱地层是在距离地面最近的套管鞋处。如果发生井涌而关井，井涌流体就有可能憋裂地层窜到地面上来，使钻机陷入地下，同时也有着火的危险。

对于浅层气，分流的优点多于关井。原则上，当套管下得浅，套管鞋处地层不能承受关井压力或井涌流体有可能沿井口周围窜到地面时，均不能关井，应使用分流器放喷。发现浅层气进行分流时，应确保任何情况下井筒都

不会完全封闭，即在胶芯关闭环空以前，要提前打开出口阀门，且在关井分流过程中，一直保持出口阀门的开启状态。分流器关井分流程序详见第七章相关内容。

分流时要同时以最大泵速向井内泵入储备的重钻井液，由于重钻井液的密度不是通过准确计算得到的，压井在某种程度上就存在一定的盲目性。可以根据泵入加重钻井液后的放喷情况确定是对压井液继续加重，还是考虑注入重晶石塞或水泥塞，或者等待可能发生的井内坍塌或浅层气压力衰竭后停喷。

第六节　气体的溶解与油基钻井液

一、气体的溶解性

在温度、压力和组分相近的情况下，气体可以溶解于液体中，这种现象称为气体的溶解性。气体的溶解度除与气体本性、溶剂性质有关外，还与温度、压力有关：在压力一定时，其溶解度随着温度升高而减小，因为当温度升高时，气体分子运动速率加快，容易自液体中逸出。由于气体溶解时体积变化很大，因此其溶解度随压力增大而显著增大。

在钻井过程中，气体会溶解于钻井液中，也会从钻井液中逸出，气体在环空中存在的状态对环空压力的影响较大。随着压力的增大，气体在水基和油基钻井液中的溶解度随之增大；随着温度的升高，气体在水基和油基钻井液中的溶解度减小。气体在钻井液中的溶解性使得气侵变得更隐蔽，这会影响对溢流的正确判断，以致影响后续的控制措施。

对于水基钻井液，由于甲烷较难溶于水，即便在温度与压力影响下，也只有少量溶于水基钻井液，因此地面溢流监控较为明显，气体的运移都有规律可循。只有钻到富含二氧化碳的气藏时，才会因二氧化碳气体的溶解造成发现和处理的复杂。

使用油基钻井液时，因天然气易溶于油基钻井液，从而导致溢流的发现与处理变得更加复杂。

二、油基钻井液气侵后的特性

大多数油基钻井液是由柴油配制的,因此油基钻井液会燃烧,当地层中的天然气与油基钻井液混合后,更增加了其可燃的趋势。油气藏中像甲烷、硫化氢和二氧化碳这些气体都极易溶于油,溶解会掩盖侵入流体的存在。

近些年在常规钻井作业中油基钻井液应用逐渐普及,对碳氢化合物在油基钻井液中的溶解度进行了大量研究发现,在121℃(250°F)及以上温度和在48.26MPa(7000psi)及以上压力时,甲烷的溶解度是无限的,在此温度条件下,二氧化碳和硫化氢的溶解度比甲烷的溶解度更高,如图6-6所示。

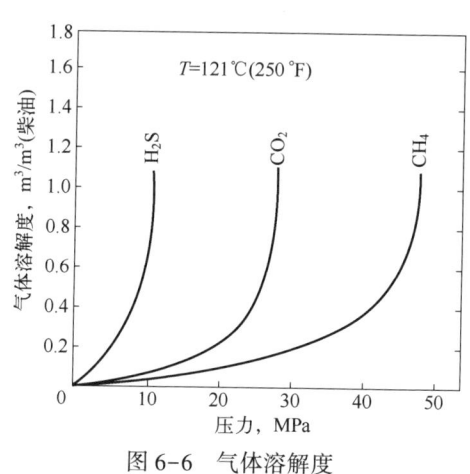

图6-6 气体溶解度

甲烷随温度的升高,其无限的溶解度所需压力反而会减少,在37.8℃(100°F)时所需压力约为55.16MPa(8000psi),在315.6℃(600°F)时所需压力接近20.68MPa(3000psi),而二氧化碳与硫化氢的溶解会随温度的升高而需更高的压力。不同温度下甲烷的溶解度,如图6-7所示。油基钻井液中基油含量对气体在钻井液中的溶解度影响相当大,基油含量每增加10%,相同温度、压力条件下,气体溶解度会增大约16%。

钻开油气层后,地层中的天然气侵入井筒,可能部分气体溶解在油基钻井液中。发生溶解后,会导致1m³天然气加上1m³油基钻井液产生不足2m³的混相物,从而使得现场通常所采取的方法来发现溢流变得更加困难。而当溶解气体的油基钻井液循环上升时,因受到的液柱压力逐渐减小,上升到某一高度或接近地面时,以溶解状态的气体会迅速在油基钻井液中逸出,其体

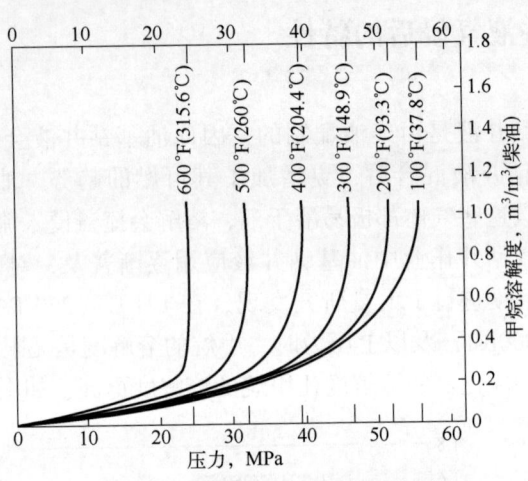

图 6-7　不同温度下甲烷的溶解度

积要增大几百倍，现场即使从发现溢流到控制住井口非常迅速，短短的时间内就已经出现很大的溢流量和较高的关井套压。

三、使用油基钻井液的注意事项

（1）油基钻井液相对水基钻井液，具有更大的可压缩性，因此停泵后，油基钻井液回流的时间要更长一些。

（2）使用油基钻井液，当地面发现轻微的溢流量关井后，实际上已经有远大于溢流量的天然气侵入到井内。

（3）发生气侵关井后，在相同溢流量的情况下，使用油基钻井液比水基钻井液所观察到的套压值可能更小，但当气体到达地面时，套压会比预期的更高。

（4）油基钻井液的密度受温度和压力影响，即便井底的钻井液没有被气侵，也可能出现密度降低的现象。

（5）采用油基钻井液时井控问题相当复杂，因此在钻开油气层、在油气层中钻进以及起钻过程中，更要主动采取溢流检查等溢流防控措施。

（6）进行溢流检查时，如果使用水基钻井液观察 15min 即可，而使用油基钻井液就应观察至少 30min。

（7）使用油基钻井液时，从发现溢流到演变为井喷会更加迅速和突然。因此，现场需要具备更快控制井口和正确处理溢流的能力。

第七章　关井程序

发生溢流后现场就要通过井控设备迅速关井,正确有效关井是防止发生井喷的关键。迅速关井可阻止地层流体继续进入井内;可保持井内有更多的钻井液来维持环空液柱压力;可确保关井后有较低的关井套压值;可准确计算地层压力和压井液密度。

第一节　关井方法

一、关井的原则

1. 关井要及时、果断

发生溢流后,准确无误地迅速关井是防止井喷的唯一正确措施。发现溢流后关井越早、越快,溢流量就越小,从而可以最大限度地减少静液压力的损失;静液压力越高,井口压力越低,井控作业的风险就越小。所以,应该在发现溢流的第一时间进行关井。

2. 关井套压不能超过最大允许关井套压

关井中为确保地面设备、套管的安全和地层不被压裂,必须控制关井套压不大于最大允许关井套压。最大允许关井套压应是井口装置额定工作压力、套管最小抗内压强度的80%和地层破裂压力所允许的井口关井最大套压值三者中的最小值。通常一口井最薄弱的部分是在最后一层套管鞋下的地层处,即此处地层破裂压力所允许的井口关井最大套压值最小。

二、管汇各阀门开关状态

正常待命工况下35MPa压力级别的节流管汇、压井管汇和防喷管线各阀门的编号如图7-1所示。根据SY/T 5964—2019《钻井井控装置组合配套、安

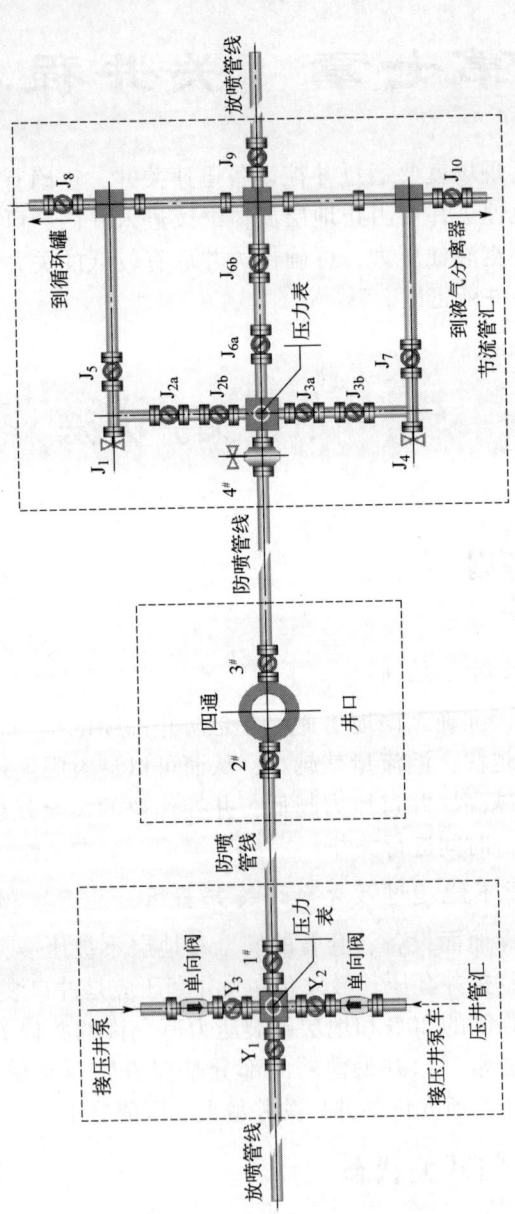

图 7-1 井控管汇各阀门编号示意图

装调试与使用规范》，管汇上各阀门的开关状态见表7-1。

表7-1 管汇上各阀门开关位置

阀门编号	阀门类型	开关状态
$2^{\#}$、$3^{\#}$、J_{2a}、J_{2b}、J_{3a}、J_5、J_{6a}、J_7、J_8	平板阀	开
J_1、J_4	节流阀	半开（开3/8~1/2）
$1^{\#}$、$4^{\#}$、J_{3b}、J_{6b}、J_9、J_{10}、Y_1、Y_2、Y_3	平板阀	关

三、软关井与硬关井

发生溢流后有两种关井方法：一是硬关井，指一旦发现溢流或井涌，立即关闭防喷器的关井方法；二是软关井，指发现溢流关井时，先打开节流管汇一侧的通道，再关防喷器，最后关闭节流管汇的关井方法。

硬关井时，由于关井动作比软关井少，所以关井速度快，但井口防喷器受到"水击效应"的作用，特别是溢流发现得晚，高速油气冲向井口时，对井口防喷器作用力很大，存在一定的危险性。软关井的关井时间长，但它防止了"水击效应"作用于井口，还可以在关井过程通过逐步关闭节流阀进行试关井，防止过高的套压造成关井失败。

硬关井的主要优点是地层流体进入井筒的体积小，即溢流量小，而溢流量是井控作业能否成功的关键。因此，在一些要求溢流量尽可能小的井中，例如含硫油气井，如果井口设备和井身结构具备条件，可以考虑使用硬关井。另外，若能做到尽早地发现溢流显示，则硬关井产生的"水击效应"就较弱，也可以使用硬关井。按硬关井制定的关井程序比按软关井制定的关井程序简单，控制井口的时间更短。作业现场关井程序的选择，还要依据各油气田井控实施细则的规定和根据现场具体情况来确定。

第二节　常规关井程序

具体的关井程序由于各油田的规定不同而略有差别。但有一点是共同的：必须关闭防喷器，以最快的速度控制井口，阻止溢流的进一步发展。

一、软关井操作程序

1. 钻进时发生溢流

(1) 发出报警信号。由司钻发出不少于 15s 的长笛报警信号，其他岗位人员按照井控岗位分工，迅速到达关井操作位置。

(2) 停转盘（停顶驱），停泵，上提钻具至合适位置。司钻停止钻进作业，上提钻具使钻头提离井底，使钻杆接头提出转盘面 0.5m 左右。对于高底座钻机，要避免钻杆接头处于防喷器半封闸板关闭的位置。

(3) 开启液（手）动平板阀。如果 4# 平板阀是液动平板阀，安装有司钻控制台时，由司钻通过司钻控制台打开液动平板阀，副司钻在远程控制台观察液动平板阀控制手柄的开关状态；未安装司钻控制台时，由副司钻通过远程控制台打开液动平板阀。如果 4# 平板阀为手动平板阀，则由相关岗位人员负责打开手动平板阀。

(4) 关防喷器。由司钻发出两声短笛的关井信号后，关闭防喷器。如安装了司钻控制台，由司钻通过司钻控制台关防喷器，副司钻在远程控制台观察防喷器相应控制手柄的开关状态，若发现防喷器控制手柄没有到位或司钻控制台操作失误，要立即纠正；如未安装司钻控制台，由副司钻在远程控制台关防喷器。防喷器组合中有环形防喷器时，先关环形防喷器。有两套可用半封闸板时，若需关闭半封闸板，优先使用上半封闸板防喷器。

(5) 关节流阀试关井。如果是液动节流阀，由相关岗位人员操作节流管汇控制箱关闭液动节流阀；如果是手动节流阀，则直接操作节流阀实施关闭。对于不能断流的节流阀，在节流阀关闭到位后还要将该阀上游的平板阀关闭，实现完全关井。

(6) 录取关井立压、关井套压及钻井液增量。关井后，相关岗位人员观察并记录关井立压、关井套压以及钻井液增减量，并汇报给司钻和值班干部。

2. 起下钻杆时发生溢流

(1) 发出报警信号。

(2) 停止起下钻杆作业。司钻操作将井口钻杆坐在转盘上，组织做好抢装钻具内防喷工具的准备。

(3) 抢装钻具内防喷工具。由司钻组织井口人员抢装钻具止回阀或旋塞阀。内防喷工具接好且已经控制钻具水眼后，将钻具提离转盘，并确保钻杆

第七章 关井程序

接头避开防喷器半封闸板关闭的位置。

（4）开启液（手）动平板阀。在抢装钻具内防喷工具过程中，就可同时打开平板阀。

（5）关防喷器。

（6）关节流阀试关井，关其上游平板阀。

（7）录取关井立压、关井套压及钻井液增量。

3. 起下钻铤时发生溢流

（1）发出报警信号。

（2）停止起下钻铤作业。由司钻操作将井口钻铤坐在转盘上，组织做好抢接防喷单根或防喷立柱的准备工作。

（3）抢接防喷单根或防喷立柱。根据设备和井口情况，司钻组织抢接防喷单根或防喷立柱，接好且已经控制钻具水眼后，调整钻具高度，确保钻铤及钻杆接头避开防喷器半封闸板关闭的位置。

（4）开启液（手）动平板阀。在抢装防喷单根或防喷立柱过程中，就可同时打开平板阀。

（5）关防喷器。

（6）关节流阀试关井，关其上游平板阀。

（7）录取关井立压、关井套压及钻井液增量。

4. 空井时发生溢流

（1）发出报警信号。

（2）开启液（手）动平板阀。

（3）关全封闸板防喷器。

（4）关节流阀试关井，关其上游平板阀。

（5）录取关井套压及钻井液增量。

二、硬关井操作程序

1. 钻进时发生溢流

（1）发出报警信号。

（2）停转盘，停泵，上提钻具至合适位置。

（3）关防喷器，实现关井。

（4）关节流阀上游的平板阀。

（5）开启液（手）动平板阀。

（6）录取关井立压、关井套压及钻井液增量。

2. 起下钻杆时发生溢流

（1）发出报警信号。

（2）停止起下钻杆作业。

（3）抢装钻具内防喷工具。

（4）关防喷器，实现关井。

（5）关节流阀上游的平板阀。

（6）开启液（手）动平板阀。

（7）录取关井立压、关井套压及钻井液增量。

3. 起下钻铤时发生溢流

（1）发出报警信号。

（2）停止起下钻铤作业。

（3）抢接防喷单根或防喷立柱。

（4）关防喷器，实现关井。

（5）关节流阀上游的平板阀。

（6）开启液（手）动平板阀。

（7）录取关井立压、关井套压及钻井液增量。

4. 空井时发生溢流

（1）发出报警信号。

（2）关全封闸板防喷器，实现关井。

（3）关节流阀上游的平板阀。

（4）开启液（手）动平板阀。

（5）录取关井套压及钻井液增量。

第三节　特殊情况下的关井

一、下套管或尾管时发生溢流

下套管或尾管时发生溢流，通常与起下钻杆工况的关井程序一样。如果

第七章 关井程序

尾管已快接近井底,在确保井控安全的情况下,应尽量强行下到预定的位置。如果尾管不能强行下到预定位置,也可考虑强行起到套管内,防止尾管在裸眼井段被卡。具体的控制措施在井控设计中明确或在下尾管之前制定好。

二、固井作业时发生溢流

在进行注水泥过程中发生溢流,按以下程序关井:
(1) 发出报警信号。
(2) 停止其他作业。
(3) 继续注替作业。固井施工人员听到报警信号后,要继续注水泥或替入钻井液作业,直至碰压为止。
(4) 开启液(手)动平板阀。
(5) 关与套管尺寸相符的防喷器。
(6) 调节节流阀,控制一定的井口回压,继续注水泥或替入钻井液作业,直到碰压为止。碰压结束后,再将节流阀上游的平板阀关闭以实现完全关井。
(7) 记录套管压力、井口压力、钻井液增量。如果套管压力为零,井口压力正常,证明溢流已经制止,按常规固井程序候凝;如套压不为零,说明溢流没有制止,应研究下一步措施并实施作业。

三、测井作业时发生溢流

测井作业时发生溢流,现场应视溢流的态势,对可能的井侵类型(油侵、气侵或水侵)进行快速判断与决策。若溢流不严重,且为水侵,则要求争取把电缆起出,然后按空井工况去完成关井程序;如果溢流有增大趋势,则由测井队安装电缆悬挂器后在井口剪断电缆,然后由钻井队完成关井程序;在特别紧急的情况下,可直接切断电缆,迅速按空井工况完成关井程序。

在测井施工前,现场应召开多方联席通报会,明确各方井控职责,特别要明确在什么情况下必须剪断电缆,以及由何人做出这一决策。测井队需要事先准备好应急断线钳、电缆悬挂器,在测井作业实施前,将电缆悬挂器转换接头与防喷单根连接好备用,应急断线钳放置于易拿取位置。需要注意的是,无论是强起电缆后关井,还是剪断电缆关井,关井过程都需要钻井队与测井队共同完成。因此,现场的协调指挥非常重要。

四、寒冷地区钻井时发生溢流

在气候寒冷地区作业时，设备和技术上都容易出现问题，如使用的地面高压管线、水龙带、节流阀与节流管线、电气控制等设备易冻结堵塞。在极寒冷区域钻进时，通常将防喷管线上的两个闸阀均紧靠四通连接，把节流阀关上，并在节流管汇及防喷管线里注满防冻的液体以防止冻堵。为防止在关井后等待压力稳定期间悬在空中的方钻杆及水龙带发生冰冻，可按以下程序操作：

（1）发出报警信号。
（2）停转盘，停泵，上提钻具至合适位置。
（3）开启液（手）动平板阀。
（4）关防喷器。
（5）关节流阀试关井。
（6）关方钻杆下旋塞阀并在其上方卸掉方钻杆，在旋塞阀上安装止回阀，打开旋塞阀。排出方钻杆及水龙带内的钻井液以利于防冻。
（7）待套管压力稳定后接方钻杆。
（8）求取并记录关井压力及钻井液增量。

在压井作业之前，若长时间等待，也需要卸掉方钻杆并排出方钻杆及水龙带内的钻井液。

五、套管下深较浅的关井分流程序

关井时，超过最大允许关井套压会压漏地层，这在浅地层中是比较普遍的。在井内压力较高的情况下，关井而不破坏最薄弱的地层，控制起来比较困难。分流器系统可以很好地解决这个问题，分流器可以阻止井内流体喷向钻台，并通过大直径放喷管线将井内流体引到井场外。分流器的关井分流程序如下：

（1）发出报警信号。
（2）停转盘。
（3）上提钻具至合适位置，停泵。
（4）打开分流器系统的放喷管线。
（5）关闭分流器。
（6）立即启动钻井泵，以最大排量向井内泵入重钻井液。

六、剪切钻具的关井程序

当因钻具内防喷工具失效或其他原因造成无法有效关井,采取其他措施也无法控制井口且井喷可能带来严重后果时,可用剪切闸板防喷器剪断井内钻杆,实施关井。根据 SY/T 5964—2019《钻井井控装置组合配套、安装调试与使用规范》中的规定,使用剪切闸板防喷器剪断钻具关井时,按以下程序操作:

(1) 确保钻具接头不在剪切闸板防喷器剪切位置后,锁定钻机绞车刹车系统。

(2) 关闭剪切闸板防喷器以上的环形防喷器和半封闸板防喷器,打开放喷管线泄压。

(3) 打开剪切闸板防喷器以下的半封闸板防喷器。

(4) 打开蓄能器旁通阀,关剪切闸板防喷器,直至剪断井内钻具关井;若未能剪断钻具,应由气动泵直接增压,直至剪断井内钻具关井。

(5) 关闭全封闸板防喷器,手动锁紧全封闸板防喷器和剪切闸板防喷器。

(6) 试关井。

七、含硫油气井的关井

若含硫油气井发生溢流且 H_2S 浓度达到 $30mg/m^3$ (20ppm) 的安全临界浓度时,其关井程序为发出报警信号,迅速背戴正压式空气呼吸器,后续操作与常规关井程序中的硬关井操作步骤相同。

第四节 关井中容易出现的错误

关井操作中的错误做法会使井眼控制更加复杂,甚至导致失控,应坚决杜绝。在关井操作中容易出现的错误主要包括以下几个方面。

一、发现溢流后不及时关井

发现溢流后若不及时关井,只能使侵入井内的地层流体越来越多,溢流更加严重。特别是天然气溢流，由于气体在向上运移中气体的体积膨胀，会排出更多的钻井液，很容易诱发井喷。同时还会造成关井和压井时井口、套管、地层承受更高的压力，甚至超过允许值，致使关井和压井变得复杂和困难。因此，发现溢流显示后无论严重与否，必须及时迅速地关井。

二、发现溢流后起钻头到套管内

现场人员担心在关井期间钻具处于静止状态而发生卡钻，所以力图把钻头起入套管内。这样做既延误了最佳的关井时机，又因起钻时的抽汲压力而使过多的地层流体侵入井内。关井时间的延误会造成严重的溢流，增加控制井口的难度，甚至恶化为井喷失控，其正确方法是发现溢流立即关井。

三、闸板与钻具尺寸不一致

如果半封闸板的规格与钻具本体外径尺寸不一致，闸板防喷器就无法有效地控制井口，导致井口失控。这种情况在使用复合钻具时尤其容易发生。因此，在使用复合钻具时应装与钻具尺寸相一致的闸板或使用有效的变径闸板，以便发现溢流时能及时、快速实施关井。

四、关井情况下活动钻具不当

如果在关井情况下不正确活动钻具，极易导致防喷器密封失效或损坏。若需要活动钻具，应使用环形防喷器，并调低控制防喷器的关闭油压，上下活动钻具时要控制速度和活动距离，不允许钻杆接头过胶芯。如果钻具、防喷器、井口压力等不具备条件，禁止活动钻具，在关闭防喷器的情况下，尤其是关闭闸板防喷器时，要以保护好井口装置为首要任务。如果井口装置发生问题，井喷失控会导致比卡钻更为严重的后果。

五、在钻具水眼敞开的情况下关闭环空

起下钻过程中发生溢流，应首先确保钻具内防喷工具已经控制钻具水眼，再关闭防喷器控制环空。如果直接关闭防喷器控制环空，将迫使井内流体从钻具水眼内喷出，使得在井口抢装钻具内防喷工具更加困难，甚至导致井口失控。

第七章 关井程序

六、在钻杆接头或加厚位置关井

司钻应清楚各闸板至转盘面的距离,关井时要确定钻具的提升高度,以便让钻杆接头及加厚位置避开防喷器闸板,使关井时半封闸板正对着钻杆本体位置,否则闸板关到钻杆接头位置,极易损坏闸板,并造成关井失败。

七、关井过程中急于打开环形防喷器

环形防喷器没有锁紧装置,因此相对于闸板防喷器不能长时间关井,很多在现场关井时,先关环形防喷器,随后关闭半封闸板防喷器,等确认闸板已经关闭到位后,就立即打开环形防喷器。这样的操作会增加远程控制台的耗油量,使蓄能器压力进一步降低,此时如发现井口未完全有效封闭,任何补充动作都可能因蓄能器压力不足而造成关井的复杂与险情。因此,发生溢流关井后,不要急于打开环形防喷器,确实需要打开环形防喷器时,也至少要等井口已经完全控制且蓄能器压力恢复到21MPa时再进行相应操作。

八、关井后不对密封情况进行确认

关井动作完成后,就认为控制住井口,如不对相关重点部件进行检查确认,小的泄漏会逐步导致封井的失败。关井后,现场人员要立即对关井后的设备密封情况进行确认,确保封井有效。一是观察井口出口管是否有液流,确认防喷器封闭环空密封有效;二是观察节流压井管汇下游的放喷管线出口、回收管线出口等是否有液流,确认节流压井管汇闸阀关闭密封有效;三是检查确认钻具水眼关闭密封有效。同时,还要检查防喷器液控系统各管线的连接处、闸板防喷器活塞杆二次密封处的观察孔、套管头侧通道及法兰顶丝等处,确保各处密封可靠。关井后及压井作业时,若有较高的立压,还要注意检查钻井泵安全阀的设定值是否满足后续作业要求。

九、未泄压情况下就实施开井

防喷器进行试压或压井后,在未进行泄压检查的情况下就直接液压开井,这样不仅会导致打开的井口可能突然喷溅出钻井液,还容易刺坏闸板前密封

或损坏闸板。因此任何情况下，在开井时都要首先打开节流管汇的通道，相关岗位人员在确认出口管无液流的情况下，再打开防喷器。开井程序为：

（1）发三声短笛开井信号。
（2）打开节流阀上游平板阀和回收管线上的平板阀。
（3）开节流阀。
（4）观察回收管线出口，确认无液流。
（5）打开防喷器。
（6）井控设备恢复待命状态。

第八章　关井后压力求取与控制

第一节　关井压力及相互关系

溢流关井后井筒的钻井液静液压力不能有效平衡地层压力，井底就会出现负压差，由于负压差的存在，地面将形成回压，在地面回压和井内钻井液静液压力的共同作用下使得井底压力能平衡地层压力，阻止更多地层流体流入井筒。此时，在钻具一侧形成的地面回压称为关井立压，其值的大小是地层压力和钻具内钻井液静液压力的差值；在环空一侧的地面回压称为关井套压，其值的大小是地层压力和环空一侧静液压力的差值。关井立压和关井套压统称为关井压力。

一、U 形管原理

当钻具在井底时，钻具水眼通过钻头水眼在井底与环空连通，将钻柱和环空视为一个连通的 U 形管，钻具水眼和环空可看作 U 形管的两侧，井底所在地层视为 U 形管底部。可用 U 形管原理描述井筒压力系统：在钻柱、环空、地层组成的 U 形管系统中，相互之间连通，它们之间的液体压力可以传递，U 形管底部是一个压力平衡点，此处的压力可通过 U 形管的任意一侧求得。溢流关井后，随着地层流体流入井筒，关井压力逐渐上升，井底压力也随之增大。当井底压力与地层压力达到平衡时，负压差消失，地层流体不再流入井筒，关井压力达到稳定状态，如图 8-1 所示。钻柱、环空、井底、地层的压力关系式为：

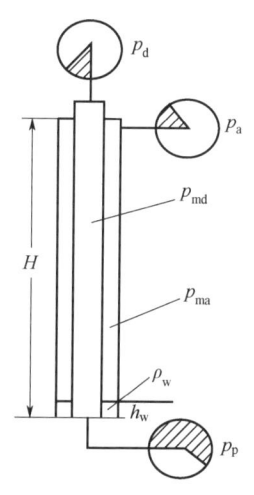

图 8-1　关井压力示意图

$$p_d + p_{md} = p_a + p_{ma} = p_b = p_p \tag{8-1}$$

式中 p_d——关井立压，MPa；
　　p_{md}——钻柱内液柱压力，MPa；
　　p_a——关井套压，MPa；
　　p_{ma}——环空液柱压力，MPa；
　　p_b——井底压力，MPa；
　　p_p——地层压力，MPa。

当关井压力稳定时，井底压力与地层压力达到平衡状态，此时井底压力等于地层压力。井底压力可由钻具和环空两侧计算，由式(8-1)可知，地层压力可由关井立压和关井套压两个方向进行求取，但由于环空受进入井筒地层流体的影响，钻井液密度难以精确计算，因此一般由关井立压计算地层压力。

二、关井立压与关井套压的关系

1. 关井立压与关井套压都等于零

当钻进时采用的钻井液密度能够平衡地层压力，并且钻井液附加的当量钻井液密度符合要求，钻开油气层后，地层中的天然气通过岩屑气侵、扩散气侵、置换气侵等方式侵入井眼环形空间，随着钻井液的循环不断上升，侵入气体受到的液柱压力降低，体积逐渐膨胀，从而推动上部钻井液从井口向外流出，停泵后，出口管就有溢流的显示。关井后，环空气侵的钻井液液柱压力降低较小且仍然能平衡地层压力。此时，就会出现关井立压、关井套压都等于零的现象。

2. 关井立压为零，关井套压大于零

当钻进时所采用的钻井液密度能够平衡地层压力，但是在钻井作业过程中由于地层流体侵入，未及时采取措施，进一步使得环空当量钻井液密度降低，导致溢流的发生。此种情况下由于地层流体会较多地侵入井筒环空，就会使环空的液柱压力小于地层压力，关井后需要地面回压辅助平衡地层压力，从而出现关井套压大于零的显示；而钻柱内的钻井液没有地层流体侵入或侵入非常少，钻柱内的钻井液当量密度下降可以忽略，仍然能平衡地层压力，所以关井后，观察到的关井立压为零。

3. 关井立压、关井套压都大于零，并且关井套压大于关井立压

当地层流体侵入井内，且所采用的钻井液密度不能平衡地层压力，就会

第八章 关井后压力求取与控制

出现关井立压、关井套压都大于零的显示。发生溢流时，地层流体进入井筒，由于环空间隙相对于钻头水眼尺寸而言更大，地层流体更容易侵入井筒环空，地层流体的密度通常低于钻井液密度，使得环空静液压力下降，低于钻柱内静液压力。根据 U 形管原理可知，钻柱和环空两侧在井底形成的总压力相等，即关井立压和钻柱内液柱压力的总压力等于关井套压和环空液柱压力的总压力。由于环空液柱压力低于钻具内液柱压力，因此会观察到关井套压高于关井立压。

在气层中钻井时，发现溢流越晚，关井越慢，侵入井内的地层气体就越多，井筒内气柱就越高，相对应的环空钻井液液柱的高度就越小，地面观察到的关井套压值就会较高；反之发现溢流越早，并能迅速正确地关井，侵入井筒的气体就会少，井筒内就会有更高的钻井液液柱，这样就会使得地面观察到的关井套压值较低。在关井后如果发现关井套压较高，此时不能通过打开节流阀的方式来降低关井套压，这样会适得其反，造成关井套压越来越高。其原因是，打开节流阀放喷，井筒内钻井液会经过节流阀向外流出，此时关井套压会暂时减小，但是随着井内的钻井液液柱高度减小，地层流体不断侵入，使得侵入井内的气柱高度增高，从而进一步推高了关井套压，造成严重的后果。当然，如果关井时关井套压已经达到或超过了最大允许关井套压，此时就必须打开节流阀有控制地释放井内钻井液，合理地控制套压，再采取相应措施。

4. 关井立压等于关井套压且大于零

发生溢流后，正常情况下关井套压会高于关井立压。但在一些特殊情况时，也会出现关井立压等于关井套压的现象。例如发生溢流关井后，钻头在溢流层位之上或溢流层以上钻具有刺漏点，地层侵入物对钻具一侧静液压力影响和对环空一侧的影响相同，因此关井立压等于关井套压，此时读取的关井立压不能准确地反映地层压力情况，不可用于计算压井液密度。水平井发生溢流后，侵入井筒环空的地层流体在水平段，侵入的流体不会影响环空的静液压力，此种情况下环空液柱压力与钻柱内液柱压力相同，因此关井立压等于关井套压。此时关井立压可准确地反映地层压力，可用于计算地层压力，但是仅通过关井套压无法准确了解地层流体侵入的程度，还需根据溢流增量来进行判断。

第二节 关井立压的确定

关井立压是关井后钻柱一侧的地面回压，是压井作业的关键数据之一，主要用于计算地层压力、压井液密度和初始循环立管压力。关井立压的准确读取是成功压井的前提条件。

一、钻具中未安装钻具止回阀时关井立压的确定

钻具中未安装钻具止回阀时，或所安装的钻具浮阀带有传压孔，此时关井立压可直接从立管压力表上读取。但需要注意的是，发生溢流后由于井筒周边的地层流体已进入井筒，致使井眼周围的地层压力下降，形成了压降漏斗，此时井筒周边的地层压力要低于实际地层压力，离井筒越远的地层越接近或等于原始的实际地层压力。只有当井筒周边的地层压力恢复到原始的实际地层压力，此时读到的关井立压值才是真正的地层压力与钻柱内钻井液静液压力之差。

井筒周围地层压力恢复到实际地层压力时间的长短和地层压力与井底压力的差值、地层流体特征、地层渗透率等因素有关。为了更准确地确定正确的关井立压，一般是在关井后每2min记录一次关井立压和关井套压，根据所记录的数据，绘制关井时间与关井立压的关系曲线，如图8-2所示。

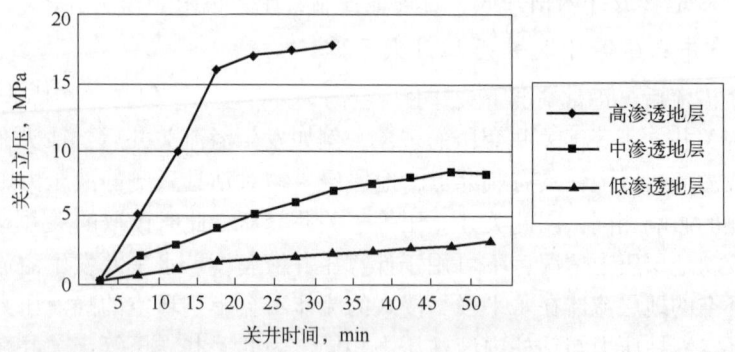

图8-2 关井时间与关井立压关系曲线

绘制出关系曲线后，找出关井立压数据趋于平稳的拐点，这个拐点所对应的压力值就是准确的关井立压。一般情况下，待关井后10~15min，井眼周围的地层压力恢复到原始地层压力，此时读取的立管压力值才是地层压力与钻柱内钻井液静液压力之差。对地层渗透率较差的地层而言，关井压力达到稳定的时间就需要更长，如果发生的是气体溢流，侵入井筒的气体会在井筒环空中发生带压运移，推动关井套压和关井立压持续上升，使得难以通过关井时间与关井立压关系曲线准确读取关井立压。对于这种情况，可以通过记录的关井套

第八章 关井后压力求取与控制

压辅助进行判断。当关井立压和关井套压同时达到相同的升高速率时，可以认为此时关井压力的升高是由气体带压运移造成的，找出关井立压达到与关井套压相同升高速率的点，该点所对应的值就基本确定是准确的关井立压值，再根据后面介绍的圈闭压力的检查与消除方法就可以得到较为准确的关井立压。

二、钻具中安装钻具止回阀时关井立压的确定

如果钻具中所装的是普通的钻具止回阀，则不能直接读取关井立压，可以采用不循环法和循环法确定。

1. 不循环法

不循环法又称为顶开法，是在不清楚压井泵速和该泵速下的循环压力时采用，具体方法如下：

（1）在井完全关闭的情况下，缓慢启动泵，以小排量的方式向钻具内泵入钻井液。

（2）注意观察套压，当套压出现变化，升高 0.5~1MPa 时停泵，读出此时的立管压力值（p_{d1}）。

（3）从读出的立管压力值中减去套压升高值（Δp_a），即为所测定的关井立压值。

$$p_d = p_{d1} - \Delta p_a \tag{8-2}$$

式中　p_d——关井立压，MPa；

　　　p_{d1}——停泵时立管压力，MPa；

　　　Δp_a——关井套压升高值，MPa。

使用不循环法求取关井立压时，由于是关井状态强行向井内泵入钻井液，因此要控制泵入量，关井套压略有增加即可，防止过高的压力憋漏地层。

2. 循环法

循环法是在清楚压井泵速和该泵速下的循环压力时采用，具体方法如下：

（1）缓慢启动泵，缓慢打开并调节节流阀，保持套压等于关井套压。

（2）保持套压始终等于关井套压，使泵速达到压井泵速。

（3）读出立管总压力（p_T），此时的立管总压力是关井立压和循环压力值的总和。用立管总压力减去该泵速下的循环压力（p_{ci}），其差值则为关井立压值。

$$p_d = p_T - p_{ci} \tag{8-3}$$

式中　p_d——关井立压，MPa；

p_T——立管总压力，MPa；

p_{ci}——已知泵速下的循环压力，MPa。

使用循环法求取关井立压时，尽量保持套压等于关井套压，但实际控制时，套压也可以略高于关井套压，可在循环法求取的关井立压基础上，再减去套压的升高值即可。

针对钻具中有浮阀的情况，无论是采用循环法还是采用不循环法，均需先将钻具内灌满钻井液，再进行关井立压的确定，尤其是下钻过程中在关井后的立压求取时更要注意。

三、圈闭压力的检查与消除

圈闭压力，就是在立管压力表或套管压力表上记录到的超过平衡地层压力的压力值。产生圈闭压力的原因主要有两点：一是关井时未及时停泵，钻井液继续泵入井筒，造成井内憋压，在硬关井或压井中途停泵与关节流阀配合不当时更易出现；二是关井后侵入井内的气体滑脱上升。用含有圈闭压力的关井立压值来计算地层压力是不准确的，会造成计算的地层压力及压井液密度比正常值要高。因此关井后，在记录关井压力时，都需要检查与消除圈闭压力。

圈闭压力的检查方法主要有以下两种。

1. 通过立压变化来检查圈闭压力

通过节流管汇的手动节流阀从环空放出少量钻井液，每次放出钻井液 40~80L，然后关闭节流阀和上游的平板阀，观察立管压力的变化。如果立管压力有下降，说明有圈闭压力，应再重复以上操作，直到立管压力停止下降为止。此时的立管压力才是真实的关井立管压力。如果放出钻井液后，立管压力没有变化，而套压有所升高，说明没有圈闭压力，套压升高是由于环空静液压力减小所引起的。

2. 通过套压变化来检查圈闭压力

当钻具中安装有钻具止回阀时，就不方便通过观察立压变化来检查圈闭压力。可以通过节流管汇的手动节流阀从环空放出少量钻井液，同时观察套压表，当压力略有下降（如 0.5MPa），然后关闭节流阀和上游的平板阀，观察套管压力的变化。如果下降后的套管压力没有立即上升，说明有圈闭压力，应再重复以上操作，直到套管压力立即恢复为下降前压力或略有上升为止。

需要注意的是，在使用不循环法或循环法求取关井立压时，也应先释放

第八章 关井后压力求取与控制

圈闭压力后,再进行求取,这样才可以得到更为真实的关井立压。

第三节 关井后套压的控制

发生气体溢流关井后,由于气体带压运移的影响,关井立压、关井套压会持续上升,存在接近或超过最大允许关井套压的情况,增加井控风险。因此,为了保证井控安全,避免套压过高造成井喷失控的情况,发生气体溢流关井后,要及时进行处理。通常可以采用司钻法,第一循环周用原钻井液循环排除井内气体,但对于空井、钻具水眼堵塞、地面动力丧失等无法及时通过正常循环处理的情况,则需要运用正确的处理方法来控制关井套压,常用的方法有立管压力法和体积法。

一、立管压力法

1. 立管压力法原理

通过手动节流阀,间断放出一定数量的钻井液,使天然气膨胀,气体压力降低。在释放钻井液的过程中,要控制立管压力始终略大于关井立压,从而保证井底压力始终略大于地层压力,以防止天然气再进入井内。

2. 操作方法

(1) 先确定一个比初始关井立管压力 p_d 高的允许立管压力值 p_{d1} 和需放压的立管压力值 p_{d2}。

p_{d1} 的确定是非常有必要的,通常取 p_{d1} 比初始关井立压 p_d 高 0.7~1.4MPa,防止释放钻井液时,由于压力波动或压力传递的滞后现象导致井底压力小于地层压力。p_{d2} 的确定要考虑地层的承压能力,一般取 p_{d2} 比 p_{d1} 高 0.35~1MPa。

如图 8-3 所示,例如:关井立压 $p_d=2$MPa,可取 $p_{d1}=3$MPa,$p_{d2}=4$MPa。

(2) 当关井立管压力 p_d 增加到 p_{d2},即 4MPa 时,通过打开手动节流阀释放少量钻井液,使立管压力下降到 p_{d1},即下降到 3MPa 时关井。

(3) 关井后,随着时间推移天然气继续上升,立管压力再次升到 p_{d2},即 4MPa 时,再按上述方法放压,然后关井。这样重复进行,可使井内压力在可控的情况下,让天然气逐步滑脱上升到井口。

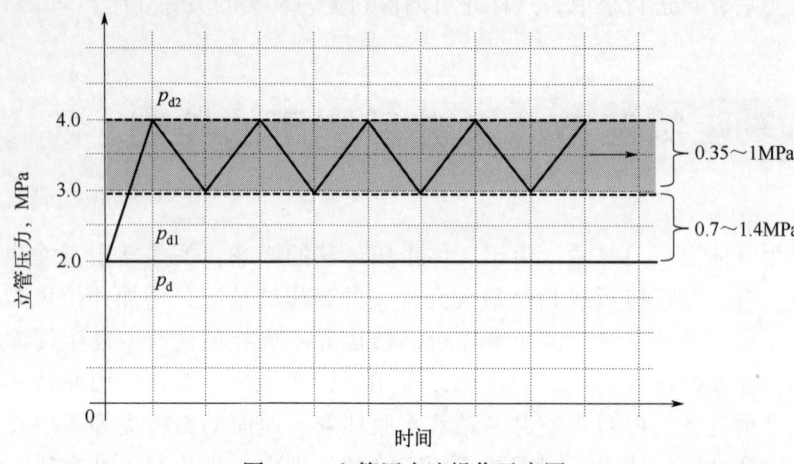

图 8-3 立管压力法操作示意图

放压过程中,由于环空放出钻井液,环空静液压力减小,因此套压增加一个值,增加的值等于环空因放出钻井液静液压力所减小的值。

3. 不适用立管压力法的情况

(1) 钻头水眼被堵死,或钻具中安装有钻具止回阀,不能直接读取立管压力值。

(2) 钻头位置在气体之上或空井。

(3) 钻具被刺漏且刺漏点在气体之上等。

当存在以上情况,在不能使用立管压力法时,可以采用体积法。

二、体积法

1. 体积法的原理

体积法又称为容积法,通过节流阀间断释放出一定数量钻井液,使气体膨胀和压力降低。通过套压来控制气体的膨胀和井底压力,使井底压力略大于地层压力,即防止气体再次侵入井内,又不压漏地层。井底压力的变化是由于地面套压的变化或环空静液压力的变化而引起的,而环空静液压力的变化又是由于井口释放钻井液使气体膨胀所致。为保证井底压力略大于地层压力,环空静液压力减小值通过增大套压来补偿。

2. 操作方法

(1) 先确定一个高于初始关井套压的允许套压值 p_{a1} 和放压过程中的套压

第八章 关井后压力求取与控制

变化值 Δp_a。通常取 p_{a1} 比初始关井套压 p_a 高 $0.7 \sim 1.4$ MPa，防止释放钻井液时，由于压力波动或压力传递的滞后现象导致井底压力小于地层压力。Δp_a 的确定要考虑地层的承压能力，一般取 Δp_a 为 $0.35 \sim 1$ MPa。

如图 8-4 所示，例如初始关井套压 $p_a = 4.5$ MPa，可以取允许套压值 $p_{a1} = 5.5$ MPa，套压变化值 $\Delta p_a = 0.5$ MPa。

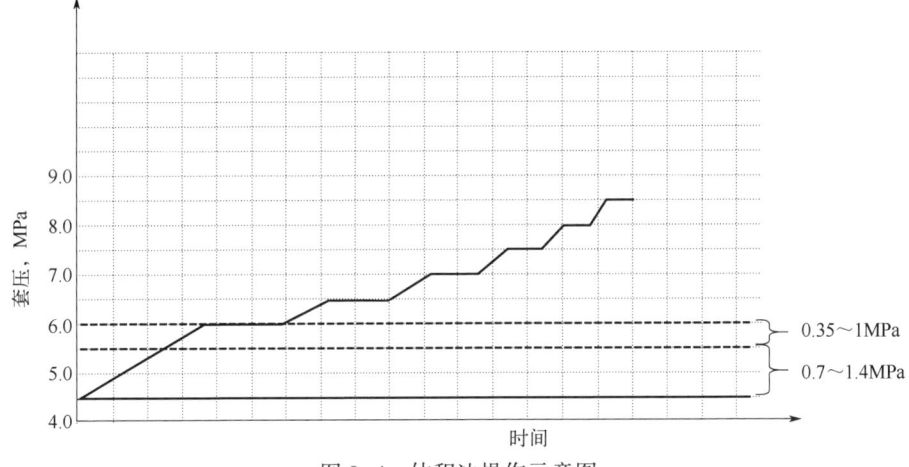

图 8-4 体积法操作示意图

（2）计算出套压变化值 Δp_a 对应的释放钻井液量 ΔV。由于井径不同，计算出的 ΔV 会有所不同。

（3）当关井套压由 p_a 上升到 $p_{a1} + \Delta p_a = 5.5$ MPa $+ 0.5$ MPa $= 6$ MPa 时，保持套压等于 6MPa 不变，通过节流阀放出钻井液 ΔV_1，关井。

（4）当关井套压由 6MPa 上升 0.5MPa 至 6.5MPa 时，保持套压等于 6.5MPa 不变，通过节流阀放出钻井液 ΔV_2，关井。

（5）当关井套压由 6.5MPa 上升 0.5MPa 至 7MPa 时，保持套压等于 7MPa 不变，通过节流阀放出钻井液 ΔV_3，关井。

（6）按上述方法放出钻井液，使气体上升膨胀，让套压增大一定数值，补偿环空静液压力减小值，保证井底压力略大于地层压力。这样重复进行，可使井内压力在可控的情况下，让天然气逐步滑脱上升到井口。

3. 注意事项

（1）体积法是假设侵入井内的气体是连续的气柱，占据整段环形空间，并且上升过程中无新的气体侵入，忽略气体的重量。体积法更适用于井身结构简单的井。

（2）体积法与立管压力法相比更为复杂，需要精准的计算，如果计算及操作造成释放钻井液体积出现误差，就会存在井眼欠平衡的危险，使地层流体更多地进入井眼，导致控制的复杂化。

（3）保持环空压力恒定可能非常困难，这取决于气体的运移速度和人员操作节流阀的技能。

三、套管鞋处地层所受最大压力的计算

使用上述两种方法处理气体的滑脱上升时，由于环空钻井液不断被放掉，关井套压会不断地上升，有可能会导致套管鞋的漏失。所以，在施工前，要先校核套管鞋处的承压能力。套管鞋处地层所受最大压力发生在天然气溢流顶面到达套管鞋处时，其计算公式如下：

$$p_{hmax} = \frac{B}{2} + \sqrt{\frac{B^2}{4} + C} \qquad (8-4)$$

$$B = p_p - \rho_m g(H-h) \qquad (8-5)$$

$$C = p_p \rho_m g h_w \qquad (8-6)$$

式中 p_{hmax}——套管鞋处地层所受最大压力，MPa；

p_p——井底压力，MPa；

ρ_m——井内钻井液密度，g/cm³；

H——井深，m；

h——套管鞋深度，m；

h_w——井内溢流物所占据的高度，m。

只要套管鞋处地层所受最大压力小于该处地层破裂压力，施工就可以顺利进行。

四、天然气上升到井口的处理

使用立管压力法或体积法使天然气上升到井口后，就不能再继续放气泄压，此时的井口压力值是平衡地层压力所必需的，一旦放气泄压，井底压力就不能平衡地层压力。在不能循环时，这是解决关井后气体运移造成井口压力过高，而采取的井筒压力控制措施，但这两种方法并不是压井方法，并不能恢复至一次井控状态。等气体上升到井口，这时的处理方法就要采用置换法。从井口注入重钻井液置换井内气体，在保持井底压力略大于地层压力的

第八章 关井后压力求取与控制

情况下降低井口压力。置换法的操作详见第十章第一节相关内容。

对于高含硫油气井,不宜采用立管压力法或体积法处理。因为这两种方法均是通过放掉一定量的环空钻井液,使侵入井筒的气体逐渐到达井口,在井口将会有一段纯气柱存在。由于硫化氢气体对钻具的氢脆腐蚀作用,很可能使井口附近的钻具发生断裂落井,从而导致井内断口以上的钻具冲出转盘,发生井喷失控。因此,对于高含硫油气井,应事先准备充足的高密度钻井液,一旦发生溢流关井后,尽快调配适当密度的压井液,组织压井作业,建立新的压力平衡,恢复至一次井控状态。

第九章 常规压井方法

常规压井方法一般指井底常压法压井，是向失去压力平衡的井内泵入高密度的钻井液，并始终控制井底压力等于或略大于地层压力，以重建和恢复压力平衡的作业。压井过程中，通过控制节流阀开启度来控制一定的井口回压，实现井底压力等于或略大于地层压力。

第一节 压井原理

压井过程仍然是以U形管原理为依据进行的。把井眼循环系统想象成一个U形管，钻柱水眼是U形管的一侧管柱，环空是U形管的另一侧管柱，井底则相当于U形管的底部。U形管的基本原理是U形管底部是一压力平衡点，左右两侧管内的压力在此处达到平衡。应用在井控压井作业中，即井底压力的大小可以通过分析管柱内压力或环空压力而获得，并且通过改变环空压力或节流阀回压来控制井底压力，同时影响立管压力使之产生同样大小的变化。

在压井循环时，井内存在以下平衡关系：

$$p_T - p_{cd} + p_{md} = p_b = p_a + p_{ma} + p_{bp} \tag{9-1}$$

式中 p_T——循环时立管总压力，MPa；

p_{cd}——钻柱内压力降，MPa；

p_{md}——钻柱内静液压力，MPa；

p_b——井底压力，MPa；

p_a——环空回压，MPa；

p_{ma}——环空静液压力，MPa；

p_{bp}——环空流动阻力，MPa。

压井循环时，随着压井液的逐渐泵入，钻柱内静液压力 p_{md} 逐渐增大，要维持井底压力略大于地层压力并保持不变，就可以通过控制循环立管总压力 p_T 逐渐降低实现，而循环立管总压力又是通过调节节流阀的开启程度控制

第九章 常规压井方法

的。可见，压井循环时的总立管压力可作为判断井底压力的压力计使用。

压井过程中要保持压井排量不变，钻柱内压力降 p_{cd} 才不变，才能实现作用于井底的压力不变。另外，环空流动阻力 p_{bp} 数值比较小，它会使井底压力略有增大，作为井底的附加压力有利于平衡地层压力，通常忽略不计。

第二节 压井数据计算

一、判断溢流类型计算

发生溢流，侵入井内的地层流体可能是气、油、水或其混合物。通常情况下，通过关井后立压和套压的变化、钻井液增量等就可基本判断出溢流类型。若想更准确地判断溢流类型，可根据钻井液增量、环空容积、关井压力等进行计算后判断。

1. 计算溢流在环空中占据的高度

$$h_w = \Delta V / V_a \tag{9-2}$$

式中 h_w——溢流在环空中占据的高度，m；

ΔV——钻井液增量，m³；

V_a——溢流所在位置井眼单位环空容积，m³/m。

2. 计算溢流物的密度

$$\rho_w = \rho_m - \frac{p_a - p_d}{0.00981 h_w} \tag{9-3}$$

式中 ρ_w——溢流物的密度，g/cm³；

ρ_m——当前井内钻井液密度，g/cm³；

p_a——关井套压，MPa；

p_d——关井立压，MPa。

如果 ρ_w 为 0.12~0.36g/cm³，为天然气溢流。

如果 ρ_w 为 0.36~1.07g/cm³，为油溢流或混合流体溢流。

如果 ρ_w 为 1.07~1.20g/cm³，为盐水溢流。

但以上计算受到井径不规则及钻井液增量计量误差等因素影响，将影响计算的准确度。一般在压井作业前，并不进行溢流类型的计算。

二、地层压力计算

关井后，地面压力稳定时，地层压力等于井底压力，而井底压力等于静液柱压力与地面回压之和，一般都是通过关井立压与钻具内静液压力来计算。

$$p_p = p_d + \rho_m g H \qquad (9-4)$$

式中　p_p——地层压力，MPa；
　　　p_d——关井立压，MPa；
　　　ρ_m——钻具内钻井液密度，g/cm³；
　　　H——垂直深度，m。

三、压井液密度计算

压井液密度可以通过关井立压或地层压力来计算。

$$\rho_k = \rho_m + p_d / gH \qquad (9-5)$$

或

$$\rho_k = p_p / gH \qquad (9-6)$$

式中　ρ_k——压井液密度，g/cm³；
　　　ρ_m——原钻井液密度，g/cm³；
　　　p_d——关井立压，MPa；
　　　p_p——地层压力，MPa。

对于裸眼井段，安全钻井液密度窗口较小时，确定压井液密度时不应急于增加密度的安全附加值，否则会增大压漏地层的风险。应在压井结束开井循环时，再对压井液增加密度的安全附加值。压井液密度计算结果要适当取大，例如计算值为1.652g/cm³，则取值应为1.66g/cm³。

四、压井循环压力计算

1. 低泵速泵压

压井时，其排量一般取钻进时排量的1/3~1/2，钻井泵在此小排量循环时的压力就是低泵速泵压（也称为低泵冲泵压）。使用小排量压井的原因主要有以下几个方面：

第九章 常规压井方法

（1）正常循环压力加上关井立压可能超过钻井泵的额定工作压力。

（2）大排量高泵压所需的功率，也许要超过钻井泵的输出功率。

（3）大量流体流经节流阀可能引起过高的套管压力，如果压井循环时节流阀阻塞，可能导致地层破裂。

（4）大排量压井，若需气液分离，可能超过液气分离器的处理能力。

（5）在大排量下操作，节流阀不容易控制井底压力的稳定。

采用较低排量时，由于降低了钻井泵等钻井设备负荷，提高了钻井设备在压井中的可靠性；在关井立压较大时也能压井，不致泵压太高；同时，较低的循环速度，有利于压井作业期间配置压井液时对密度的控制；在调节节流阀时，也有较长的反应时间。

低泵速泵压的测定方法一般有以下两种。

1）低泵速试验法

一般在即将钻开目的层时开始，每只钻头入井开始钻进前以及每日白班开始钻进前，钻井队班组做低泵速试验，用选定的压井排量循环，并记录下泵冲数、排量和循环压力（即低泵速泵压）。在钻井泵更换不同尺寸缸套、钻井液性能或钻具组合发生较大变化时，由于会对循环泵压有较大影响，因此应重新补测。

2）水力学公式计算法

若已知钻进排量为 Q 时，泵压为 p_c，那么压井排量为 Q_L 时，根据循环系统压力损耗公式：

$$\frac{p_c}{p_L}=\left(\frac{Q}{Q_L}\right)^2 \tag{9-7}$$

可求出压井排量下的循环压力 p_L。但需注意理论计算方法求得的理论压力值与实际压力值可能有较大误差。

2. 初始循环立管压力

压井液刚开始泵入钻柱时的立管压力称为初始循环立管压力。

$$p_{Ti}=p_d+p_L \tag{9-8}$$

式中　p_{Ti}——初始循环立管压力，MPa；

　　　p_d——关井立压，MPa；

　　　p_L——低泵速泵压，即压井排量下的泵压，MPa。

在压井施工中，为确保井底压力略大于地层压力，调节节流阀控制时，在理论计算值基础上可增加一定的控制压力，推荐增加的控制压力为 0.7~1.4MPa，附加过大的控制压力，会增加压漏地层的风险。

如果压井时，不清楚低泵速泵压，初始循环立管压力可通过以下操作求取：

(1) 缓慢启动泵，调节节流阀控制套压等于关井套压。
(2) 使泵速逐步达到所需的压井泵速，保持套压等于关井套压。
(3) 此时的立管压力表读值近似于所求初始循环立管压力。

值得注意的是，此方法中保持套压不变的时间要小于 5min。该方法的优点在于如果钻遇异常高压层前未记录低泵速下的循环压力，或者虽有记录，但更换了不同排量的泵或更换了不同尺寸缸套，可通过该方法直接测定初始循环立管压力。用求得的初始循环立管压力减去关井立压所得值，就是低泵速泵压。

3. 终了循环立管压力

压井液到达钻头时的立管压力称为终了循环立管压力。

$$p_{Tf} = \frac{\rho_k}{\rho_m} p_L \tag{9-9}$$

式中　p_{Tf}——终了循环立管压力，MPa；
　　　ρ_k——压井液密度，g/cm³；
　　　ρ_m——原钻井液密度，g/cm³；
　　　p_L——低泵速泵压，MPa。

五、压井循环时间计算

1. 压井液从地面到达钻头的时间

$$t_d = \frac{1000 V_d}{60 Q} \tag{9-10}$$

式中　t_d——压井液从地面到达钻头的时间，min；
　　　V_d——钻具内容积，m³；
　　　Q——压井排量，L/s。

2. 压井液从钻头到达地面的时间

$$t_a = \frac{1000 V_a}{60 Q} \tag{9-11}$$

式中　t_a——压井液从钻头到达地面的时间，min；
　　　V_a——环空容积，m³；
　　　Q——压井排量，L/s。

通过以上公式，也可以计算井底溢流到达套管鞋的时间，为压井过程中判断套管鞋处何时承受最大压力提供参考依据。

六、加重材料计算

1. 配制一定量加重钻井液所需加重材料的计算

$$G = \frac{\rho_s V_1 (\rho_1 - \rho_0)}{\rho_s - \rho_0} \quad (9-12)$$

式中　G——需要的加重材料质量，1000kg；

　　　ρ_s——所用加重剂密度，g/cm^3；

　　　ρ_1——加重后的钻井液密度，g/cm^3；

　　　ρ_0——原钻井液密度，g/cm^3；

　　　V_1——加重后钻井液体积，m^3。

在这种情况下，需要的原钻井液体积为加重后钻井液体积（V_1）减去所加入的加重剂体积。

2. 定量钻井液加重时所需加重材料的计算

$$G = \frac{\rho_s V_0 (\rho_1 - \rho_0)}{\rho_s - \rho_1} \quad (9-13)$$

式中　G——需要的加重材料质量，1000kg；

　　　ρ_s——所用加重剂密度，g/cm^3；

　　　ρ_1——加重后的钻井液密度，g/cm^3；

　　　ρ_0——原钻井液密度，g/cm^3；

　　　V_0——加重前的钻井液体积，m^3。

在这种情况下，加重后的钻井液体积（V_1）为加重前的钻井液体积（V_0）加上所加入的加重剂体积。

第三节　压井方法的选择

正确地确定压井方法，关系一口井压井作业的成败。要科学地选择压井方法，应该考虑以下因素：

（1）溢流类型。天然气溢流是确定压井方法必须考虑的因素。天然气流

体进入井筒速度快，关井后向上运移膨胀，造成井口压力升高，同时可能含有硫化氢等有毒有害气体。

（2）溢流量。进入井筒的溢流量，对压井过程中套管压力的大小起着重要作用，溢流量越大，压井过程中套压值越高。

（3）地层的承压能力。钻井液密度的安全窗口值越大，在压井过程中所用压井液密度及地面压力的调整余地越大。

（4）立管压力、套管压力的大小以及关井压力上升的速度。地层压力越高，压井难度越大，若立管压力值、套管压力值上升速度很快，不尽快实施压井，可能损坏井口造成井喷失控，同时可能压漏地层，造成施工井周围地面窜通。

（5）套管下深及井眼几何尺寸。套管下入深度决定地层破裂压力的大小，地层的承压能力直接决定压井方法，有技术套管和仅有表层套管的井，压井方法必然是不同的。井眼几何尺寸，决定溢流的高度和压井液的量，溢流的高度关系套压值的大小，压井液的量则涉及压井准备工作的难易。

（6）井口装置压力等级及井口的完好程度。

（7）压井实施的难易程度。

（8）压井作业所需时间的长短。

（9）施工井内有无钻具及钻具下深。

（10）加重钻井液和加重剂储备情况及后勤保障能力。

（11）现场设备的加重能力。

（12）施工井的周边状况。施工井周边是否有居民区、河流、农田、草场、道路等。

总之要全面考虑上述因素，结合施工井地面、井下的特殊问题进行综合分析，在充分考虑各种方法利弊的基础上确定施工方案。同时，为确保压井作业的成功，对施工中可能出现的问题，应有完善的应急处理措施。

第四节 压井程序

常规压井方法包括关井立压为零的压井和关井立压不为零的压井。关井立压为零的原因是钻井液的静液压力可以平衡地层压力，发生溢流是因为抽汲、井壁扩散气、岩屑气等进入井内的气体膨胀所致，其处理方法如下：

（1）当关井套压也为零时，保持钻进时的排量和泵压，用原密度钻井液

第九章 常规压井方法

敞开井口循环，排除受侵钻井液就可恢复井的压力控制。根据现场施工井的情况，很多情况下通过节流管汇循环的方式更为安全。

(2) 当关井套压不为零时，通过节流管汇节流循环，控制循环立压保持井底压力略大于地层压力，使用原密度钻井液排除受污染的钻井液，当循环一个迟到时间原密度钻井液返出井口或观察到套压为零时，停止循环。

上述两种情况经循环排除溢流后，进行溢流检查，确认开井状态下无溢流显示，再进行短程起下钻来检验判断是否需要调整钻井液密度，然后恢复正常作业。

关井立压和关井套压都不为零时，说明在用的钻井液密度不能平衡地层压力，需加重钻井液进行压井。常规压井方法主要有司钻法、工程师法和边循环边加重法。

一、司钻法压井

司钻法压井是发生溢流关井求压后，第一循环周用原密度钻井液循环，排除环空中已被地层流体污染的钻井液，第二循环周再将压井液泵入井内替换井内的原密度钻井液，用两个循环周完成压井，压井过程中保持井底压力不变。司钻法压井通过两个循环周完成压井，所以又称为二次循环法压井。

1. 司钻法压井步骤

(1) 录取关井资料，计算压井所需数据，填写压井施工单，作为压井施工的依据。根据需要也可绘制"立管压力控制进度曲线"，供压井施工时参考。压井施工单示例如图 9-1 所示。

(2) 第一循环周。用原钻井液循环排除溢流。

① 缓慢开泵，同时逐渐打开节流阀，调节节流阀使套压等于关井套压并维持不变，直到排量达到选定的压井排量。

② 保持压井排量不变，调节节流阀使立压等于初始循环立管压力 p_{Ti}，在整个循环周保持不变。压力在不同介质中的传播速度等于该介质内部声音传播的速度。因此在调节节流阀时，要注意压力传递的迟滞现象。

③ 排除溢流，停泵关井，关井套压应等于关井立压。

在排除溢流的过程中，应配制压井液，为下一步压井做好准备。

(3) 第二循环周。泵入压井液压井，重建井内压力平衡。

① 缓慢开泵，同时逐渐打开节流阀，调节节流阀使套压等于关井套压并维持不变。

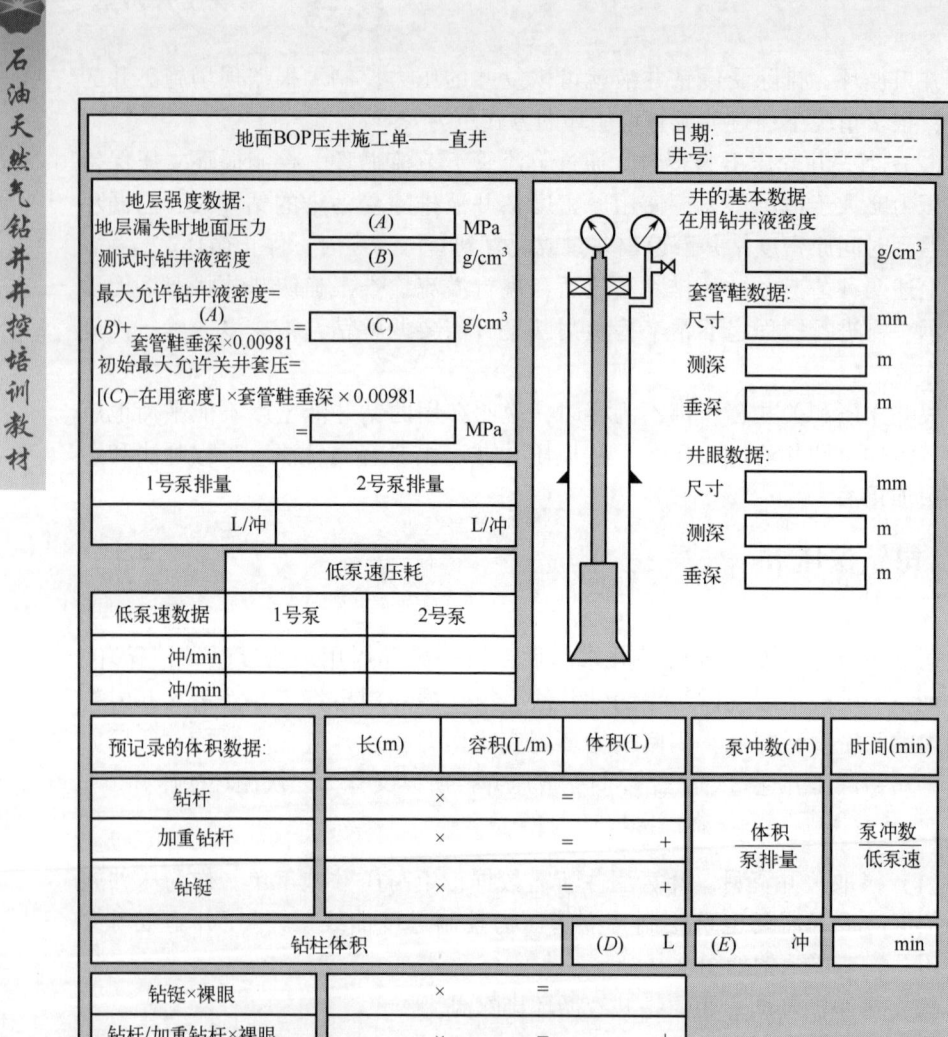

图 9-1 压井施工单示例

第九章 常规压井方法

地面BOP压井施工单——直井	日期: _____ 井号: _____

井涌数据		
关井立压 [___] MPa	关井套压 [___] MPa	循环池增量 [___] L

压井液密度 (*KMD*)	在用钻井液密度+关井立压/(垂深×0.00981) _____ + _____ = _____ g/cm³
初始循环立管压力 (*ICP*)	低泵速压耗+ 关井立压 _____ + _____ = _____ MPa
终了循环立管压力 (*FCP*)	压井液密度/在用钻井液密度 × 低泵速压耗 _____ × _____ = _____ MPa

(*K*)=*ICP*−*FCP*	_____ MPa	(*K*)×100/(*E*)=	_____ MPa/100冲

冲数	压力，MPa

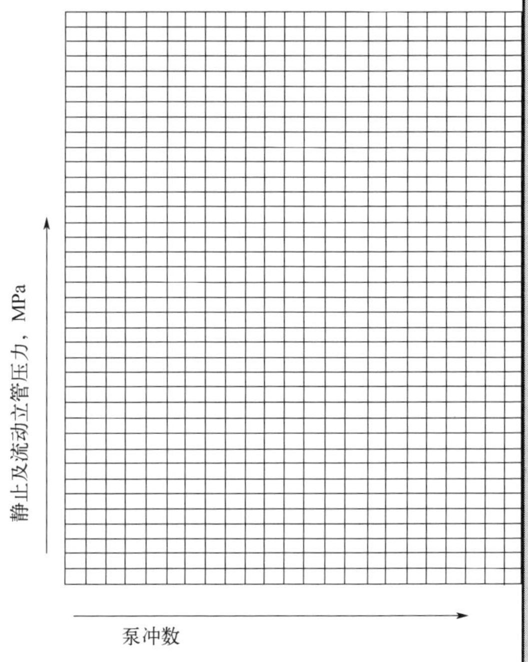

静止及流动立管压力，MPa / 泵冲数

图 9-1 压井施工单示例（续）

② 排量逐渐达到压井排量并保持不变。在压井液从井口到钻头这段时间内，调节节流阀，控制套压等于关井套压并保持不变，此期间立压由初始循环立管压力 p_{Ti} 逐渐下降至终了循环立管压力 p_{Tf}。

③ 压井液出钻头沿环空上返，调节节流阀，控制立压等于终了循环立管压力 p_{Tf}，并保持不变。当压井液返出井口后停泵关井，关井立压及关井套压应皆为零。然后开井，井口无外溢，则说明压井成功。

2. 司钻法压井过程中地面压力变化规律

（1）立压变化规律。如图 9-2 所示，第一循环周 $0 \sim t_2$ 时间内，立压保持初始循环立管压力 p_{Ti} 不变；第二循环周 $t_2 \sim t_3$ 时间内，压井液由井口至钻头，立压由 p_{Ti} 下降至 p_{Tf}；$t_3 \sim t_4$ 时间内，压井液由井底返出井口，立压保持终了循环立管压力 p_{Tf} 不变。

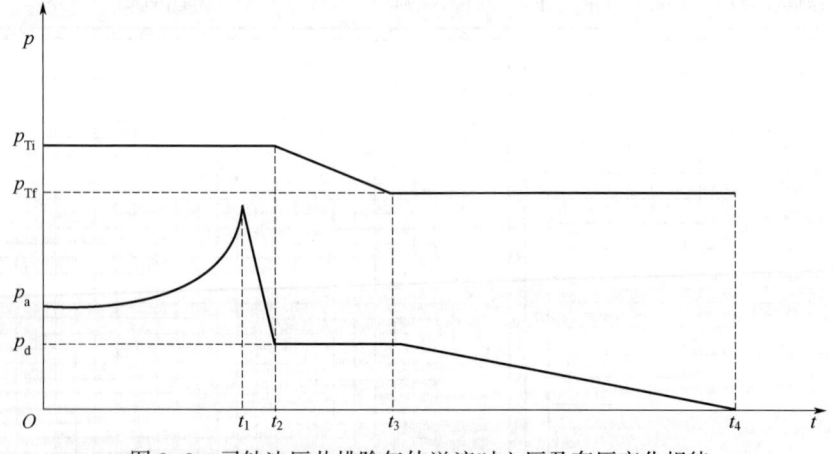

图 9-2　司钻法压井排除气体溢流时立压及套压变化规律

（2）套压变化规律。对于不同的地层流体，套压变化规律是不同的。

① 天然气溢流套压变化规律，如图 9-2 所示：$0 \sim t_1$ 时间内，天然气溢流上返到井口，套压逐渐上升并达到最大值；$t_1 \sim t_2$ 时间内，天然气溢流返出井口，套压迅速下降，其值等于初始关井立压值；$t_2 \sim t_3$ 时间内，压井液由井口到井底，套压不变，其值等于初始关井立压值；$t_3 \sim t_4$ 时间内，压井液由井底沿环空返至井口，套压逐渐下降为零。

② 油及盐水溢流套压变化规律，如图 9-3 所示：$0 \sim t_1$ 时间内，溢流物沿环空上返到井口，套压等于关井套压并维持不变；$t_1 \sim t_2$ 时间内，溢流物返出井口，套压由关井套压迅速下降，其值等于初始关井立压；$t_2 \sim t_3$ 时间内，压

第九章　常规压井方法

井液由井口到井底，套压不变，其数值等于初始关井立压；$t_3 \sim t_4$ 时间内，压井液由井底沿环空返至井口，套压逐渐下降为零。

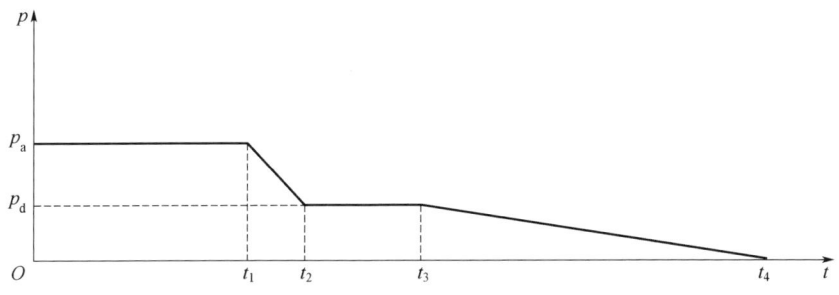

图 9-3　司钻法压井排除液体溢流时套压变化规律

为便于操作，司钻法压井就是控制三个"不变"。即第一循环同排污全过程，控制立压不变；第二循环周压井液由井口至钻头期间，控制套压不变；压井液由井底返出井口期间，控制立压不变。

二、工程师法压井

工程师法压井是指发现溢流关井后，先配制压井液，然后将配制好的压井液直接泵入井内，在一个循环周内将溢流排除并建立压力平衡，在压井过程中保持井底压力不变的方法。工程师法压井又称为一次循环法压井或等待加重法压井。

1. 工程师法压井步骤

（1）录取关井资料，计算压井所需数据，填写压井施工单。压井施工单与司钻法压井施工单相同，但工程师法压井必须绘制"立压控制进度曲线"，作为压井施工控制立压变化的依据。

（2）配制压井液。压井液密度要均匀，其他性能尽量与井内钻井液保持一致。

（3）将压井液泵入井内，开始压井施工。

① 缓慢开泵，同时逐渐打开节流阀，调节节流阀，使套压等于关井套压不变，直到排量达到选定的压井排量。

② 保持压井排量不变，在压井液由地面到达钻头这段时间内，调节节流阀，控制立压按照"立压控制进度曲线"变化，由初始循环立管压力逐渐下降到终了循环立管压力。

③ 压井液返出钻头，在环空上返过程中，调节节流阀，使立压等于终了循环立管压力并保持不变。直到压井液返出井口，停泵关井，检查关井套压、关井立压是否为零，如为零则开井，开井无外溢，则说明压井成功。

2. 工程师法压井过程中井口压力变化规律

（1）立压变化规律。如图9-4所示，$0 \sim t_1$ 时间内，压井液从地面到钻头，立压由初始循环立管压力 p_{Ti} 下降到终了循环立管压力 p_{Tf}；$t_1 \sim t_4$ 时间内，压井液由井底返至井口，立压保持终了循环立管压力不变。

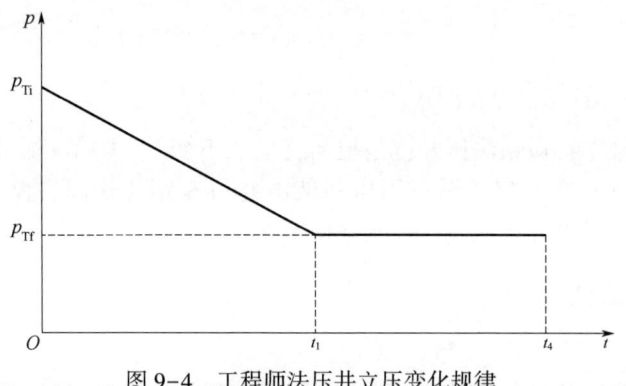

图9-4 工程师法压井立压变化规律

需要注意：若钻具组合或井眼轨迹复杂时，$0 \sim t_1$ 时间内，立压由初始循环立管压力 p_{Ti} 下降至终了循环立管压力 p_{Tf}，并不像图9-4中所示的为一条直线。

（2）套压变化规律。对于不同的地层流体，套压变化规律是不同的。

① 溢流为气体时，套压变化如图9-5曲线①所示：$0 \sim t_1$ 时间内，压井液从地面到钻头，气体在环空上升膨胀，套压逐渐升高到第一个峰值。$t_1 \sim t_2$ 时间内，套压的变化受压井液液柱和气体膨胀的影响。一般是压井液在环空开始上升时，套压稍有下降，然后有一段套压平稳，变化不大，随后逐渐升高，气体接近井口时套压迅速升高，达到第二个峰值。两个峰值哪个为极值，取决于溢流井深、压井液与原钻井液密度差、井眼环空容积系数及压井排量等因素，多数第二个峰值为极值。$t_2 \sim t_3$ 时间内，气体排出，套压迅速下降。$t_3 \sim t_4$ 时间内，压井液排替原钻井液，套压逐渐下降；加重钻井液返至井口，套压下降为零，压井结束。

② 溢流为油或盐水时，套压变化如图9-5曲线②所示：$0 \sim t_1$ 时间内，压井液由地面到钻头，套压不变，其值等于初始关井套压；$t_1 \sim t_2$ 时间内，压井液进入环空，溢流物逐渐到达井口，套压缓慢下降；$t_2 \sim t_3$ 时间内，溢流排出

第九章 常规压井方法

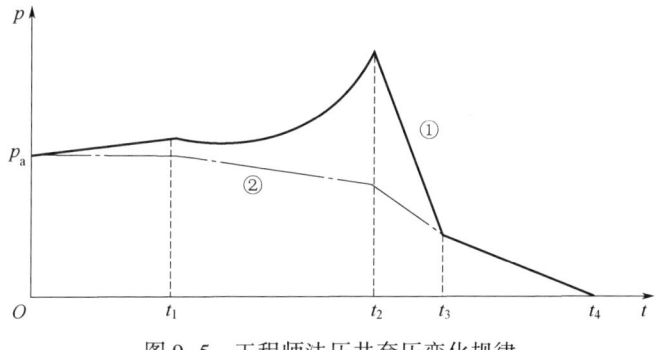

图 9-5 工程师法压井套压变化规律

井口，套压迅速下降；$t_3 \sim t_4$ 时间内，压井液排替环空内原密度钻井液，套压逐渐降低，加重钻井液返至井口，套压下降为零，压井结束。

三、边循环边加重法压井

边循环边加重法压井是指发现溢流关井求压后，一边加重钻井液，一边随即把加重的钻井液泵入井内，在一个或多个循环周内完成压井的方法。

这种方法常用于现场储备的高密度钻井液与所需压井液密度相差较大，需加重调整，且井下情况复杂需及时压井的情况。此法在现场施工中，由于钻柱中的压井液密度不同，给控制立压以维持稳定的井底压力带来困难。若压井液密度等差递增，并均按钻具内容积配制每种密度的钻井液量，则立压也就等差递减，这样控制起来相对容易一些。

将密度为 ρ_m 的钻井液提高到密度为 ρ_1 的压井液，当其到达钻头时的终了循环立管压力为：

$$p_{Tfl} = \frac{\rho_1}{\rho_m} p_L + (\rho_K - \rho_1) gH \qquad (9-14)$$

式中 p_{Tfl}——终了循环立管压力，MPa；

ρ_1——第一次调整后的钻井液密度，g/cm^3；

ρ_K——压井液密度，g/cm^3；

ρ_m——原钻井液密度，g/cm^3；

H——井深，m；

p_L——低泵速泵压，MPa。

此公式的物理意义是：在密度为 ρ_1 的压井液从地面到钻头的过程中，需

要控制立压从初始循环管压力 p_{Ti} 逐渐下降到终了循环立管压力 p_{Tfi};当该密度的压井液沿环空上返过程中,应控制立压等于终了循环立管压力 p_{Tfi} 不变。当第二循环周压井液密度重新调整后,应再重新确定初始循环立管压力和终了循环立管压力,直到最后把井压住。

四、常规压井的基本原则

(1) 在整个压井过程中,始终保持压井排量不变。
(2) 采用小排量压井,一般压井排量为钻进排量的 1/3~1/2。
(3) 压井液量一般为井筒有效容积的 1.5~2 倍。
(4) 压井过程中要保持井底压力恒定并略大于地层压力,通过控制地面回压(立压或套压)来达到控制井底压力的目的。
(5) 压井液密度均匀,且在一个循环周内,压井液密度不应发生变化。
(6) 要保证压井施工的连续性。

五、压井作业应注意的问题

(1) 开泵与节流阀的调节要协调。从关井状态改变为压井状态时,开泵和打开节流阀应协调,节流阀开得太大,井底压力就降低,地层流体可能侵入井内;节流阀开得太小,套压升高,井底压力过大,可能压漏地层。

(2) 控制排量。整个压井过程中,必须用选定的压井排量循环并保持不变,由于某种原因必须改变排量时,必须重新测定压井时的循环压力,重新计算初始循环立管压力和终了循环立管压力。

(3) 控制好压井液密度。压井液密度要均匀,其大小要能平衡地层压力。压井时不建议增加压井液密度附加值,应在压井结束打开井口后,再调整压井液密度,在安全钻井液密度窗口值较小的地层,尤其重要。为确保压井期间井底压力略大于地层压力,可以在操作节流阀时增加 0.7~1.4MPa 的控制压力。

(4) 要注意立压的滞后现象。压井过程中,通过调节节流阀控制立压、套压,从而达到控制井底压力的目的,压力从节流阀处传递到立管压力表上,要滞后一段时间,滞后时间的长短主要取决于井液的密度、井深、溢流的种类及溢流的严重程度等。

(5) 节流阀堵塞或刺坏。钻井液中的砂粒、岩屑很可能堵塞节流阀;高

第九章 常规压井方法

速液流也可能刺坏节流阀。堵塞时套压升高,解决的办法是迅速打开节流阀,疏通后,迅速关回到原位,若不能成功,应改用备用节流阀。若节流阀刺坏严重,应改用备用节流阀。

(6)钻具刺坏。钻具刺坏,泵压下降,泵速提高;钻具断,悬重减小,泵压会更低。可停泵关井观察立压和套压,若两者相等,说明溢流在断口下方。若是气体溢流,可以让气体上升到断口上方,再用高密度钻井液压井。若关井套压大于关井立压,说明溢流已经在断口上方,可立即用高密度钻井液压井。若刺漏点距地面较近,具备条件时,可采取强行起钻的方式,起出刺坏的钻杆,再采取强行下钻或其他措施。

(7)钻头水眼堵。部分水眼堵时,立压迅速升高,而套压不变。待压力稳定后,记下当前立压和套压,停泵关井。确定新的立压值后,再继续压井。水眼完全堵死,不能循环时,先关井,再进行钻具内射孔,然后压井。等待射孔期间,现场可使用体积法合理控制井口压力,具体操作详见第八章相关内容。

(8)井漏。压井过程中若发生井漏,应先进行堵漏作业,然后再进行压井,具体操作详见第十章相关内容。

第十章 非常规井控技术

第一节 非常规压井方法

非常规压井方法是溢流、井喷井不具备常规压井方法的条件而采用的压井方法，如空井井喷、钻井液喷空的压井等。

一、平衡点法

平衡点法适用于井内钻井液喷空后的天然气井压井，要求井口条件为防喷器完好并且关闭，钻柱在井底，天然气经过放喷管线放喷。这种压井方法是一次循环法在特殊情况下压井的具体应用。

此方法的基本原理是：假设钻井液喷空后的天然气井在压井过程中，环空存在一个"平衡点"。所谓平衡点，即压井液返至该点时，井口控制的套压与平衡点以下压井液静液压力之和能够平衡地层压力。压井时，当压井液未返至平衡点前，为了尽快在环空建立起液柱压力，压井排量应以在用缸套下的最大泵压计算，保持套压接近最大允许套压；当压井液返至平衡点后，为了减小设备负荷，可采用压井排量循环，控制立管总压力等于终了循环立管压力，直至压井液返出井口，套压降至零。

平衡点深度按下式求出：

$$H_B = \frac{p_{aB}}{0.0098\rho_K} \tag{10-1}$$

式中 H_B——平衡点深度，m；

p_{aB}——最大允许控制套压，MPa；

ρ_K——压井液密度，g/cm³。

根据式(10-1)，压井过程中控制的最大套压等于"平衡点"以上至井口的压井液静液压力。当压井液返至"平衡点"以后，随着液柱压力的增大，

第十章 非常规井控技术

控制套压减小直至零,压井液返至井口,井底压力始终维持一个常数,且略大于地层压力。因此,压井液密度的确定尤其要慎重。

二、置换法

当井内钻井液已大部分喷空,同时井内无钻具或仅有少量钻具,不能进行循环压井,但井口装置可以将井关闭,压井液可以通过压井管汇注入井内,这种条件下可以采用置换法压井。通常情况下,由于起钻抽汲、钻井液灌浆不及时、电测时井内静止时间过长导致气侵严重引起的溢流,经常采用此方法压井。使用立管压力法和体积法待天然气上升到井口后,也可以采用置换法压井。

置换法压井步骤如下:

(1) 通过压井管线注入一定量的重钻井液,允许套压上升某一值(以最大允许值为限)。

(2) 关井一段时间,使泵入的重钻井液下落,通过节流阀缓慢释放气体,套压降到某一值后关节流阀。套压降低值与泵入的钻井液产生的液柱压力相等,即:

$$\Delta p_a = 0.0098 \rho_K \frac{\Delta V}{V_h} \tag{10-2}$$

式中 Δp_a——套压每次降低值,MPa;

ρ_K——压井液密度,g/cm³;

ΔV——每次泵入钻井液量,m³;

V_h——井眼单位内容积,m³/m。

重复上述过程就可以逐步降低套压。一旦泵入的钻井液量等于井喷关井时钻井液增量,溢流就全部排除了。置换法进行到一定程度后,置换的速度将因释放套压、泵入钻井液的间隔时间变长而变慢,此时若条件具备可在关闭环形防喷器的情况下强行下钻。

强行下钻时,钻具应安装有钻具止回阀,按时在钻具水眼内灌满钻井液,在钻具下入过程中,还应通过节流管汇放掉与入井钻具体积相等的钻井液量。下钻到井底,再采用常规压井方法压井。采用环形防喷器进行强行下钻的操作方法可详见第十三章相关内容。

置换法压井时,泵入的加重钻井液的性能应有助于天然气滑脱上升。

三、压回法

压回法，又称为平推法或挤压法，就是向井内泵入钻井液把进入井筒的溢流压回地层。此方法的适用条件：空井溢流且天然气溢流滑脱上升不是很高；套管下得较深，可承受较大井口压力，裸眼井段短且具有渗透性好的产层或一定渗透性的非产层；含硫地层发生的溢流等。

具体施工方法是：以最大允许关井套压作为施工的最高工作压力，挤入压井液。挤入的压井液可以是钻进用钻井液或稍重一点的钻井液，挤入的量至少等于关井时钻井液增量，直到井内压力平衡得到恢复。采取压回法时，可以通过钻具正循环挤入压井液或通过压井管汇从环空挤入压井液，这两种方法也可以结合进行。使用压回法要慎重，不具备实施条件时最好不要采用。

四、低节流压井方法

发生溢流关防喷器后，不能关闭节流阀，否则关井套压会超过最大允许关井套压，因此只能控制在接近最大允许关井套压的情况下进行节流放喷。

1. 不能关井的原因

（1）高压浅层气发生溢流。

（2）表层套管或技术套管下得太浅。

（3）发现溢流太晚。

2. 压井原理

低节流压井就是井口压力低于平衡地层压力所需的回压，通过节流阀控制套压，使套压在不超过最大允许关井套压的条件下进行压井。当高密度钻井液在环空上返到一定高度后，可在最大允许关井套压范围内试关井，关井后，求得关井立管压力和压井液密度，然后再用常规法压井。

3. 减少地层流体侵入的措施

低节流压井过程中，由于井底压力不能平衡地层压力，地层流体仍会继续侵入井内，从而增加了压井的复杂性，为减少地层流体的继续侵入，可以采取以下措施：

（1）增大压井排量，可以使环空流动阻力增大，有助于增大井底压力。

（2）提高第一次循环的压井液密度，高密度压井液进入环空后，能较快地增大环空的液柱压力，抑制地层流体侵入。

（3）如果地层破裂压力是最小极限压力时，当溢流被顶替到套管内以后，可适当提高井口套压的控制值。

第二节　特殊情况下的压井

一、钻具不在井底

在起钻过程中，常常由于抽汲或未及时灌钻井液使井底压力小于地层压力而引发溢流。在下钻过程中，由于已经较长时间未循环钻井液，扩散气和抽汲气逐步滑脱上升一定高度，因气体体积膨胀造成溢流。在起下钻过程中发生溢流，因钻具不在井底，给压井带来很多困难，必须根据不同情况采用不同方法进行控制。在起下钻过程中，如发现溢流显示，则必须停止起下钻作业，抢装钻具内防喷工具，立即关井。根据具体情况采取暂时压井后下钻或等候循环排除溢流的方法压井。

1. 暂时压井后下钻的方法

发生溢流关井后，如果关井立压等于关井套压，说明溢流在钻头以下，直接循环无法排除溢流，可采用在钻头以上井段替成压井液暂时把井压住，打开井口抢下钻具的方法压井。钻具下到井底后，用司钻法排除溢流即可恢复正常。

这种方法实际上就是司钻法第二个循环周的具体应用，只是将钻头处当成"井底"。根据关井立压确定暂时压井液密度，压井循环时压力的控制方法同司钻法第二个循环周相同，但是要注意此时的低泵速泵压需要重新测定。

由于此时钻具内与环空钻井液密度相同，因此控制过程简单地说就是控制两个压力不变。

（1）保持套压不变。在压井液进入环空前，保持压井排量不变，调节节流阀控制套压为关井套压并保持不变。

（2）保持立压不变。压井液进入环空后，调节节流阀控制立压为终了循环立管压力并保持不变，直到压井液返至地面。至此暂时压井操作结束，关井立压与关井套压均应为零。

暂时压井结束后，打开井口抢下钻杆，力争下钻到底，下钻到底后，再用常规压井方法排除溢流，即可恢复正常。如下钻途中再次发生溢流，则重复上述步骤，再次将钻头处当成"井底"，按以上方法暂时压井后再下钻。

抢下钻杆时，必须安装有钻具止回阀，循环压井前，要先灌满钻具水眼后才可循环压井。理论上钻头到井底时，压井液密度应等于起钻前的钻井液密度。

2. 等候循环排除溢流的方法

发生溢流关井后，如钻头与溢流层位距离并不远，并且是天然气溢流，就可以采用等候循环排除溢流的方法。

关井后，等候天然气溢流滑脱上升，控制套压在安全允许压力范围内，使用体积法控制井底压力略大于地层压力，当发现关井套压逐渐大于关井立压时，可以判断溢流已经滑脱上升到钻头以上，然后用司钻法排除溢流，即可恢复正常。通常，天然气在井内钻井液中的滑脱上升速度为270~360m/h。

二、井内无钻具

空井工况发生溢流，通常是由于起钻时抽汲压力过大或起钻中未按规定及时灌满钻井液，使地层流体进入井内，或因进行电测等作业时，钻井液长期静止，扩散到井内的气体又不能及时循环除气造成的。

在空井情况下发生溢流后，不能再将钻具下入井内时，应迅速关井，记录关井压力，然后用体积法进行处理。就是在控制一定的井口压力以保持平衡地层压力的前提下，间歇放出钻井液，让天然气在井内膨胀上升，直至上升到井口。体积法的具体操作详见第八章中相关内容。

气体上升到井口后，再利用本章所介绍的置换法压井。通过压井管线以小排量将重钻井液泵入井内，当套压升高到允许的套压值后立即停泵。待重钻井液下落后，再释放井口的气体，使套压降低值等于注入重钻井液所产生的液柱压力。重复上述步骤，直到井内充满钻井液为止。

空井发生溢流，根据现场实际情况，也可以直接采用压回法或置换法压井，或在关井状态下强行下钻后再进行压井。

三、又喷又漏

当井喷与漏失发生在同一裸眼井段时，需首先解决漏失问题，否则，压

第十章　非常规井控技术

井时因压井液的漏失而无法维持井底压力略大于地层压力。此时可采用降低压井排量、调整钻井液性能、加入堵漏材料配制压井液等处理方法。根据又喷又漏产生的不同原因，其表现形式可分为上喷下漏、上漏下喷和同层又喷又漏。

1. 上喷下漏的处理

上喷下漏俗称"上吐下泻"。这是因在高压层以下钻遇裂缝、孔隙十分发育的低压层时，突然发生严重井漏，井内得不到钻井液及时补充，因液柱压力降低而导致上部高压层井喷。其处理步骤如下：

（1）在高压层以下发生井漏，应立即停止循环，定时定量间歇性反灌钻井液，尽可能维持一定液面来保持井内液柱压力略大于高压层的地层压力。确定反灌钻井液量和间隔时间有三种方法：第一种是通过对地区钻井资料的分析统计出的经验数据确定；第二种是测定漏速后确定；第三种是由建立的钻井液漏速计算公式确定。最简单的漏速计算公式是：

$$Q = \pi D^2 h / 4T \tag{10-3}$$

式中　Q——漏速，m^3/h；

　　　D——井眼平均直径，m；

　　　h——时间 T 内井筒动液面下降高度，m；

　　　T——时间，h。

（2）反灌钻井液的密度应略大于产层压力当量钻井液密度，不应高于原钻井液密度。

（3）也可通过钻具向井内注入添加堵漏材料的钻井液。

（4）当漏速减小，井内液柱压力与地层压力呈现暂时动平衡状态后，可着手堵漏并检测漏层的承压能力，堵漏成功后就可实施压井。

2. 上漏下喷的处理

当钻遇高压地层发生溢流后，提高钻井液密度压井造成高压层上部某薄弱地层被压漏，就会出现所谓上漏下喷。处理方法是：立即停止循环，定时定量间歇性反灌钻井液。然后隔开喷层和漏层，再堵漏以提高漏层的承受能力，最后压井。在处理过程中，必须保证高压层以上的液柱压力大于高压层的地层压力，避免再次发生井喷。

隔离喷层和漏层及堵漏压井的主要方法如下：

（1）通过环空灌入加有堵漏材料的加重钻井液，同时从钻具中注入添加堵漏材料的加重钻井液。加有堵漏材料的钻井液，既能保持或增大液柱压力，

也可减少低压层漏失并堵漏。

（2）在环空灌入加重钻井液，在保持或增大液柱压力的同时，注入胶质水泥，封堵漏层进行堵漏。

（3）上述方法无效时，可采用重晶石塞—水泥—重晶石塞—胶质水泥或注入水泥隔离高低压层，堵漏成功后继续实施压井。

3. 同层又喷又漏的处理

同层又喷又漏多发生在裂缝、孔洞发育的地层，或压井时井底压力与井眼周围产层压力恢复速度不同步的产层。这种地层对井底压力变化十分敏感，井底压力稍大则漏、稍小则喷。处理方法是：通过环空或钻具注入加重后的钻井液，钻井液中加入堵漏材料。此法若不成功，可在维持喷漏层以上必需的液柱压力的同时，采用胶质水泥或水泥堵漏，堵漏成功后压井。

四、浅井段溢流

浅井段发生溢流，在有井口装置或最大允许关井套压很低的情况下，建议采取分流放喷的措施，尽快用最大泵速向井内泵入重钻井液，或按本章所介绍的低节流压井方法进行处理。在未安装防喷器且条件具备时应抢下钻具，为处理溢流提供必需的通道，根据现场的具体情况再进行处理。在处理过程中，因井口缺少防喷装置，要十分注意人员安全，防止井口着火。

第十一章 特殊井井控技术

第一节 小井眼井井控技术

小井眼井一般指90%以上井段用小于177.8mm（7in）钻头打的井。使用小井眼技术钻井时，其井控工作主要有以下两个特点：一是小井眼井环空体积小，对井底溢流的监测比常规井敏感；二是小井眼井环空压力损失大，常规的压力损失计算模式和传统的压井方法不一定适应。

一、小井眼井井控工作特点

1. 环空容积的影响

环空容积小是小井眼井与常规井之间最显著的差异。从井控观点来考虑，当发生溢流时，地层侵入井中的流体的高度对井控难度的影响非常大。由于从井底循环到井口过程中气体要膨胀，同样的流体侵入量，小井眼井与常规井眼相比，流体在环空占据的高度大大增加，为了平衡地层压力，需要更高的井口套管压力值。另外，上返速度也是常规井眼环空上返速度的数倍，因此井控的难度就大得多。

2. 系统压力损失

掌握系统压力损失是小井眼井井控的关键，相关测试数据表明，小井眼井中的压力损失分布与正常井是相反的。在正常井中，约90%的泵压损失在钻柱内及钻头水眼处。而在小井眼井中，约90%的泵压损失在环空。传统的环空压力损失计算方法对小井眼井也是不适用的，而且钻柱在井内的偏心度对小井眼井环空压力损失也有很大影响。

在小井眼井中起钻时产生的抽汲压力也是很可观的，尤其是起钻速度快时抽汲压力非常大，所以需要保持钻井液有良好的流变性能，以降低抽汲压力。

由于在小井眼井系统压力损失中环空压力损失占主要地位，因此可以利用这个环空压力损失实现井控，即可以通过改变流量、钻柱旋转速度及钻井液性能等对失去平衡的井进行控制。

3. 小井眼井钻井溢流的检测

小井眼井井控最关键的问题是及早发现溢流。传统的溢流检测方法是观察并测量钻井液循环罐液面的变化，这种方法的灵敏度取决于计量设备及仪器的精确度。在正常井的钻井过程中，$2m^3$ 左右的溢流量并不算异常，但这对于小井眼井井控问题就很严重了。在小井眼井钻井过程中要求能发现小于 $0.16m^3$（1bbl）的溢流量，所以测量地面钻井液体积变化的仪器灵敏度是远远不够的。要解决这个问题，可以在泵的吸入口或立管及井的出口安装电磁流量计，在钻井过程中，经常观察流量变化，最好能把入井流量、出口流量及地面钻井液体积随时间变化作出曲线图，从曲线的变化及时发现溢流。用流量的变化来发现溢流比测量地面钻井液体积变化效果要好得多，流量计不仅精确，而且反应速度快。仪表读数不一定能明显地立即反映井下溢流，但把读数实时地作出曲线图，从曲线的变化就可立即发现溢流。同时，也要在小井眼井作业过程中，尤其在钻开油气层、油气层中钻进、起下钻过程中发现任何异常时，都要立即进行溢流检查。

二、小井眼井的压井方法

由于小井眼井压井存在过高的环空压力损失，采用司钻法和工程师法压井时需考虑到高环空摩阻的影响。

小井眼井中的环空压力损失在钻井及井控过程中有正反两方面的影响：一方面，对某些薄弱地层或低压层可能造成井漏；另一方面，大的环空压力损失可用来实施动态压井达到井控目的。利用循环过程中的环空压力损失来控制地层压力的方法称为动态压井法。

动态压井法与常规压井方法相比有它的优越性。动态压井法压井速度快，在压井过程中套管鞋处压力小，而且压井操作简便。一般情况下，在发现溢流以后，只要把排量增加到一定值就可以控制溢流，在加大排量时要考虑地面管汇、钻井泵、裸眼井段破裂压力及预测的地层压力等限制条件。若在低转速或低泵速情况下发生溢流，只提高转速或泵速就可能控制住溢流，若起下钻过程中发生溢流，要视具体情况而定。

动态压井法与传统的压井法相比，套管鞋处压力最小，如图 11-1 所示。

第十一章 特殊井井控技术

在压井过程中,小井眼井中任何深度对地层的平衡力等于这一深度的静液压力加上这一深度到井口的环空压力损失。而传统的压井法是用地面节流阀来对地层施加一定压力达到平衡地层的目的。某一深度对地层平衡力等于这一深度的静液压力加上地面节流阀的回压。若钻井液密度一定,某一深度到地面的环空压力损失一般小于节流阀回压,因此,使用动态压井法就降低了压井过程中地层破裂的可能性。

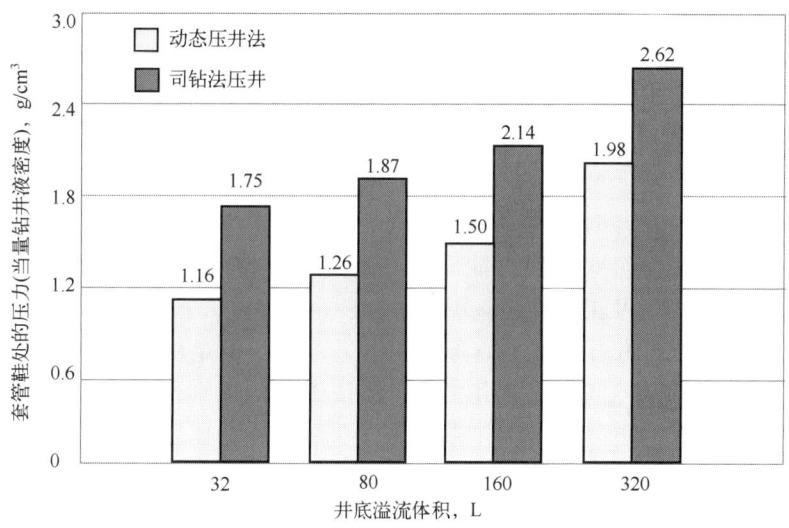

图 11-1 动态压井法及司钻法压井套管鞋处的压力差别

在钻井设计时,压井参数要根据预测的地层压力及各深度的环空压力损失来确定,环空压力损失取决于井径、钻柱尺寸、深度、钻井液性能及泵的排量,这些参数除井径外其他都是可以控制的,而井径可由钻头尺寸及井壁冲刷情况来确定。

在钻井过程中要确定实际的环空压力损失,需定期进行实际环空压力损失试验,就像常规压井法要求进行低泵速试验一样。当钻头接近井底时,缓慢开泵使排量从零逐渐增大,并算出每一排量的地面管汇、钻头和钻柱内压力损失,环空压力损失就等于记录的泵压减去地面管汇、钻头及钻柱内的压力损失。然后作出当量循环密度与排量的关系曲线,以表明动态压井法可控制的地层压力。如地层压力还需增大当量循环密度,可以通过提高钻井液密度、改变流变性等方法提高环空压力损失。

小井眼井压井是否采用动态压井法,取决于地层压力预测值和可获得的环空压力损失。环空压力损失的大小取决于设备能力(额定排量、功率)、井径、井深、钻井液性能、钻柱直径。环空压力损失对井眼冲蚀非常敏感，且动态压井容易压漏地层。因此，选择和实施动态压井应慎重。

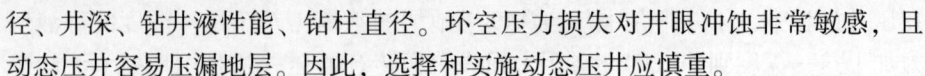

第二节　定向井及水平井井控技术

定向井是指设计目标与井口垂线偏离一定的距离，并采用定向工艺钻成的井。水平井是指井斜角不小于86°，沿与储层倾角相近的角度进入储层，并在目的层中延伸一定长度的定向井。水平井可以大幅度提高单井产量与开发效益，适用的油藏类型十分广泛，主要部署在地下油藏明朗的区块。而在衰竭油气藏中钻水平井时，井漏的概率增大。一旦发生井漏，由于油气层裸露长度过大，因而整个水平段可能同时有地层流体侵入，会引起更大的溢流；如果穿过高压层，可能导致地下井喷。

定向井及水平井井控的基本原理与直井一致，但是由于存在斜井段和水平段，需考虑的井控问题比直井要多，溢流现象的识别比直井更困难，所需的压井计算比直井更复杂，压井施工等作业跟直井相比要困难得多，井控的风险和防控难度比直井要大。

一、岩屑床对井控的影响

与直井相比，在定向井及水平井的设计和施工环节，井眼清洁都是需要重点关注的问题之一。在井斜角30°~60°的井段，携岩最为困难，岩屑极易沉淀形成岩屑床，而且岩屑床容易下滑引起环空憋堵、卡钻及固井问题。在大斜度井段，层流状态下钻井液携岩能力弱，岩屑就会在低边沉淀并堆积起来，形成岩屑床，轻者摩阻增大，重者造成卡钻。

从井控安全的角度看，岩屑床的存在，在起钻时容易引起过大的抽汲压力，从而诱发井喷；下钻时则易产生过大的激动压力，容易引发井漏，造成井内液柱压力的降低，并进一步引发溢流等井控险情。在循环钻井液时，岩屑床的存在容易引起环空压耗过高，造成开泵循环时井内钻井液循环当量密度过大，容易导致井漏；突然停泵时，循环压耗的消失，容易导致井内压力不能平衡地层压力。甚至过高的循环压耗制约了钻井液密度的调整使用范围，并进一步影响井眼水平位移的延伸长度。

第十一章　特殊井井控技术

保持井眼清洁的重要环节就是破坏岩屑床。钻井作业现场破坏岩屑床主要有以下几种方法：

（1）增大钻井液排量，合理调整钻井液性能。用高流速、低黏度和高密度钻井液冲洗、携带岩屑，使其不易形成岩屑床。

（2）提高钻井液的动切力和初切力数值于适当范围，以提高钻井液携岩能力。同时控制钻井液固相含量，加强固控设备的使用是降低固相含量的有效手段。

（3）转动钻柱。水平井施工过程中，常使用滑动导向钻井和旋转导向钻井两种方式。这两种方式在施工中交替使用，要求转盘（或顶驱）钻进与井下动力钻具钻进相结合，旋转钻进与滑动钻进交替进行，一般建议水平段开转盘的进尺不小于水平段总进尺的 75%。

（4）进行短程起下钻。为了减小摩阻，破坏岩屑床，避免发生井下复杂情况，在水平段钻进一段距离（如 50m 左右，尤其是定向纠斜井段），就应进行一次短程起下钻。

二、油气层暴露面积的影响

通常情况下，定向井及水平井钻井就是为了增加油气层的暴露面积，达到增加产量及提高采收率的目的。在钻井施工阶段，过大的油气层暴露面积，增加了地层流体进入井眼内的通道，增加了井控工作的风险和难度。当地层流体是天然气时，情况会更严重。具体体现在以下几个方面：

（1）岩屑气侵更严重。在油气层中钻进时，水平井的岩屑气侵会比直井更严重，因此要适时停钻循环，天然气被循环到地面后，应进行地面除气，减少天然气对钻井液液柱压力的影响。同时在地面加强观察和判断，正确判断区分气侵和溢流，及时采取正确的处理方式。

（2）置换气侵发生的概率更高。使用定向井及水平井钻井的目的之一，就是尽可能多地钻穿不均质裂缝油藏中的垂直裂缝。所以，在定向井或水平井的钻井施工中，一旦钻遇大裂缝或溶洞时，由于钻井液密度比天然气密度大，产生重力置换，天然气被钻井液从裂缝或溶洞中置换出来进入井内。

（3）扩散气侵更容易引发井喷。特别是在水平井中，由于油藏暴露面积较直井大许多倍，因此长时间静止后，井内的扩散气侵较直井会更严重。所以在定向井及水平井施工中，空井或井眼长时间静止进行电测等其他作业时，要有专人负责观察井口；井内长时间静止后下钻时，要防止钻具将原本处于水平段的天然气一次性大量顶替进入直井段或斜井段，引发溢流或井喷，因

此要注意核对返出量与钻具排替量之间的关系;下钻到底后,开泵循环时,要注意观察返出量的变化。

由于水平井的油气藏暴露面积大,发生溢流时,即使能迅速检测到并能迅速关井,其潜在的溢流量也比直井大得多,导致溢流循环到井口时,会出现较高的关井套压。

三、溢流的显示与判断

定向井及水平井钻井时,有可能在相对短的时间内,有大量的气体侵入井内,给井控带来很大的危害。钻遇大的溶洞或裂缝时,会产生放空现象,因此要将放空现象作为重要的溢流显示信号。此时,钻井液循环罐增量不明显或没有增量,因此并不能真实反映井下气体的侵入量;如果关井,关井立压、套压可能为零,即便有显示,其差值也不会像直井一样,能真实反映溢流的严重程度;如果静止观察井口,由于气体处于水平段,其不运移不膨胀,即使观察的时间足够长,井口也可能观察不到钻井液外溢的情况。因此,只有采取循环观察的方式,注意观察返出量的变化,一旦发现返出量增加,需要立即关井,必要时要关井进行节流循环观察。

当侵入流体处于水平井段时,即便侵入流体为气体,水平段上下起伏,容易使气体圈闭在一个个小气顶中,不会自动向井口运移,其体积也不会发生变化,同样也不会进一步导致井底压力减小,造成发现溢流相对更加困难。

由于定向井及水平井的特殊性,因此,施工中一旦出现了溢流显示,如果采用像直井一样的方法进一步验证溢流,例如停钻停泵进行溢流检查,不会发现井口外溢的情况;关井观察,井口压力也可能为零。这一点与直井是不同的,在现场施工中要特别注意,要结合钻井液量的变化综合判断。若使用油基钻井液,水平井想及时发现溢流,会变得更加困难。

四、钻井液密度的确定与监测

在近平衡压力钻进中,钻井液密度的确定是以地层孔隙压力为基准,再增加一个安全附加值,来抵消起钻时抽汲压力对井底压力的影响。在选择附加值时,直井中主要考虑地层压力预测精度、地层的埋藏深度、地层流体中硫化氢的含量、地应力和地层破裂压力等因素。在定向井及水平井中,由于实际井深与垂直井深的区别,钻至相同的井深,钻井液产生的液柱压力与直

第十一章　特殊井井控技术

井是不一样的，同时，定向井及水平井起钻时的抽汲压力比直井更大，所以相同条件下，安全附加值的取值要比直井更大。

在定向井及水平井中施工中，有时需要钻穿多层系油气藏的数组油气层，提高采收率。各个目的层可能具有不同的压力系数，如图 11-2 所示。在钻井液密度设计时要综合考虑，必要时可结合井身结构设计，对已经钻完的目的层进行封隔。

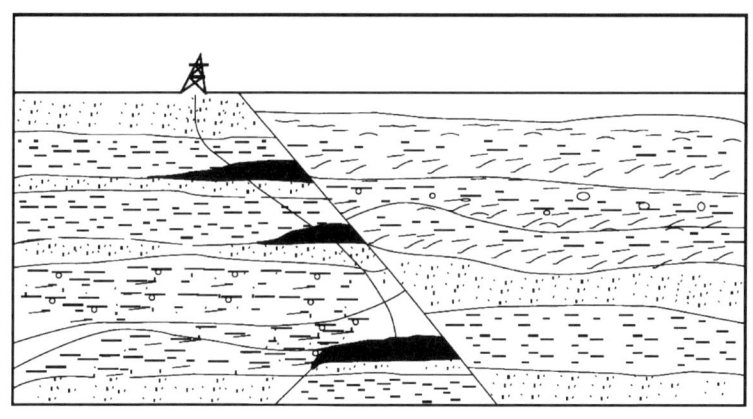

图 11-2　不同压力系数目的层

当在衰竭油气藏中钻水平井时，井漏的概率增大。一旦发生井漏，同样会引起溢流。另外，在定向井及水平井施工中，过大的环空压耗也可能导致井漏。上述两个因素在一定程度上限制了钻井液密度的使用与调整范围。

定向井及水平井的井控工作，更强调一次井控的有效性。因为一旦进入二次井控阶段，很容易发生井下次生事故。所以准确的钻井液密度设计是非常重要的。除在设计时综合考虑上述因素确定钻井液密度之外，在施工过程中，还要做好钻井液密度的监测，随着水平段的延长，每次起钻前，都应通过短程起下钻验证钻井液密度是否满足要求。

五、抽汲压力和激动压力的影响

在定向井施工中，钻具组合中经常要使用多个稳定器，以产生增斜、稳斜或降斜效果；在水平井施工中，在大斜度井段，容易产生岩屑沉淀形成岩屑床。所有这些因素都会使环空间隙减小，导致起下钻时的抽汲压力和激动压力比直井更大，起下钻井控风险增加。特别是起钻时的抽汲压力，直接导致油气层的油气侵入井内,且在现场不容易判断。很多井都是在起钻过程中发生井喷失控,特别是天然气井,都是由于抽汲压力过大导致的。

除常规的减小抽汲压力和激动压力的做法外,在定向井及水平井施工中起下钻时还要注意以下事项:

(1) 起钻前应充分循环钻井液,同时低速转动钻具。必要时要先进行短程起下钻,判断抽汲压力的影响。

(2) 在水平段和容易形成岩屑床的大斜度井段,要控制起下钻速度,将抽汲压力和激动压力减至最小。

(3) 水平井的油气层暴露面积大,起下钻时的后效会比直井严重。下钻后要注意排除后效后再钻进,若后效严重应节流循环。

(4) 在水平井中起下钻,通过溢流检查有时并不能观察到是否有地层流体进入井内。必须认真核对起钻时的灌浆量和下钻时的返出量,任何细微的差别都要引起充分重视。

(5) 对水平井来说,由于起钻抽汲导致少量天然气进入井内,其在水平段不会发生运移,不会影响起钻安全;下钻时被钻具推离水平段,才发生滑脱上升,容易诱发井喷,所以下钻时,尤其在水平井段的下钻井控工作同样重要。

(6) 起下钻时要注意观察井口,及时发现溢流。

六、关井参数与压力变化

溢流关井后要读取和记录关井立压、关井套压、溢流量等关井参数。通过关井立压和关井套压的差值,借助溢流量的数值,可以判断溢流物的密度,并进一步判断溢流物的类型;关井立压与关井套压的差值在一定程度上也反映了溢流的严重程度。

在水平井中,溢流物处于水平段,关井后会出现关井立压和关井套压相等或都为零的状况。此时,井下是否发生溢流、侵入流体的类型都无法通过关井立压和关井套压直接进行判断,只有通过钻井液循环罐液面升高来判断是否发生溢流及溢流的严重程度。当发生气体溢流,溢流物处于水平段时,关井后不会发生类似直井的滑脱上升或滑脱上升不明显,因此关井套压也不像直井一样持续上升或明显上升。当侵入流体离开水平井段后,井底压力就开始受其影响。侵入流体在水平井中会有以下特征:

(1) 水平井段的起伏,使气体形成圈闭的气泡。钻井液推动气泡移动,一旦气泡离开水平井段,由于气泡膨胀才使液柱压力减小。

第十一章 特殊井井控技术

(2) 侵入流体沿井眼高边上行,移动速度在大倾角井段可能加快。

(3) 大斜度井段钻井液循环倾向于沿高边流动,井底钻井液返出比预期要快,同样气体到地面的时间可能比预期的也要快。

(4) 在水平井中,钻柱结构一般与直井正好相反,一般为底部钻具组合+斜坡钻杆+加重钻杆+钻杆。这样,溢流物在井底附近环空返速较小,而到上部地层时,由于环空间隙变小、环空体积减小,溢流物拉长,环空返速迅速增大,环空静液压力迅速减小。

因此,侵入的气体处在水平段时,钻井液循环罐液面没有变化或变化不明显;在斜井段,钻井液循环罐液面变化比直井更加明显;气体向上运移至井口附近时,因其膨胀速度加快,钻井液循环罐液面迅速上升,这点与直井相同。

七、压井作业需注意的问题

1. 压井方法的选择

定向井及水平井压井施工与直井没有本质区别,压井方法的选择应根据关井压力、井控设备情况、加重材料储备情况、地面和井眼状况等因素综合考虑,可以选择司钻法、工程师法或其他常规或非常规压井方法。如果单纯从井眼剖面类型来说,造斜点深、斜井段较短的水平井更适合采用工程师法,以便高密度的压井液能够更快地建立液柱压力;造斜点浅或中深的、斜井段长的水平井更适合使用司钻法。实际压井时,司钻法的实施与控制相对工程师法更为简便。

需要注意的是,对于关井立压和关井套压都为零的情况,不能像直井采取的方法那样,直接敞开井口循环。应根据实际情况判断采取节流循环或进行压井作业。如果判断出是由于抽汲导致的溢流,可采取司钻法循环出侵入流体,然后检查压力和返出量,如果无异常,可开井继续循环。循环时,要慢慢转动钻具,以防止卡钻。如果判断是井内压力失衡导致的溢流,则必须进行压井作业。

2. 压井时的压力控制

用工程师法压井,需预先填写压井施工单和绘制"立压控制进度曲线"。在直井中,压井液从地面沿着管柱水眼到达钻头的过程中,立压由初始循环立管压力均匀降低至终了循环立管压力。在定向井及水平井的斜井段,立压的降低值要结合井眼垂深分别计算；另外，在水平井中，立压降低至终了循环立管压力的那一点为压井液到达水平井段时，而不是像直井一样到达钻头时。如果把水平井像直井一样对待，会导致地面回压控制偏高，产生过大的过平衡压力值。当压井液刚到水平井段时，达到最大的"过平衡"压力值，水平井段越长，这个"过平衡"压力值越大，过平衡过大造成压漏地层的风险增加。因此，使用工程师法压井时，要特别注意。

3. 压井过程中的套管压力与钻井液循环罐液面变化

直井发生气体溢流时，侵入气体循环上移会逐步膨胀，因钻井液被替出，导致钻井液循环罐液面上升，液柱压力减小，套压增大，这种现象持续到侵入气体上升到地面。油基钻井液的这种影响可能延迟到侵入气体接近地面时才会明显。

水平井压井作业时，侵入气体没有循环出水平井段时，不会影响钻井液静液压力，气体很少甚至没有膨胀，套压和钻井液循环罐液面变化不明显甚至没有；侵入流体从水平井段进入斜井段，套压和钻井液循环罐液面变化也并不明显；当侵入气体循环进入直井段或到达井眼上部时，套压、钻井液循环罐液面变化才变得明显。

4. 压井参数的计算

定向井及水平井在计算压井液密度时必须使用垂直井深计算。压井液体积要按实际井深的钻具内容积和环空容积计算，在绘制"立压控制进度曲线"时，要充分考虑不同钻具的内容积对应的垂深并计算出相应的立压变化。因此，定向井及水平井使用工程师法压井时，压井液从地面到钻头的立压变化，需要比直井更为复杂的计算。

5. 压井排量选择

压井循环时，水平段小排量循环气体很难排出，在保证井眼安全的前提下，可选择较高的压井泵速。

第三节　欠平衡钻井井控技术

欠平衡钻井是指人为地将钻井液静液（气）柱压力设计成低于所钻地层孔隙压力，使地层流体有控制地进入井筒并循环到地面，并在地面进行有效地控制与处理的钻井方式。

第十一章　特殊井井控技术

施工时通过旋转防喷器（或旋转控制头）和节流管汇控制井底压力，允许地层流体进入井内，在井口回压（套压）超过一定值时，采用常规井控技术来控制井底压力以防止井喷。欠平衡钻井不存在常规井控中的一次井控阶段。

一、实施欠平衡钻井的基本条件

欠平衡钻井必须在地质和设备等条件满足的情况下方可实施。

1. 地质适应条件

（1）作业井段的地层岩性、地层压力、流体性质基本清楚。

（2）地层稳定性满足欠平衡钻井要求。

（3）预测地层流体硫化氢含量低于 $75mg/m^3$（50ppm）。

2. 设备条件

（1）井架底座净空高度满足安装防喷器组及欠平衡钻井专用井口装置的要求。

（2）采用旋转控制头时，转盘通径能够通过旋转控制头旋转总成。

（3）使用不压井起下钻装置时，钻台面应具备安装条件。

二、欠平衡钻井井控设计

（1）欠平衡钻井井控设计应以钻井地质设计提供的岩性剖面、岩性特征、压力剖面、地温梯度、油气藏类型、地层流体特性及邻井试油情况等资料为依据。

（2）欠平衡钻井井控设计应纳入钻井工程设计，其井身结构、井控装备配套和井控措施等方面的设计应满足欠平衡钻井的安全要求。

（3）欠平衡钻井方式的选择和欠压值的确定应综合考虑地层特性、井壁稳定性、地层孔隙压力、地层破裂压力、预计产量、地层流体和钻井流体的特性、套管抗内压及抗外挤强度和地面设备处理能力等因素。

（4）防喷器组合设计应根据设计井深、预测地层压力、预计产量及设计欠压值等情况，选择压力级别匹配的旋转防喷器或旋转控制头；旋转防喷器或旋转控制头安装在常规钻井井口防喷器组合之上。

（5）油气储层欠平衡钻井需另外安装一套独立的欠平衡钻井专用节流管汇，其压力级别不低于旋转防喷器或旋转控制头的额定工作压力。欠平衡钻井过程中不允许使用常规节流管汇。

（6）气体欠平衡钻井施工中，在不带旁通口的旋转防喷器或旋转控制头与常规防喷器组之间应有一个专用三通或四通，作为欠平衡钻井的导流通道。

（7）钻机底座高度应满足欠平衡钻井井口装置的安装高度要求。

（8）液相欠平衡钻井应配备液气分离器，油井应配备撇油罐和储油罐。

（9）钻具组合要求：转盘钻进使用六方方钻杆；使用达到一级钻具标准的18°斜坡接头的钻杆；在近钻头位置至少安装一只常闭式钻具止回阀，气体钻井使用的所有钻具止回阀应是气密封试压合格产品。

（10）排气管线点火口接出距井口50m以外有点火条件的安全地带，且距除钻井分离器排气管线及放喷管线外的各种设施距离不小于20m；所有气体燃烧系统都应配备自动点火或引燃装置，以及防回火装置。另外，还要同时备用其他点火手段。

（11）欠平衡钻井应配备综合录井仪。录井队和欠平衡钻井服务队伍的监测设备应满足实时监测、参数录取的要求。气体钻井时，岩屑取样器距井口不少于30m。

（12）井场条件应满足欠平衡钻井装备的布置和安全作业基本要求。实施气体钻井时，供气设备中的内燃机排气管应加装防火罩，供气设备至井口的距离不小于15m。

三、欠平衡钻井施工前的准备

（1）由建设方组织相关施工单位成立现场欠平衡施工领导小组，明确岗位、职责及权限；由该领导小组组织施工前现场办公和开工验收，落实施工作业各项准备工作、技术要求等事项，组织所有作业人员进行技术培训和技术交底。

（2）欠平衡设备安装完后按设计要求进行试压、调试。

（3）在开发井实施欠平衡钻井时，现场至少储备1.0~1.5倍井筒容积、密度高于设计地层压力当量钻井液密度0.20g/cm^{3}的钻井液；在探井实施欠平衡钻井时，现场至少储备1.0~2.0倍井筒容积、密度高于预计地层压力当量钻井液密度0.20g/cm^{3}的钻井液；现场应储备足够的加重材料和处理剂。

（4）在欠平衡钻井施工前，建设方组织相关施工作业单位按规定进行检查验收，不满足欠平衡钻井安全施工条件的，不得批准开钻。

第十一章　特殊井井控技术

（5）欠平衡施工作业前进行应急预案演练。

四、欠平衡钻井施工作业

（1）欠平衡钻井期间，钻井队、录井队分别指定专人坐岗连续监测循环罐液面，同时做好记录，坐岗记录时间间隔为5min。

（2）监测钻时、扭矩、悬重等钻井参数及钻井液性能、气测值、火焰等，发现异常停止钻进并立即报告专业服务公司现场负责人和值班干部。

（3）套压控制以立管压力、循环罐液面和排气管出口火焰高度等的变化为依据，综合分析，适时进行调整。当控制压力上升到设定值时，停止钻进，实施关井作业，然后通过节流管汇进行控压循环排气，待正常后再恢复钻进。

（4）发现溢流停止钻进，及时关井求压，并根据地层压力重新确定合理的钻井液密度。

（5）每趟起钻前，应对半封闸板防喷器进行关、开检查；每趟下钻前，应对全封闸板防喷器进行关、开检查；并对控制系统进行检查。

（6）每趟起钻前，应将已入井使用过的具有单向流动控制作用的阀卸下来，由专人仔细检查，确认功能完好后，方可再次入井。

（7）气基流体钻井时，如果钻具内压力无法正常泄掉，不允许卸开钻具，应进行压井处理。

（8）带压起下钻期间，专人观察、记录套压变化，发现异常及时处理；当上顶力达到钻具浮重的80%时，应使用不压井起下钻装置。

（9）液相欠平衡钻井带压起钻作业期间，注入钻井液量应与起出钻具体积（以钻具外径计算）相同，发现异常情况及时处理并报告。

（10）带压测井应使用专用电缆防喷器，其上要安装防喷管，测井仪器长度应小于防喷管长度；带压测井防喷装置的压力等级应满足井口控制压力要求；带压测井过程中，录井队、钻井队均应派专人观察记录套压，发现异常及时报告。

（11）带压下油管作业，如果油管串底部连接有筛管，其长度应小于井口防喷器组合中最下部的全封闸板顶面到旋转防喷器下胶芯底端的距离。

五、欠平衡钻井的终止条件

出现以下情况之一应立即终止欠平衡钻井作业：

(1) 在线监测管内硫化氢浓度达到或超过 75mg/m³（50ppm），或者自井内返出的气体，在其与大气接触的出口环境中硫化氢浓度大于 30mg/m³（20ppm）。

(2) 地层油、气、水严重影响钻井液性能，并导致欠平衡钻井不能正常进行。

(3) 欠平衡钻井设备不能满足欠平衡钻井要求。

(4) 井眼条件不能满足欠平衡钻井要求。

第四节　精细控压钻井井控技术

精细控压钻井是一种用于精确控制整个井眼环空压力剖面的自适应钻井过程，其目的是确定井下压力环境界限，并以此控制井眼环空液柱压力剖面，是一种主动控制井筒压力的方法。主要用来解决深井钻井中由窄安全密度窗口、多压力系统、压力敏感性地层引起的井漏、井涌等井下复杂情况，以及含硫地层、压力不确定性高风险勘探井的安全钻井问题。

一、精细控压钻井技术优势

(1) 钻井领域：解决窄密度窗口地层溢漏同层难题；及时发现并控制溢流与漏失，抑制井壁轻微掉块；精确控制井筒压力，避免井下复杂，延长水平井段钻井能力；降低钻井液密度，提高机械钻速；保障异常压力圈闭储层钻井时的井控安全。

(2) 勘探领域：发现和保护油气层；动态监测井筒压力。

(3) 开发领域：提高单井产量；降低后期开发成本。

二、精细控压钻井适用地层和油气藏

(1) 窄密度窗口地层。

(2) 异常压力圈闭油气藏。

(3) 压力敏感、易污染油气藏。

(4) 溢漏频繁的复杂地层。

(5) 高密度深井。

第十一章　特殊井井控技术

（6）上部存在异常高压层的地层。

三、精细控压钻井系统组成及技术特点

精细控压钻井系统集恒压井底压力控制和微流量控制钻井功能于一体，由自动节流管汇系统、回压泵系统、液气控制系统、监测及自动控制系统、自动控制及应用软件五大部分组成。其技术特点如下：

（1）可实现过平衡、近平衡和欠平衡控压钻井。
（2）为组合式控压钻井装备。
（3）应用水力学模型、钻井工艺及智能监控的自动控制软件。
（4）具备多策略、自适应、高速的自动控制系统。
（5）具备钻井过程控制数据采集处理技术。

四、实施精细控压钻井的基本条件

（1）控压钻井技术适用于窄密度窗口地层。进行控压钻井设计时，裸眼井段宜选择压力单一地层，若存在多个压力系统，非控压钻井目标层段的压力窗口应大于控压钻井目标层段的压力窗口。
（2）地层含 H_2S 浓度大于 $30mg/m^3$（20ppm），控压钻井应谨慎使用。
（3）在常规井控装备的基础上，宜采用电动钻机，井架底座净空高度应满足防喷器组合以及控压钻井井口装置的安装空间要求。

五、精细控压钻井井控设计

（1）精细控压钻井井控设计应以油气藏类型，油气水层分布及性质，实施控压钻井裸眼井段地质分层及岩性、理化特性和矿物组分，地层破裂（漏失）压力、孔隙压力和坍塌压力剖面，地表温度和地温梯度，本井上部井段地质和工程资料，邻井的钻井、测井及生产测试等资料为依据。
（2）在井队常规井控装备的基础上，应安装旋转防喷器及控压钻井管汇。控压钻井参数设计最大套压值不超过旋转防喷器（旋转控制头）动密封压力的50%，转盘（顶驱）转速不超过旋转防喷器（包括旋转控制头）设备转速最大值。
（3）加重钻井液帽与下部钻井液产生的静液压力应处于安全压力窗口内，

计算钻杆注入排量,始终保持井底压力处于安全密度窗口区间。

(4) 若旋转防喷器胶芯损坏或达到使用时间,应及时更换。

(5) 钻具组合要求:转盘钻进使用六方钻杆;使用达到一级钻具标准的18°斜坡接头的钻杆;在近钻头位置至少安装一只常闭式钻具止回阀。

六、精细控压钻井施工前准备

(1) 由建设单位组织相关施工单位成立现场控压钻井施工领导小组,明确岗位、职责及权限;由该领导小组组织施工前现场办公和开工验收,落实施工作业各项准备工作、技术要求等事项,组织所有作业人员进行技术培训和技术交底。

(2) 实施精细控压钻井前,按设计要求对精细控压钻井装备进行试压、调试。

(3) 控压钻井施工作业前进行应急预案演练。

七、精细控压钻井施工作业

(1) 根据控压钻井设计,在预定深度,调整或替入控压钻井液,在调整或替入过程中应对照井口压力步骤图,逐步提高井口套压,以保持井底压力稳定。

(2) 根据井漏情况,在能够建立循环的条件下,逐步降低井口套压,寻找压力平衡点。如果井口套压降为零时仍无效,则每循环周降低钻井液密度 $0.01 \sim 0.02 \text{g/cm}^3$,待液面稳定后恢复钻进。

(3) 溢流发生后,应停止钻进,保持循环。逐步增大套压,井队和录井加密坐岗观察,每隔5min坐岗观察读取液面一次。若液面保持不变,则由控压钻井工程师根据情况采取措施。若液面继续上涨,则每隔5min逐步增大井口套压,直至溢流停止。若井口套压大于4.5MPa溢流未制止,则适当提高钻井液密度以降低井口套压。调整的钻井液密度应以实测地层压力窗口为依据进行设计。

(4) 发现PWD(Pressure While Drilling,随钻测压)失去信号,现场项目组决定是否根据水力参数计算模型得出的井底压力继续钻进或起钻,若决定起钻,应按控压起钻程序进行。

(5) 接单根(立柱)时,如果钻具内持续返出钻井液,判定钻具止回阀

第十一章　特殊井井控技术

失效,应在接单根(立柱)时接一个新的钻具止回阀。起钻过程中,如果钻具止回阀失效,停止控压起钻,按照控压替浆程序替入加重钻井液,平衡地层压力;下钻过程中,如果钻具止回阀失效,接入一个新的钻具止回阀或起钻更换下部失效的钻井止回阀。

八、精细控压钻井的终止条件

出现下列情况之一应立即终止精细控压钻井作业:
(1) 钻遇异常压力地层,安全压力窗口丧失。
(2) 钻井液密度降至现场技术条件下的密度下限仍无法解决的恶性漏失。
(3) 精细控压钻井系统设备故障,且无法修复。
(4) 控压钻井不能完全控制漏涌发生且地层 H_2S 浓度超过 $30mg/m^3$(20ppm),威胁作业人员安全。

第十二章　井控设备概述

在油气井钻井过程中，钻井液液柱压力是平衡地层压力，控制溢流、防止井喷的主要因素，是实现井筒完整性的第一道屏障。井控设备则是在地层压力超过钻井液液柱压力时，及时发现溢流，控制井内压力，避免和排除溢流，以及防止与处理井喷和井喷失控的重要设备。井控设备是实现井筒完整性第二道屏障的关键组件，是实施井控工艺技术的保证。

对于井控设备，不但配套要满足所钻井区块井控风险作业要求，还要标准化安装、正确操作和科学维护。因此，这就要求钻井作业相关人员对井控设备必须具备一定的理论知识和技能，使井控设备发挥其应有的工作效能，确保钻井作业的安全、优质与高效。

第一节　井控设备的功能

井控设备是指实施油气井压力控制技术所需的专用设备、管汇、工具、仪器和仪表等。

在钻井过程中，为了防止地层流体侵入井内，始终要保持井筒内的钻井液静液压力略大于地层压力。但在实际施工中，常因多种因素的影响，使井内压力平衡遭到破坏而出现溢流，甚至井喷，这时就需要依靠井控设备控制井口并实施压井作业，重新恢复对油气井的压力控制。有时井口设备严重损坏，油气井失去压力控制，这时就需采取紧急抢险措施，进行井喷抢险作业。井控设备应具有以下主要功能：

（1）及时发现溢流。在钻井过程中，利用专用仪器、仪表等能够对地层压力、钻井参数、钻井液量等进行实时监测，以便及时发现溢流显示，尽早采取控制措施。

（2）能够关闭井口，控制溢流。溢流发生后，利用钻具内防喷工具和防喷器迅速关闭井口，密封钻具内和环空的压力，防止发生井喷，并通过建立足够的井口回压，实现对地层压力的二次控制。

第十二章 井控设备概述

(3) 压井作业时，对井内流体可控制地进行排放。实施压井作业时，控制节流管汇上节流阀开启度维持足够的井底压力，重建井内压力平衡。也可通过节流管汇控制流体流动方向。

(4) 允许向钻柱内或环空泵入钻井液、压井液或其他流体。

(5) 在必要时能够利用关闭状态的环形防喷器、闸板防喷器或专用的强行起下钻装置，将钻具强行下入井中或从井中起出钻具。

井控设备是对油气井实施压力控制，对溢流进行监测、控制、处理的关键手段，是实现安全钻井、预防井喷的可靠保证，是钻井设备中必不可少的系统装备。

第二节 井控设备的组成

井控设备包括井口装置、控制装置、井控管汇、钻具内防喷工具、井控仪表、辅助设备和专用设备等。典型的井控设备组成如图12-1所示。井控设备具体由以下几部分组成：

(1) 井口装置：主要包括环形防喷器、闸板防喷器、分流器、旋转防喷器、四通及套管头等。

(2) 控制装置：主要包括远程控制台、司钻控制台、辅助控制台等。

(3) 井控管汇：包括节流管汇、压井管汇、防喷管线、放喷管线、反循环管线、钻井液回收管线等。

(4) 钻具内防喷工具：主要包括方钻杆上下旋塞阀、顶驱液动和手动旋塞阀、钻具止回阀（箭形止回阀、投入式止回阀、钻具浮阀等）、防喷单根、防喷立柱等。

(5) 井控仪表：主要包括钻井液液面监测报警仪、返出流量监测报警仪、钻井泵泵冲计数仪、有毒有害气体和易燃易爆气体检测报警仪及钻井液温度、密度等参数的检测仪器等。

(6) 辅助设备：主要包括钻井液液气分离器、钻井液除气器、加重装置、起钻自动灌浆装置、点火装置等设备。

(7) 专用设备：主要包括强行起下钻装置、灭火设备、带压密封钻孔装置、水力切割工具及拆装井口工具等。

钻井作业现场一般应配齐的井控设备有：液压防喷器、节流管汇、压井管汇、控制装置、套管头、方钻杆上下旋塞阀（或顶驱液动和手动旋塞阀）、钻具止回阀、钻井液液气分离器、起钻灌浆装置和循环罐液面监测装置等。强行起下钻装置、灭火设备、带压密封钻孔装置、水力切割工具及拆装井口工具等是用于特殊井控作业的井控设备。

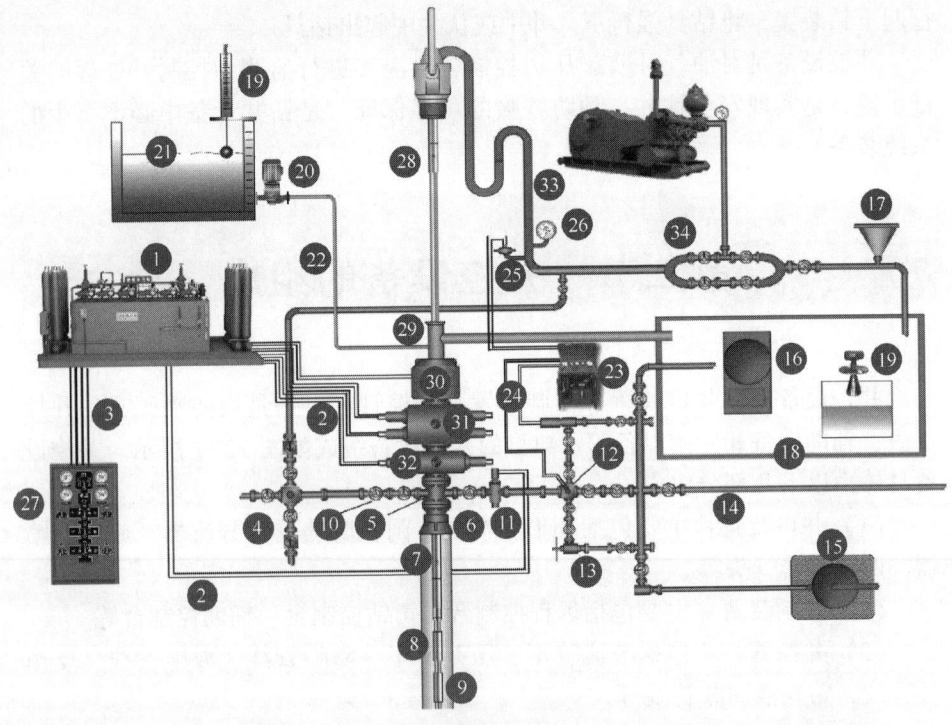

图 12-1 井控设备配套示意图

1—远程控制台；2—防喷器液控管线；3—远程控制台气管缆；4—压井管汇；5—钻井四通；6—套管头；7—方钻杆下旋塞阀；8—旁通阀；9—钻具止回阀；10—手动平板阀；11—液动平板阀；12—套管压力表及套管压力传感器；13—节流管汇；14—放喷管线；15—钻井液液气分离器；16—真空除气器；17—钻井液加重混合漏斗；18—钻井液循环罐；19—钻井液循环罐液面监测传感器；20—灌浆泵；21—灌浆罐；22—灌浆管线；23—节流控制箱；24—液动节流阀控制管线；25—立管压力传感器；26—立管压力表；27—司钻控制台；28—方钻杆上旋塞阀；29—防溢管；30—环形防喷器；31—双闸板防喷器；32—单闸板防喷器；33—立管；34—地面高压管汇

第三节 液压防喷器概述

防喷器是井控设备的核心设备，其质量和性能优劣直接影响油气井压力控制的成败。为保障钻井作业的井控安全，钻井现场配备的为液压防喷器，其基本规格和特点如下。

一、液压防喷器的基本规格

1. 额定工作压力

液压防喷器的额定工作压力是指防喷器安装在井口投入工作时所能承受的最大井口压力，其单位用兆帕（MPa）表示。额定工作压力是防喷器的强度指标。

国内常用的液压防喷器的额定工作压力有 6 个压力级别，即 14MPa、21MPa、35MPa、70MPa、105MPa、140MPa。液压防喷器的额定工作压力对应的压力级别见表 12-1。

表 12-1 液压防喷器的额定工作压力

压力级别, MPa	额定工作压力	
	MPa	psi
14	13.8	2000
21	20.7	3000
35	34.5	5000
70	69.0	10000
105	103.5	15000
140	138.0	20000

2. 公称通径

液压防喷器的公称通径是指防喷器的上下垂直通孔直径，其单位用毫米（mm）表示。公称通径是防喷器的尺寸指标。

国内液压防喷器的公称通径尺寸有 10 种规格，即 179.4mm、228.6mm、

279.4mm、346.1mm、425.4mm、476.2mm、527.0mm、539.8mm、679.5mm、762.2mm。液压防喷器的公称通径尺寸对应的通径代号见表12-2。

表12-2 液压防喷器的通径代号与公称尺寸

通径代号	公称尺寸,mm(in)	通径代号	公称尺寸,mm(in)
18	179.4($7\frac{1}{16}$)	48	476.2($18\frac{3}{4}$)
23	228.6(9)	53	527.0($20\frac{3}{4}$)
28	279.4(11)	54	539.8($21\frac{1}{4}$)
35	346.1($13\frac{5}{8}$)	68	679.5($26\frac{3}{4}$)
43	425.4($16\frac{3}{4}$)	76	762.2(30)

3. 尺寸重量参数

在配备和安装液压防喷器时，应考虑防喷器的尺寸与重量参数，根据井控风险等级与现场井架底座、井口的实际情况，确定防喷器组合。由于各个防喷器生产厂家所生产的设备尺寸与重量等参数不尽相同，而且同厂家、同型号的防喷器随着技术的不断改进，尺寸与重量参数也在发生变化。因此，在实际选择防喷器时，须参照相关产品说明书。

二、液压防喷器的特点

1. 关井动作迅速

出现溢流时，要求防喷器能够迅速关闭，控制住井口，防止事态进一步发展。防喷器的关井时间主要取决于控制装置的控制能力、所用液压油黏度、地面液控管线的内径及长度、防喷器液缸容积以及防喷器部件的密封及磨损程度等。

根据SY/T 5964—2019《钻井井控装置组合配套、安装调试与使用规范》中规定：闸板防喷器的关闭时间不应超过10s；通径小于476mm的环形防喷器，关闭时间不应超过30s；通径等于及大于476mm的环形防喷器，关闭时间不应超过45s。

2. 关井操作方便

防喷器的关井操作方便，以便在紧急情况下迅速关井。液压防喷器利用

第十二章　井控设备概述

液压油以液压传动方式推动闸板动作，而不是采用纯机械传动的方法，操作者只需在远程控制台或司钻控制台操作就能使液压防喷器迅速关闭，控制井口。同时，还可以使用辅助控制装置进行远程遥控操作关井。

3. 密封安全可靠

一旦关井后，井口压力会直接作用于防喷器上，尤其是当井内钻井液喷空时，大部分地层压力就将直接作用于防喷器上。因此，要求防喷器的壳体必须要有足够的机械强度，密封件密封必须安全可靠。防喷器在出厂前壳体组件都要按照有关标准严格进行试压检验，防喷器在井控车间及现场安装后，都要按规定进行试压，从而确保其密封安全可靠。

4. 现场维修方便

液压防喷器的胶芯或闸板是关闭井口的密封元件，由于工作环境恶劣，使用中难免磨损或老化，当发现这些密封元件失效后，在现场就可以及时进行拆换。

第四节　井控设备的选择

由于油气井本身情况各不相同，井口所装防喷器的类型、数量、组合并不一致。确定防喷器的类型、数量、压力等级、通径大小是由很多因素决定的。节流管汇和压井管汇的压力级别应与井口所装防喷器压力级别相匹配。

一、防喷器公称通径的选择

通常情况下，防喷器的公称通径与套管头下的套管尺寸相匹配，能通过作业所需要的钻头、工具与钻具等，顺利进行钻井作业。防喷器公称通径的选择要根据钻井工程的实际情况决定。

二、防喷器压力等级的选择

防喷器压力等级原则上应与相应井段中的最高地层压力相匹配，同时综合考虑套管最小抗内压强度的80%、套管鞋处地层破裂压力、地层流体性质

等因素。进行探井、三高油气井钻井作业时,为确保关井的可靠性,选择防喷器时也可提高其压力等级。

防喷器的公称通径、额定工作压力与套管外径的配套组合形式可以参考表 12-3 相关内容。

表 12-3 防喷器公称通径、额定工作压力与套管外径的配套组合形式

防喷器公称通径 mm(in)	防喷器额定工作压力,MPa					
	14	21	35	70	105	140
	套管外径,mm(in)					
$180(7\frac{1}{16})$			$114.3(4\frac{1}{2}) \sim 177.8(7)$			
$230(9)$			$193.7(7\frac{5}{8}) \sim 219.1(8\frac{3}{4})$			
$280(11)$			$219.1(8\frac{3}{4}) \sim 244.5(9\frac{5}{8})$			
$346(13\frac{5}{8})$			$298.4(11\frac{3}{4}) \sim 339.7(13\frac{3}{8})$			—
$426(16\frac{3}{4})$			$406.4(16)$			—
$476(18\frac{3}{4})$			$473.1(18\frac{5}{8})$			—
$528(20\frac{3}{4})$		$508.0(20)$				—
$540(21\frac{1}{4})$		$508.0(20) \sim 529.0(20\frac{3}{4})$				—
$680(26\frac{3}{4})$	$610.0(24\frac{1}{8}) \sim 660.0(26)$			—	—	—
$762(30)$	$711.0(28) \sim 762.0(30)$			—	—	—

三、组合形式的选择

合理选配井控设备组合,是实施积极井控,满足安全、顺利、高效钻井需要的必要手段。

1. 井口防喷器组的组合形式

根据 SY/T 5964—2019《钻井井控装置组合配套、安装调试与使用规范》中规定:应根据不同的井下情况选用各次开钻防喷器的压力等级和组合形式。

(1) 选用压力等级为 14MPa 时,其防喷器组合有五种形式供选择,如图 12-2 所示。

(2) 选用压力等级为 21MPa 或 35MPa 时,其防喷器组合有五种形式供选择,如图 12-3 所示。

第十二章 井控设备概述

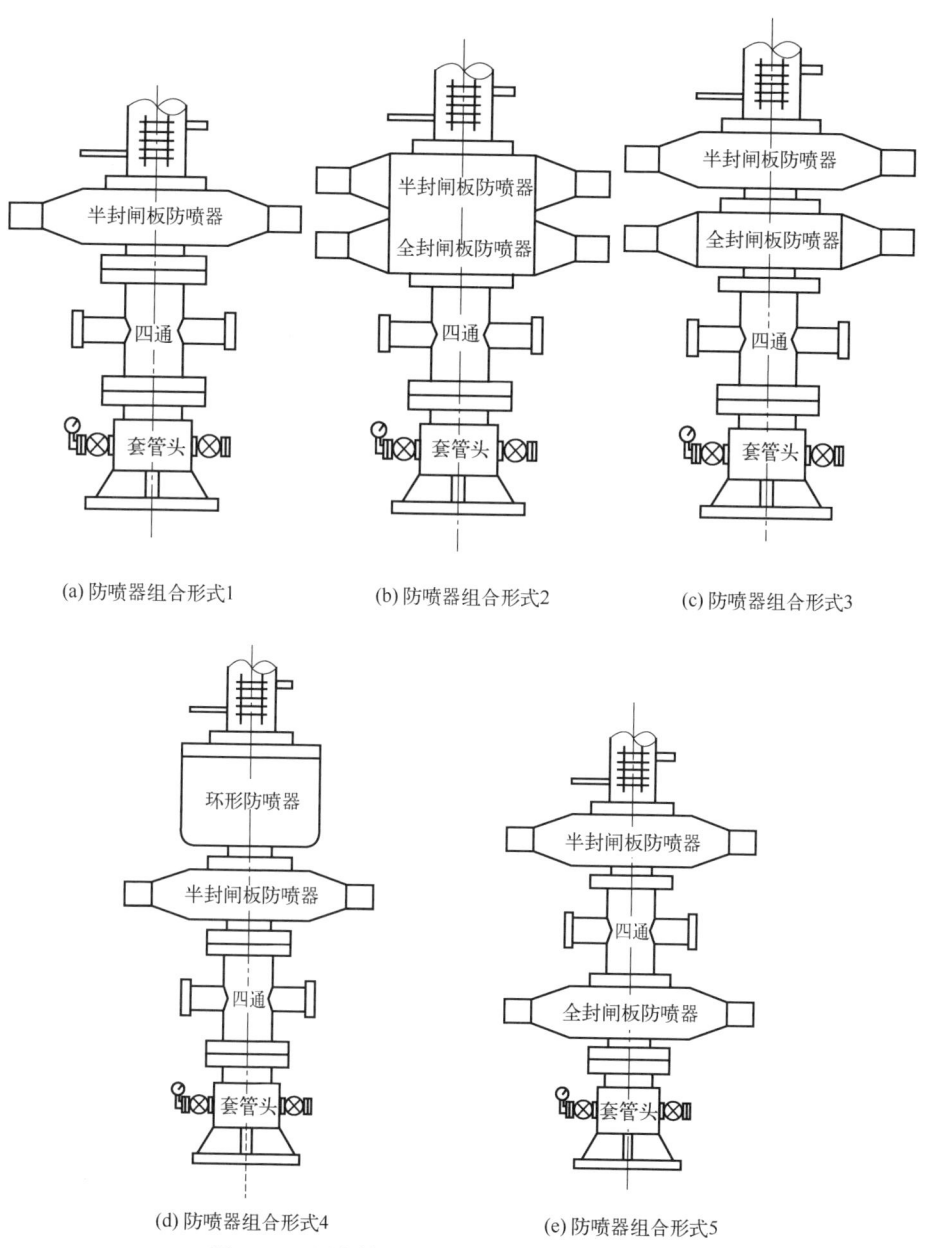

图 12-2 压力等级为 14MPa 的防喷器组合形式

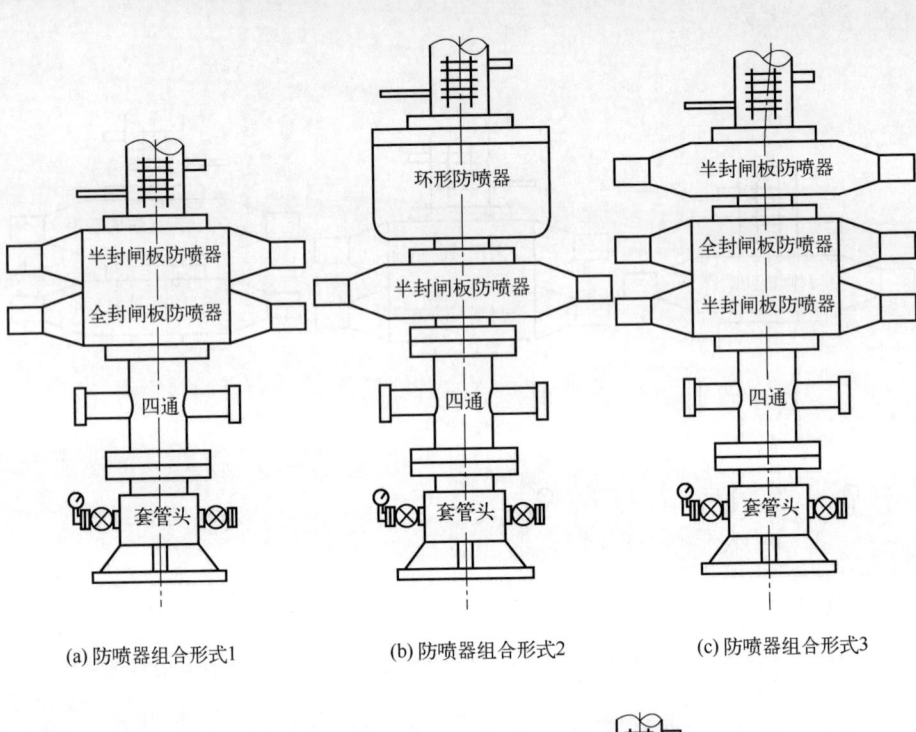

(a) 防喷器组合形式1　　(b) 防喷器组合形式2　　(c) 防喷器组合形式3

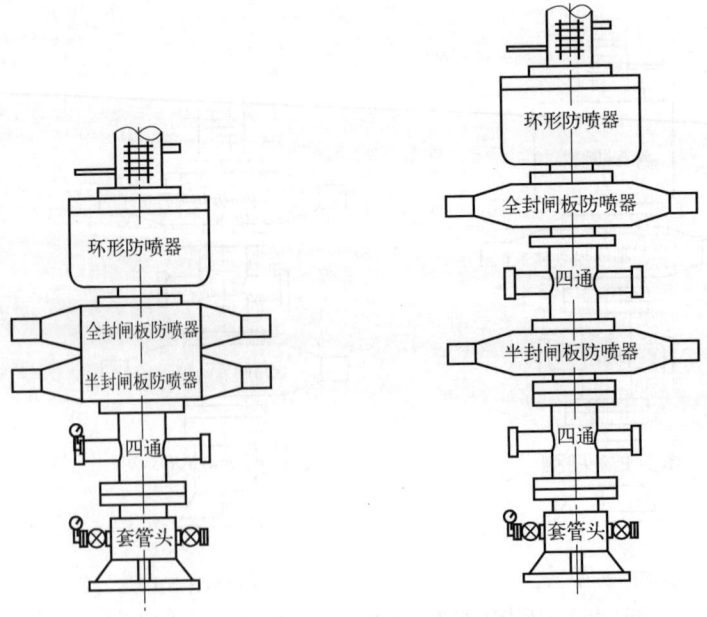

(d) 防喷器组合形式4　　(e) 防喷器组合形式5

图 12-3　压力等级为 21MPa 或 35MPa 的防喷器组合形式

第十二章 井控设备概述

（3）选用压力等级为70MPa或105MPa时，其防喷器组合有四种形式供选择，如图12-4所示。该组合形式中的环形防喷器的额定工作压力可以比配套的闸板防喷器低一级。

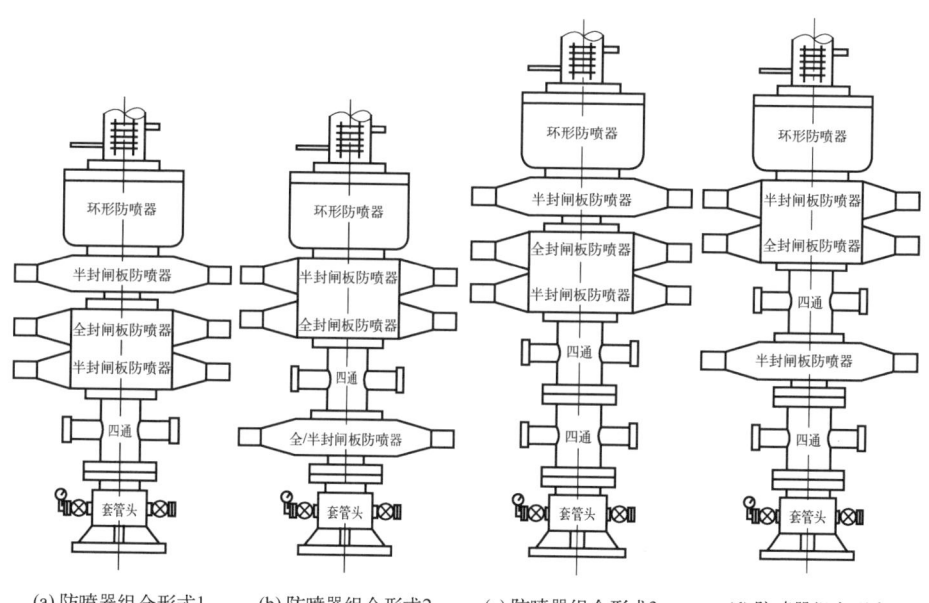

(a) 防喷器组合形式1　　(b) 防喷器组合形式2　　(c) 防喷器组合形式3　　(d) 防喷器组合形式4

图12-4　压力等级为70MPa或105MPa的防喷器组合形式

（4）选用压力等级为105MPa或140MPa时，其防喷器组合有四种形式供选择，如图12-5所示。该组合形式中的环形防喷器的额定工作压力可以比配套的闸板防喷器低一级。

在区域探井、含硫油气井、高压油气井、高产油气井的钻井作业中，从技术套管固井后直至完井、原钻机试油的全过程，应安装剪切闸板防喷器。剪切闸板防喷器的压力等级、通径应与其配套的井口装置的压力等级和通径一致。安装剪切闸板的防喷器组合形式，如图12-5所示。

2. 节流管汇的组合形式

节流管汇的压力级别应与防喷器压力级别相匹配。

（1）选用压力等级为14MPa时，节流管汇组合形式如图12-6所示。

（2）选用压力等级为21MPa时，节流管汇组合形式如图12-7所示。

（3）选用压力等级为35MPa或70MPa时，节流管汇组合形式如图12-8所示。

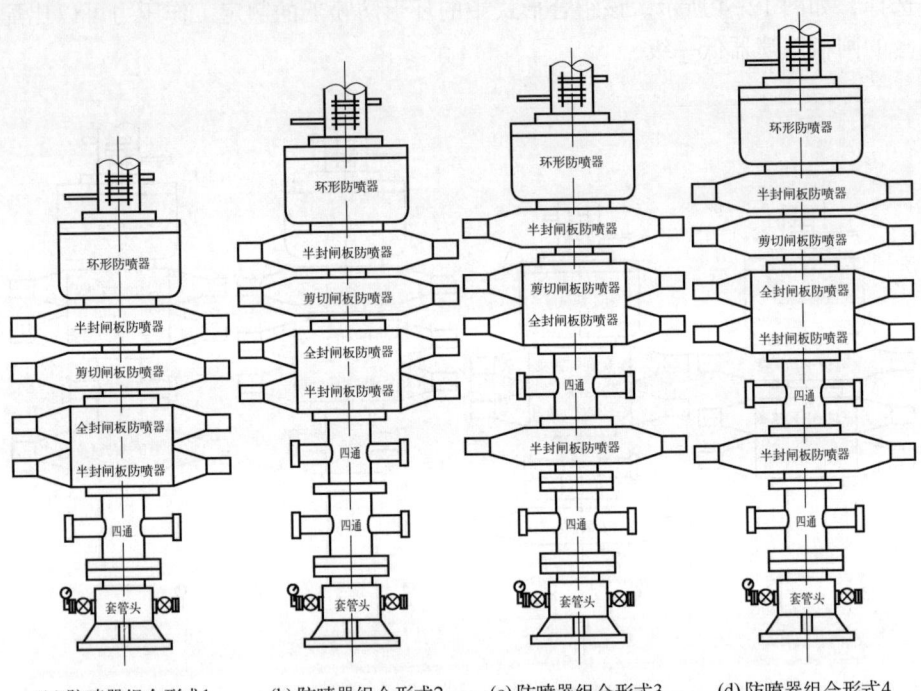

(a) 防喷器组合形式1　　(b) 防喷器组合形式2　　(c) 防喷器组合形式3　　(d) 防喷器组合形式4

图 12-5　压力等级为 105MPa 或 140MPa 的防喷器组合形式

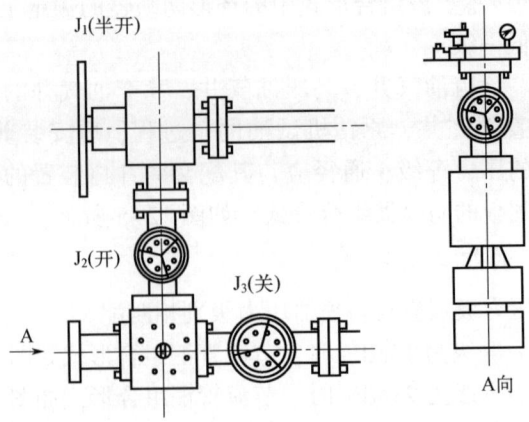

图 12-6　压力等级为 14MPa 的节流管汇组合形式

第十二章 井控设备概述

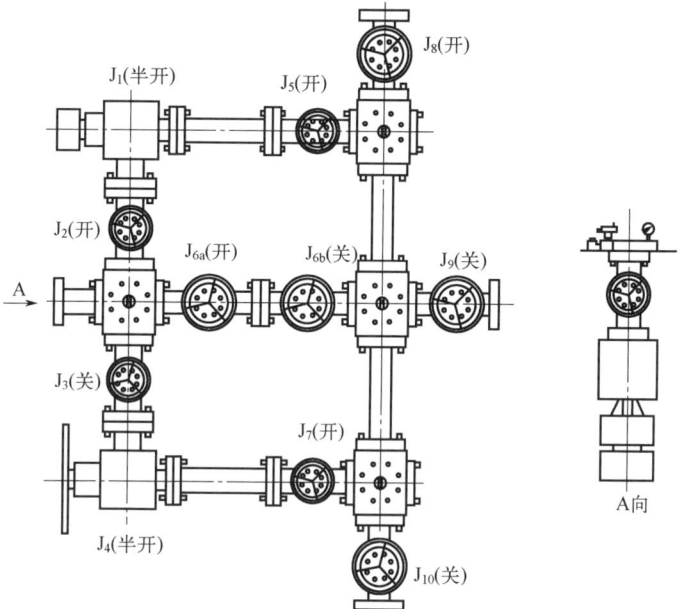

图 12-7　压力等级为 21MPa 的节流管汇组合形式

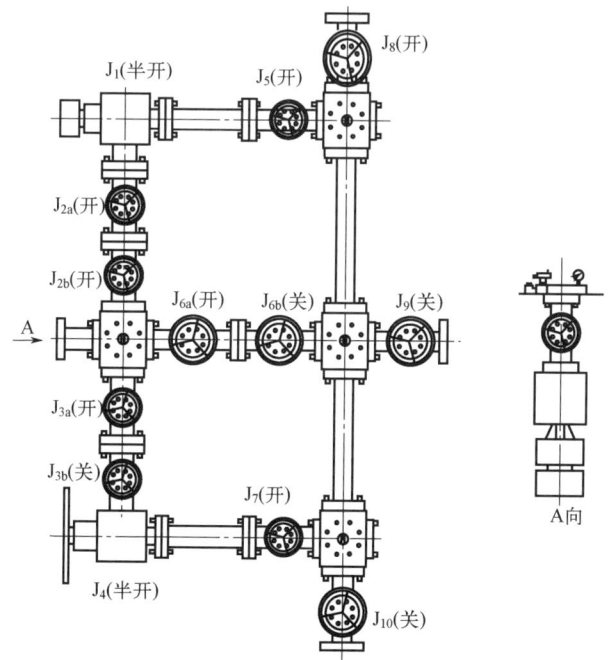

图 12-8　压力等级为 35MPa 或 70MPa 的节流管汇组合形式

（4）选用压力等级为70MPa或105MPa时，立式节流管汇组合形式如图12-9所示；平面式节流管汇组合形式如图12-10所示。

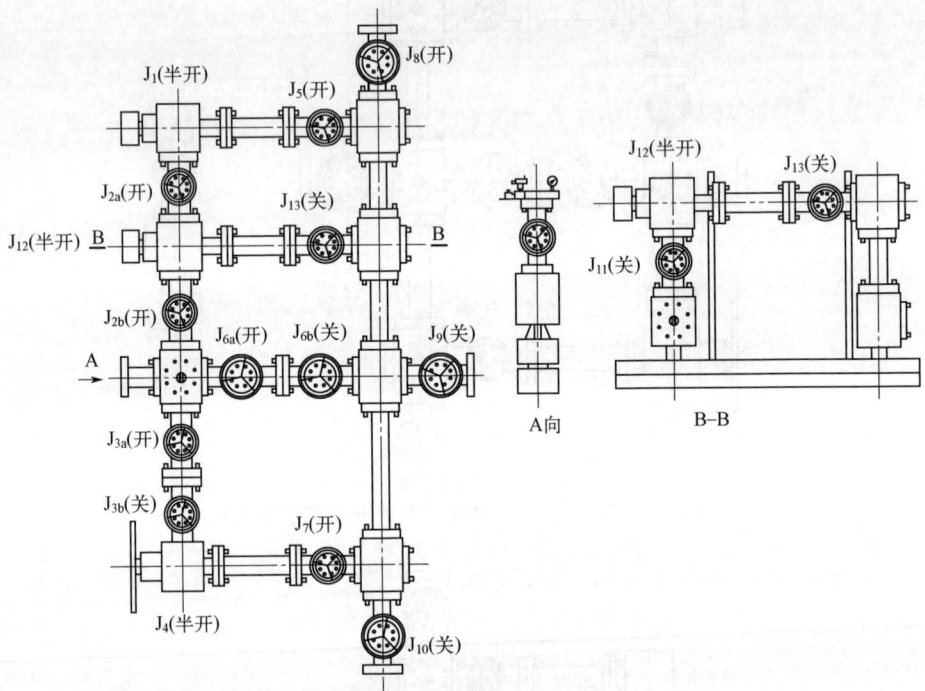

图12-9　压力等级为70MPa或105MPa的立式节流管汇组合形式

（5）选用压力等级为105MPa或140MPa时，节流管汇组合形式如图12-11所示。

3. 压井管汇的组合形式

压井管汇的压力级别应与防喷器压力级别相匹配。

（1）选用压力等级为14MPa、21MPa或35MPa时，压井管汇组合形式如图12-12所示。

（2）选用压力等级为70MPa或105MPa时，压井管汇组合形式如图12-13所示。

（3）选用压力等级为105MPa或140MPa时，压井管汇有两种组合形式供选择，如图12-14所示。

第十二章 井控设备概述

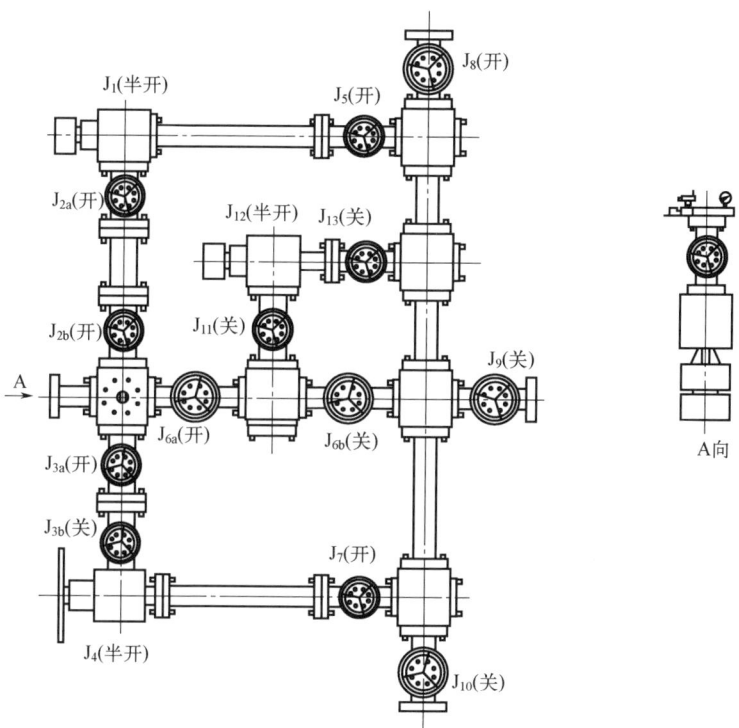

图 12-10 压力等级为 70MPa 或 105MPa 的平面式节流管汇组合形式

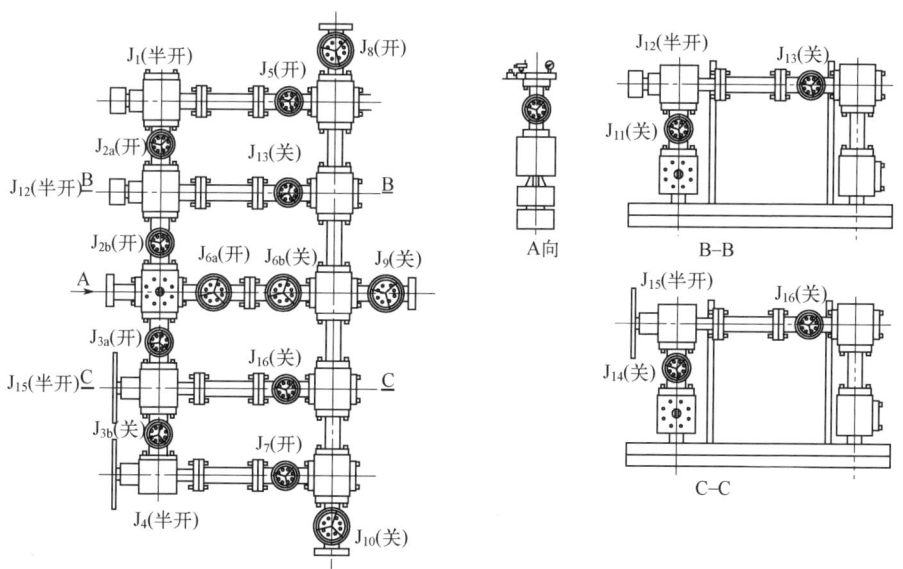

图 12-11 压力等级为 105MPa 或 140MPa 的节流管汇组合形式

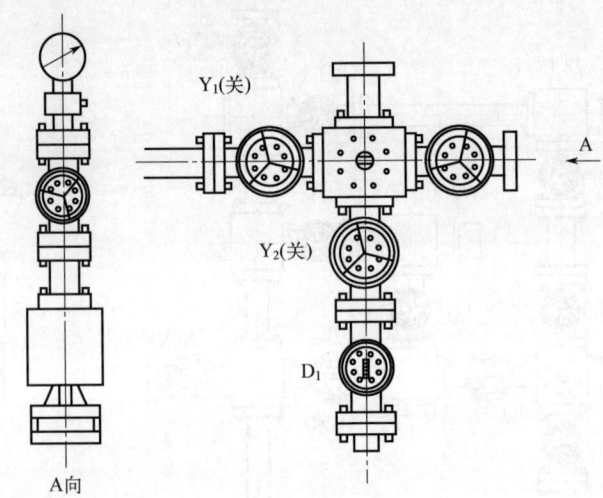

图 12-12　压力等级为 14MPa、21MPa 或 35MPa 的压井管汇组合形式

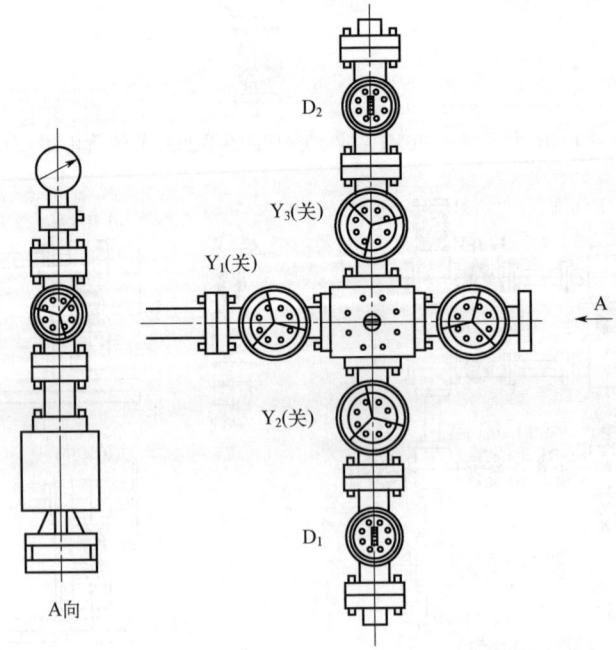

图 12-13　压力等级为 70MPa 或 105MPa 的压井管汇组合形式

第十二章 井控设备概述

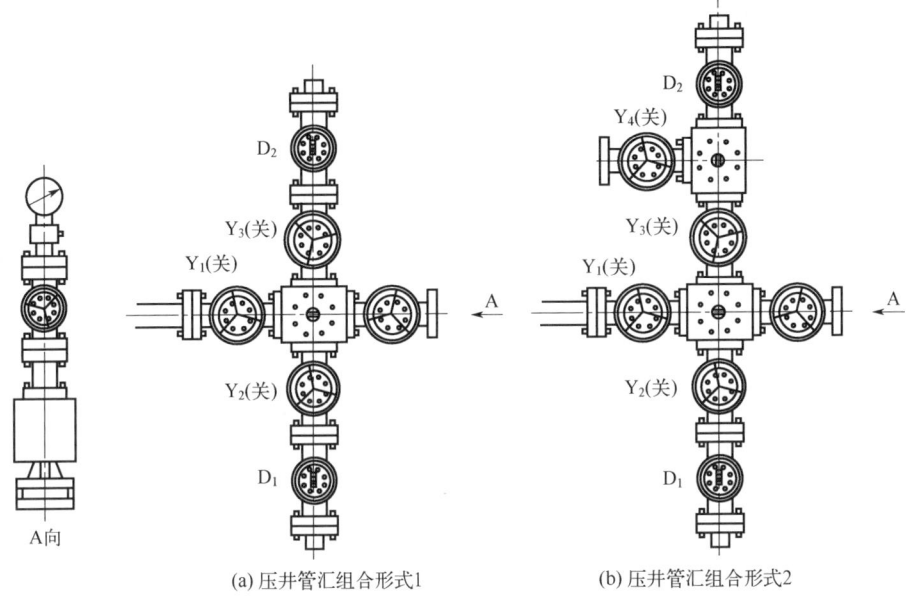

(a) 压井管汇组合形式1　　(b) 压井管汇组合形式2

图 12-14　压力等级为 105MPa 或 140MPa 的压井管汇组合形式

四、控制装置的选择

控制装置的控制点数除满足防喷器组合及防喷管线上液动平板阀所需的控制数量外，还需增加一个作为备用的控制点数。

控制装置的控制能力，为最低限度的要求。远程控制台应有足够的在停泵、井口无回压时关闭一套全开状态的环形防喷器和闸板防喷器组并打开液动放喷阀的液体量，且剩余液压应不小于 1.4MPa（若蓄能器预充氮气压力为 7MPa，则蓄能器压力不小于 8.4MPa）。通常情况下，作业现场为了保证安全，将防喷器组中全部防喷器的关闭液量增加 50% 的安全系数作为蓄能器组的可用液量，以此标准来选择控制装置的控制能力。控制能力的选择详见第十六章相关内容。

五、井控设备工作温度的选择

选择井控设备时，应考虑到在钻井作业过程中将承受的温度。井控设备应在规定的最低温度和最高温度范围下工作，最低温度是装置可承受的最低环境温度，最高温度是装置可直接接触到的流体最高温度。对于套管头及管汇上各闸阀，温度级别与工作温度范围见表12-4。套管头及管汇上各闸阀可以在一个或多个温度范围内工作。例如，某平板阀标识的工作温度等级为"PU"，指该平板阀工作最低温度为-29℃，最高温度为121℃。对于防喷器，温度等级及工作温度范围见表12-5。

表12-4 套管头及管汇闸阀的温度级别与工作温度范围

温度级别	工作温度范围,℃		工作温度范围,℉	
	最低	最高	最低	最高
K	-60	82	-75	180
L	-46	82	-50	180
N	-46	60	-50	140
P	-29	82	-20	180
S	-18	60	0	140
T	-18	82	0	180
U	-18	121	0	250
V	2	121	35	250

表12-5 防喷器的温度等级与工作温度范围

温度等级	工作温度范围,℃	工作温度范围,℉
T-75/250	-59~121	-75~250
T-75/350	-59~177	-75~350
T-20/250	-29~121	-20~250
T-20/350	-29~177	-20~350
T-0/250	-18~121	0~250
T-0/350	-18~177	0~350

六、井控设备材料的选择

套管头及管汇闸阀所用材料应满足当前或将来的井口环境，特别是在含硫油气井、高含硫油气井的作业及生产井口。井控设备材料要求见表12-6，对于材料类别为DD、EE、FF和HH时，在标识时还应包括最大允许硫化氢分压。例如，某平板阀标识"FF-1.5"，指FF类材料，最大允许的H_2S分压为1.5kPa。如果没有规定分压限制，使用"NL"作标志，例如DD-NL。

第十二章 井控设备概述

表12-6 井控设备材料要求

材料类别		材料最低要求	
		本体、盖、端部及出口连接	控压元件、阀杆和芯轴悬挂器
AA	一般使用	碳钢或低合金钢	碳钢或低合金钢
BB	一般使用	碳钢或低合金钢	不锈钢
CC	一般使用	不锈钢	不锈钢
DD	酸性环境	碳钢或低合金钢	碳钢或低合金钢
EE	酸性环境	碳钢或低合金钢	不锈钢
FF	酸性环境	不锈钢	不锈钢
HH	酸性环境	耐蚀合金	耐蚀合金

第十三章　环形防喷器

环形防喷器，俗称万能防喷器，它具有承压高、密封可靠、操作方便、开关迅速等优点，适用于密封各种形状和不同尺寸的管柱，也可全封闭井口。

第一节　环形防喷器概述

一、环形防喷器的型号

环形防喷器型号表示如下：
FH ①②-③/④
FH：环形防喷器代号。
①：胶芯形式代号，锥形胶芯代号为 Z，球形胶芯省略。
②：通径代号（通径规格，mm，除以 10 后取大取整）。
③：额定工作压力，MPa。
④：底部连接法兰代号（额定工作压力，MPa，当底部连接法兰压力级别与环形防喷器额定工作压力相同时省略）。

例如："FHZ54-14"表示该环形防喷器为锥形胶芯环形防喷器，通径为 539.8mm，额定工作压力为 14MPa。"FH35-35/70"表示该环形防喷器为球形胶芯环形防喷器，通径为 346.1mm，额定工作压力为 35MPa，底部连接法兰额定工作压力为 70MPa。

二、环形防喷器的用途

环形防喷器是井口防喷器组中的重要组成部分，在钻井作业中主要用途是控制井口压力，有效地防止井喷发生，实现安全施工。环形防喷器必须配

第十三章 环形防喷器

备防喷器液压控制装置方能使用，通常它与闸板防喷器配套使用，也可单独使用。环形防喷器可以完成以下作业：

（1）当井内有钻具、套管或油管时，能用一种胶芯封闭各种不同尺寸的环形空间。

（2）当井内无钻具时，能全封闭井口。

（3）在进行钻井、取心、测井等作业中发生溢流时，能封闭方钻杆、取心工具、电缆及钢丝绳等工具与井筒所形成的环形空间。

（4）封井状态在合适的液控油压下，能通过18°斜坡接头的钻杆，进行强行起下钻作业。

三、环形防喷器的类型与结构

环形防喷器按其所用胶芯的形状可分为锥形胶芯环形防喷器、球形胶芯环形防喷器和组合胶芯环形防喷器，如图13-1所示。现场常用的为锥形胶芯环形防喷器和球形胶芯环形防喷器。

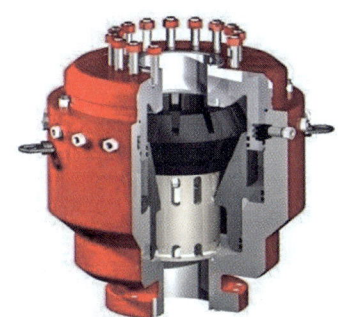
(a) 锥形胶芯环形防喷器

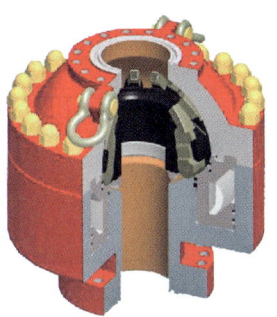
(b) 球形胶芯环形防喷器

(c) 组合胶芯环形防喷器

图13-1 环形防喷器

球形胶芯环形防喷器结构

锥形胶芯环形防喷器主要由顶盖、防尘圈、锥形胶芯、活塞、支撑筒、壳体等主要部件构成,如图13-2所示。球形胶芯环形防喷器主要由顶盖、球形胶芯、防尘圈、活塞、壳体等主要部件构成,如图13-3所示。

环形防喷器的壳体与顶盖连接方式有螺栓连接、楔形块连接和爪块连接,如图13-4所示。

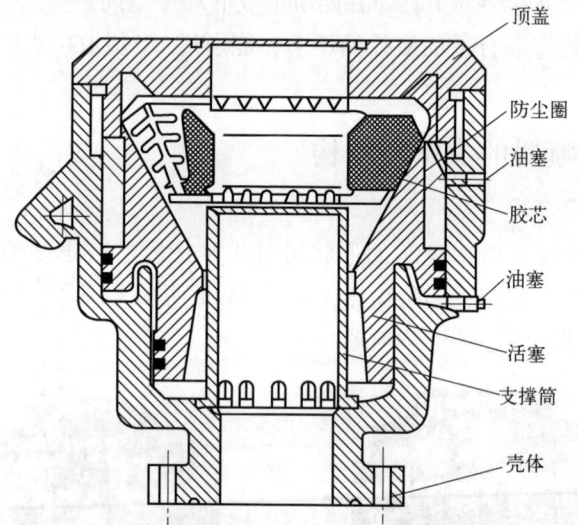

图13-2 锥形胶芯环形防喷器的结构

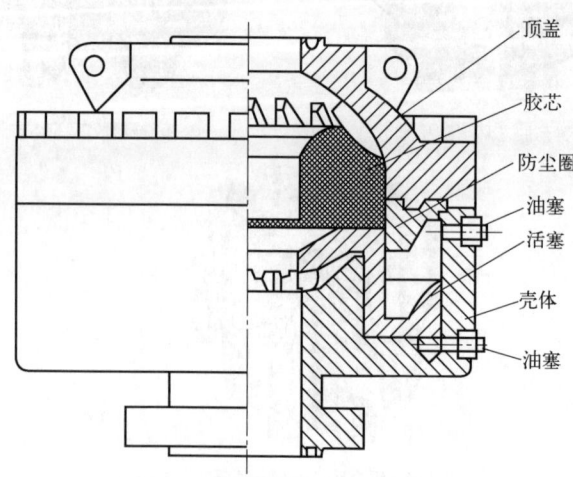

图13-3 球形胶芯环形防喷器的结构

第十三章　环形防喷器

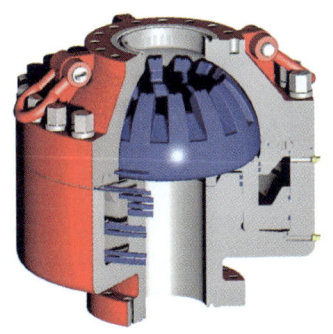
(a) 螺栓连接

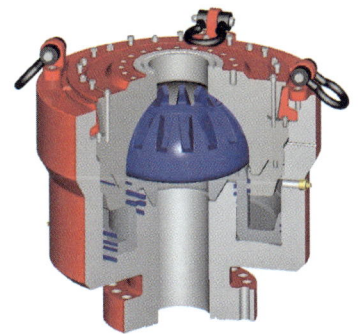
(b) 楔形块连接

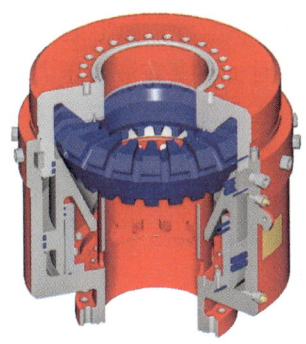
(c) 爪块连接

图 13-4　环形防喷器壳体与顶盖的连接方式

四、环形防喷器的工作原理

1. 关井的工作原理

关闭环形防喷器时，从控制装置来的高压油从环形防喷器壳体下部油口进入关闭腔，推动活塞上行，活塞推动胶芯，在顶盖的限制下，迫使胶芯向井眼中心运动，胶芯的支撑筋互相靠拢，胶芯中间的橡胶被挤向井口中心，直至抱紧钻具或全封闭井口，实现封井的目的。在活塞上行过程中，开启腔内的液压油流回控制装置油箱。

环形防喷器关井的工作原理

2. 开井的工作原理

当需要打开环形防喷器时，从控制装置来的高压油从环形防喷器壳体上部油口进入开启腔，推动活塞下行，胶芯在本身弹性力作用下逐渐复位，打开井口。在活塞下行过程中，

开井的工作原理

关闭腔内的高压油泄压并流回控制装置油箱。

第二节　锥形胶芯环形防喷器

一、胶芯结构特点

（1）锥形胶芯环形防喷器的胶芯呈圆锥状，胶芯由支撑筋与橡胶硫化而成，支撑筋沿圆环呈径向辐射状配置，如图13-5所示。

（2）井压助封。在关井时，活塞在液控压力推动下向上运动，推挤胶芯，在顶盖的限制下，胶芯向中心收缩，支撑筋相互靠拢，胶芯中部橡胶被挤向井口，形成初步密封。作用在活塞下端面的井内压力也推动活塞上行，在保持胶芯关闭状态下，使胶芯封闭得更紧密，增加密封的可靠性，从而降低了所需的液控关闭压力，如图13-6所示。

图13-5　锥形胶芯

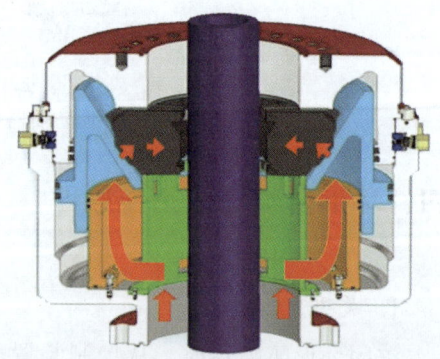
图13-6　锥形胶芯环形防喷器的井压助封

（3）寿命可测。锥形胶芯环形防喷器在工作过程中，胶芯不断磨损，需要靠增加活塞行程，多挤出储备橡胶来填补，当活塞行程达到最大值（即活塞走到上顶点时），或者胶芯支承筋的上、下两端面分别靠紧时，说明胶芯的储备橡胶已使用完，即使增大液控压力，胶芯也不能可靠密封井口。对带有探测孔的锥形胶芯环形防喷器，在现场可以通过测量活塞行程来测量胶芯的寿命，如图13-7所示。不过有些锥形胶芯环形防喷器顶盖上没有探测孔，就不能通过测量的方式检测胶芯寿命。

第十三章 环形防喷器

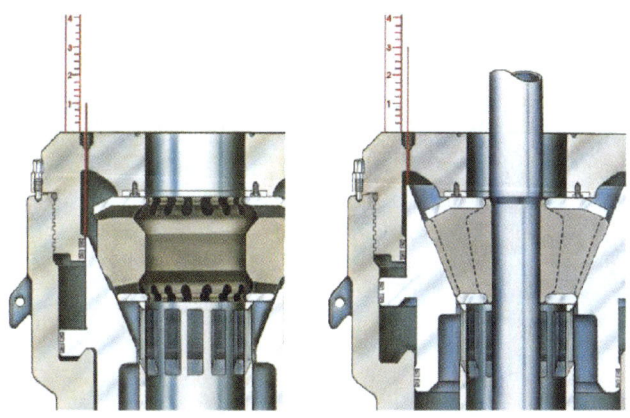

图 13-7　锥形胶芯环形防喷器的寿命检测

二、活塞结构特点

（1）活塞上部内腔为圆锥形，与胶芯锥面接触，由于锥度较小，封闭所需的活塞轴向上推力也小，但相应的活塞行程要增加，从而增加了整个防喷器的高度。

（2）活塞的上、下封闭支撑部位间距大，扶正性能好，不易卡死、偏磨、拉缸或黏合，增加了密封寿命。

三、壳体结构特点

锥形胶芯环形防喷器因其结构的原因，与相同通径及压力级别的球形环形防喷器相比较，其本体外径更小，但高度更高一些。

第三节　球形胶芯环形防喷器

一、胶芯结构特点

（1）球形胶芯环形防喷器的胶芯呈半球状。它是由沿半球面呈辐射状配置的弓形支撑筋与橡胶硫化而成，如图 13-8 所示。

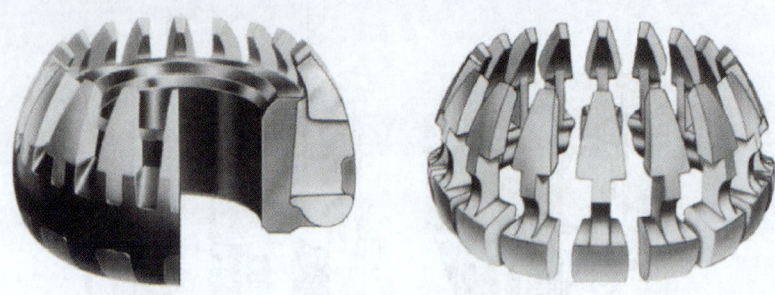

图 13-8　球形胶芯

（2）井压助封。在关井时，活塞在液控压力推动下向上运动，推挤胶芯，受顶盖的限制，胶芯向上运动并向中心收缩，支撑筋相互靠拢，胶芯中部橡胶被挤向井口，形成初步密封。作用在活塞内腔上部的井内压力向上推活塞，促使胶芯封闭更加紧密，增加密封的可靠性，从而降低了环形防喷器所需的液控关闭压力。

（3）漏斗效应。球形胶芯从自由状态到封闭状态，各横断面的直径收缩是不相等的，上部由于顶盖的限制缩小的量大，下部缩小的量小，因此，胶芯上部挤出的橡胶多，底部最少，形成了倒置的漏斗状。橡胶的这种变化不仅提高了密封性能，而且在关井后进行强行起下钻具时，钻杆接头更容易进入胶芯，如图 13-9 所示。

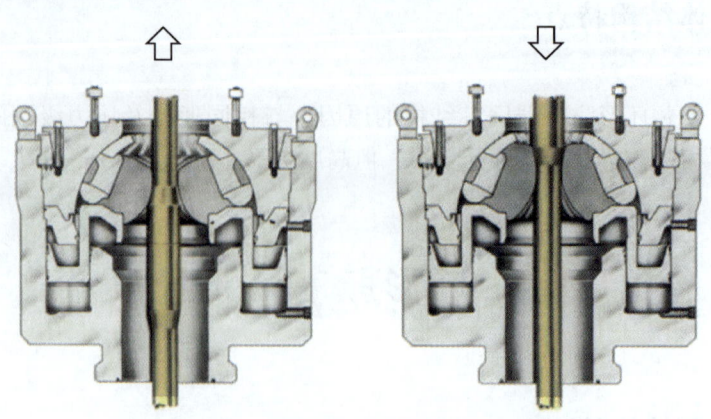

图 13-9　球形胶芯环形防喷器的漏斗效应

（4）橡胶储备量大。球形胶芯的橡胶储备量比其他类型胶芯大得多，在

第十三章 环形防喷器

活动钻具及强行起下钻具胶芯被磨损之后，有较多的备用橡胶可陆续挤出补充，胶芯使用寿命长。

(5) 摩擦力小，开关所需油量较大。活塞的上推力部分由支撑筋承受，而支撑筋与顶盖之间是金属与金属接触，摩擦阻力小。由于球形胶芯橡胶储备量多，变形大，关井时需要较大的活塞上推力。在不提高液控油压的前提下，需要增加活塞直径，因此与相同规格的其他类型胶芯环形防喷器相比，所需油量更多。

二、活塞结构特点

(1) 球形胶芯环形防喷器的活塞的径向断面呈"Z"字形，行程短、高度低、径向尺寸大，因此球形胶芯环形防喷器较其他类型环形防喷器高度低，开关一次所需液压油多。

(2) 活塞高度低，扶正性能差。特别是关井接近终了时，活塞支撑间距更小，因此活塞易偏磨。如液压油不清洁，固体颗粒进入活塞与壳体间隙，易引起活塞卡死或拉缸，所以液压油应定期过滤与更换。

三、壳体结构特点

球形胶芯环形防喷器因其结构的原因，与相同通径及压力级别的锥形胶芯环形防喷器相比较，其本体外径更大，但高度更低一些，可减少井口防喷器组的有效高度，更方便在井架底座净空高度较小的井口进行安装。

第四节 环形防喷器的使用

一、强行起下钻操作

1. 基本条件

(1) 关井套压不大于7MPa。

(2) 钻具组合中安装有钻具止回阀。

强行起下钻简介

（3）钻杆为18°斜坡接头。

2. 操作步骤

（1）先以10.5MPa的液控油压关闭环形防喷器。

（2）调节环形调压手轮，逐渐减小环形防喷器的关闭压力，直到胶芯处有轻微渗漏或刚好满足密封为止。

（3）进行起下钻作业，控制速度不大于0.2m/s，在钻杆接头通过防喷器时，速度应该更慢一些。

（4）在钻杆下放过程中，需要调节节流阀控制井底压力略大于地层压力。

（5）每起下一柱钻杆，要核对向井内泵入或从井内排出的钻井液是否与所起下钻杆体积相当。

（6）若在起下钻过程中，胶芯有较明显磨损或渗漏量严重时，应将环形防喷器的关闭压力适当调高，当关闭压力达到10.5MPa，胶芯仍漏失严重，说明该防喷器胶芯已严重损坏，就要停止强行起下钻操作，更换环形防喷器胶芯后才可再进行起下钻操作。

3. 注意事项

（1）钻具入井前，要使用本体无明显锈蚀的钻杆，并对大钳咬过的钻杆接头及卡瓦卡持过的本体进行打磨，确保接头及本体无毛刺。

（2）钻柱的重量必须比环空压力作用在钻杆接头上的推力大。

（3）起下钻过程中，胶芯上方要保持存有钻井液或混有机油的水，起润滑降温作用。

（4）下钻过程中要及时向钻杆水眼内补充钻井液，减小浮力。

（5）根据实际情况，下钻中途定时循环，及时循环出环空中受污染的钻井液。

二、胶芯的更换

胶芯的更换

在现场当环形防喷器需更换胶芯时，若井内没有钻具，可拆下顶盖取出旧胶芯，然后换上新胶芯即可。若井内有钻具而需更换胶芯时，按以下步骤进行：

（1）确保井内钻具已经被半封闸板防喷器可靠密封。

（2）用锋利的割胶刀，借助撬杠、肥皂水等将新胶芯从一侧任意两个支撑筋之间割开，割面要平整。不能使用锯条或其他钝的切割

第十三章　环形防喷器

工具。

（3）卸掉并吊起环形防喷器顶盖。

（4）将环形防喷器内的旧胶芯割开并取出。

（5）换上割开的新胶芯，如图13-10所示。

（6）安装顶盖，上紧顶盖与壳体的连接螺栓，并试压。

三、现场使用注意事项

（1）在井内有钻具时发生溢流，可先用环形防喷器控制井口，再使用半封闸板防喷器封井。根据现场实际情况，也可只使用环形防喷器控制井口。

（2）环形防喷器的关井油压不允许超过10.5MPa，关井后，为延长胶芯使用寿命，可根据井口压力、所封钻具尺寸及下一步所需作业的情况，降低关井的液控油压。

图13-10　有钻具时更换胶芯

（3）非特殊情况，不应用环形防喷器封闭空井，否则会减少胶芯的使用寿命；在封空井时环形防喷器最大控制井口压力为额定工作压力的一半。

（4）用环形防喷器封闭钻具，在关井套压不超过14MPa的情况下，可以上下活动钻具。活动钻具时，应该适当降低环形防喷器的液控油压，以不大于0.2m/s的速度慢速活动钻具。大幅度上下活动钻具可能会减小或增大井底压力，造成地层流体进入井内或增加压漏地层的风险。

（5）在关井套压不超过7MPa的情况下，用环形防喷器进行不压井起下钻作业时，应使用18°斜坡接头的钻杆，环形防喷器要使用尽量较低的液控油压封井，起下钻速度不得大于0.2m/s，接头通过环形防喷器胶芯时速度要更慢些。在进行不压井起下钻作业及活动钻具时，当套压超过3.5MPa时允许钻井液有少量的渗漏，可以润滑胶芯，减少胶芯的磨损。

（6）严禁用打开环形防喷器的办法来泄井内压力，防止发生井喷或刺坏胶芯。

（7）每次开井后必须检查胶芯是否完全打开，以防起下钻具刮坏胶芯。

（8）进入目的层时，要求环形防喷器做到开关灵活、密封良好；每次起钻前，要试开关环形防喷器一次，发现问题需及时处理。

第五节　分流器

分流器又称导流器，是在浅部地层钻井施工中，当发生溢流或井涌后，快速封闭环空，并将潜在风险的浅层气或低压井内流体（液体、气体）引导并排除到指定位置的井控设备，如图13-11所示。分流器与液压控制系统、四通、液动球阀等配套使用，组成分流器系统，从而实现密封各种形状和尺寸的方钻杆、钻杆、钻杆接头、钻铤、套管等钻具，同时起到分流放喷井内流体的作用。

图13-11　分流器

一、分流器的安装

在钻井作业时第一个套管柱（即击入式管柱、导管或结构套管）的下方地层可能存在着气体等流体时，其大量涌入井眼易出现井控问题，这种情况下就应考虑安装使用分流器系统。

常规的环形防喷器、闸板防喷器或旋转控制头都可以被用作分流器。环形防喷器可以封闭不同尺寸、不同形状的管柱，因此作为分流器更具有优势。有些分流器系统兼顾分流器和防喷器两种设备的功能。分流器的排出管线内径通常不小于152mm（6in），排出管线应布置合理，以便在任何时候都有一条管线可以排出井内流体，并且分流的液（气）体不会被风刮回到井口、人群密集的地方或道路的进出口等处。排出管线尽量平直引出，管线转弯处优先考虑采用大半径弯管，其弯曲半径应是管内径尺寸的20倍。当采用90°短弯头时，应做成带有抗冲击盲板或者抗冲击堵塞的三通。排出管线应沿其长度方向呈现一定的坡度，以避免在低点处钻井液及杂质产生积聚。SY/T 6667—2006《分流器系统设备及作业推荐作法》中推荐的分流器安装形式，如图13-12、图13-13和图13-14所示。

第十三章 环形防喷器

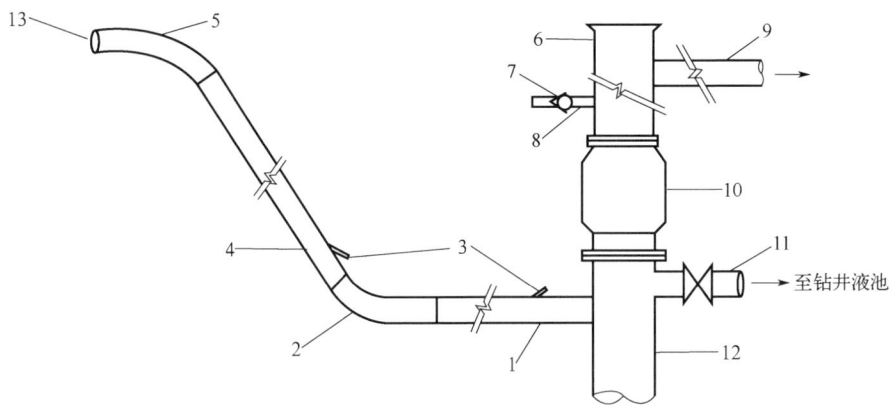

图 13-12 分流器系统示例（开放式流动系统）

1—排出管线；2—大直径弯头；3—清除管线；4—排出管线；5—大直径弯头；6—防溢管；
7—单向阀；8—灌注管线；9—返出管线；10—分流器；11—返出管线；
12—击入式管柱或导管；13—高于返出管的排出口

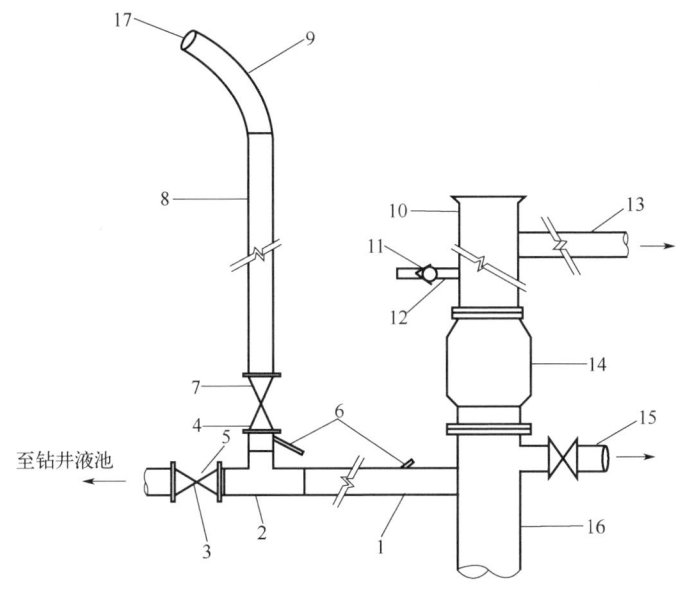

图 13-13 分流器系统示例（手动选择流动系统）

1—排出管线；2—三通；3—液动阀或气动阀；4—液动阀或气动阀；5—2#阀门；6—清除管线；
7—1#阀门；8—排出管线；9—大直径弯头；10—防溢管；11—单向阀；12—灌注管线；13—返出
管线；14—分流器；15—返出管线；16—导管或击入式管柱；17—高于返出管的排出口

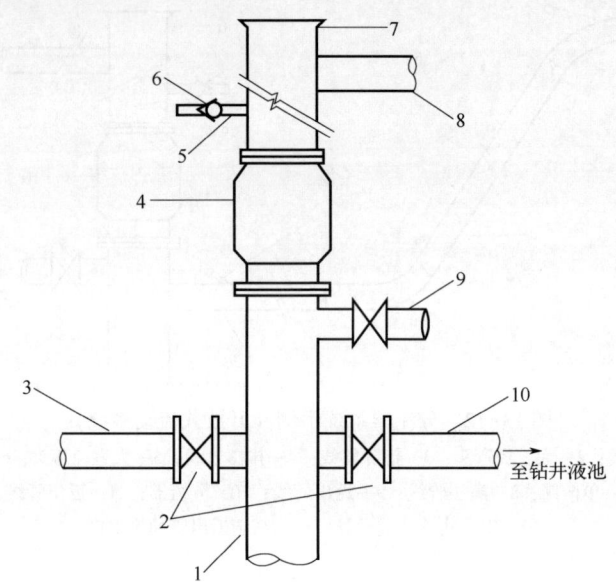

图 13-14 分流器系统示例（顺序控制流动系统）

1—击入式管柱或导管；2—全开阀（液动或气动，在分流器关闭前自动打开）；3—排出管线；4—分流器；5—灌注管线；6—单向阀；7—防溢管；8—返出管线；9—返出管线；10—排出管线

分流器的液压控制系统可以为专用的设备，也可以使用防喷器控制装置。对于通径不大于 508mm（20in）的分流器，控制系统应能在操作手柄后 30s 内完成排出管线及返出管线阀门的操作并且封闭井内管柱。对于通径大于 508mm（20in）的分流器，应在 45s 内完成以上操作。分流器控制系统在完成完整的分流操作之后，能在不超过 5min 的时间内恢复到控制系统待命时的压力。

二、分流器的使用

分流器控制系统在使用时，应能确保装有分流器系统的井不会完全封闭，应保证在胶芯关闭环空以前，已经提前打开出口阀门。若使用的分流器是大尺寸环形防喷器，则其开关井原理和操作与环形防喷器完全相同；若使用专用的分流器设备时，其开关井可能会有所不同，具体使用方法参考设备说明书。以河北华北石油荣盛机械制造有限公司生产的分流器为例，其油缸为单作用结构，关闭动作由液压实现，打开动作利用活塞自重及胶芯回弹实现，其结构如图 13-15 所示。

第十三章 环形防喷器

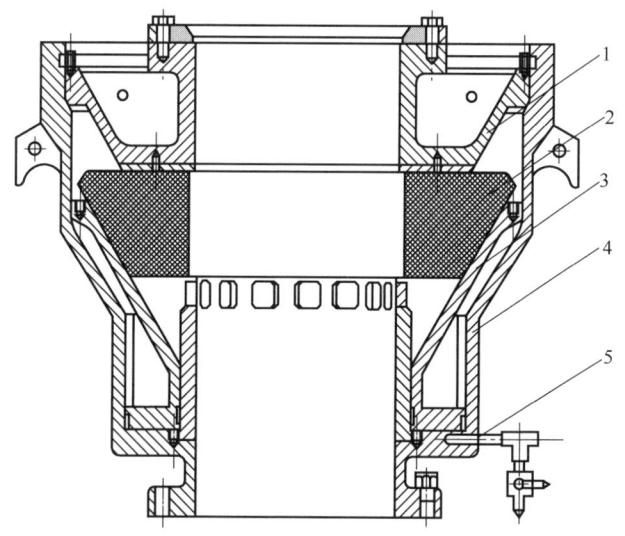

图 13-15 单作用油缸分流器结构
1—顶盖；2—胶芯；3—活塞；4—壳体；5—关闭油口

1. 关井

发现浅层气气侵或井涌需要分流放喷时，打开钻井四通侧出口的阀门，启动液压控制系统，控制系统的高压油从壳体油口进入活塞下部关闭腔推动活塞向上运动，迫使胶芯向井口中心运动，支撑筋相互靠拢，将其中间的橡胶挤向井口中心，实现密封钻具。同时井内流体从钻井四通侧出口连接的阀门经放喷管线输送到井场外下风口安全的地方。

2. 开井

需要打开分流器时，泄掉关闭腔液压，拧松壳体气孔丝堵，同时打开壳体油口处三通侧出口手动截止阀，以加快分流器里液控油的流速，活塞靠自重回落，胶芯在本身弹力作用下复位，将井口打开。

第十四章　闸板防喷器

闸板防喷器是井口防喷器组的重要组成部分，钻井作业期间发现溢流，通过关闭闸板防喷器可实现对井内压力的控制。钻井作业现场使用的为液压闸板防喷器，利用液压可实现闸板迅速封闭或打开井口。

第一节　闸板防喷器概述

一、闸板防喷器的型号

闸板防喷器型号表示方法如下：

$\boxed{1}$ FZ $\boxed{2}$ - $\boxed{3}$

FZ：闸板防喷器代号。

$\boxed{1}$：闸板的数量，省略数字为单闸板；2 为双闸板；3 为三闸板。

$\boxed{2}$：通径代号（通径规格，mm，除以 10 后取大取整）。

$\boxed{3}$：额定工作压力，MPa。

例如："2FZ35-70" 表示通径为 346.1mm，额定工作压力为 70MPa 的双闸板防喷器。

二、闸板防喷器的分类

（1）按所能配置的闸板数量可分为单闸板防喷器、双闸板防喷器、三闸板防喷器。

（2）按闸板防喷器的控制方式可分为液压闸板防喷器、手动闸板防喷器。

（3）按闸板的锁紧方式可分为手动锁紧闸板防喷器、液压锁紧闸板防喷器。

第十四章　闸板防喷器

（4）按侧门开关方式可分为旋转式侧门闸板防喷器、直线运动式侧门闸板防喷器。

（5）按结构形式不同可分为 RSC 型（铸造结构）闸板防喷器、RSF 型（锻造结构）闸板防喷器。

（6）按闸板的用途可分为半封闸板防喷器、全封闸板防喷器、剪切闸板防喷器、变径闸板防喷器。

三、闸板防喷器的用途

（1）井内有钻具或套管时，可使用与钻具或套管尺寸相符的半封闸板或变径闸板封闭井口环形空间。

（2）当井内无钻具时，可使用全封闸板封闭空井口。

（3）安装有剪切闸板时，紧急情况下可用剪切闸板剪断井内钻具。

（4）某些闸板防喷器的半封闸板允许承重，可用以悬挂一定重量的钻具。

（5）在关闭防喷器的情况下，可在闸板防喷器壳体上的侧孔外接闸阀及管线，以便为节流、压井、放喷等作业提供通道。

闸板防喷器是否可以承重还应参考其说明书执行；壳体上的侧孔通常使用盲板式法兰封闭，由于使用侧孔作为节流、压井或放喷等作业的通道，高压流体冲蚀壳体，会影响防喷器的耐压性能，因此一般使用井口防喷器组合中的钻井四通来实现这些功能。

第二节　闸板防喷器的结构及特点

不同生产厂家或不同型号的闸板防喷器，在结构上虽然略有差异，但基本的结构大体相同。以旋转式侧门闸板防喷器为例，其主要由壳体、侧门、油缸、活塞与活塞杆（闸板轴）、锁紧轴、端盖、闸板、铰链座等部件组成，如图 14-1 所示。

一、壳体

闸板防喷器壳体采用高强度、高韧度合金钢铸造或锻造加工成型，并经过热处理，出厂前按标准进行水压强度试验，保证其工作安全可靠。壳体有上下垂直通孔、闸板室和侧孔。

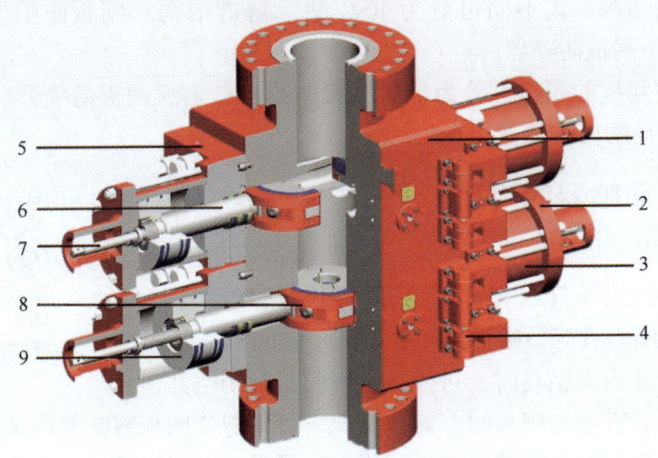

图 14-1　旋转式侧门闸板防喷器结构

1—壳体；2—端盖；3—油缸；4—铰链座；5—侧门；6—活塞杆（闸板轴）；
7—锁紧轴；8—闸板；9—活塞

闸板防喷器壳体上方连接环形防喷器或直接连接防溢管，下方连接四通或套管头，也可以在其上下方同时与其他闸板防喷器连接。连接方式有栽丝连接、法兰连接、卡箍连接等。

壳体的闸板室用于容纳扁平的闸板，其截面呈矩形或长圆形，长圆形的闸板室能减少应力集中，如图 14-2 所示。闸板室底部有支撑筋及朝向井眼倾斜的沉砂斜面，能在闸板开关时自动清除闸板室内沉积的泥砂，减小闸板运动时的摩擦阻力，关井后，井内压力流体对闸板还会有井压助封的作用。闸板室顶部有凸台密封平面，闸板关闭到位后，闸板顶部橡胶与凸台密封平面紧紧挤在一起实现过盈密封。

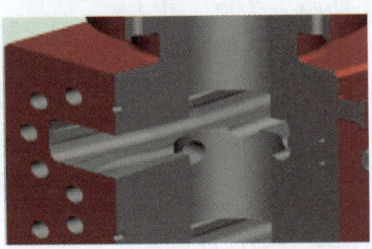 

图 14-2　壳体的闸板室

第十四章　闸板防喷器

侧孔位于上下闸板体腔中间或下闸板体腔的下方，其通径一般与规格相符的钻井四通两侧出口通径相同。

闸板防喷器壳体上的液压油接口旁会有"开"和"关"等标识（或标识有"O"和"C"），方便液控管线的连接。

二、侧门

闸板防喷器的侧门主要有两种形式，即旋转式侧门和直线运动式侧门，如图14-3所示。当拆换闸板、拆换侧门密封件、拆换活塞杆密封件、检查闸板以及清洗闸板腔室时，都需要打开侧门进行操作。

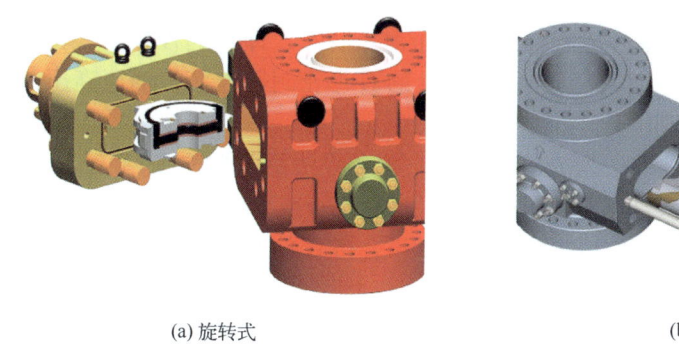

(a) 旋转式　　　　　　　　　(b) 直线运动式

图14-3　闸板防喷器侧门

1. 旋转式侧门

旋转式侧门由上下铰链座限定其位置，当卸掉侧门的紧固螺栓后，侧门可绕铰链座做超过120°的旋转。上铰链座和下铰链座分开，中铰链座仅起连接油路通道的作用，如图14-4所示。

1）旋转式侧门拆换闸板的操作步骤

（1）先操作远程控制台上控制该闸板防喷器的三位四通转阀手柄至开位，实现液压开井，再将转阀手柄扳到中位，泄掉液控

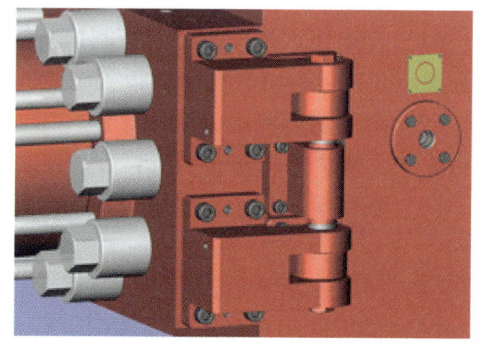

图14-4　旋转式侧门的铰链座

油压。

（2）拆下一侧侧门紧固螺栓，旋开侧门。

（3）在闸板总成上旋紧吊环螺钉并吊起适当重量，将闸板总成从闸板轴尾部水平向外侧拉出。

（4）吊装上新闸板，将闸板装正、装平。

（5）旋闭侧门，上紧侧门紧固螺栓，再对另一侧侧门进行相同步骤的拆换操作。

2）旋转式侧门开关注意事项

（1）左右两侧侧门不应同时打开，防止防喷器重心偏移。

（2）侧门未充分旋开或螺栓未紧固前，均不能进行液压关井动作，防止闸板顶撞壳体造成闸板及活塞杆的损坏。

（3）旋动侧门时，液控管线油压应处于泄压状态，即将远程控制台相应三位四通转阀手柄置于中位，防止铰链座处的O形密封圈在液控油压高压条件下，侧门旋转造成其损坏。

（4）侧门打开后，如需要液动伸缩闸板，必须设法稳固住侧门，确保安全。

（5）侧门打开后，要对侧门上的密封件进行检查或更换。

（6）侧门进行开关操作后，防喷器需试压合格后方能使用。

2. 直线运动式侧门

直线运动式侧门防喷器的侧门平直向外移动，也称为平移式侧门。直线运动式侧门的缸体两边装有一对侧门液缸，当需要更换闸板时，拆卸侧门螺栓，施加关闭液压，在关闭闸板同时，就自动执行开启侧门，便可更换闸板。由于侧门开关同闸板的开关相反，施加打开油压，在闸板打开同时侧门自行合拢。若侧门螺栓已上紧，则只有闸板做打开或关闭动作。这种结构的侧门使更换闸板更加方便。直线运动式侧门拆换闸板的操作步骤如下：

（1）先操作远程控制台上控制该闸板防喷器的三位四通转阀手柄至开位，实现液压开井，再将转阀手柄扳到中位，泄掉液控油压。

（2）拆下两侧侧门的紧固螺栓，在远程控制台用小于10.5MPa的压力油进行关井，则两侧门左右平行移开。

（3）在闸板总成上旋紧吊环螺钉并吊起，将闸板总成从闸板轴尾部向上提出。

（4）吊装上新闸板，将闸板装正、装平。

（5）进行液压开井，使两侧门平行关闭到位，将三位四通转阀手柄扳到中位。

第十四章 闸板防喷器

（6）上紧侧门的紧固螺栓，试压合格后方能使用。

三、闸板

闸板是闸板防喷器的核心部件，按作用不同可分为半封闸板、全封闸板、剪切闸板和变径闸板，如图14-5所示。半封闸板及变径闸板用于密封钻杆或套管与井眼的环空；全封闸板用于封闭空井；剪切闸板则主要是在特殊情况下剪切钻具。

  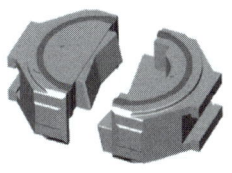 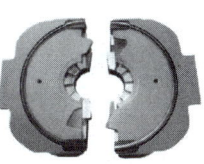

(a) 半封闸板　　　(b) 全封闸板　　　(c) 剪切闸板　　　(d) 变径闸板

图14-5　闸板防喷器的闸板

闸板按结构可分为双面闸板和单面闸板。单面闸板又可分为整体胶芯式和组合胶芯式两类。

1. 双面闸板

双面闸板由闸板体（压块）、闸板座（闸板夹持器）、双面胶芯、闸板螺钉等组成，如图14-6所示。

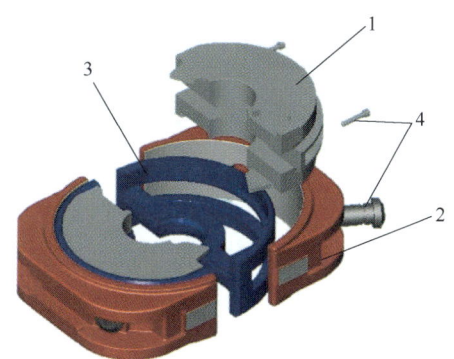

图14-6　双面闸板
1—闸板体；2—闸板座；3—双面胶芯；4—闸板螺钉

双面闸板的特点如下：

(1) 闸板上下面对称。当上部胶芯密封面磨损较大时，可翻转闸板（或翻转双面胶芯）使用另一面，延长胶芯使用寿命。

(2) 闸板浮动性能好。由于闸板体与闸板座两者之间相对运动范围较大，在活塞推力作用下，闸板体与闸板座相互间的挤压迫使闸板顶部密封橡胶被挤压变形向上凸起，增加顶部密封效果。

(3) 对不同尺寸的钻具，只需更换相应的胶芯和闸板体，其余零件可通用互换。

2. 单面闸板

1）整体胶芯式

整体胶芯式单面闸板由闸板体（压块）、整体式胶芯、闸板座及闸板螺钉等组成，如图 14-7 所示。

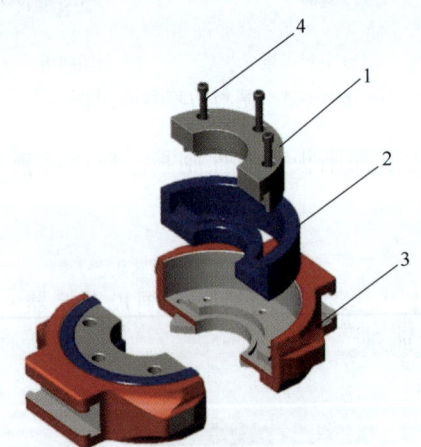

图 14-7　整体胶芯式单面闸板
1—闸板体；2—整体式胶芯；3—闸板座；4—闸板螺钉

其结构特点如下：

(1) 整体胶芯式单面闸板体不能翻面使用。

(2) 拆换整体胶芯式单面闸板胶芯比双面闸板方便，只需拧下连接螺栓，即可取出胶芯并更换。

(3) 针对不同尺寸钻具，不能只换整体胶芯式单面闸板的胶芯，要全套更换。

2）组合胶芯式

组合胶芯式单面闸板由闸板体、顶部密封胶芯、前部密封胶芯等组成。

第十四章 闸板防喷器

其结构特点为：无螺栓连接，结构简单，拆卸胶芯方便，如图 14-8 所示。

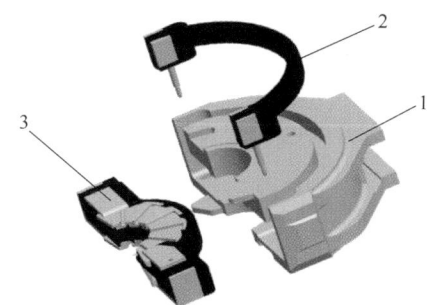

图 14-8　组合胶芯式单面闸板
1—闸板体；2—顶部密封胶芯；3—前部密封胶芯

3. 剪切闸板

剪切闸板分为上闸板和下闸板，闸板前面有刀体，刀刃采用局部淬火或表面热处理方式，提高了刀刃部硬度，主要用于发生井喷的紧急情况下，通过高压液压油推动闸板，使上下闸板合拢将井内钻具剪断。有些剪切闸板具有全封功能，可在剪断钻具后实现封闭井口的目的，这类剪切闸板称为剪切全封闸板。在井内没有钻具时，也可作为全封闸板来使用。

根据剪切闸板结构不同分为整体式与分体式，如图 14-9 所示。整体式剪切闸板其刀体与闸板体为一体；分体式剪切闸板的刀体为单独部件，损坏后只需更换刀体即可。

(a) 整体式　　　　　　　　　(b) 分体式
图 14-9　剪切闸板

安装剪切闸板的闸板防喷器在剪切大尺寸钻杆时，需要更大的剪切压力比（剪切比）。闸板防喷器提升剪切压力比的方法，主要通过增加增力缸来实现。如图 14-10 所示的双闸板防喷器，上部的闸板带有增力缸。有增力缸的闸板防喷器可以大幅度提升剪切压力比，但并不会增加关闭压力比（关闭比）。因此，带有增力缸的闸板防喷器，使用剪切全封闸板在剪断钻具后，可以正常全封井口。带增力缸的闸板防喷器，由于没有增加关闭压力比，因此也可以安装全封闸板或半封闸板，但需注意，带增力缸的闸板防喷器在关井时消耗的液量更多，同时关井时间也会更长。

图 14-10　带有增力缸的双闸板防喷器

4. 变径闸板

变径闸板的顶密封和前密封为分体结构，拆装比较方便，可直接与其他相同结构的闸板总成互换，如图 14-8 所示。变径闸板前部密封胶芯骨架承载面相互搭接，后部相互勾连，通过其变形，可使橡胶始终处于封闭状态，从而密封一定尺寸范围的钻具或套管。变径闸板密封不同尺寸钻具时骨架位置，如图 14-11 所示。

 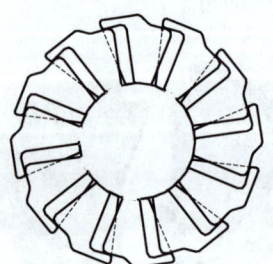

(a) 密封小尺寸钻具　　　　　　　(b) 密封大尺寸钻具

图 14-11　密封不同尺寸钻具时骨架位置示意图

四、锁紧装置

所有具有密封功能的闸板防喷器应配备锁紧装置，闸板防喷器的锁紧装

第十四章 闸板防喷器

置常用的为手动锁紧装置和液压自动锁紧装置。

1. 手动锁紧装置

1) 手动锁紧装置的功用

手动锁紧装置靠人力顺时针旋转手轮关闭锁紧闸板。其作用是：当需要较长时间关井时，液压关井后可采用手动锁紧装置将闸板锁定在关闭位置，提高封井的可靠性；当远程控制台故障且无油压时，也可以用手动锁紧装置推动闸板实现手动关井。

手动锁紧装置只能关闭闸板，不能打开闸板。若要开井，必须先将手动锁紧装置解锁到位，再用液压打开闸板，这是唯一的方法。

2) 手动锁紧装置的类型和组成

手动锁紧装置根据结构不同主要有两种类型：锁紧轴液压随动结构和简易式锁紧结构，如图 14-12 所示。

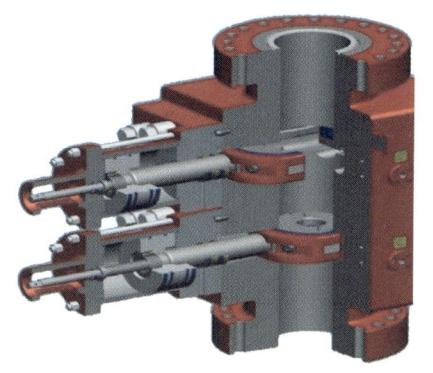
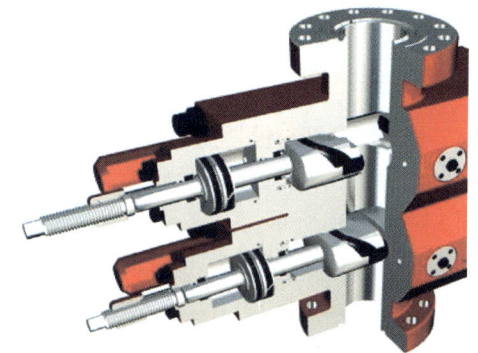

(a) 锁紧轴液压随动结构　　　　　　　　(b) 简易式锁紧结构

图 14-12　手动锁紧装置

锁紧轴液压随动结构是安装在端盖上的锁紧轴与液缸缸体内的活塞杆以左旋梯形螺纹（反扣）连接，平时锁紧轴逆时针旋入活塞杆，随活塞杆运动，并不影响液压关井与开井动作，如图 14-13 所示。锁紧轴外端通过万向接头连接操纵杆，操纵杆伸出井架底座以外，其端部装有手轮。

简易式锁紧结构是在缸体上直接加装一个带有锁紧轴的护套，护套内孔为右旋梯形螺纹（正扣）。锁紧轴不与活塞杆连接，也不随活塞杆运动，如图 14-14 所示。该类型闸板防喷器的活塞有双活塞杆，锁紧轴外端通过万向接头连接操纵杆，操纵杆伸出井架底座以外，其端部装有手轮。

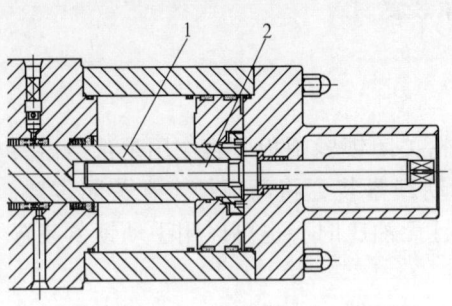

图 14-13 锁紧轴液压随动结构
1—活塞杆；2—锁紧轴

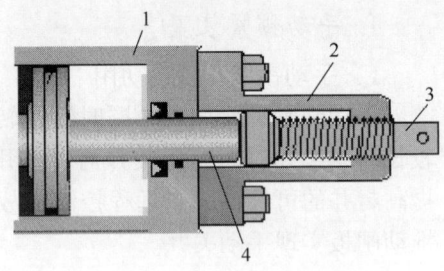

图 14-14 简易式锁紧结构
1—液缸缸体；2—护套；3—锁紧轴；4—活塞杆

锁紧轴液压随动结构闸板的锁紧

3) 闸板的锁紧与解锁

锁紧轴液压随动结构闸板的锁紧方法是：防喷器液压关闭后，顺时针旋转防喷器两侧锁紧轴，使锁紧轴从活塞杆中退出，直到锁紧轴台阶紧贴止推轴承处的挡盘为止，实现锁紧。防喷器液压打开前，先逆时针旋转防喷器两侧锁紧轴，直至解锁到位，再液压打开防喷器。

根据活塞杆与锁紧轴的位置关系，锁紧轴液压随动结构有以下三种工作状态：

（1）开井状态。锁紧轴旋入活塞杆内，锁紧轴光杆部分外观可见，如图 14-15(a) 所示。

（2）液压关井后尚未锁紧。锁紧轴旋入活塞杆内，锁紧轴光杆部分基本不可见，如图 14-15(b) 所示。

（3）关井锁紧状态。锁紧轴在活塞杆内旋出，锁紧轴台阶顶在端盖上，锁紧轴光杆部分外观可见，如图 14-15(c) 所示。

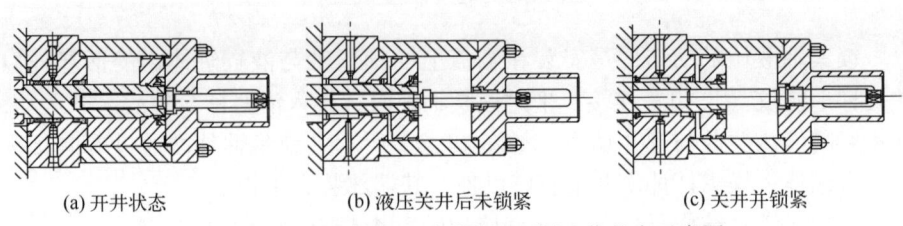

(a) 开井状态　　　　　(b) 液压关井后未锁紧　　　　(c) 关井并锁紧

图 14-15 锁紧轴液压随动结构不同工作状态示意图

锁紧轴液压随动结构由于从外观只能看到锁紧轴，因此通过锁紧轴的位置有时并不能直接判断防喷器的工作状态。在开井状态与关井并锁紧状态，锁紧轴的外观相同，此时还需观察远程控制台相应控制手柄位置及操纵杆端部手轮处的挂牌来判断。

简易式锁紧结构闸板的锁紧方法是：防喷器液压关闭后，顺时针旋转防喷器两侧锁紧轴，直至锁紧轴顶到活塞杆，实现锁紧。防喷器液压打开前，先逆时针旋转防喷器两侧锁紧轴，直至解锁到位，再液压打开防喷器。

根据活塞杆与锁紧轴的位置关系，简易式锁紧结构有以下三种工作状态：

(1) 开井状态。锁紧轴螺纹外露在护套外，活塞杆与其基本接触，如图14-16(a) 所示。

(2) 液压关井后尚未锁紧。当锁紧轴螺纹外露在护套外，活塞杆已经深入液缸缸体，如图14-16(b) 所示。

(3) 关井锁紧状态。锁紧轴旋入护套内并顶紧活塞杆，如图14-16(c) 所示。

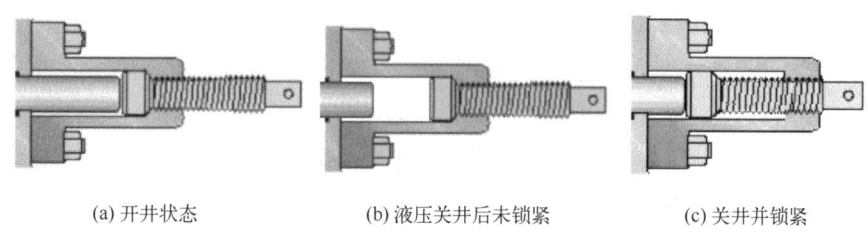

(a) 开井状态　　　　(b) 液压关井后未锁紧　　　　(c) 关井并锁紧

图14-16　简易式锁紧结构不同工作状态示意图

简易式锁紧结构由于活塞杆和锁紧轴都可以看到，因此从外观很容易判断防喷器的工作状态。

使用手动锁紧装置锁紧闸板时，伸出钻台底座两侧的手轮必须旋转足够的圈数。各闸板防喷器的锁紧圈数并不是相同的，现场应在手轮处挂牌标明。手动锁紧装置解锁后要将手轮回旋 1/4~1/2 圈，这样既可保证螺纹松动不致卡死，又可使下次手动锁紧操作省力。

2. 液压自动锁紧装置

液压自动锁紧装置根据结构不同主要有两种类型：轴向液压自动锁紧装置和径向液压自动锁紧装置，如图14-17所示。

1) 轴向液压自动锁紧装置

轴向液压自动锁紧装置是通过装在主活塞内的锁紧活塞和装在活塞径向四个扇形槽内的四个锁紧块来实现的，如图14-18 所示。当液压油作用于关闭腔时，同时推动主活塞和锁紧活塞向闸板关闭方向运动。由于锁紧块内外圆周上都带有一定角度的斜面，内斜面与锁紧活塞斜面相接触，使得锁紧块在锁紧活塞的推动下始终有向外部运动的趋势。一旦主活塞到达关闭位置后，锁紧块在锁紧活塞的径向撑力作用下,向外运动而坐于液缸台阶上,锁紧块外斜面与液缸台阶斜面相接触,此时锁紧活塞进一步向前运动,经过锁紧块内径变成圆周接触,从而实现完全锁紧。闸板轴带动显示杆向里运动,收缩入缸盖内。

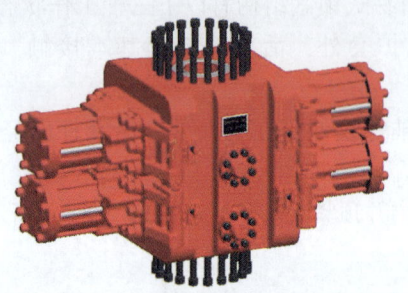

(a) 轴向液压自动锁紧装置　　　　(b) 径向液压自动锁紧装置

图 14-17　液压自动锁紧装置

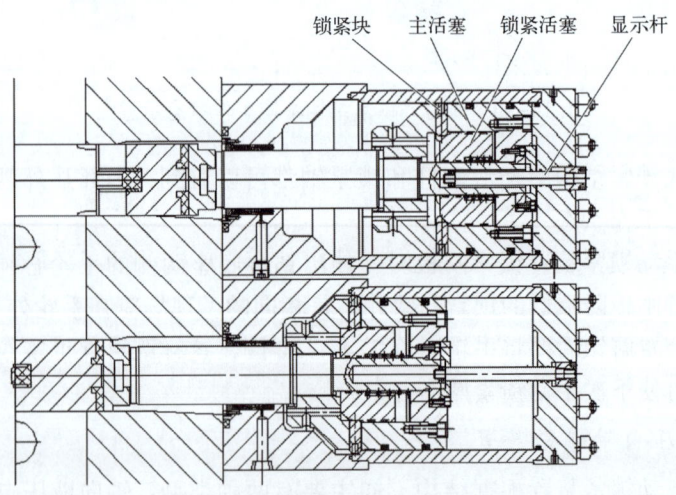

图 14-18　轴向液压自动锁紧装置

如果要开启闸板,只有液压油作用于开启腔,首先使锁紧活塞向外运动,锁紧块外圈斜面与液缸台阶斜面相互作用,产生使锁紧块向内收缩的分力,使锁紧块实现解锁,然后主活塞带动闸板轴及闸板实现开启动作,同时闸板轴推动显示杆伸出缸盖。

2）径向液压自动锁紧装置

径向液压自动锁紧装置是通过装在主油缸后部垂直于闸板轴的锁紧油缸

第十四章 闸板防喷器

内的油压推动斜块销来锁紧闸板轴的，如图 14-19 所示。锁紧油缸与主油缸的油路并联，当关闭闸板时，斜块销自动锁紧闸板轴，由于斜块销上斜面的角度为自锁角，因此，如果没有油压来推动锁紧油缸解锁，闸板沿闸板轴方向就不会松动。

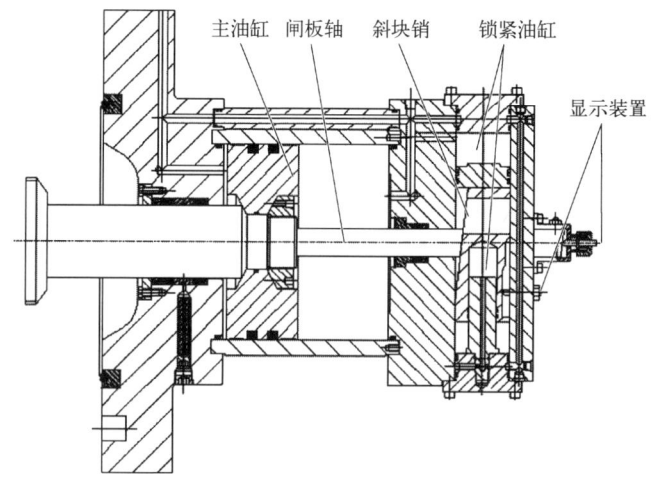

图 14-19　径向液压自动锁紧装置

如果要开启闸板，通过液压首先打开锁紧油缸解锁，闸板轴退回并穿过斜块销中间的孔，才能使闸板完全开启。锁紧油缸的锁紧和解锁均与主油缸开启、闸板关闭同步，不需要另外操作。

为了确认闸板轴是否锁紧，径向液压锁紧装置还设有显示装置，分别显示斜块销和闸板轴位置，当锁紧闸板时，这两个显示装置不凸出；解锁及打开闸板时，这两个显示装置凸出。

第三节　闸板防喷器的工作原理与密封

一、闸板防喷器的工作原理与操作

1. 开关井工作原理

闸板防喷器的关井、开井动作是靠液压来实现的。

1）关井

关井时，来自控制装置的高压液压油进入闸板防喷器两侧油缸的关井油腔，推动活塞与活塞杆，带动左右闸板总成沿着闸板室内导向筋限定的轨道，分别向井眼中心移动，同时，开井油腔里的液压油在活塞推动下，经液控管路流回控制装置油箱，实现关井。

闸板防喷器的关井工作原理

2）开井

开井时，高压液压油进入闸板防喷器两侧油缸的开井油腔，推动活塞与闸板离开井眼中心，闸板缩入闸板室内，同时，关井油腔里的液压油则经液控管路流回控制装置油箱，实现开井。

闸板防喷器的开井工作原理

因此，闸板防喷器壳体上的液压油接口与控制装置的液控管线在安装连接时，不能接错，否则将导致关井、开井动作错误。在现场连接完液控管线后，应使用压力不大于3MPa的液控油压，对闸板防喷器进行功能测试，检查控制对象与液压动作是否正确。使用低油压进行功能测试的原因为：若液控管线连接错误，在低油压情况下，也不会损坏闸板前密封。

2. 开关井操作

1）正常液压操作

（1）液压关井。将控制装置上控制相应闸板防喷器的三位四通转阀手柄扳至关位，就可实现该闸板防喷器的正常液压关井。若需长时间关井时，装有手动锁紧装置的闸板防喷器还应进行手动锁紧。

（2）液压开井。需要打开闸板防喷器时，首先确保手动锁紧装置已经解锁，再将控制装置上相应的三位四通转阀手柄扳至开位，就可实现闸板防喷器的正常液压开井。

2）手动操作

如果需要关井，又恰逢控制装置失效无法使用时，装有手动锁紧装置的闸板防喷器可以进行手动关井。

（1）关井操作。首先将远程控制台上控制相应闸板防喷器的三位四通转阀手柄扳至关位，再手动顺时针旋转该闸板防喷器两侧的操纵杆手轮，将闸板推向井眼中心实现关井。

（2）开井操作。需要打开闸板防喷器时，首先要手动解锁，再利用控制装置进行液压开井。

手动关井操作的实质即手动锁紧操作。应特别注意的是：在手动关井前，

第十四章 闸板防喷器

应首先将远程控制台上控制闸板防喷器的三位四通转阀手柄置于关位,目的是使该闸板防喷器开井油腔里的液压油直通油箱。手动锁紧装置只能手动关井,不能实现手动开井。

二、闸板防喷器的四处密封

闸板防喷器要完全封闭井口,必须保证闸板防喷器的四处密封可靠。

1. 闸板前部与管柱的密封

闸板前部胶芯依靠活塞推力,实现闸板与闸板接触处、闸板与管柱间密封。当闸板防喷器前部的密封橡胶严重磨损或撕裂时,井内高压流体会将此处刺漏而使关井失效。

2. 闸板顶部与壳体的密封

关井后,闸板顶部密封橡胶与闸板腔室的凸台密封平面挤在一起实现密封,在井内高压流体作用下使它们挤得更紧,防止井内高压流体绕过闸板从其顶部溢出。

3. 侧门与壳体的密封

侧门与壳体的接合面上装有密封圈,通过侧门紧固螺栓将密封圈压紧,使钻井液不能从此处泄漏。该密封圈不会被磨损,但在长期使用中会老化变质,所以应定期更换。

4. 侧门腔与活塞杆的密封

侧门腔与活塞杆之间的环形空间装有密封圈,防止井筒高压钻井液与控制防喷器开关的液压油窜通。该密封装置的密封圈分为两组,安装方向相反,一组密封井内高压流体,另一组密封闸板防喷器开井油腔的高压油,从而防止井内高压流体与控制闸板防喷器的高压油窜通。密封圈具有方向性,只有正确安装才能起到密封作用。闸板防喷器进行开关时,活塞杆做往复运动,密封圈将会因磨损导致密封失效。关井后,一旦密封圈失效时,为实现密封功能,该处还设计有二次密封装置。

三、闸板的密封原理及特点

闸板的密封是在外力作用下,胶芯被挤压变形实现密封作用的。为实现闸板的有效密封,其还具有以下特点。

1. 闸板浮动

闸板总成与壳体的闸板室之间有一定的间隙，同时闸板总成与活塞杆是通过横向T形槽或门形槽连接的，如图14-20所示。这种连接方式允许闸板在壳体腔内上下浮动。当闸板处于常开位置时，闸板顶部密封橡胶不与闸板室顶部接触。关井后，闸板顶部密封橡胶与闸板室的上密封凸台平面接触实现密封，在井内压力的作用下，又提升了密封效果。

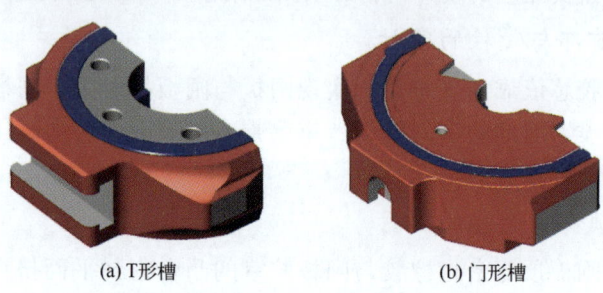

(a) T形槽　　　　　　　　(b) 门形槽

图14-20　闸板总成与活塞杆连接方式

对于闸板体与闸板座分成两体的闸板总成，关闭后继续施加压力，闸板体与闸板座间的橡胶被挤压向上凸起，与闸板室顶部的凸台平面形成顶部密封。当开启闸板时，闸板顶部密封橡胶离开闸板室顶部的凸台平面，闸板缩回到闸板腔室内。

闸板这种浮动的特点，既保证了密封可靠，又减少了闸板顶部橡胶的磨损和闸板移动时的摩擦阻力，延长胶芯使用寿命。

2. 井压助封

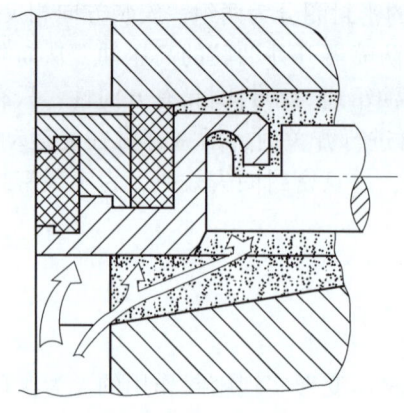

图14-21　井压助封

井内压力作用在闸板底部，上推闸板使闸板顶部与壳体凸台密封平面贴紧。井内压力越高，闸板顶部与壳体接触越紧密，这种依靠井内压力上推闸板实现的密封称为井压助封，如图14-21所示。当井内压力很低时，井压助封作用会很小，闸板顶部密封处就可能有流体溢漏，为此，在现场对闸板防喷器进行低压试验，目的就是检查在低压时闸板顶部与壳体凸台密封平面的密封情况。

井内压力同时也会作用在闸板后

第十四章 闸板防喷器

部，向井眼中心推挤闸板，使前部密封橡胶紧抱井内管柱，这就是井压对闸板前部密封的助封作用。当闸板关井后，井内压力越高，井压对闸板前部的助封作用越大，闸板前部密封橡胶对管柱封得越紧，如图14-21所示。

在闸板关井过程中，闸板前部有井压$p_井$所形成的阻力，与此同时其后部也有井压$p_井$所形成的推力。推力与阻力并不相等，其中阻力较大。

假设活塞杆截面积为S，活塞工作截面积为A，闸板前进阻力应为$p_井 S$，活塞所受液压油的推力为$p_油 A$。如果不考虑闸板关井过程中的各种摩擦损耗和锁紧轴的影响，那么只要活塞所受液压油的推力$p_油 A$大于井压作用于活塞杆截面积上的阻力$p_井 S$，活塞就可以推动闸板关井。正是由于井内压力对闸板的助封作用，而且活塞工作截面积A比活塞杆截面积S大得多，所以关井液压油的油压值并不需要太高，通常调定为10.5MPa，如图14-22所示。

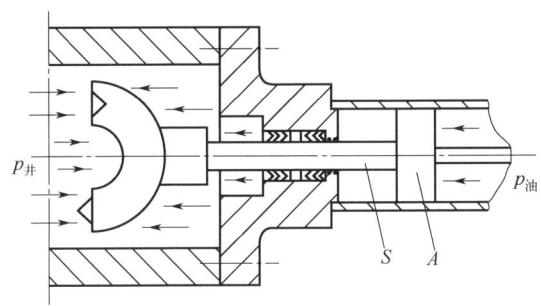

图14-22 关井过程中的井压助封

闸板所受液压油的推力$p_油 A$与前进阻力$p_井 S$平衡时的表达式为：

$$p_油 A = p_井 S$$

即

$$p_井 / p_油 = A/S$$

设$A/S = R$，则：

$$p_井 / p_油 = R$$

R称为关闭压力比，简称关闭比，即活塞工作截面积与活塞杆截面积之比。A与S皆为闸板防喷器的结构参数，对于具体的闸板防喷器来说，其A与S为定值，因此关闭压力比R固定不变。

在结构上活塞工作截面积A比活塞杆截面积S大得多。额定工作压力越高的闸板防喷器，关闭压力比一般越大，现场常用闸板防喷器的关闭压力比R为5~15。

设闸板防喷器的$R=5$，则$p_井/p_油=5$，即$p_油=p_井/5$。

所以不同井压$p_井$所对应的最小关井油压$p_油$如下：当$p_井$为14MPa时，$p_油$

应为 2.8MPa；当 $p_井$ 为 21MPa 时，$p_油$ 应为 4.2MPa；当 $p_井$ 为 35MPa 时，$p_油$ 应为 7MPa。

闸板防喷器关井所需液控油压与所对抗的井压并不相等，而是成正比，关井所需液控油压一般情况下都不超过 10.5MPa，过高的液控油压会造成闸板前密封更严重的变形而缩短使用寿命。一般只有需要使用剪切闸板剪断钻具时，才需使用高于 10.5MPa 的液控油压关井。

3. 自动清砂

闸板室底部有支撑筋及朝向井眼倾斜的沉砂斜面（排砂槽），如图 14-23 所示。在闸板开关时，自动清除闸板室内沉积的泥砂，将其推入排砂槽并滑落井内，减少闸板运动时的摩擦阻力。闸板防喷器的这种自动清砂作用，防止了闸板的堵塞，减少了闸板的运动阻力与磨损。

4. 自动对中

在井内有钻具的情况下使用闸板防喷器关井时，如果钻具并不处于井眼中心，就可能无法实现有效封井。为解决井内钻具的对中问题，在半封闸板或变径闸板的闸板体前方设有凸出的导向块与相应的凹槽。当闸板向井眼中心移动时，导向块可迫使钻具在闸板关闭的过程中移向井眼中心，保证闸板与钻具间顺利实现封井，如图 14-24 所示。

图 14-23　闸板室底部排砂槽

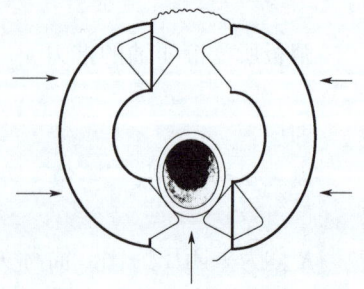

图 14-24　闸板自动对中示意图

活塞杆的二次密封装置

四、活塞杆的二次密封装置

闸板防喷器的侧门内腔与活塞杆之间装有密封装置以密封其环形空间，保证防喷器正常工作，该密封手段是活塞杆

第十四章 闸板防喷器

的一次密封装置。密封圈在防喷器长期使用下，磨损严重后可能导致一次密封装置失效。开井状态，如果闸板防喷器开启腔内高压液压油通过密封圈，进入井筒，就会使控制装置的液压油不断损耗。关井状态，如果井内高压流体通过密封圈，进入油缸，就会经液控管路进入控制装置，使油箱内液压油遭到污染并损伤液控阀件，同时还会造成封井失败。活塞杆的二次密封装置，就是关井后在一次密封装置失效时，用以紧急补救其密封而设置的。活塞杆的二次密封装置如图14-25所示。

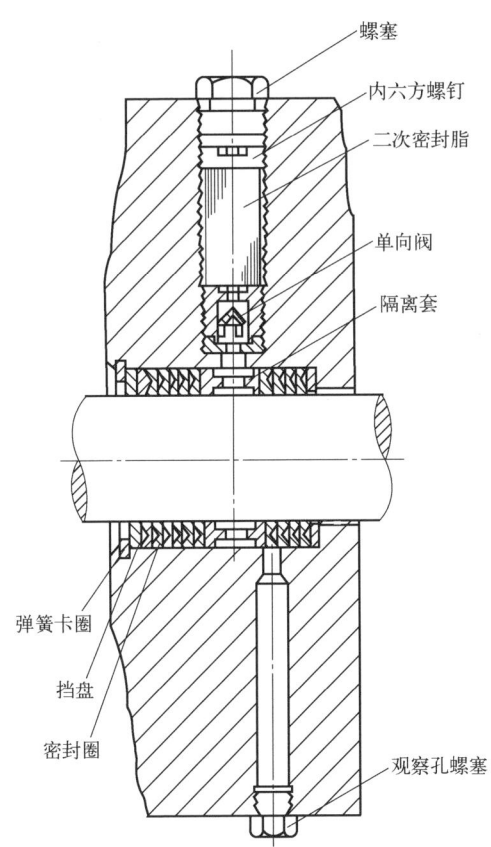

图 14-25　活塞杆二次密封装置示意图

在关井后如果观察孔有流体溢出，这就表明密封圈已损坏，此时应立即卸下注入孔六角螺塞（丝堵），用专用扳手顺时针旋拧孔内的内六方螺钉，推动二次密封脂通过单向阀进入活塞杆密封圈的环形间隙。二次密封脂填补空隙后就可使活塞杆的密封得以补救与恢复。

闸板防喷器活塞杆的二次密封装置有以下使用注意事项：

（1）预先填放好二次密封脂，专用扳手要妥善存放以免急需时措手不及。

（2）闸板防喷器投入使用时，应卸下观察孔螺塞（丝堵），并经常观察是否有钻井液或液压油流出；若观察孔丝堵带有小孔可以不用卸下，但应确保丝堵的清洁和小孔的畅通。

（3）关井状态下，当一次密封失效后，压注二次密封脂不可过量，以观察孔不再泄漏为准。二次密封脂摩擦阻力大而且容易黏附砂粒，当活塞杆运动时对活塞杆损伤较大，所以二次密封脂的压注切忌过量。开井后应及时打开侧门对活塞杆与其密封圈进行清洁、检修或更换。

（4）二次密封脂只在关井后的紧急情况下应急使用。正常作业时，若一次密封失效，应立即进行检修或更换。

活塞杆的二次密封装置大多呈水平装设，观察孔道则设计成垂直，即孔眼朝下，这样有利于观察液体的流出。也有闸板防喷器活塞杆二次密封装置的观察孔呈沿水平方向的孔眼，现场使用时应予以注意。另外，也有部分闸板防喷器无活塞杆二次密封装置。

第四节　闸板防喷器的正确使用

（1）半封闸板的尺寸应与所用钻杆、套管等管柱尺寸相对应。

（2）井中有钻具时，非特殊情况不应关闭全封闸板防喷器及剪切闸板防喷器。

（3）防喷器组中有多套相同尺寸的半封闸板时，优先使用最上方的半封闸板。

（4）应记清井口闸板防喷器组的半封闸板、全封闸板及剪切闸板的安装位置。

（5）有手动锁紧装置的闸板防喷器，在长期封井时应手动锁紧闸板。

（6）有手动锁紧装置的闸板防喷器，在开井前必须先确认闸板已经手动解锁，然后再液压开井，未解锁不允许液压开井。

（7）在进行手动锁紧或手动解锁闸板操作时，两手轮必须旋转足够的圈数，确保锁紧轴到位；解锁后应反向旋转1/4~1/2圈。

（8）液压开井操作完毕后应到井口检查闸板是否完全打开；未完全打开

不允许上提钻具。

(9) 半封闸板关井后严禁转动钻具。

(10) 严禁用打开闸板的方式来泄井内压力,否则易刺坏闸板前部密封胶芯,也可能会损坏活塞杆与闸板的连接处。

(11) 进入油气层后,每次起下钻前应对闸板防喷器开关活动一次。

(12) 正常液控油压下,不准在空井条件下用半封闸板试关井,如需在空井条件下对闸板防喷器进行功能测试,应在控制装置上将液控油压降至3MPa或更低压力再进行。

(13) 闸板防喷器处于"待命"工况时,应确保活塞杆二次密封装置观察孔的畅通。

(14) 发生溢流关闭闸板防喷器后,应有专人负责注意检查其四处密封是否密封可靠。

第十五章 旋转防喷器

第一节 旋转防喷器的用途

旋转防喷器（RCD）是一种允许钻柱在井口压力下旋转和轴向移动，可通过胶芯密封钻柱以保持压力的设备。旋转防喷器是用于欠平衡钻井、气体钻井和控压钻井的必备设备。与液压防喷器、钻具止回阀和不压井起下钻加压装置或井下套管安全阀配套后，可进行带压钻进与不压井起下钻作业，对发现和保护低压油气层有着非常重要的作用。

旋转防喷器安装在井口防喷器组的顶部，功用主要包括：

(1) 封隔方钻杆、钻杆等钻具与井眼之间的环形空间。

(2) 通过钻井液处理设备对返出的气侵钻井液进行分离和处理，实现连续钻进。

(3) 允许在不大于额定动密封压力条件下，旋转钻具实施带压钻进作业和带压起下钻作业，还可在其他辅助工具配合下实施带压测井、完井和取心作业。

部分常用旋转防喷器的技术规范见表 15-1。

表 15-1 部分常用旋转防喷器的技术规范

型号	额定工作压力 MPa		转速 r/min	旋转总成通径 mm	密封形式
	静态	动态			
Shaffer PCWD	35	21	200	279.4	主动
Williams 7000 型	21	7	100	177.8	被动
Williams 7100 型	35	17.5	150	177.8	被动

第十五章　旋转防喷器

第二节　旋转防喷器的组成

旋转防喷器按密封结构方式可分为被动型旋转防喷器、主动型旋转防喷器和混合型旋转防喷器。依靠外部压力以保持密封胶芯与钻柱间密封的旋转防喷器系统称为主动型旋转防喷器；不依靠外部压力即可保持密封胶芯与钻柱间密封的旋转防喷器系统称为被动型旋转防喷器；主动型与被动型胶芯元件相结合的旋转防喷器系统称为混合型旋转防喷器，其主动型密封胶芯需外部液压源提供关闭动力以在井口压力作用下保持密封，所有元件在井口压力作用下保持独立密封，达到旋转防喷器的额定静压。现场常用的旋转控制头为被动型旋转防喷器，旋转环形防喷器（RSBOP）为主动型旋转防喷器，如图15-1所示。

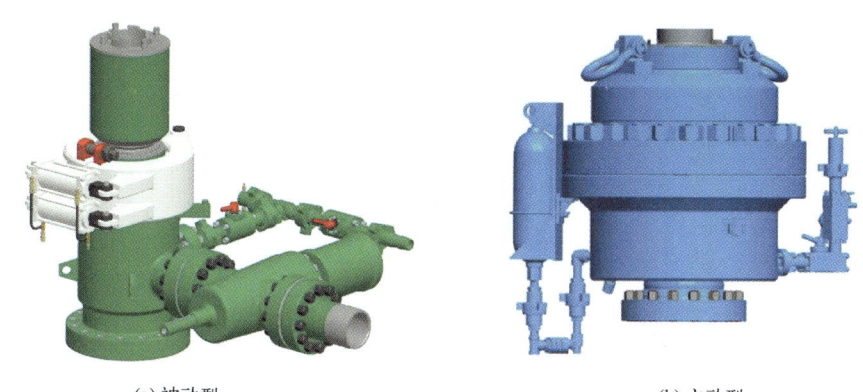

(a) 被动型　　　　　　　　　　　　(b) 主动型

图 15-1　旋转防喷器

一、被动型旋转防喷器的组成

以 Williams 7100EP 旋转控制头防喷系统为例，该系统由旋转控制头、冷却润滑系统和卡箍控制箱等组成，如图 15-2 所示。

1. 旋转控制头

旋转控制头主要由方钻杆驱动器、旋转总成、壳体、上胶芯、下胶芯、卡箍总成等组成，如图 15-3 所示。

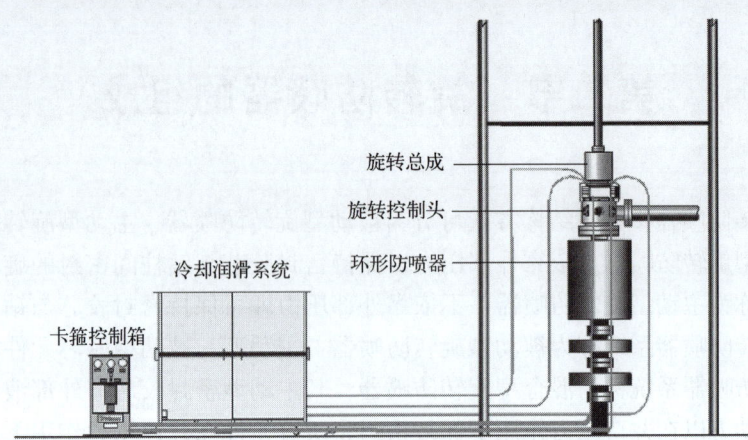

图 15-2　旋转控制头防喷系统示意图

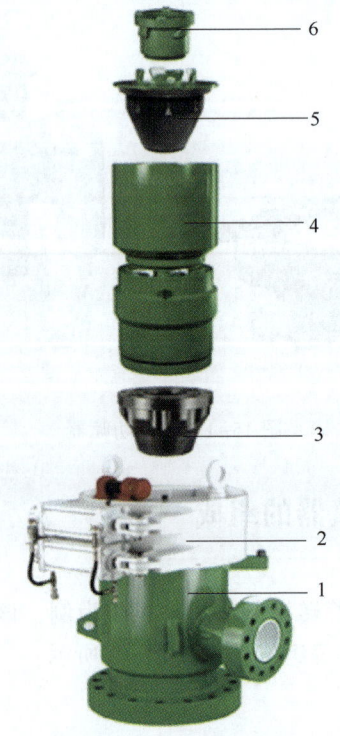

图 15-3　旋转控制头结构

1—壳体；2—卡箍总成；3—下胶芯；4—旋转总成；5—上胶芯；6—方钻杆驱动器

第十五章 旋转防喷器

1）壳体

壳体上部为液缸控制卡箍，用于与旋转总成连接，底法兰与环形防喷器相连，侧出口与高架槽之间连接液动平板阀，出口接球阀（具有灌浆作用），如图15-4所示。当壳体关闭时，要紧固安全螺栓，起到二次机械密封，当卡箍总成开启时，要先松开安全螺栓。

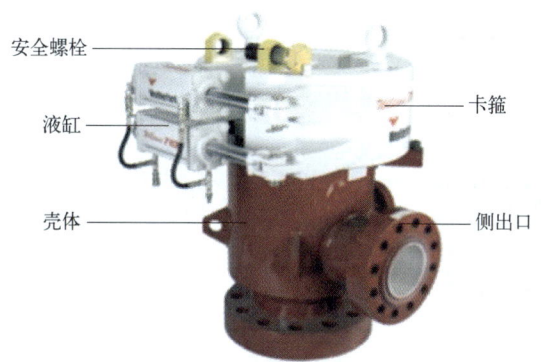

图15-4 壳体与卡箍总成

2）旋转总成

旋转总成也称为轴承总成，是旋转控制头的核心装置，主要由上胶芯筒、密封轴承、油（水）接头、下胶芯等组成，如图15-5所示。上胶芯放入上胶芯筒内，下胶芯和密封轴承坐在壳体卡箍上，通过钻具带动旋转总成上胶芯、下胶芯旋转，从而达到密封环空的作用。密封轴承采用强制润滑和水冷却，因此工作可靠，寿命较长。

3）胶芯

旋转控制头的胶芯内径小于钻具外径，通过胶芯自身弹性密封，可随钻具旋转，密封钻具与井筒之间的环空，防止井内高压流体、气体外窜。胶芯是旋转控制头的易损件，如图15-6所示。

2. 冷却润滑系统

冷却润滑系统是为轴承总成提供冷却和润滑的液压泵站，如图15-7所示。通过冷却液的连续循环，及时将旋转产生的高温液体带回泵站进行降温处理，延长橡胶密封件的使用寿命；柱塞泵将齿轮油连续不断地泵入轴承总成内，润滑摩擦表面，降低摩擦系数及轴承温度。

3. 卡箍控制箱

卡箍控制箱是旋转控制头卡箍的液压控制台，主要作用是控制壳体卡箍液缸的开关和压力监测，如图15-8所示。

图15-5 旋转总成

图15-6 胶芯

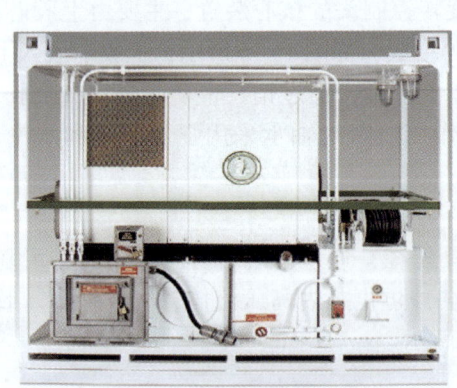

图15-7 冷却润滑系统

图15-8 卡箍控制箱

二、主动密封式旋转防喷器的组成

以Shaffer公司的PCWD系统为例，PCWD系统由旋转环形防喷器（RS-BOP）、液压控制单元（HCU）、司钻控制盘、安装连接附件等部件构成，如

第十五章　旋转防喷器

图 15-9 所示。它主要适用于欠平衡钻井的压力控制，并可代替环形防喷器。

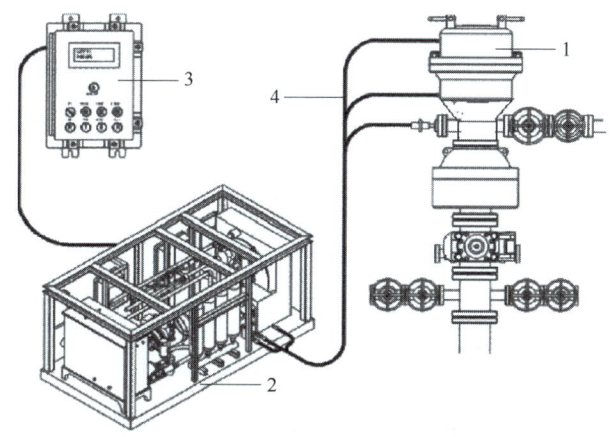

图 15-9　PCWD 系统组成示意图
1—旋转环形防喷器；2—液压控制单元；3—司钻控制盘；4—安装连接附件

1. 旋转环形防喷器

旋转环形防喷器是在球形胶芯环形防喷器的内腔顶部增设了一套旋转轴承系统。在封闭井内钻具和井眼环形空间的同时，胶芯能随钻具一起带压转动，实现欠平衡压力钻井作业。旋转环形防喷器主要由上壳体、下壳体、内衬套、活塞、上部动密封、下部动密封、球形密封胶芯、轴承等组成，如图 15-10 所示。

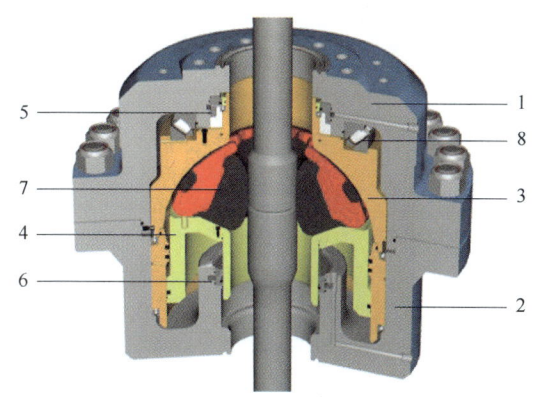

图 15-10　旋转环形防喷器结构图
1—上壳体；2—下壳体；3—内衬套；4—活塞；5—上部动密封；
6—下部动密封；7—球形密封胶芯；8—轴承

2. 液压控制单元

液压控制单元（也称为液压泵站）主要作用是关闭旋转环形防喷器，并对关闭液控压力进行自动控制与调节；对旋转环形防喷器的轴承进行冷却和润滑。液压控制单元主要由蓄能器、电动机启动接线箱、仪表盘、可编程序逻辑控制器接线箱、油箱等部件组成，如图15-11所示。

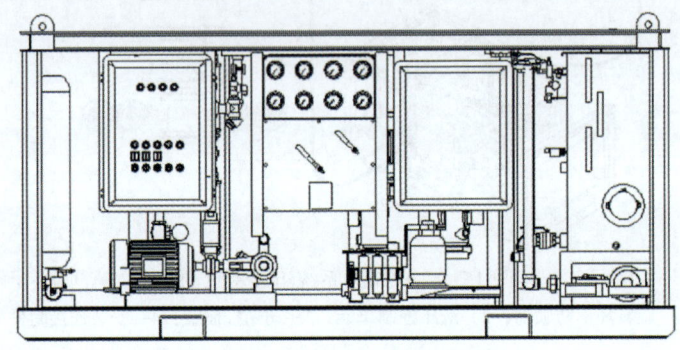

图15-11 液压控制单元

3. 司钻控制盘

司钻控制盘一般放在钻台上便于司钻操作的地方，对液压控制单元进行远程遥控。司钻控制盘主要由显示器、报警器、开关等部件组成，如图15-12所示。

图15-12 司钻控制盘

4. 安装连接附件

安装连接附件主要由井筒压力传感器、缓冲器、液压连接软管和电缆等

第十五章 旋转防喷器

附件组成。其中,缓冲器安装在距旋转环形防喷器较近的关井油路上,可以在关闭旋转环形防喷器进行起下钻过程中,将钻杆接头通过胶芯时对关井油路产生的压力波动及时调节、缓冲与复位,从而减少胶芯的磨损和确保钻井安全。安装井筒压力传感器和缓冲器等附件的旋转环形防喷器如图15-13所示。

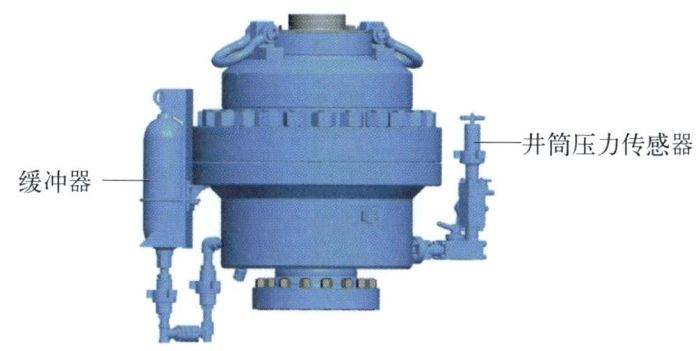

图 15-13 安装附件的旋转环形防喷器

第三节 旋转防喷器的工作原理与使用

一、旋转防喷器的工作原理

1. 被动型旋转防喷器的工作原理

(1) 壳体的密封。旋转总成与壳体之间靠壳体上液压卡箍的抱紧力实现静密封。壳体上有一只三角形密封圈,该密封圈与总成的密封面由于液压卡箍提供的抱紧力而紧贴在一起,实现静密封。卡箍的开关由卡箍操作箱控制。

(2) 总成的密封。旋转总成的滚动轴承顶部与底部各装有一只胶芯,当钻具通过胶芯时,胶芯在自身弹性的作用下,产生一个收紧力抱紧钻具,从而达到密封环空的目的。同时,井压助封可以增加胶芯密封的可靠性。

(3) 旋转驱动。当转盘转动时,转盘带动六方方钻杆(用六方方钻杆有利于密封),六方方钻杆带动驱动器转动,驱动器带动旋转总成和胶芯转动。使用顶驱钻进时,旋转控制头密封钻杆,旋转总成的旋转靠胶芯与钻具摩擦力来实现，顶驱驱动钻具带动旋转总成旋转。

2. 主动型旋转防喷器的工作原理

在欠平衡钻进或起下钻的过程中，通过 PCWD 系统液压控制单元的控制，使旋转环形防喷器处于关闭状态，球形胶芯收缩，封住了钻柱与井口装置的环形空间，使钻井液不能从井口环隙喷出。胶芯在作业中不断磨损出现密封失效时，可通过 PCWD 控制系统自动增加胶芯的控制压力，使胶芯抱住钻具的抱紧力增大，达到密封钻具的目的。液压控制单元会自动调节关井的控制压力，使之比井筒压力传感器测量的压力至少高出所设定的压力，由于球形胶芯产生的摩擦足够使方钻杆或钻杆来转动内部总成，因此不需要使用专门的驱动装置。一旦压力异常，立即转换到静态工况，对胶芯施加最大的密封压力，在这种状态下，可实现密封 35MPa 的井口压力，但此时钻柱不能进行旋转和上下活动。

二、旋转防喷器的操作程序

使用被动型旋转防喷器（旋转控制头）进行欠平衡钻井时，不同钻井工况下的操作程序如下。

1. 下钻作业

（1）将旋转控制头的旋转总成放在钻台支架上。

（2）将引鞋接于钻具下部，缓慢下放钻具使引鞋和钻具插入旋转总成，穿过胶芯。

（3）将钻具同旋转总成一起从支架上提出，卸掉引鞋，将钻具下部接到井中的钻柱上。

（4）取出转盘大方瓦，下放钻具使旋转总成通过转盘通孔，并坐在旋转控制头壳体内，关闭卡箍，再装好转盘大方瓦。

（5）钻具接好加压装置，打开全封闸板防喷器，下放钻具，进行强行下钻作业。

（6）当钻具重量能克服钻具上顶力自由下放时，可以去掉加压装置，恢复正常下钻作业直至下完钻具。

2. 钻进作业

（1）下钻完毕，接上方钻杆并接好方钻杆驱动器。

（2）下放钻具使方钻杆驱动器坐于旋转总成的中心管方孔内。

(3) 转盘方孔装好方补心。
(4) 打开节流管汇上的液动节流阀。
(5) 开泵循环,使井口保持预定的压力。
(6) 开冷却循环水。
(7) 启动转盘,进行欠平衡钻井作业。

3. 起钻作业

起钻作业与下钻作业的操作程序相反。
(1) 如井内流体有压力,开始先按正常起钻作业起出钻具。
(2) 当井内压力作用在钻具上的上顶力略小于井内钻具重量时,再用加压装置配合起钻。
(3) 当钻头起过全封闸板防喷器时,停止起钻,关闭全封闸板防喷器。
(4) 打开旋转控制头壳体上的卸荷阀或旁通闸阀泄压。
(5) 拆掉卡箍,提出旋转总成。
(6) 卸掉钻头,将钻具与旋转总成放置在钻台支架上。
(7) 接钻头或进行其他作业。

4. 中途更换胶芯作业

(1) 上提钻具,当钻具接头过防喷器半封闸板时,关闭半封闸板,打开旋转控制头壳体上的卸荷阀或旁通闸阀泄压。
(2) 取掉转盘方补心和大方瓦。
(3) 打开卡箍,上提钻具,将旋转总成从旋转控制头壳体内提出,起出井口。
(4) 放回大方瓦和方补心,扣好吊卡并把下部钻具坐在转盘上。
(5) 卸开旋转总成下部的钻具接头,将旋转总成坐在支架上,再提出上部钻具。
(6) 更换胶芯。
(7) 按下钻作业时的操作程序将旋转总成重新装入旋转控制头壳体内。

三、旋转防喷器的正确使用

(1) 当井内有压力,在全封闸板防喷器关闭的情况下,开始下钻时,旋转总成以下接的钻头或其他工具的总长度,不得大于全封闸板至旋转总成下端之间的距离。

(2) 用卸荷阀泄压时，不能太快，注意安全，泄压完应旋紧卸荷阀再进行下一步工作。

(3) 上提下放旋转总成时，要扶正且缓慢进行，不能太快太猛，以免损坏胶芯。

(4) 钻进时，必须保证设备的循环冷却液不间断，做到先冷却循环后旋转钻具，先停止旋转钻具再停冷却液；起下钻或拆装旋转总成时，应停止供液。

(5) 旋转总成与胶芯内孔，不允许钻头通过，以免损坏胶芯及中心管。

(6) 为有利于密封并延长胶芯使用寿命，在钻进与起下钻过程中，应在中心管与钻具间的环空内灌满钻井液或混有机油的水，起润滑降温作用。

(7) 旋转防喷器应与常规防喷器组配套使用，同时钻井作业应使用六方方钻杆与18°斜坡接头的钻杆。

第十六章 液压防喷器控制装置

液压防喷器控制装置（简称控制装置或液控系统）是控制井口防喷器组、液动放喷阀实现迅速开关的重要设备，是保障钻井作业期间发生溢流时，迅速控制井口、防止井喷不可缺少的井控装置。

第一节 控制装置概述

一、控制装置的型号

1. 防喷器控制装置型号表示方法

FK ①②-③④

FK：防喷器控制装置的代号。

①：遥控方式，Q 为气控；Y 为液控；DY 为电液控；DQ 为电气控；非遥控不标注符号。

②：蓄能器组公称总容积，L。

③：控制对象数量。

④：改进次数，用 A、B、C 等表示。

例如：FKQ800-7B 表示气遥控、蓄能器组公称总容积为 800L、控制对象为 7 个、第二次改进的防喷器控制装置。

2. 司钻控制台型号表示方法

SZ ①②-③-④⑤

SZ：司钻控制台的代号。

①：遥控方式，Q 为气控；Y 为液控；DY 为电液控；DQ 为电气控。

②：遥控操纵减压阀的数量，如无，则用 0 表示。

③：有管汇减压阀的旁通阀用 1 表示；无管汇减压阀的旁通阀用 0 表示。

④：控制对象数量。

⑤：改进次数，用 A，B，C 等表示。

例如：SZQ1-1-6 表示气遥控，能遥控操纵一只减压阀，有管汇减压阀的旁通阀，能控制 6 个控制对象的司钻控制台。

二、控制装置的功用

控制装置的功用就是预先制备与储存足量的液压油，并控制液压油的流动方向，使井口液压防喷器和液动平板阀得以迅速关闭或打开。当液压油使用消耗，蓄能器储存的油量减少，油压降低到一定程度时，控制装置能自动补充储油量，使液压油始终保持在一定的压力范围内。

三、控制装置的组成

钻井使用的控制装置通常由远程控制台（又称蓄能器装置或远控台）、司钻控制台（又称遥控装置或司控台）以及辅助控制台（又称辅助遥控装置）组成。另外，还可以根据需要增加氮气备用系统和压力补偿装置等辅助设备来增加其辅助功能。防喷器控制装置的组成，如图 16-1 所示。

1. 远程控制台

远程控制台是制备、储存液压油并控制液压油流动方向的装置，是控制装置的核心设备，所说的"控制装置"经常特指的就是远程控制台。它由油泵、蓄能器组、控制阀件、输油管线、油箱等元件组成。通过操作三位四通转阀（换向阀）可以控制压力油输送至防喷器油腔，实现井口防喷器的开关。远程控制台通常安放在面对井场左侧，距离井口不小于 25m。对于高压、高产、高含硫井以及风险探井，远程控制台应距离井口不小于 30m。对于某些安装低压力级别防喷器的井，现场有时只配备远程控制台。

2. 司钻控制台

司钻控制台是使远程控制台上三位四通转阀动作的遥控装置，安装在钻

第十六章　液压防喷器控制装置

台司钻操作台的附近，通过它可间接操作井口防喷器开关。

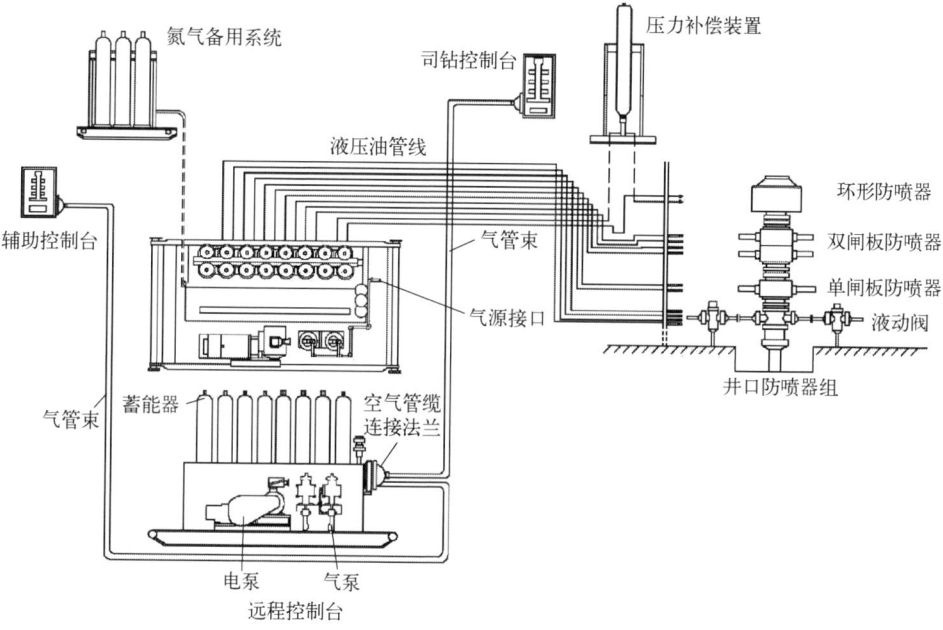

图 16-1　防喷器控制装置的组成

3. 辅助控制台

辅助控制台体积较小，安置在监督房或队长房的房内或附近，作为应急的遥控装置备用，从而可以在司钻控制台或辅助控制台两处对远程控制台进行控制。

4. 氮气备用系统

氮气备用系统可以为控制管汇提供应急辅助能量。如果蓄能器及动力泵装置不能正常工作，不能输出足够的动力液，可以使用氮气备用系统提供的高压氮气，驱动管汇中存留的液压油，达到应急关闭防喷器的目的。

5. 压力补偿装置

压力补偿装置是控制装置的配套设备，安装在靠近环形防喷器的关井油路上。进行强行起下钻作业，钻杆接头通过环形防喷器胶芯时，会在关井油路中产生压力波动。压力补偿装置可以减少液控油压的波动，同时确保通过接头后使胶芯迅速复位，减轻胶芯的磨损，延长使用寿命。

四、控制装置的类型

控制装置上三位四通转阀的遥控方式有三种，即气压传动遥控、液压传动遥控和电传动遥控。据此，控制装置分为3种类型，即气控液型、液控液型和电控液型。

1. 气控液型

利用司钻控制台上的气阀，将压缩空气经空气管缆（气管束）输送到远程控制台上，双作用气缸动作而实现相应三位四通转阀的换向。

2. 液控液型

利用司钻控制台上的液压换向阀，将控制液压油经管路输送到远程控制台上，双作用液缸动作而实现相应三位四通转阀的换向。

3. 电控液型

利用司钻控制台上的电按钮或触摸面板发出电信号，电操纵三位四通转阀换向。根据控制三位四通转阀为气缸还是液缸的不同，电控液型又可细分为电控气—气控液（即电气控液型）和电控液—液控液型（电液控液型）两种。

第二节 控制装置的工作原理

一、气控液型控制装置

气控液型控制装置的工作过程可分为液压能源的制备、储存与补充，液压油的调节与其流动方向的控制和气压遥控等3部分。液压能源的制备、储存与补充，液压油的调节与其流向的控制等工作都在远程控制台上完成，安装有司钻控制台或辅助控制台时，可进行气压遥控远程控制台的操作。

1. 液压油的制备、储存与补充

如图16-2所示，油箱里的液压油经进油阀、滤油器进入电动油泵（简称电泵）或气动油泵（简称气泵），电泵或气泵将液压油升压并输入蓄能器组储

第十六章 液压防喷器控制装置

存。蓄能器组由若干个蓄能器组成，蓄能器内安装有胶囊并预充 7MPa±0.7MPa 的氮气。当蓄能器中的油压升至 21MPa 时，电泵或气泵停止运转。当蓄能器里的油压明显降低时，电泵或气泵可自动启动向蓄能器里补充液压油。这样，蓄能器的油压将始终维持所需要的压力范围。

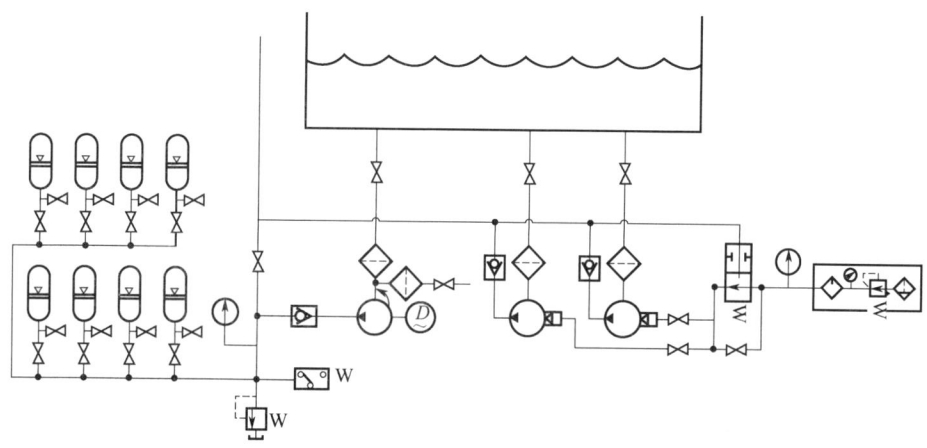

图 16—2　控制装置的液控流程—液压能源的制备

气泵的供气管路上装有气源处理元件、液气开关以及旁通截止阀。旁通截止阀通常处于关闭状态，只有当需要制备高于 21MPa 的压力油时，才将旁通截止阀打开，利用气泵制备超高压液能。

2. 液压油的调节与流动方向控制

如图 16-3 所示，蓄能器里的液压油进入控制管汇后分成以下三路：

（1）一路进入手动减压阀，减压为 10.5MPa 或所需压力，经过"关位"的旁通阀输至控制闸板防喷器与液动阀的三位四通转阀管汇中。

（2）一路进入"开位"的旁通阀，蓄能器 21MPa 的液压油绕过手动减压阀直接输至控制闸板防喷器与液动阀的三位四通转阀管汇中。

（3）一路进入气手动减压阀（或气马达式减压阀）将油压降至 10.5MPa 或所需压力，然后再输至控制环形防喷器的三位四通转阀。

在配备有氮气备用系统的装置中，当蓄能器没有油压或油压严重不足时，可以利用高压氮气驱动管路里的剩余存油紧急实施防喷器关井动作。

管汇上装有卸荷阀（也称为泄压阀）。卸荷阀平常处于关闭状态，开启卸荷阀可以将蓄能器里的液压油排回油箱。

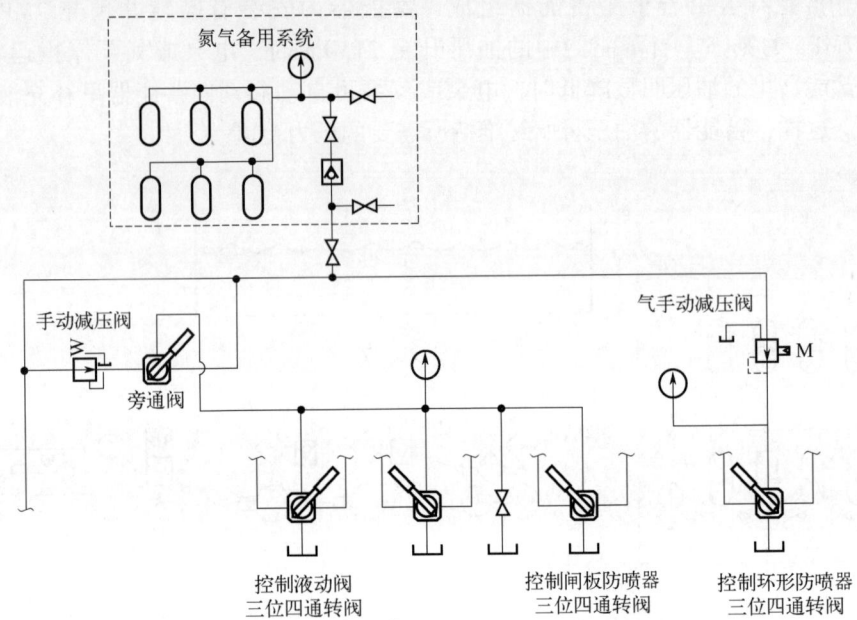

图 16-3　控制装置的液控流程—液压油的调节与流向的控制

3. 气压遥控

使用气控液型控制装置可在司钻控制台或辅助控制台上进行气压遥控操作。司钻控制台结构组成与管路连接情况如图 16-4 所示。司钻控制台上有 4 个压力表,其中 3 个压力表显示油压,1 个压力表显示气压。远程控制台上的 3 个气动压力变送器将蓄能器、管汇及环形防喷器的油压值转化为相应的低压气压值。转化后的气压再传输至司钻控制台上的压力表以显示相应的油压。

气压遥控流程如图 16-5 所示。压缩空气经气源处理元件后再经气源总阀(二位三通换向转阀)输至各三位四通气转阀(空气换向阀或三位四通换向滑阀)。三位四通气转阀负责控制远程控制台上双作用气缸(两位气缸)的动作,从而控制远程控制台上相应的三位四通转阀手柄,间接控制井口防喷器的开关动作。

远程控制台上控制环形防喷器的三位四通转阀的供油管路上装有气手动减压阀。该气手动减压阀由司钻控制台或远程控制台上的气动调压阀调控。调控路线由远程控制台显示盘上的分配阀(三位四通气转阀)决定。安装有司钻控制台时,气手动减压阀通常应由司钻控制台上的气动调压阀调控。

第十六章　液压防喷器控制装置

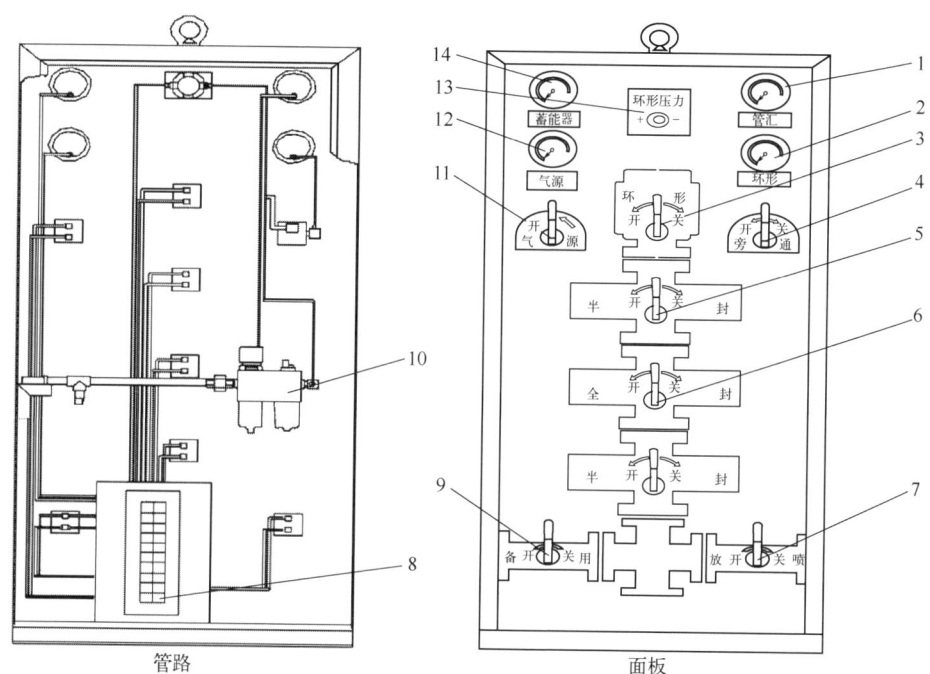

图 16-4　司钻控制台结构组成与管路连接示意图

1—汇流管压力表；2—环形压力表；3—控制环形防喷器用三位四通气转阀；4—控制旁通阀用三位四通气转阀；5—控制半封闸板防喷器用三位四通气转阀；6—控制全封闸板防喷器用三位四通气转阀；7—控制液动平板阀用三位四通气转阀；8—方板；9—备用三位四通气转阀；10—气源处理元件；11—气源总阀；12—气源压力表；13—环形压力气动调压阀；14—蓄能器压力表

二、电气控液型控制装置

电气控液型控制装置是在气控液型控制装置的基础上进行的改进，不同之处主要是遥控部分，即将气阀操作与气动压力表显示的司钻控制台改为电控的司钻控制台。连接远程控制台与司钻控制台的气管缆换为控制电缆。远程控制台上增加电磁阀箱，内装压力传感器及控制双作用气缸的电磁阀，双作用气缸带有磁感开关，通过司钻控制台上的状态指示灯来显示防喷器的开关状态。

电气控液型控制装置使用了 PLC（可编程逻辑控制器）、触摸屏、电磁阀组和传感器等元件，采用通信电缆传递控制信号，采用供电电缆为司钻控制台的按钮箱和辅助控制台的 HMI（人机接口）面板供电，如图 16-6 所示。

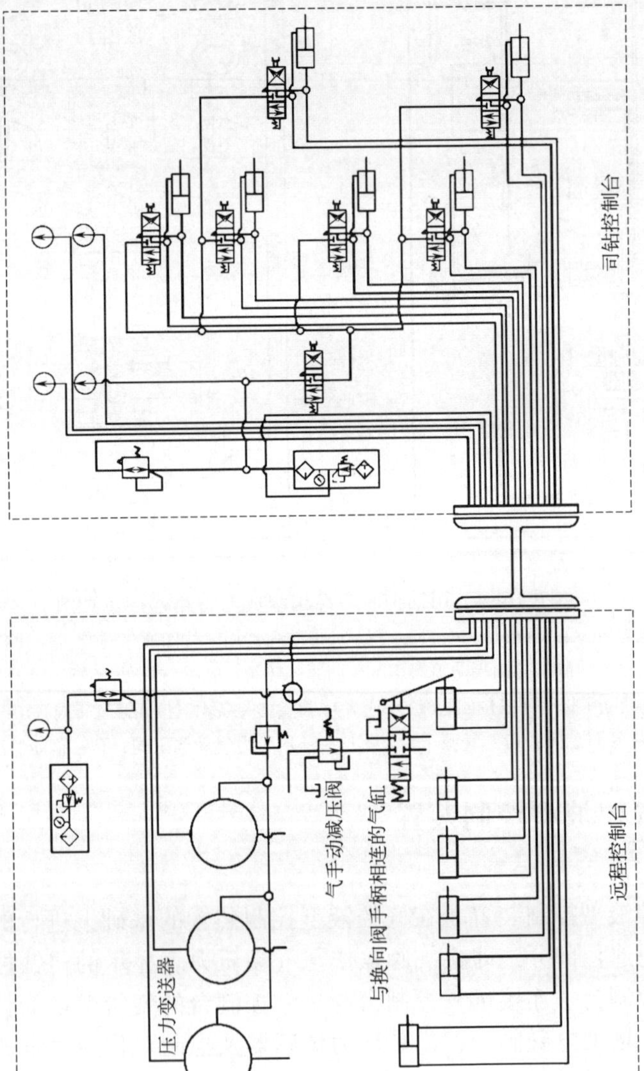

图 16-5 控制装置的气压遥控流程

第十六章　液压防喷器控制装置

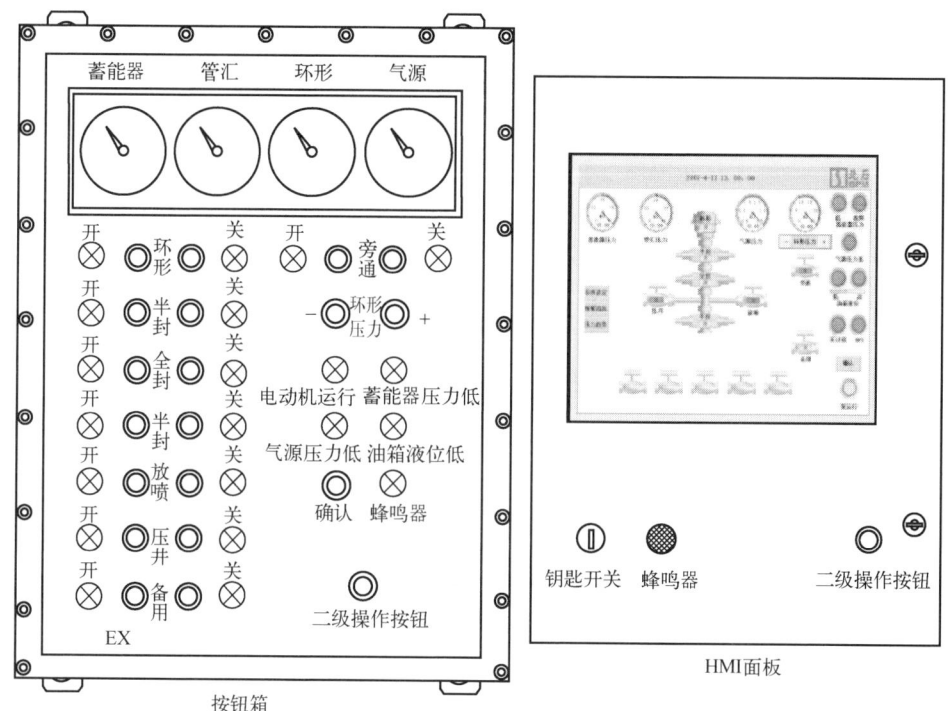

图 16-6　按钮箱和 HMI 面板示意图

使用前对 PLC 编程并对触摸屏编辑界面进行设置。

当需要操作防喷器时，按下按钮箱上的按钮或 HMI 面板上的触摸屏触板对远程控制台发出控制信号，通过信号电缆将信号传到远程控制台电控箱内的 PLC 上，PLC 控制远程控制台上相应的电磁阀动作，带动双作用气缸动作，从而控制远程控制台上相应的三位四通转阀手柄。为防止误操作，当遥控远程控制台上的三位四通转阀动作时，需要在按钮箱和 HMI 面板上，同时按下二级操作按钮和相应的按钮或触摸屏触板才能完成操作。

在按钮箱和 HMI 面板上都有 4 个压力表显示远程控制台上的压力值，也可以显示当前远程控制台上的三位四通转阀的开关位置，并可以控制远程控制台上的气马达减压阀调控压力。

电气控液型控制装置配备有 UPS（不间断电源），当突然断电时，控制装置的 UPS 可以为电控制部分提供至少 2h 的备用能量，确保仍可通过电气遥控使用。

第三节 FKQ640-7控制装置简介

国内生产的液压防喷器控制装置均要符合 SY/T 5053.2—2020《石油天然气钻采设备 钻井井口控制设备及分流设备控制系统》的要求，因此控制装置的工作原理、结构组成以及操作要领基本相同。以北京石油机械有限公司生产的 FKQ640-7 型远程控制台及配套的司钻控制台为例，远程控制台的组成示意图如图 16-7 所示，控制装置原理如图 16-8 所示。

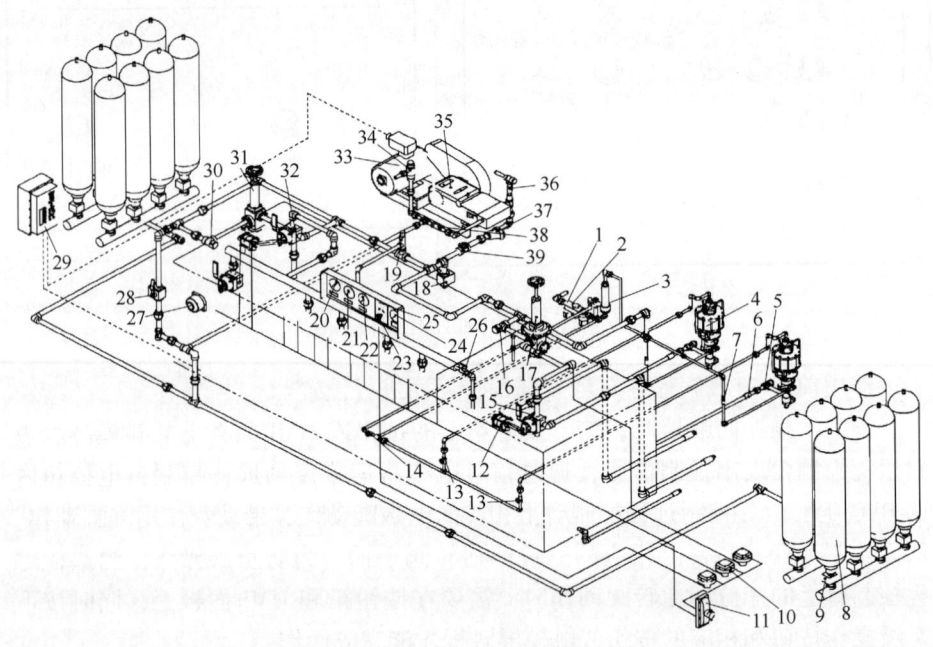

图 16-7 FKQ640-7 远程控制台组成示意图

1—气源处理元件；2—压力表；3—液气开关；4—气泵；5—滤油器；6—气泵进油阀；7—单向阀；8—蓄能器；9—蓄能器截止阀；10—气动压力变送器；11—空气管缆接线盘；12—双作用气缸；13—气泵进气阀；14—气路旁通截止阀；15—三位四通转阀；16—滤油器；17—气手动减压阀；18—备用油口高压截止阀；19—管汇溢流阀；20—蓄能器压力表；21—汇流管压力表；22—环形压力表；23—环形压力气动调压阀；24—气源压力表；25—分配阀；26—卸荷阀；27—压力控制器；28—高压截止阀；29—电控箱；30—滤油器；31—手动减压阀；32—旁通阀；33—电动机；34—蓄能器溢流阀；35—电泵；36—电泵外接油口进油阀；37—滤油器；38—单向阀；39—电泵进油阀

第十六章 液压防喷器控制装置

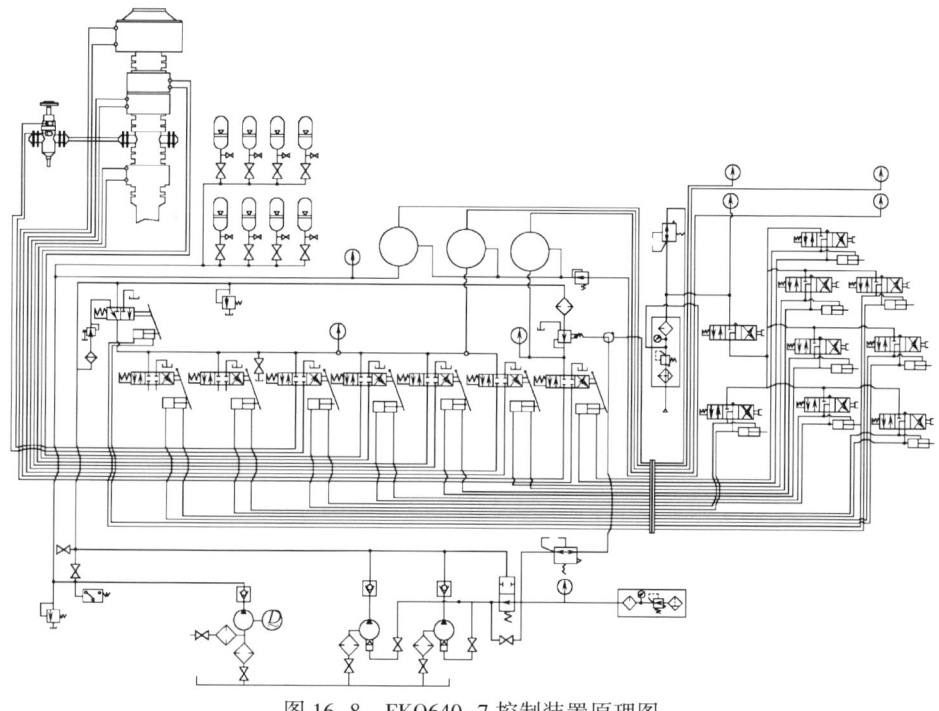

图 16-8 FKQ640-7 控制装置原理图

一、远程控制台

1. 型号的含义

FKQ640-7 表示气遥控、蓄能器组公称总容积为 640L、控制对象为 7 个的防喷器控制装置。该控制装置可以控制一台环形防喷器、一台双闸板防喷器、一台单闸板防喷器、两个液动阀、一个备用控制线路，共计 7 个控制对象。

2. 结构特点

1）动力泵

（1）FKQ640-7 配有电泵和气泵，使用两种不同的动力源，确保失去一种动力时，仍可保证远程控制台的正常工作。电泵与气泵均能自动启停，气泵可制备大于 21MPa 高压油。

（2）电泵一台，作为主泵。电泵的电源由井场发电机组提供并由压力控

制器实行自动控制，压力控制器上限压力调定为 21MPa，下限压力调定为 18.5MPa。电源开关在"自动"位置，当蓄能器油压降至接近 18.5MPa 时，压力控制器自动接通电源，电泵启动，当油压升至 21MPa 时，压力控制器自动切断电源，电泵停止工作。

（3）气泵有两台，作为辅助泵。气泵的气源来自井场钻机气控系统制备的 0.65~0.8MPa 压缩空气，经气源处理元件（包括分水滤气器、减压阀、油雾器）、液气开关、气泵进气阀进入气泵。液气开关对气泵的启停进行自动控制，当蓄能器油压降至接近 17.5MPa 时，自动启动气泵，当油压升至 20~21MPa 时气泵自动停止工作。在特殊情况下，需要控制装置使用高于 21MPa 的液压油进行超高压工作，只能由气泵供油。此时只需打开气泵气路旁通截止阀就可运转，根据气泵的气液压力比（气液比）不同，当输出油压与供气压力达到平衡时，气泵停止运转。

（4）气泵具备可以制备最高 34.5MPa 高压油的能力，以便满足剪切大尺寸钻具的需要，同时也可为井场其他设施与工具提供压力试验的油源。

（5）电泵、气泵的进油管路上都装有进油阀与滤油器，便于过滤杂质与清洁滤网；输出管路上装有单向阀，防止停泵后，高压液压油回流。

2）液压油储备

（1）油箱的可用容量应至少是蓄能器储存液量的 2 倍，低于泵正常运行所需液面的液体不能视为可用容量。油箱的油位标尺应能清晰地显示储存液压油的液面。油箱两侧在液面之上有直径不小于 102mm 的检查口，用于对远程控制台阀件内泄漏的检查。油箱是常压容器，为了防止油箱超压，油箱上有排气孔，且气体排出量大于液体输入量，排气孔不应有堵塞和封盖。所使用液压油推荐 L-HM32 液压油，北方冬季选用低凝液压油，如 L-HS32。

（2）蓄能器公称总容积为 640L，由 16 个蓄能器组成，单瓶公称容积为 40L。井口防喷器开关动作所需的液压油由蓄能器提供，蓄能器所储存的液压油由电泵或气泵供应与补充。蓄能器里装有预充 7MPa±0.7MPa 氮气的胶囊，蓄能器下部装有球阀，单个蓄能器或单组蓄能器检修时总液量损失不大于 25%，不影响整套系统工作。

（3）管汇上还另有备用接口，需要时可为远程控制台外接额外的备用蓄能器，也可连接氮气备用系统等。

3）调节与控制

（1）闸板防喷器与环形防喷器供油管路上分别装有手动减压阀和气手动减压阀（或气马达减压阀），其二次油压（输出油压）一般调定为 10.5MPa，

第十六章　液压防喷器控制装置

安装完井控设备进行功能测试或要在关井状态下进行活动钻具、强行起下钻等其他相关操作时，可以根据需要调定合适的油压。

（2）闸板防喷器的闸板遇阻，10.5MPa 的油压无法推动闸板，或使用剪切闸板进行剪切钻具操作时，可手动操纵旁通阀或在司钻控制台上遥控旁通阀使之处于开位，利用蓄能器 21MPa 的高压油推动闸板动作。

（3）装置上有两个溢流阀。电泵通向蓄能器的管路上装有蓄能器溢流阀，用来保护蓄能器，蓄能器溢流阀调定开启压力为 23MPa。管路上装有管汇溢流阀，调定开启压力为 34.5MPa，用来保护高压管路。

（4）供油管路上装有卸荷阀，当控制装置停用搬迁时，利用卸荷阀可将蓄能器里的液压油排回油箱。

（5）FKQ640-7 控制装置共有 7 个三位四通转阀，自右向左与井口防喷器组自上向下排列顺序一致，最右侧的转阀永远用于控制环形防喷器，最左侧的转阀为备用；控制剪切闸板的转阀安装有防误操作装置；控制全封闸板的转阀安装有防护罩。

4）压力显示

（1）远程控制台上除气源压力表外还装有 3 个油压表，分别显示蓄能器压力、环形压力、汇流管（管汇）压力。

（2）为使司钻控制台上的操作者能随时了解远程控制台上的油压变化情况，远程控制台上装有 3 个气动压力变送器。气动压力变送器的作用是将高压油压转变为低压气压信号，通过气管缆将气压信号传输至司钻控制台上的二次仪表，由二次仪表实时显示远程控制台的油压值。

5）辅助功能

（1）电泵进油管路上还设计有外接油口，连接软管等附件，可将油桶中的油抽入油箱。

（2）管汇上的备用接口，可临时连接高压管线将高压油引出。

（3）根据需要可配备氮气备用系统、加热装置、报警装置等，扩展其功能。

3. 主要功能

（1）液压油流动方向独立。环形防喷器与闸板防喷器所需液压油来自不同的管路，从而确保操作耗油量大的环形防喷器时，压力波动不会影响到闸板防喷器的控制；同时闸板防喷器需要大于 10.5MPa 液压油时，高压液压油也不会影响环形防喷器的正常使用。

（2）关井操作方便。待命状态下，只需扳动三位四通转阀手柄使之处于

开位或关位，即可使井口环形防喷器、闸板防喷器或液动平板阀实现开关动作。

（3）可被远程遥控。三位四通转阀手柄连接双作用气缸，因此可在司钻控制台或辅助控制台上操纵气控阀件遥控远程控制台的三位四通转阀手柄，实现井口防喷器开关动作。同时，环形防喷器油压也可在司钻控制台上进行远程调节。

二、司钻控制台

通常司钻最清楚钻台是否具备关井条件，因此井口防喷器的开关经常由司钻在钻台上的司钻控制台进行遥控操作，只是在气控失灵或是井口严重井喷，钻台上不能容人时，才在地面上的远程控制台进行操作控制。

当需要井口防喷器开关动作时，司钻一只手扳动气源总阀手柄，另一只手操纵相应三位四通气转阀手柄，使压缩空气输往远程控制台上的双作用气缸，带动三位四通转阀手柄动作。在司钻控制台上同时操作气源总阀与三位四通气转阀时，才能对远程控制台实行遥控操作，这样就避免了由于偶然碰撞或扳动三位四通气转阀手柄引起井口防喷器错误动作而引发的事故。

司钻控制台上的三位四通气转阀都设有弹簧复位机构，操作者动作完毕松手后，三位四通气转阀会自动恢复中位，远程控制台上双作用气缸里的压缩空气立即逸出至大气，因此远程控制台上的三位四通转阀随时可以手动操作。这样就保证了司钻控制台与远程控制台对井口防喷器的控制各自独立，互不干涉。

司钻控制台具有操作记忆功能，每个三位四通气转阀分别与一个显示气缸相接，当操作转阀到"开"位或"关"位时，显示窗口便同时出现"开"或"关"的字样，气转阀手柄复位后，显示标牌仍保持不变，使操作人员能了解前一次在司钻控制台上操作的状态。在钻台上操作司钻控制台只能使远程控制台上的三位四通转阀处于开位或关位，却不能使之处于中位。

第四节　控制装置的主要部件

控制装置上的部件众多，且各负其责，掌握这些部件的功用、结构、工作原理及使用注意事项后，才可以在现场更好地使用与维护控制装置。

第十六章 液压防喷器控制装置

一、蓄能器

1. 功用

远程控制台上的蓄能器为囊式蓄能器,预先在胶囊内充入一定压力的氮气,当压力油被泵入蓄能器时气体进一步压缩,从而储存具有一定能量的液压油,为井口防喷器、液动阀动作提供可靠油源。

2. 结构与工作原理

蓄能器组由若干个蓄能器组成,例如 FKQ640-7 的蓄能器组由 16 个蓄能器组成。每个蓄能器中装有胶囊,胶囊中一般预充 7MPa±0.7MPa 的氮气。蓄能器结构由钢瓶、胶囊、充气阀、护帽、开关阀等组成,如图 16-9 所示。

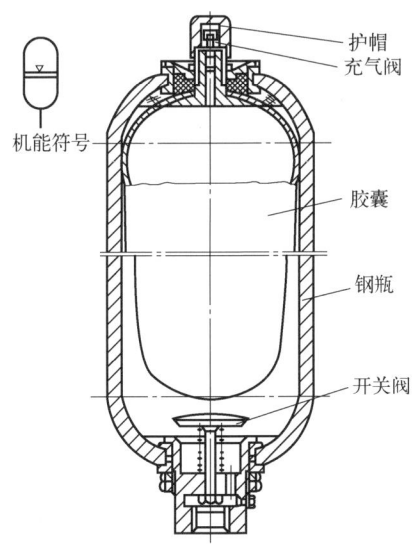

图 16-9　蓄能器结构示意图

蓄能器内安装有胶囊,未充气时,在瓶内呈松弛的自由状态,如图 16-10 (a) 所示。当蓄能器由上部充气阀向胶囊充入氮气(如 7MPa±0.7MPa),胶囊变大而紧贴钢瓶壳体;同时向下压开关阀使其关闭以保护胶囊,防止胶囊膨胀出壳体以外,如图 16-10(b) 所示。

当电泵(或气泵)输出的油压高于预充氮气压力时,压力油会顶开开关阀输入蓄能器内,瓶内油量逐渐增多,油压升高,胶囊里的氮气被压缩,直到蓄能器中油压达到 21MPa 为止。根据波意耳定律,氮气压力从 7MPa 上升至

21MPa，其压力增大3倍，则氮气的体积减小3倍。因此，此时胶囊里氮气体积约占蓄能器容积的1/3，如图16-10(c)所示。在防喷器开关动作时，胶囊中氮气膨胀将油挤出，瓶内油量逐渐减少，油压降低，如图16-10(d)所示。通常油压降至18.5MPa时，电泵自动启动向瓶内补充液压油，使油压恢复至21MPa。

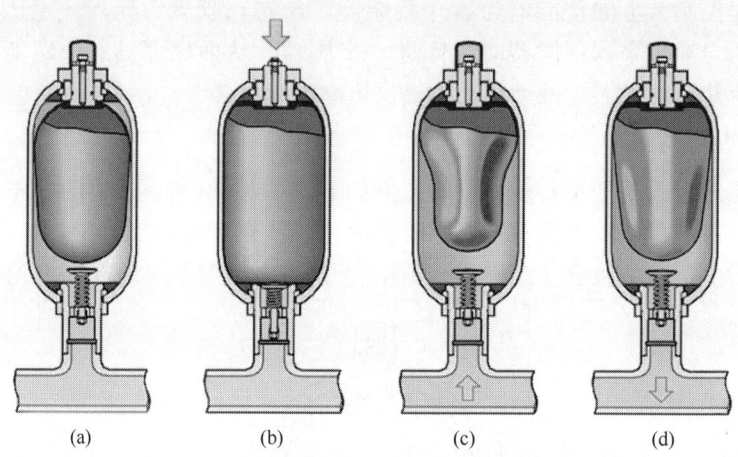

图16-10　蓄能器的工作原理示意图

防喷器开关动作所需压力油来自蓄能器，而电泵与气泵则为蓄能器充油与补油。在选用控制装置时其蓄能器应能保证在停泵不补油情况下，只靠蓄能器本身的有效排油量（蓄能器油压由21MPa降至8.4MPa时所排出的油量）即能满足全部控制对象各关闭一次。蓄能器的数量较多，而电泵与气泵却小巧轻便，因此当电泵与气泵发生故障甚至停电、停气情况下，仅靠蓄能器本身的液压油量也能确保井口防喷器动作，不致影响井控作业。FKQ640-7的蓄能器组又将16个蓄能器分为4组，每组都有单独控制的截止阀，即使有一组出现故障，将该组蓄能器的截止阀关闭，剩余的蓄能器所储存的压力油也完全满足关井的要求。

3. 主要技术规范

单瓶公称容积：25L、40L或80L。

胶囊一般充氮压力：7MPa±0.7MPa。

钢瓶设计压力：31.5MPa。

蓄能器额定工作压力：21MPa。

以40L的蓄能器为例，根据波意耳定律，蓄能器若预充氮气压力为7MPa，升压至8.4MPa及21MPa后，理论的气体体积与充液量，见表16-1。

第十六章 液压防喷器控制装置

蓄能器从 21MPa 降至防喷器最小工作压力 8.4MPa 时，理论排液量为 20L。由于蓄能器氮气胶囊还要占用一定的体积（约 2L），因此蓄能器的实际充液量与排液量还要小于表 16-1 中所示数值。

表 16-1 蓄能器（40L）不同压力时的气体体积与充液量

蓄能器压力,MPa	气体体积,L	充液量,L
7	40	0
8.4	33.3	6.7
21	13.3	26.7

4. 蓄能器数量的校核

在选用远程控制台时，应对蓄能器总容积进行校核，以确保井控作业安全可靠。

例如：假设井口防喷器组为 2FZ35-70 双闸板、FZ35-70 单闸板与 FH35-35 环形的组合，控制装置为 FKQ640-7。已知 FH35-35 关闭一次耗油 94L，2FZ35-70、FZ35-70 关闭一个闸板耗油均为 33.2L，液动平板阀开启一次耗油 3L。则防喷器各关闭一次、液动平板阀开启一次所需总油量为：

$$94+33.2\times3+3=196.6(\text{L})$$

根据 SY/T 5964—2019《钻井井控装置组合配套、安装调试与使用规范》中规定：远程控制台应有足够的在停泵、井口无回压时关闭一套全开状态的环形防喷器和闸板防喷器组并打开液动放喷阀的液体量，且剩余液压应不小于 1.4MPa。因此，控制装置的总有效排油量应不少于 196.6L。

已知 FKQ640-7 的单瓶实际有效排油量约为 18L，则蓄能器的数量应为：

$$196.6\div18\approx11(\text{个})$$

根据蓄能器（单个或一组）失效时容量损失不大于蓄能器总容积的 25%，并且实际操作时考虑到有液控管线等因素影响，会有一定的油量损失，所以应适当增大蓄能器容积来保证安全。FKQ640-7 的蓄能器数量为 16 个，因此 FKQ640-7 控制装置可以满足上述防喷器组的控制要求。

但应注意，在现场关井时，不应急于打开环形防喷器，这样会造成更大的耗油量，甚至影响到井控作业的安全。即便要打开环形防喷器，也应至少在蓄能器压力已经恢复到 21MPa 后再进行操作。

5. 蓄能器充氮气操作

充氮气操作前，首先确认卸荷阀处于开位，蓄能器的油压为 0。充氮气操作时，旋开蓄能器上部的护帽，卸下充气阀螺帽，如图 16-11 所示，将充氮工具接头与蓄能器充气阀嘴相接，另一接头与氮气瓶相接。顺时针旋转充氮工具旋钮将蓄能器充气阀压开，然后缓慢旋开氮气瓶阀旋钮并观察压力表。当表压显示 7MPa±0.7MPa 时，关闭氮气瓶阀旋钮，逆时针旋转充氮工具旋钮使蓄能器充气阀封闭，打开充氮工具放气阀使圈闭在工具中的氮气逸出直至压力表回零，最后将两接头从蓄能器与氮气瓶上卸下。使用充氮工具时应熟悉操作顺序，确保安全作业。

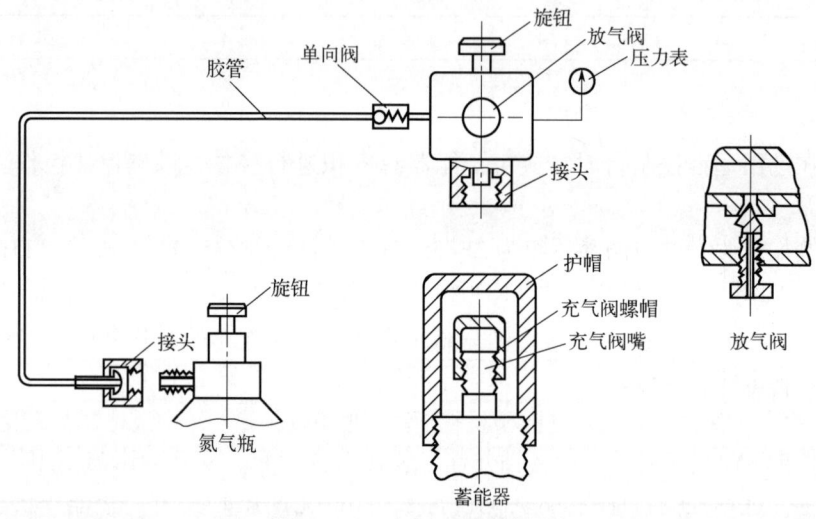

图 16-11 充氮工具示意图

6. 现场使用注意事项

（1）蓄能器胶囊中预充氮气，不应充压缩空气，绝对不能充氧气或其他易燃气体。

（2）向蓄能器胶囊充氮气时应使用充氮工具，并在充氮前应首先泄掉蓄能器里的压力油，即必须在无油压条件下充氮。

（3）每月对胶囊的氮气压力检测一次。检测时使用充氮工具，检测前应首先泄掉蓄能器里的压力油。

（4）现场无充氮工具时，可采用向蓄能器里充油升压的方法检测胶囊中的氮气预充压力。若同时向蓄能器组进行充油升压，并不能发现某一个或多个蓄能器低气压或无气压的问题，因此采用这种方法时，应逐个单独对蓄能器进行检测。操作方法如下：

① 打开卸荷阀使蓄能器组的压力油流回油箱。

第十六章 液压防喷器控制装置

② 关闭卸荷阀。除需要检测的蓄能器外,其他蓄能器下的截止阀均关闭

③ 启动电泵向需检测的蓄能器里充油。油压未达到氮气预充压力时,压力油进不了蓄能器,蓄能器压力表升压很快;当油压超过氮气预充压力时,压力油进入蓄能器,蓄能器压力表升压变慢。在向蓄能器里充油操作时,密切注视蓄能器压力表的压力变化,压力表快速升压转入缓慢升压的压力变化转折点即为胶囊中氮气的预充压力。

④ 检测完一个蓄能器后,泄掉压力再依次检测蓄能器组中其他蓄能器的氮气压力。

(5) API Spec 16D(第三版)中规定:控制装置蓄能器中的预充压力用于推进存储在蓄能器中的液压油,以执行系统功能。预充压力大小取决于要操作的设备的特殊操作要求和操作环境。符合该规定新近出厂的控制装置,蓄能器氮气预充压力可能大于 7MPa±0.7MPa,如 10.9MPa、12.6MPa 等。若氮气预充压力为 10.9MPa±0.7MPa,在关防喷器时,消耗相同压力油的情况下,与氮气预充压力 7MPa±0.7MPa 的系统比较,压力降得少。同样,假如蓄能器压力从 21MPa 降到 14MPa,氮气预充压力更高的控制装置所排出的油量更多。但是氮气预充压力越高,蓄能器的充油量越少,在进行井控设备配备时,需特别注意与考虑。

二、电泵

1. 功用

电泵用来提高液压油的压力,向蓄能器里输入与补充压力油。电泵在远程控制台中作为主泵使用,如图 16-12 所示。

图 16-12 电泵

2. 结构与工作原理

电泵为三柱塞、单作用、卧式、往复油泵，由三相异步防爆电动机驱动。电泵的结构与钻井现场的钻井泵类似，其工作原理也相同。电泵结构如图 16-13 所示。

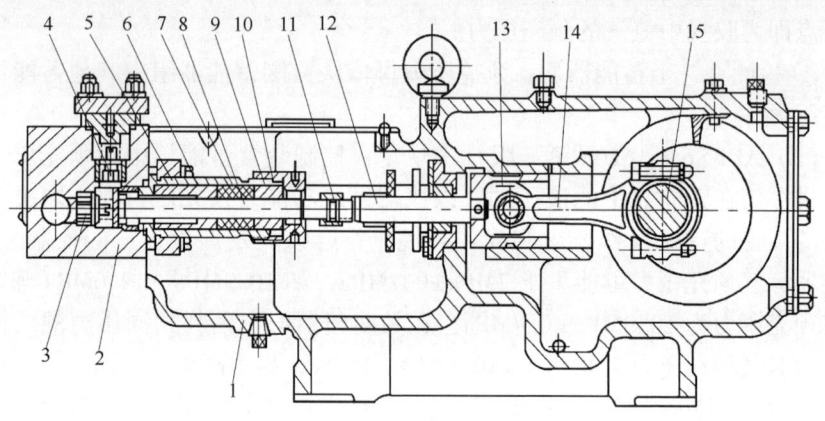

图 16-13　电泵结构示意图

1—动力端；2—液力端；3—吸入阀；4—排出阀；5—密封圈套筒；6—衬套；7—密封圈；8—柱塞；9—压套；10—压紧螺帽；11—连接螺帽；12—拉杆；13—十字头；14—连杆；15—曲轴

电动机通过双排滚子链条驱动电泵动力端的曲轴，曲轴的旋转运动经连杆、十字头转变为拉杆与柱塞的水平往复运动。柱塞向后运动时，吸入阀进油；柱塞向前运动时，排出阀排油。三个缸交替不断地吸油、排油，形成泵的工作过程。电泵无缸套，柱塞即活塞，液力端有柱塞密封装置，电泵的排量固定，不可调节。柱塞与拉杆采用挡圈与连接螺帽的连接方式，如图 16-14 所示。

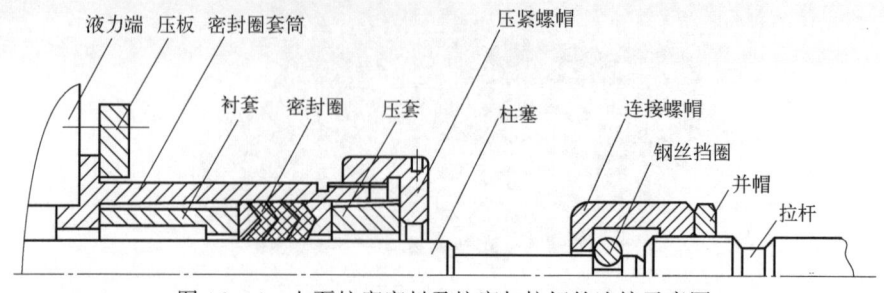

图 16-14　电泵柱塞密封及柱塞与拉杆的连接示意图

第十六章 液压防喷器控制装置

3. 主要技术规范

不同厂家所生产的控制装置,其电泵的额定工作压力通常都是21MPa,但泵的排量与电动机功率却不相同。FKQ640-7控制装置配备QB21-80型电泵,其主要技术规范如下:

额定工作压力:21MPa。

理论排量:41L/min。

实际排量:40L/min。

每转排量:82mL。

电动机功率:18.5kW。

4. 现场使用注意事项

(1)电源应专线供电,不应与井场电源混淆,以免在紧急情况下井场电源被切断时影响电泵正常工作。

(2)电源电压应保持380V±19V,电压过低将影响电泵的正常补油工作。

(3)远程控制台投入工作时电泵的启停应由压力控制器控制,即电控箱旋钮应旋至自动位。压力控制器上限压力调定为21MPa;下限压力调定为18.5MPa。

(4)电动机接线时应保证曲轴按逆时针方向旋转,即链条箱护罩上所标识的箭头旋向。逆时针方向旋转的目的是使曲轴箱内十字头等部件得到较好的飞溅润滑。

(5)曲轴箱、链条箱注入20号机油并经常检查油标高度,机油不足时应及时补充;半年换油一次。

(6)柱塞密封装置中的密封圈应松紧适度。密封圈不应压得过紧,以有油微溢为宜,通常调节压紧螺帽,使该处滴油5~10滴/min。

(7)电泵的吸入管路中要安装滤油器,使用过程中每月拆检一次滤油器,取出滤网进行清洗,防止污物堵塞。

(8)电泵的自吸能力差,油箱液面应高过泵轴中心至少300mm。

(9)电泵首次启动前应手动盘车,转动轻松自如、无卡阻后方可供电试运转。

(10)电泵启动前先将泵头体上的吸油口排气塞旋松,排出进油管线内气体,并使其充满油,然后旋紧吸油口排气塞。

(11)处于自动位置停止运转的电泵,会自动运转,进行日常维护与检查时需注意。手动启动电泵后,电泵不会自动停止,人员要注意观察压力,需要时手动停泵。

三、气泵

1. 功用

气泵用来向蓄能器里输入与补充压力油,在控制装置中作为辅助泵,如图16-15所示。它与主泵(电泵)的不同之处在于启动压力低于主泵的启动压力1MPa左右,以避免主泵与辅助泵同时启动。控制装置需要制备21MPa以上的高压油时只能使用气泵。

图16-15 气泵

2. 结构与工作原理

气泵上部为气动马达,下部为抽油泵。气动马达由钻机气控系统制备的压缩空气驱动。抽油泵为单柱塞、立式、往复油泵。气泵结构如图16-16所示。

压缩空气经换向机构进入气缸上腔推动活塞下行,此时气缸下腔与大气相通。稍后,随着活塞的继续下行,往复杆与梭块也被迫下行。当活塞抵达下死点时,梭块刚过换向机构的中点,于是在顶销弹簧推动下梭块与滑块被迅速推向下方,换向机构实现换向。

压缩空气经换向机构进入气缸下腔推动活塞上行,此时气缸上腔与大气相通。稍后,伴随活塞的继续上行,往复杆与梭块也被迫上行。当活塞抵达上死点时,梭块刚过换向机构中点,顶销在弹簧作用下将梭块与滑块迅速推向上方,换向机构又实现换向。如此,往复变换气流方向,活塞与活塞杆即连续上下往复运动,带动油泵活塞杆上下往复运动,油泵随即吸油、排油。气泵的工作特点是间歇吸油、连续排油、启动平稳、可带载启动。

第十六章　液压防喷器控制装置

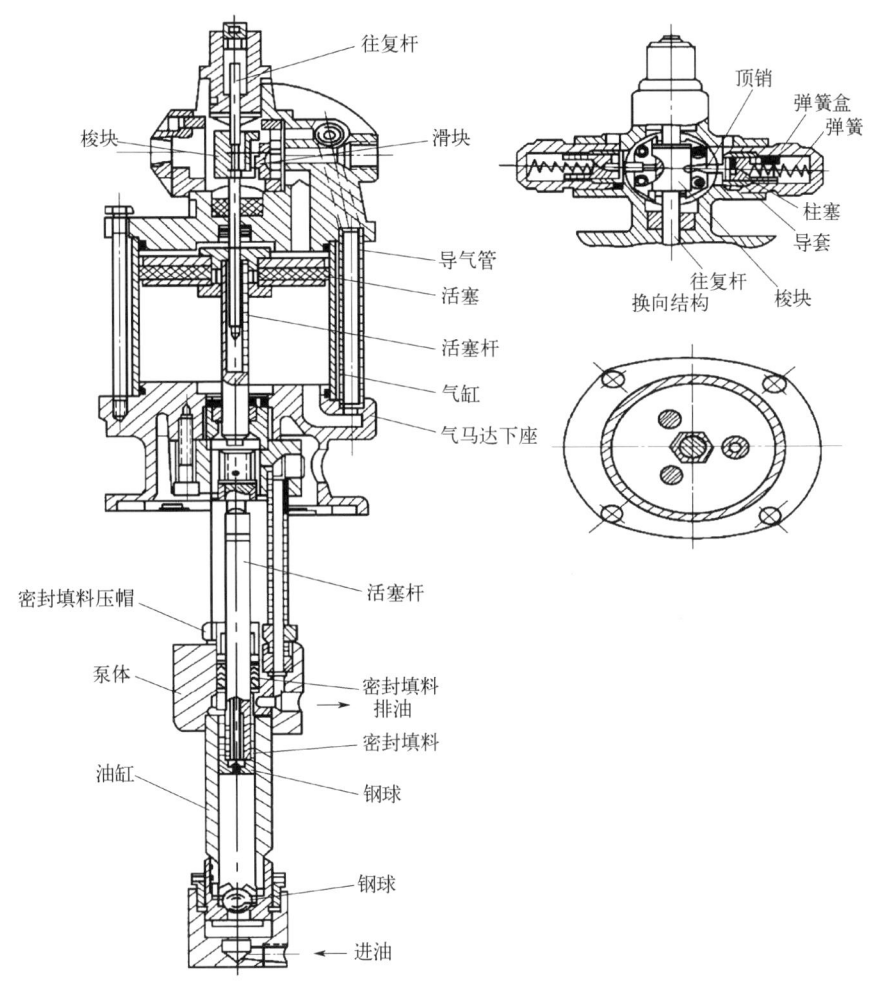

图 16-16　气泵结构示意图

如果气缸与油缸内腔断面的面积比（即液气比）为 50∶1，则进气压力与排油压力的理论比为 1∶50。当钻机气控系统的气压为 0.6～1.0MPa 时，理论上最大输出油压可达到 30～50MPa。为了保护气泵与液压管线的安全，制备大于 21MPa 高压油时，通常需限定气泵的输入气源压力不超过 0.8MPa。

气泵的排油量与耗气量都不稳定，随排油压力高低而变化。当排油压力低时，泵冲次增多，排油量增多，耗气量增多。当排油压力高时，泵冲次减少，排油量减少，耗气量减少。

3. 制备大于21MPa高压油的操作

制备高压油的步骤：开启管汇上的旁通阀，将电泵与气泵输油管线汇合处的截止阀关闭，打开气泵进气管路上的旁通截止阀，气泵运转，就可以输出最高34.5MPa的液压油。

油路恢复常态压力的操作：关闭气泵进气管路上的旁通截止阀，气泵停止运转；缓慢打开卸荷阀，当汇流管压力降为21MPa时关闭卸荷阀；打开气泵与电泵输油管线交汇处的截止阀；关闭旁通阀；恢复正常待命状态。

4. 现场使用注意事项

（1）气泵耗气量较大。当钻机气控系统气源并不充裕时，不宜使气泵长期连续运转工作。

（2）气泵的油缸上方装有密封填料，当漏油时可调节压帽，压帽不应压得过紧，否则将加速密封填料与活塞杆的磨损。

（3）气泵换向机构中的滑块易卡死，应保持压缩空气的洁净与低含水量。在设备气路上的分水滤气器应每半月清洗一次，每天打开底部放水阀放掉杯内积水。

（4）气路上装有油雾器，压缩空气进入气缸前流经油雾器时，有少量润滑油化为雾状混入气流中，用来润滑气缸与活塞组件。

（5）使用气泵制备21MPa以上的高压油时，要根据气泵的液气比预测理论最大输出油压，通过远程控制台供气管线上的减压阀将供气压力减压至合适压力，一般不超过0.8MPa，确保安全。

（6）气泵启动压力低于电泵启动压力，因此远程控制台待命状态正常补充压力时，应只有电泵工作。若没有进行关井等操作，气泵自动启动，应立即对远程控制台进行检查。

四、三位四通转阀

1. 功用与规格

远程控制台上的三位四通转阀（换向阀）用来控制压力油的流动方向，使井口防喷器或液动平板阀迅速开关动作，如图16-17所示。

三位四通转阀油口一般为25mm（1in），针对环形防喷器、高压力级别闸板防喷器、大通径闸板防喷器关井所需流量大的要求，控制装置可选用油口为40mm（$1\frac{1}{2}$in）的三位四通转阀，以达到快速开关防喷器的要求。常用三位四通转阀技术参数见表16-2。

第十六章　液压防喷器控制装置

图 16-17　三位四通转阀

表 16-2　常用三位四通转阀技术参数

型号	工作压力	流量	通径	连接扣型	操作方式
34ZS21-25	21MPa	280L/min	25mm(1in)	NPT1in	手动、气动、液动
34ZS21-40		450L/min	40mm($1\frac{1}{2}$in)	NPT$1\frac{1}{2}$in	

2. 结构与工作原理

三位四通转阀的手柄连接双作用气缸，既可手动换向，又可在司钻控制台进行遥控气动换向。三位四通转阀的结构如图 16-18 所示。

三位四通转阀的
工作原理

该阀装有推力球轴承，手柄操作轻便灵活。阀盖上部装有由弹簧、钢球、定位板组成的定位机构，手柄转动到位后即被锁住实现定位。三位四通转阀阀芯与阀座的密封采用压差密封，油压越高其密封性能越好。波形弹簧起到初密封作用，以及在阀座磨损后的自补作用。

阀体装有 3 个阀座，阀座下面装有波形弹簧使阀座与阀芯密封。液压油作用在阀座底部起油压助封作用。3 个阀座的油口与回油口各自与管线连接。上方油口为 P 口，接液压油管路；下方回油口为 O 口，接通油箱管路；A 口连接通向防喷器的关井油腔管路；B 口连接通向防喷器的开井油腔管路。阀芯有 4 个孔口且两两相通形成两条孔道。手柄有 3 个工作位置：中位、关位、开位。三位四通转阀的工作原理如图 16-19 所示。

远程控制台上的三位四通转阀为"O"形机能，当转阀手柄处于中位时，阀体上的 P、O、A、B 四孔口被阀芯封盖堵死，互不相通。当手柄处于关位时，阀芯使 P 口与 A 口、B 口与 O 口连通，液压油由 P 口经 A 口再沿管路进入防喷器的关井油腔，防喷器实现关井动作，与此同时防喷器开井油腔里的存油则沿管路由 B 口经 O 口流回油箱。手柄处于开位时，阀芯使 P 口与 B 口、A 口与 O 口相通，防喷器实现开井动作。

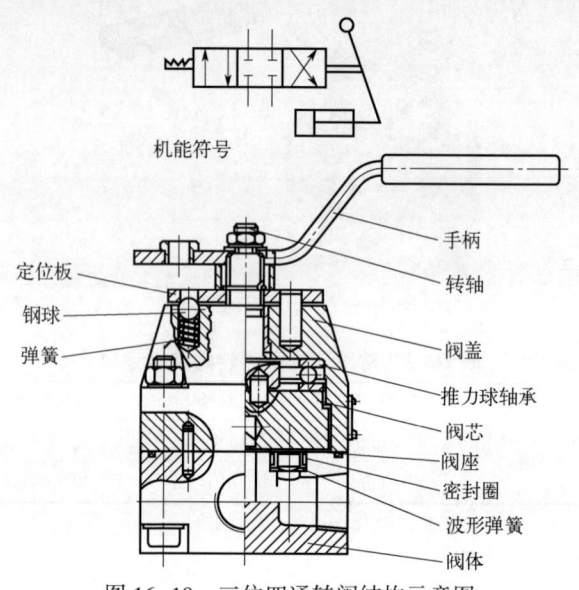

图 16-18 三位四通转阀结构示意图

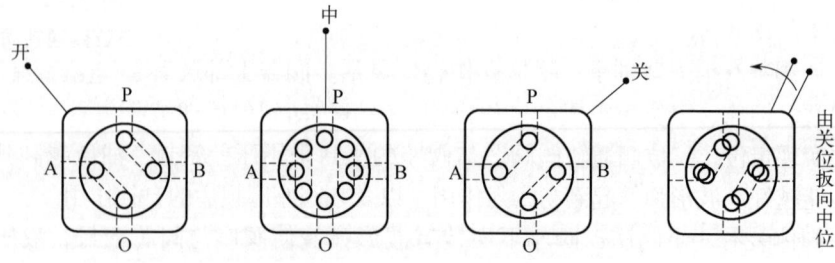

图 16-19 三位四通转阀工作原理示意图

在三位四通转阀手柄由关位或开位扳向中位过程中,阀芯孔口将相对阀座孔口转移,当阀芯孔口一部分已移离阀座孔口,而另一部分却仍与阀座孔口相通时,与阀座油口相连管路里的液压油就绕经阀芯孔口溢流回油箱,结果导致管路里的油压迅速降低。这就是闸板防喷器在拆换闸板而需要旋动侧门时,为保护铰链座处密封圈,使液控管路液压油泄压,只需将三位四通转阀手柄扳至中位的缘故。值得注意的是:三位四通转阀手柄由关位或开位扳至中位时,来自蓄能器管路的液压油也将有一部分溢流回油箱,从而增加蓄能器液压油的损耗。因此在操作三位四通转阀时,需操作果断迅速。

第十六章　液压防喷器控制装置

远程控制台投入工作时,三位四通转阀的操纵应由司钻在司钻控制台遥控换向。但在司钻控制台上遥控操作只能使远程控制台上相应三位四通转阀处于开位或关位,而不能使之处于中位。若要使三位四通转阀处于中位,必须在远程控制台手动操作。

3. 现场使用注意事项

（1）操作三位四通转阀时手柄应一次扳动到位。
（2）不能在三位四通转阀手柄上加装其他锁紧装置。
（3）要定期对双作用气缸进行润滑保养。

五、旁通阀

1. 功用

远程控制台上的旁通阀用来为控制管汇（汇流管）进行不同压力的连通选择。当旁通阀处于关位时,连通手动减压阀输出的 10.5MPa 压力油；当旁通阀处于开位时,直接连通蓄能器,使控制管汇的压力与蓄能器压力相同（18.5~21MPa）。

2. 结构与工作原理

常用的旁通阀为二位三通转阀,其结构与三位四通转阀类似,如图 16-20 所示。旁通阀有三个油口,P1 口连接来自手动减压阀输出的管路；P2 口连接来自蓄能器液压油的管路；A 口连接通往汇流管的管路。手柄有两个工作位置：开位与关位。手柄处于关位时,P2 口封闭,来自手动减压阀输出的液压油由 P1 口经 A 口进入控制管汇；手柄处于开位时,P1 口封闭,来自蓄能器的液压油由 P2 口经 A 口进入控制管汇。旁通阀的工作原理如图 16-21 所示。旁通阀手柄连接双作用气缸,既可手动换向,又可在司钻控制台遥控气动换向。

旁通阀在远程控制台上的布局并不完全相同,有的旁通阀只是用来控制蓄能器与控制管汇供油管路的连通或切断,手动减压阀输出的液压油不经过旁通阀,但在其输出的管路上安装有单向阀。旁通阀处于关位时,切断蓄能器到控制管汇的油路,此时控制管汇所需液压油为手动减压阀输出的 10.5MPa 压力油；当旁通阀手柄处于开位时,蓄能器的 21MPa 压力油直接进入控制管汇,此时手动减压阀输出的管路上的单向阀阻止压力油返流回手动减压阀降压。

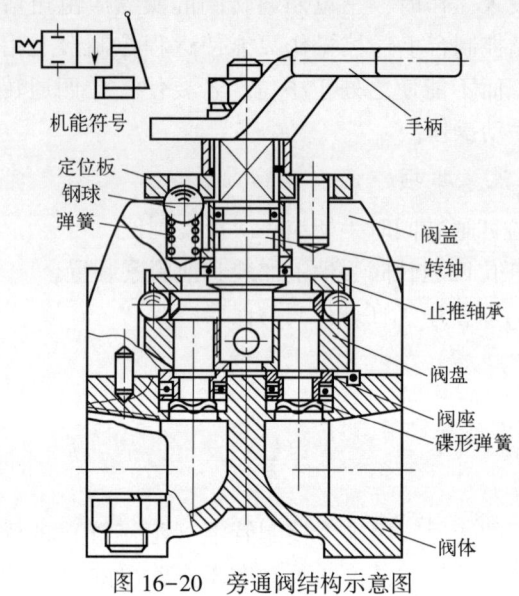

图 16-20 旁通阀结构示意图

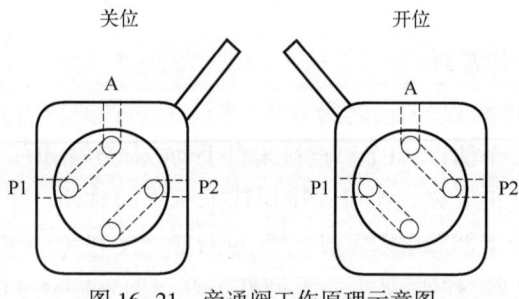

图 16-21 旁通阀工作原理示意图

六、减压阀

1. 功用

减压阀用来将蓄能器 21MPa 高压油压力降低为防喷器所需的合理油压（通常是 10.5MPa）。此外减压阀还具有自动溢流降压的作用，因此该阀也称为减压溢流阀，现场也经常称其为调压阀。当利用环形防喷器封井后进行起下钻作业时，减压阀起到减压和溢流的调节作用，保证钻杆接头可以顺利通过关闭状态的环形胶芯，减少胶芯的磨损并维持关井所需的液控油压。控制装置

第十六章 液压防喷器控制装置

上一般有两个减压阀,分别为手动减压阀和气手动减压阀,如图 16-22 所示。

(a) 手动减压阀

(b) 气手动减压阀

图 16-22 减压阀

2. 结构与工作原理

1) 手动减压阀

手动减压阀的结构如图 16-23 所示。

减压阀有 3 个油口,进油口与蓄能器油路相接,出油口经过旁通阀通往控制管汇,回油口与回油箱管路相接。高压油从进油口流入称为一次油,减压后的压力油从出油口输出称为二次油。

顺时旋转手轮,压缩弹簧,迫使连杆与密封盒下移,进油口打开,一次油从进油口进入阀腔。阀腔里的油压作用在密封盒与连杆上的合力等于油压作用在连杆横截面上的上举力。上举力推动密封盒与连杆向上移动,压缩上部弹簧,直到密封盒将进油口关闭为止,此时油压上举力与弹簧下推力相平衡,阀腔中油压随即稳定。减压阀出口输出的二次油的油压与弹簧力相对应。防喷器开关动作用油时,随着二次油的消耗油压降低,弹簧将密封盒推下,减压阀进油口打开,一次油进入阀腔,阀腔内油压回升,密封盒又向上移动,进油口关闭,二次油压又趋稳定。在此期间回油口始终关闭。

逆时旋转手轮,二次油压力将降低。此时弹簧力减弱,密封盒上移,回油口打开,阀腔压力油流回油箱,阀腔油压降低,密封盒又向下移动将回油口关闭，阀腔油压复又稳定，但二次油压也已降低。在这期间，一次油进油口始终关闭。

减压阀的二次油压力调节范围为 0~14MPa。

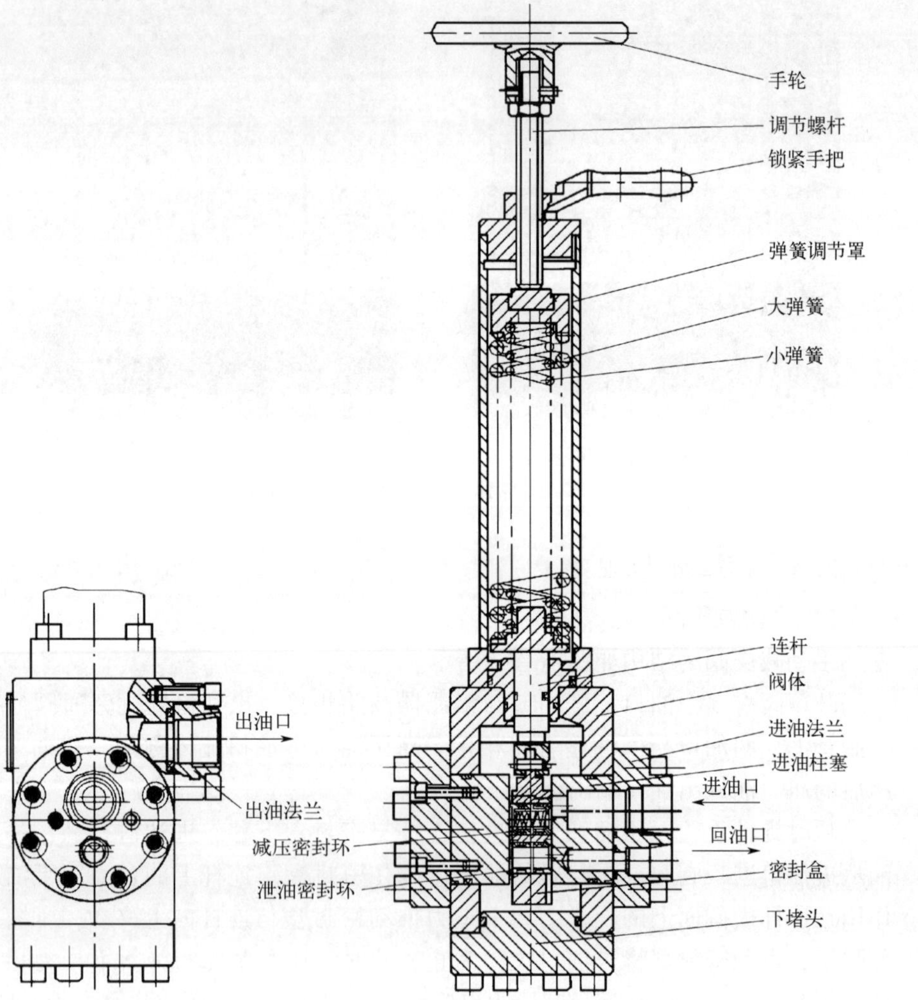

图 16-23 手动减压阀结构示意图

2) 气手动减压阀

在控制环形防喷器的三位四通转阀供油管路上将手动减压阀换装成气手动减压阀，其目的是便于司钻在司钻控制台上遥控调节气手动减压阀，以控制环形防喷器的关井液控油压。

第十六章 液压防喷器控制装置

常用的气手动减压阀有膜片式和气马达式两种。

气手动减压阀的结构、工作原理和调压方式与手动减压阀基本相同。膜片式气手动减压阀的结构如图 16-24 所示,它主要是增加了一个橡胶膜片。但不同厂家远程控制台上所用的膜片式气手动减压阀结构与调压方式并不完全相同。

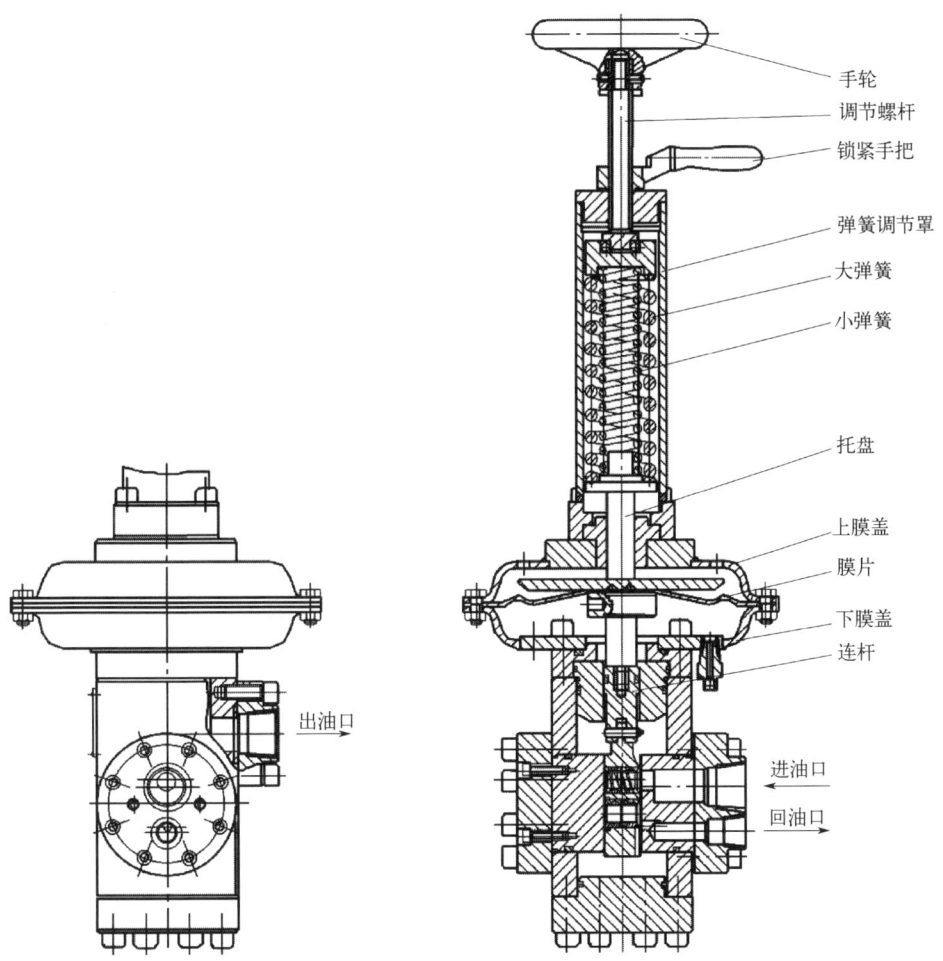

图 16-24 膜片式气手动减压阀结构示意图

一种膜片式气手动减压阀在气动调压时,首先在气压为零的情况下,手动调节减压阀手轮使输出压力为所需设定的初始压力 10.5MPa;锁定锁紧手把,然后可以在远程控制台或司钻控制台上旋转调节旋钮,即可在

0~10.5MPa之间来调整环形防喷器的控制压力，通过调节气压的大小来调节输出液压的大小，气压越高，液压越低。当气源失效时，环形压力将恢复为初始压力10.5MPa。输入气压的大小由远程控制台或司钻控制台上的气动调压阀进行控制，调控路线由远程控制台上的分配阀（三位四通气转阀）确定。分配阀指向司钻控制台时由司钻控制台上的气动调压阀调节；分配阀指向远程控制台时则由远程控制台上的气动调压阀调节。

另一种膜片式气手动减压阀使用气动控制时，应手动旋松手轮使弹簧处于自由状态，用压缩空气代替弹簧，通过调节气压的大小来调节输出液压的大小，气压越高，液压越高。因此这种气手动减压阀在气动调压时，首先在气压为零的情况下，手动逆时针旋松减压阀手轮，使输出压力设定为0MPa，锁定锁紧手把，然后就可以在远程控制台或司钻控制台上旋转调节旋钮，通过调节供气压力大小来调节输出液压。使用这种气手动减压阀时，远程控制台及司钻控制台上为气手动减压阀供气的管路上安装有小容积储气瓶，现场气源失效时仍可供气给气手动减压阀使用。待储气瓶气量不足时，再在远程控制台上通过手动来调节压力。

气马达式气手动减压阀的结构如图16-25所示。气马达式气手动减压阀的结构、工作原理和手动调压方式与膜片式气手动减压阀基本相同，所不同的是气动调压时，在远程控制台上的电控箱通过电磁换向阀对气路进行换向（电控型），或通过远程控制台显示盘上的三位四通气转阀对气路进行换向（气控型），实现气马达式的正反转切换，通过蜗轮蜗杆副及螺纹副带动芯轴上下移动，释放或压缩弹簧，从而改变出口压力，即环形防喷器的控制压力。值得注意的是，气马达式气手动减压阀可以实现双向调压，经常应用在电气控液型控制装置中，当气源失效时，环形压力即为失效前的压力值。

当用环形防喷器封井进行起下钻作业时，钻杆接头进入胶芯迫使减压阀的二次油压升高，因而阀板上移，回油口打开，二次油压降低，阀板下移，回油口关闭，二次油压得以保持原值不变。钻杆接头出胶芯时，减压阀的二次油压当即降低，阀板下移，进油口打开，二次油压上升，阀板上移，进油口关闭，二次油压恢复原值。如果没有减压阀的这种调节机能，环形防喷器在封井条件下通过钻杆接头时，会导致关闭腔室压力波动和胶芯过早损坏。环形防喷器的液控管路上都装有减压阀，其目的就是保证封井状态通过接头以及根据管柱外径、井压大小、下一步所需作业等具体情况对液控油压进行调压处理。

第十六章　液压防喷器控制装置

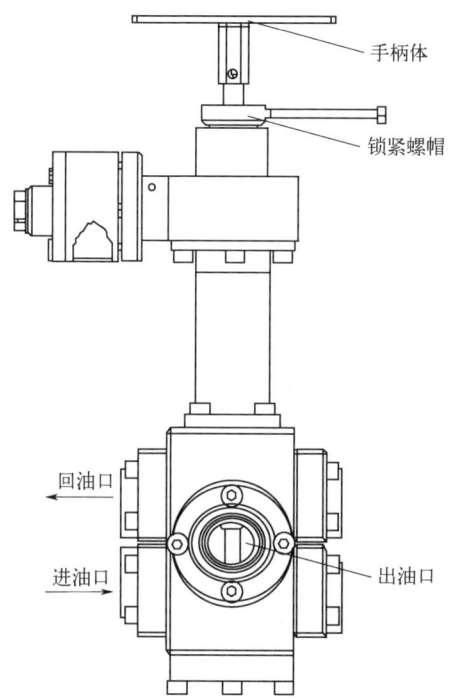

图 16-25　气马达式气手动减压阀结构示意图

3. 现场使用注意事项

（1）手动调节减压阀时，顺时针旋转手轮二次油压调高；逆时针旋转手轮二次油压调低。

（2）配有司钻控制台时，远程控制台在投入工作时应将三位四通气转阀（分配阀）指向司钻控制台，气手动减压阀由司钻控制台遥控。

（3）待命状态下，闸板防喷器液控油路上的手动减压阀，二次油压一般调定为 10.5MPa，调节螺杆用锁紧手把锁住。环形防喷器液控油路上的气手动减压阀，二次油压初始设定值调节为 10.5MPa。现场应根据具体情况，合理调定减压阀输出压力。

（4）减压阀调节时有滞后现象，二次油压不随手柄或气压的调节立即连续变化，而呈阶梯性跳跃，二次油压最大跳跃值可允许 3MPa，调压操作时应尽量轻缓。

（5）不同厂家控制装置上的气手动减压阀调节方法并不完全相同，应正确调节才能满足远程调节环形防喷器控制压力的需求，在现场具体使用方法参考所用设备的说明书。

七、溢流阀

1. 功用

溢流阀在现场又习惯称为安全阀,用于保护设备,是当管路中的压力超过预定值时自动溢流的元件,用于防止设备因超压而损坏。远程控制台上安装有2个溢流阀,即蓄能器溢流阀与管汇溢流阀,如图16-26所示。

(a) 蓄能器溢流阀

(b) 管汇溢流阀

图 16-26　溢流阀

2. 结构与工作原理

溢流阀的结构如图16-27所示。溢流阀进口与所保护的管路相接,出口则与回油箱管路相接。平时溢流阀处于关闭状态,即进口与出口不通。一旦管路油压过高,钢球上移,进口与出口相通,压力油立即溢流回油箱,使管路油压不再升高。管路油压恢复正常时,钢球被弹簧压下,进口与出口切断。

溢流阀开启的油压值由上部调压丝杆调节。将上部六方螺帽旋下,旋松锁紧螺母,旋拧调压丝杆,改变弹簧对钢球的作用力即可调定溢流阀的开启油压。顺时针旋拧调压丝杆,溢流阀开启油压升高;逆时针旋拧调压丝杆,溢流阀开启油压降低。

溢流阀的设定压力不应高出系统额定压力的10%。对于额定工作压力为21MPa的蓄能器，蓄能器溢流阀一般设定开启压力为23MPa；管汇溢流阀用于防止管汇各阀件及管线超压损坏，一般设定开启压力为34.5MPa。

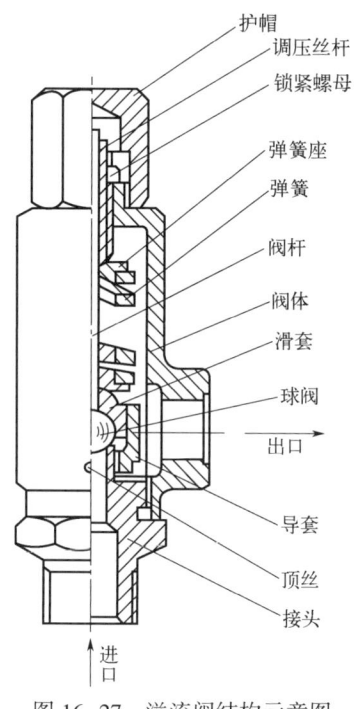

图16-27　溢流阀结构示意图

3. 现场使用注意事项

（1）设备经检修后，溢流阀的调定压力已调好，一般情况下无须调节，井场使用时只需在试运转操作中校验其开启压力值即可。

（2）蓄能器溢流阀能在23MPa时自动打开溢流，闭合压力不低于21MPa。

（3）不同厂家的远程控制台溢流阀，所调定的开启压力并不完全相同，在井场调试时应按各自的技术指标校验。

八、压力控制器

1. 功用

压力控制器又被称为压力继电器，属于压力控制元件，用来对电动油泵的启动、停止实现自动控制,如图 16-28 所示。

图 16-28　压力控制器

2. 结构与工作原理

1）YTK-02E 压力控制器

该压力控制器主要由压力测量部分、电控部分、调整机构和隔爆外壳等部分组成,其结构如图 16-29 所示。

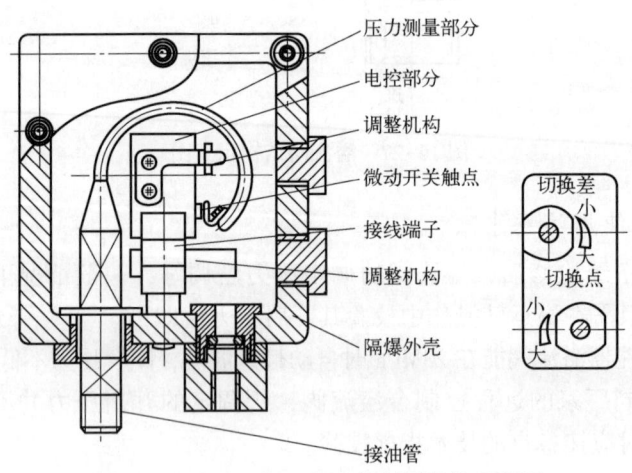

图 16-29　YTK-02E 压力控制器结构示意图

当远程控制台的配电盘旋钮旋至"自动"位置时,压力控制器就可以控制电泵的启停。压力测量部分的弹性测压元件(弹簧管)在被测介质压力的作用下发生弹性变形,且该变形量与被测介质压力的高低成正比。当被测介质的压力达到预先设定的控制压力时,通过弹簧管的变形,驱动微动开关,

第十六章　液压防喷器控制装置

通过触点的开关动作,实现对电动油泵的控制。压力上限值和切换差均可以通过调整螺钉进行调节。

若将电控箱上旋钮转至"手动"位置,电动机主电路立即接通,电泵启动运转。此时电动机主电路不受压力控制器的干预,电泵连续运转不会自动停止。如欲使电泵停止运转,必须将电控箱上旋钮转至"停"位,使主电路断开才能实现。

通常,设备经检修后,压力控制器的上下限压力已调好,井场使用时无须再做调整。

2)YTK-01B 压力控制器

该压力控制器的测量系统主要由压力测量部分(弹簧管)、两组微动开关和接线端子等组成,其结构如图 16-30 所示。

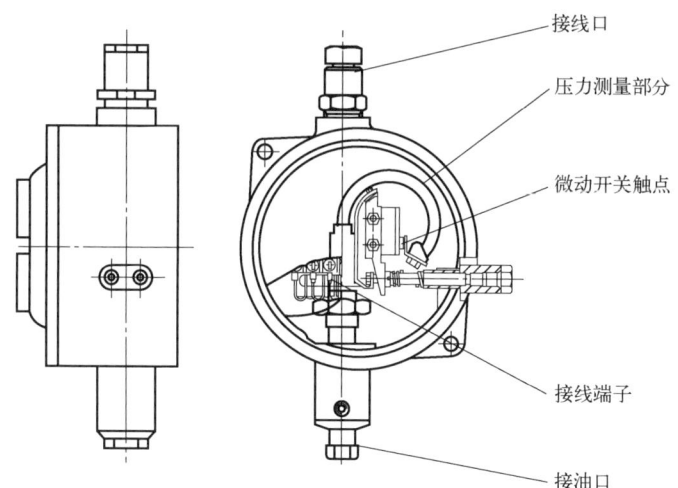

图 16-30　YTK-01B 压力控制器结构示意图

被测的压力作用于弹簧管上,使其自由端产生位移,从而改变了弹簧管自由端与微动开关之间的相对位置,致使开关接通或断开,以达到在设定值时控制与报警作用。该压力控制器可分别用于双上限控制、双下限控制、上下限控制或单点控制。

3. 使用与调节

YTK-02E 和 YTK-01B 两种压力控制器用于控制装置中控制电动机启停时,接线方式如图 16-31 所示。

SY/T 5964—2019《钻井井控装置组合配套、安装调试与使用规范》中规定：压力控制器的控制范围为 18.5~21MPa，即当电泵输出油压达到 21MPa 时电泵自动停止工作；当电泵输出油压低于 18.5MPa 时电泵自动启动，再次向蓄能器输入高压油，直至 21MPa 时停止泵油。

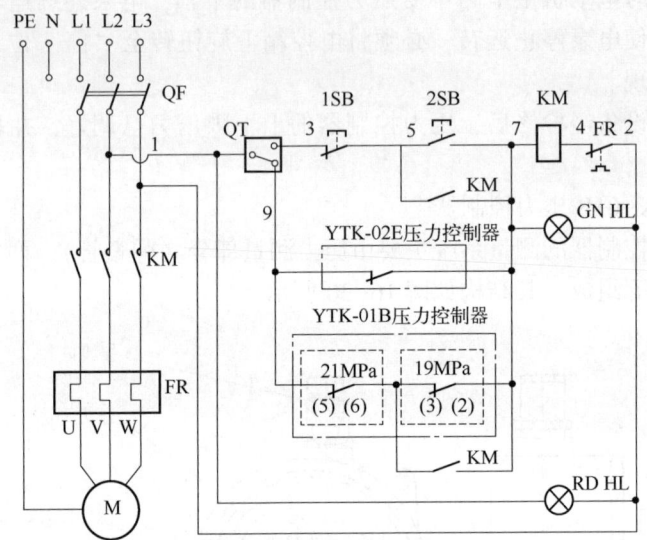

图 16-31　压力控制器接线图

SY/T 5053.2—2020《石油天然气钻采设备　钻井井口控制设备及分流设备控制系统》中规定：主泵系统应在系统压力降至系统额定压力的 90% 之前自动启动，并在系统额定压力的 98%~100% 之间自动停止。即压力控制器下限为 18.9MPa，上限为 20.58~21MPa。

通常把压力控制器的控制下限调定为 18.5MPa，上限调定为 21MPa。略有偏差并不影响正常使用。

现场若发现电泵自动启停偏离设定值过大时，可按以下方法进行调节（以 YTK-01B 压力控制器为例）：

（1）微开卸荷阀降压，若发现压力降为 18.5MPa 电泵未自动启动，可关闭卸荷阀，将压力控制器壳体上调节"下限"的螺帽卸下，用一字螺丝刀逆时针缓慢旋转调节杆，使设定值由小变大，直到电泵自动启动。

（2）微开卸荷阀降压，若发现压力在未降为 18.5MPa 之前电泵就自动启动，可手动停泵，顺时针旋转"下限"调节杆半圈以上，将设定值降到 18.5MPa 以下，再按（1）的步骤调节。

（3）若电泵自动停泵压力高于或低于 21MPa，将电控箱上旋钮转至"关

第十六章 液压防喷器控制装置

(OFF)"位，卸下压力控制器壳体上调节"上限"的螺帽，根据偏离值的大小用一字螺丝刀进行微调（逆时针旋转设定值由小变大，顺时针旋转设定值由大变小），然后开卸荷阀，将蓄能器压力降低至18.5MPa，将电控箱上旋钮转至"开（ON）"位。检查电泵自动停泵时的压力，再根据情况进行微调，直至自动停泵压力满足要求。

九、液气开关

1. 功用

液气开关又被称为压力继气器，用来控制气泵的自动启停，如图16-32所示。

2. 结构与工作原理

液气开关主要由液压接头、气接头、柱塞、弹簧、调压螺母、锁紧螺母等组成，其结构如图16-33所示。液压接头连接蓄能器油路，气接头下部连接气泵进气管线，气接头侧孔则连接气源。

图 16-32 液气开关

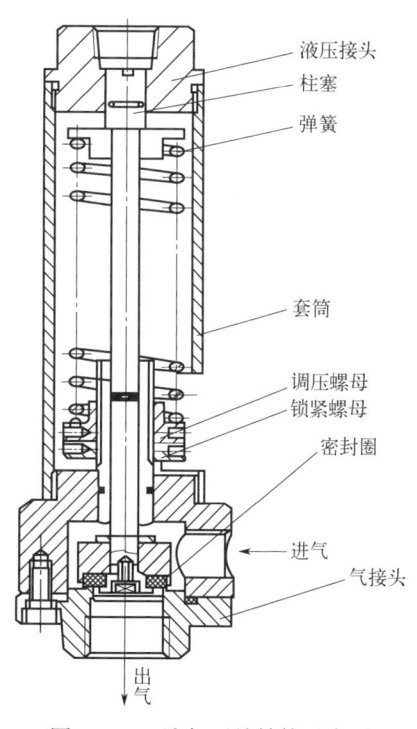

图 16-33 液气开关结构示意图

蓄能器油压作用在柱塞上，当液压油压力降低，作用在柱塞上的液压力小于弹簧力，柱塞在弹簧力的作用下一起向上移动接通气路，气泵启动运行。气泵排出的压力油进入系统，当系统压力上升至作用在柱塞上的液压力大于弹簧力，柱塞向下移动关闭气路，气泵停止工作。

3. 使用与调节

液气开关用于控制气泵的自动启停，由于气泵在控制装置中作为辅助泵，为避免与电泵同时启动或早于电泵启动，应设置液气开关的开启压力比压力控制器所设置的下限低1MPa左右。

SY/T 5964—2019《钻井井控装置组合配套、安装调试与使用规范》中规定：液气开关应在系统压力降低至17.5MPa时自动启动气泵，升压至20MPa时自动停止气泵工作。

SY/T 5053.2—2020《石油天然气钻采设备 钻井井口控制设备及分流设备控制系统》中规定：辅助泵应在系统压力降至系统额定压力的85%之前自动启动，并在系统额定压力的95%~100%时自动停止。即液气开关的开启压力为17.85MPa，闭合压力为19.95~21MPa。

液气开关的调节方法是：用圆钢棒插入锁紧螺母圆孔中，旋松锁紧螺母。然后再将钢棒插入调压螺母圆孔中，顺时针旋转，调压螺母上移，弹簧压缩，弹簧力增大，关闭油压升高；逆时针旋转，调压螺母下移，弹簧伸张，弹簧力减弱，关闭油压降低。所调弹簧力是否正确，开启压力是否合适，须经气泵试运转检验，并调试核准，最后上紧锁紧螺母。

设备经检修后，液气开关的弹簧已调好，现场使用时一般无须再做调节。但在长期使用后其弹簧可能"疲劳"，弹力减弱，因而导致开启压力有所变化，如遇这种情况可酌情调节。

十、单向阀

1. 功用

单向阀用来控制压力油单向流动，防止倒流，所以也称之为单流阀。

电泵、气泵的输出管路上都装有单向阀。压力油可以通过单向阀流向蓄能器，但在停泵时，压力油却不能回流到泵里，可保护泵免遭高压油的冲击。某些远程控制台上，在手动减压阀出油口管路上也安装有单向阀。

2. 结构

单向阀主要由阀体、阀芯、弹簧、弹性卡圈等组成，其结构如图16-34

所示。单向阀在现场无须调节与维修，若在维修车间对其进行拆检或更换时，需特别注意在安装时其方向不能装反。

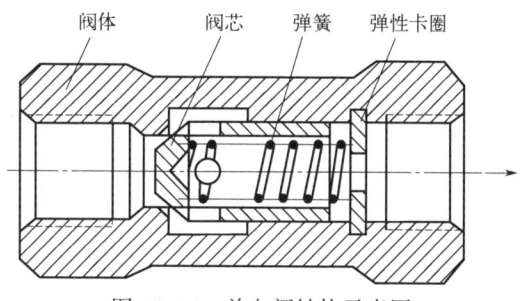

图 16-34　单向阀结构示意图

十一、气源处理三联体

气源处理三联体又称为气源处理三联件（FRL），它是由分水滤气器（过滤器）、减压阀和油雾器 3 部分无管连接而成的组件，如图 16-35 所示。气源处理三联体是控制装置供气管路上不可缺少的元件，来自气源的压缩空气先后经过分水滤气器、减压阀和油雾器，供给气泵及气阀等使用。气源处理三联体对压缩气体过滤水分、调节压力和将油雾添加在压缩空气中，很好地保护和润滑气动执行元件。

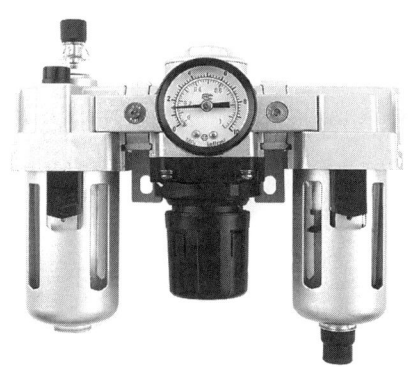

图 16-35　气源处理三联体

1. 分水滤气器

压缩空气虽然经过了过滤和干燥，但经过管线传输到远程控制台后，仍然可能含有少量的水分和杂质，它们会增加气泵中相关运动部件的磨损，影响气泵的性能与正常工作。

分水滤气器是用于进一步净化气源的装置，其结构如图16-36所示。分水滤气器可过滤压缩空气中的水分和杂质，从而保障气泵的正常工作。分水滤气器接口连接进气端，方向不能接反，否则不能形成高速旋转气流，将杂质分离出来。分水滤气器的杯体必须向下竖直安装，伞形挡板可以使水杯的底部形成一个静态区域，防止分离出来的水分被压缩空气再次带走。分水滤气器要经常排水，根据排水方式不同，可分为压差自动排水与手动排水，手动排水时，水位不能高过伞形挡板，否则将失去分离效果。现场使用时，应每半个月对分水滤气器的滤芯清洗一次。

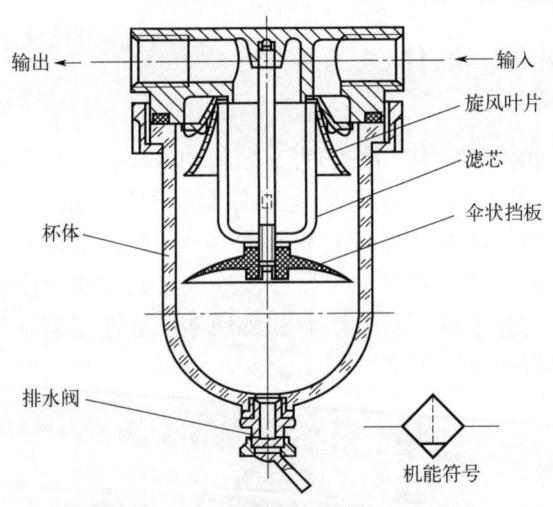

图16-36　分水滤气器结构示意图

2. 减压阀

减压阀的作用是将较高的输入气压调节到规定的输出气压，并能保持输出压力稳定不变，不受流量变化和气源压力波动的影响。在需要进行压力调节时，先将旋钮拉起再旋转，顺时针旋转调高出口压力，逆时针旋转调低出口压力，调节完毕压下旋钮定位。

3. 油雾器

油雾器可以对气泵的梭块、滑块及活塞等不方便加润滑油的运动部件进行润滑。其结构如图16-37所示。压缩空气本身不具备润滑作用，但压缩空气经过油雾器时，它将润滑油喷射成雾状，随压缩空气一起进入气泵，润滑相关运动部件。

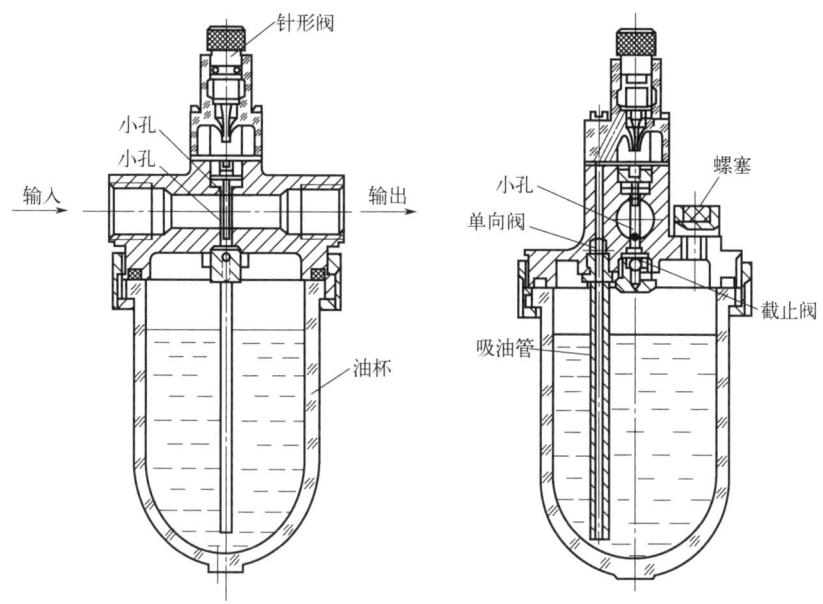

图 16-37　油雾器结构示意图

油雾器使用时有以下注意事项：
（1）油杯中储存 10 号机油。
（2）油杯中盛油 2/3 杯即可，油杯中机油盛得过满油雾器将失效。
（3）控制装置投入工作时，每天检查油杯油面一次，酌情加油。加油时不必停气，可以带压操作，即将油杯上螺塞旋下直接向杯中注油，油杯中存油不会溅出。
（4）手调顶部针形阀以控制油雾器喷油量。通常，顺时针旋拧针形阀到底后，再逆时针旋拧针形阀半圈即可，气泵工作时喷油量控制在 5~8 滴/min。

十二、气动压力变送器

1. 功用

气动压力变送器用来将远程控制台上蓄能器、汇流管及环形压力表所示的高压油压转化为低压气压，然后通过气管缆输送到司钻控制台上相应的气压表，用气压表指示油压值。这样司钻可以随时掌握远程控制台各压力状态，避免将高压油引上钻台。司钻控制台上气压表的表盘已换为相应高压油压表的表盘，因此，气压表的示压值与远程控制台上所对应的油压表的油压值保持一致。气动压力变送器如图 16-38 所示。

图 16-38　气动压力变送器

2. 结构与工作原理

气动压力变送器由锁紧螺母、阀座、膜片组件、阀针、活塞杆、橡胶膜片等组成，其结构如图 16-39 所示。当经空气过滤减压阀输出的 0.35MPa 气体进入输入气室 A 后，若无测量信号压力时，阀针关闭，空气被封闭于输入气室 A 内，此时该表输出压力为零。

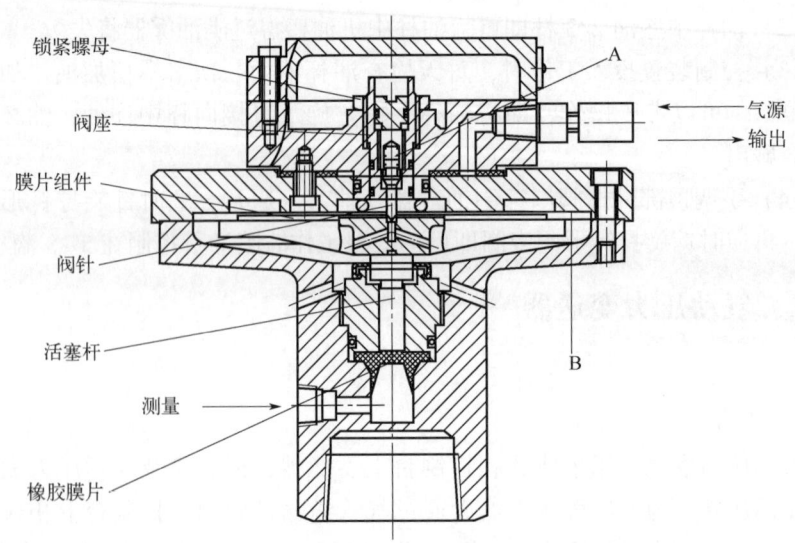

图 16-39　气动压力变送器结构示意图

第十六章　液压防喷器控制装置

当加入测量信号压力后,此压力信号作用在测量橡胶膜片上,使橡胶膜片产生变形,通过活塞杆推动膜片组件向上移动,首先关闭放气嘴,使输出气室 B 内的空气不能排入大气。然后膜片组件继续上升,把阀针打开,输入气室 A 内的空气流入输出气室 B 中,且对膜片组件产生向下的推力,以克服活塞向上的推力,直到作用在膜片组件上的力和作用在橡胶膜片上的信号压力平衡时为止。此时,输出气室 B 内的压力即为变送器的输出压力。

3. 使用和调节

控制装置上有两种型号的气动压力变送器,气动压力变送器技术参数见表 16-3。对气动压力变送器进行更换时,要注意型号与连接管线是否正确。

表 16-3　气动压力变送器技术参数

型号	测量范围,MPa	测量精度	输入气压,MPa	输出气压,MPa
YPQ250B	0~25	1.0 级	0.35	0~0.2
YPQ400B	0~40	1.5 级	0.35	0~0.2

现场使用时,当司钻控制台与远程控制台两表所显示压力相差悬殊,就应对气动压力变送器进行调节。首先应确定空气过滤减压阀输出气压为 0.35MPa,然后卸掉压力变送器顶盖固定螺栓,取下顶盖,松开锁紧螺母,若司钻控制台显示压力过低,就应调整阀座顺时针旋转,使输出压力信号增大;若司钻控制台显示压力过高,则应调整阀座逆时针旋转,使输出压力信号减小。调整至压力显示相同时,将锁紧螺母拧紧,安装好压力变送器的顶盖即可。

气动压力变送器属于精密仪器,调节时应小心谨慎。作业现场远程控制台与司钻控制台距离较远,压力显示有滞后现象,因此调节时应缓慢进行。

十三、三位四通气转阀

1. 功用

三位四通气转阀是司钻控制台上的主要阀件,通过此阀的换向控制为远程控制台上三位四通转阀的双作用气缸送气,以遥控三位四通转阀进行动作,实现井口防喷器的开关动作。

2. 工作原理

司钻控制台上的三位四通气转阀为"Y"形机能,能自动回中复位,不影响远程控制台各三位四通转阀的手动操作。如图16-40所示，在无操作时，三位四通气转阀的手柄处于中位，此时进气口P与出气口A、B不通，A口、B口通过O口与大气相通，此时远程控制台三位四通转阀相连的双作用气缸左右腔室均与大气相通。手柄处于关位时，P口与B口相通，A口与O口相通，此时的压缩空气经由B口进入远程控制台的双作用气缸，带动三位四通转阀手柄至关位，防喷器关闭，同时气缸腔内另一侧的气体则经气转阀的A口放空。手柄处于开位时，P口与A口相通，B口与O口相通，此时的压缩空气经由A口进入远程控制台的双作用气缸，带动三位四通转阀手柄至开位，防喷器开启，同时气缸腔内另一侧的气体则经气转阀的B口放空。

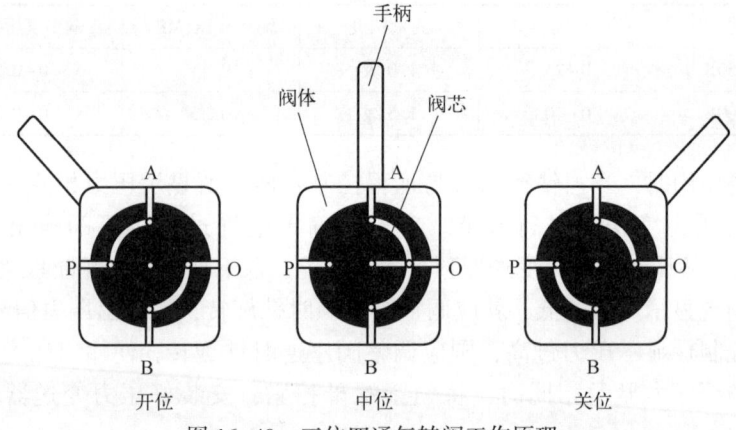

图16-40 三位四通气转阀工作原理

司钻控制台上操作时，必须使气源总阀和三位四通气转阀同时动作，同时动作时间不少于5s，操作完毕，双手松开，两阀自动复位。气源总阀是标准气控元件，为二位三通、弹簧复位、常断式空气换向转阀，扳动手柄连通气路，松开手柄，手柄自动复位并切断气路。

第五节　控制装置的辅助装置

控制装置根据需要还可以增加报警装置、氮气备用系统、压力补偿装置、油箱电加热装置、钻具防提断装置等辅助装置。

第十六章 液压防喷器控制装置

一、报警装置

远程控制台可以安装报警装置，对蓄能器压力、气源压力、油箱液位和电动泵的运转进行监视，当上述参数超出设定的报警极限时，可以在远程控制台和司钻控制台上发出声、光报警信号，提示操作人员采取措施。

二、氮气备用系统

氮气备用系统由若干与控制管汇连接的高压氮气瓶组成，可为控制管汇提供应急辅助能量，如图 16-41 所示。氮气备用系统通过隔离阀、单向阀、高压球阀与控制管汇连接。如果蓄能器和动力泵不能提供足够的动力液，可以使用氮气备用系统为管汇提供高压气体，通过推动控制管汇中的存油关闭防喷器。

一个装满氮气的标准气瓶容量为 40L，压力为 15MPa，根据防喷器组的数量，可配置不同数量的氮气瓶，一般为 3~8 个。氮气备用系统使用前，必须关闭控制管汇上蓄能器组前的高压截止阀，防止氮气进入蓄能器。所有三位四通转阀处于中位，减少氮气进入防喷器开井油腔，以免造成不必要的压力损耗。氮气备用系统回路上有排放控制阀，用以控制高压氮气的排出，防止大量氮气排放到控制装置的油箱，以免发生危险。

图 16-41 氮气备用系统

氮气备用系统也具备为司钻控制台提供备用气源的功能。通过减压阀将高压氮气调节为较低的合适气压，经软管线与司钻控制台的进气口连接。当钻机的压缩机组失效时，该装置可为司钻控制台提供远程操作所需的气源压力，进而实现在司钻控制台遥控进行关闭防喷器组的操作。另外，氮气备用系统也可用于为远程控制台蓄能器胶囊补充氮气。

三、压力补偿装置

压力补偿装置使用1个40L蓄能器瓶,瓶内胶囊预充压力为3.5MPa的氮气,安装在距环形防喷器较近的关井油路中。在关闭环形防喷器进行强行起下钻时,钻杆接头通过胶芯时关井油路的压力瞬时增大,该压力在压力补偿装置中得到缓冲。当钻杆接头通过后,管路中的压力瞬时减小,此时压力补偿装置的压力液会补偿到环形防喷器关井油路中,迅速关严胶芯。通过压力补偿装置可以降低管路压力的波动,从而可以减少环形防喷器胶芯的磨损,并确保有效封井。压力补偿装置与气手动减压阀共同作用,使环形防喷关闭油压在进行强行起下钻时更为稳定,不仅延长胶芯使用寿命,同时也确保了井控作业安全。

四、油箱电加热装置

油箱电加热装置可以对远程控制台油箱内的液压油进行加热,如图16-42所示。我国北方地区及国外高纬度地区冬季作业时,环境温度过低造成油箱内的液压油过稠甚至凝固,将严重影响远程控制台的正常使用。安装加热装置可以改善远程控制台在寒冷地区的工作条件。加热装置的加热过程全部自动化,也可人工操作,工作安全可靠。

图16-42 油箱电加热装置

五、钻具防提断装置

钻具防提断装置安装在远程控制台与半封闸板防喷器关闭油腔连接的液

第十六章 液压防喷器控制装置

控管线上,与井场的钻机气动刹车系统和防碰天车相连,具有钻柱防提断的功能,防止在防喷器关闭的情况下,因误操作而造成提坏闸板防喷器的闸板、提滑井口套管扣、提断钻杆等事故发生,如图16-43所示。

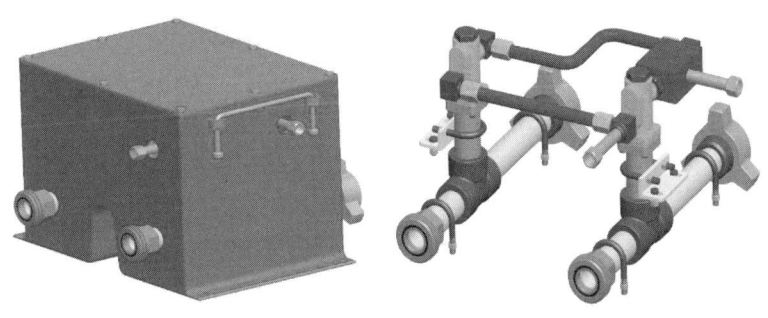

图 16-43 钻具防提断装置

通过远程控制台关闭半封闸板防喷器,液压油通过钻具防提断装置主控盒进入闸板防喷器关闭腔,半封闸板关闭。此过程相应的钻具防提装置发挥作用,使刹车气缸进气,自动刹车,不能上提下放钻具,达到防止误操作提断钻具的目的。如果要在半封闸板关闭的情况下小范围活动钻具,司钻可以通过按下安装在司钻操作房的排气按钮,临时松开刹车实现。

第六节 控制装置用耐火软管总成

控制装置用耐火软管总成也称为液控管线,是由具有耐压、耐火特性的软管管体与端部接头组装所形成的组合体,用于传输液压油来开启或关闭井口防喷器或液动平板阀。耐火软管总成可以在火焰温度704℃(1300°F)条件下,承受正常工作压力持续至少5min无泄漏、无变形。

一、耐火软管总成的型号

耐火软管总成型号表示如下:
GNG $\boxed{1} \times \boxed{2} \times \boxed{3}$
GNG:耐火软管总成的代号。

①：公称通径，mm。

②：额定工作压力等级，MPa。

③：外保护层材料代号，Ⅰ为聚合物；Ⅱ为橡胶直包；Ⅲ为不锈钢伸缩节铠装。

例如：GNG25×35×Ⅰ表示公称通径为25mm，额定工作压力等级为35MPa，外保护层为聚合物的耐火软管总成。

二、耐火软管总成的结构与分类

耐火软管总成由耐火软管管体和端部接头组成，如图16-44所示。

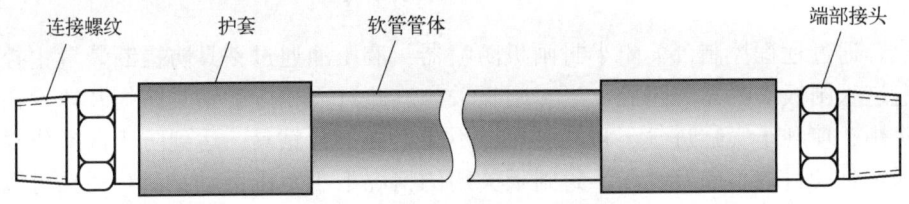

图16-44 耐火软管总成示意图

耐火软管管体由内至外依次由橡胶内衬层、钢丝增强层、橡胶外覆层、橡胶耐火层和外保护层组成，如图16-45所示。

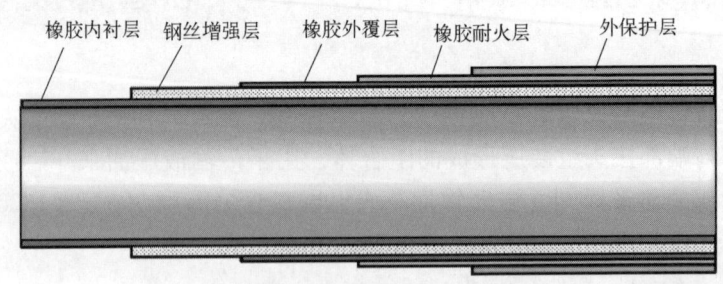

图16-45 耐火软管管体结构示意图

耐火软管总成管体外保护层材料分为三种形式：聚合物耐火软管（Ⅰ型）、橡胶直包耐火软管（Ⅱ型）、不锈钢伸缩节铠装耐火软管（Ⅲ型）。按耐火软管总成额定工作压力等级，可分为21MPa和35MPa两种。不同压力级别耐火软管总成，在管体或接头部位采用硫化或涂镀颜色方式标识，额定工作压力21MPa采用黄色，额定工作压力35MPa采用绿色。

三、耐火软管总成的连接件

耐火软管总成之间的延长连接使用外部连接件进行连接。连接件包括通径自封式快换接头、自封式活接头和活络弯头等，如图16-46所示。连接件主要应用于防喷器与软管、软管与控制装置之间及其他适用场所的连接，用于传输控制液和传递压力。

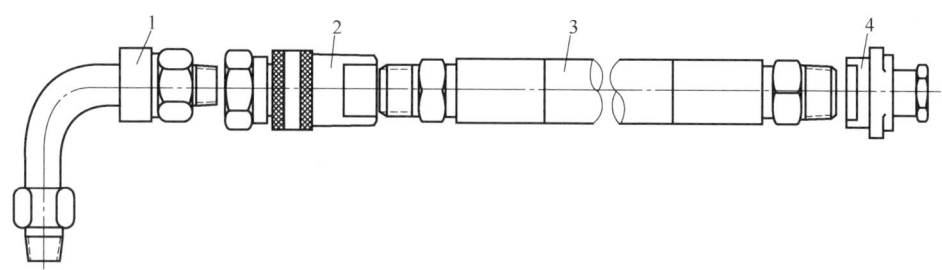

图16-46　耐火软管总成与连接件管体示意图
1—活络弯头；2—自封式快换接头；3—耐火软管总成；4—自封式活接头

四、耐火软管总成的正确使用

（1）耐火软管总成存放时应在自然状态下，如需盘卷，其弯曲半径应大于其最小弯曲半径（例如，公称通径25mm、额定工作压力35MPa的耐火软管总成的最小弯曲半径为400mm）；软管应码放整齐，其上不得放有重物，不得和锐器一起存放。

（2）耐火软管总成在装卸过程中，要做到轻装轻卸，搬运时不应随地拖拉，应采取防护措施以防耐火软管总成与其他物体产生机械摩擦，造成耐火软管总成外皮或接头损坏。

（3）在安装前，要检查耐火软管总成的规格及耐压程度等条件是否满足使用要求，使用前须清除管体和接头内杂质，确保管体畅通。

（4）安装后的耐火软管总成，应防止外力挤压或过度弯曲，以免影响输送流量或使耐火软管总成过度疲劳，甚至引起早期损坏。

（5）避免耐火软管总成在接头处急剧弯曲，若不可避免时必须使用活络接头等附件改变装配角度。

（6）耐火软管总成连接后，按规定进行压力试验，检查连接处是否渗漏；

耐火软管总成在规定额定压力范围内使用，不应超压。

（7）拆卸管线时，检查接头自封性能，管体内的液压油不应有泄漏，另外要保护好接头连接螺纹，不应受到杂质污染。

（8）耐火软管总成最长储存期限为自生产之日起36个月。

（9）耐火软管总成的判废规定：距生产日期已满4年的耐火软管总成应逐根进行承压能力测试，判定合适后方可继续使用，对于一般工作环境（-20~45℃）延长时间不超过2年；对于极限温度较大的工作环境（-40~100℃）延长时间不超过1年。

第七节　控制装置的连接与调试

一、控制装置的连接

1. 液控管线连接

远程控制台与井口防喷器组之间的液控管线连接时，由防喷器本体开始，依次连接管路，这样做既可以使管线摆放整齐，也易于调整走向，不致返工。此外，需要连接的所有液控管线接头在安装前都应当用压缩空气吹扫干净。远程控制台底座后槽钢上，对应于每根液控管线接口处都标识有"O"或"C"的字符。"O"为开（OPEN）、"C"为关（CLOSE），如图16-47所示。因此，连接液控管线时既要按远程控制台上转阀标牌所示全封、半封、环形、放喷阀等对应连接，又要注意远程控制台液控管线接口处的标识与防喷器本体的标识相对应。

2. 气管线连接

远程控制台气源使用内径不小于25mm的软管连接，司钻控制台气源使用内径不小于13mm的软管连接，供气管线均有单独的截止阀控制。连接前应当用压缩空气将软管吹扫干净，软管应无老化、龟裂等缺陷，连接完气管线，应保证管线没有死弯，软管两端必须用胶管卡箍卡紧，避免使用中出现管线爆裂、连接处滑脱等故障。

气控液型控制装置需要连接空气管缆。连接空气管缆时，应注意连接空气管缆接线盘的方向，在清洁的接线盘间垫好密封垫，均匀地拧紧螺栓。连

第十六章　液压防喷器控制装置

接空气管缆两端接线盘时，如果接线盘表面有杂物、密封垫未垫好或者螺栓没有均匀上紧，将会导致管路之间窜气，从而引起遥控时出现误动作。

图 16-47　液控管线接口处的标识

3. 电源线连接

电源应从发电房或配电房直接引出，专线专用，并用单独的开关控制，电源应为 380V、50Hz 的交流电。按照有关电气规程，将电控箱的地线端子进行可靠接地。接线前，将远程控制台上电控箱的主令开关旋钮转到"停止"位置上，以防通电后电动机立刻启动而发生事故。

设备安装完毕后，再仔细检查一遍所有的连接管路是否有误，各种活接头、接头等是否均已紧固，然后才能进行试运转。

二、控制装置的调试

1. 远程控制台空负荷运转前的检查

（1）油箱里装规定类型液压油，可由电动油泵吸油口用吸油管开泵加油，或在油箱顶加油口直接加油，液面应距油箱顶面 200mm 左右。

（2）电泵曲轴箱、链条箱注 20 号机油，油面处于上下限之间。

（3）油雾器油杯注 2/3 杯 10 号机油，调节顶部针形阀，关闭到位后再逆旋半圈。

（4）对双作用气缸、电动机轴承等部位的黄油嘴注润滑脂进行润滑。

（5）蓄能器下部所有截止阀开启。

（6）控制管汇上的卸荷阀打开。

(7) 各三位四通转阀手柄扳至中位。

(8) 旁通阀在关位。

(9) 电泵、气泵的进油阀处于开位,管汇上备用接口前的截止阀处于关位;若使用气马达减压阀,将气马达减压阀两个进气管路前的球阀打开。

(10) 电泵首次启动前应手动盘车,转动应轻松自如。

(11) 电源总开关合上,打开电源开关,手动启动电泵,然后立即停止转动。电动机缓慢停止时,观察其转向是否与链条箱护罩上方的箭头所指方向一致。

(12) 检查气源压力表的压力,气源压力在 0.65~0.8MPa。

2. 空负荷运转的操作步骤

(1) 将柱塞泵头体上的吸油口排气塞旋松,排出进油管线内气体,并使其充满油,然后旋紧吸油口排气塞。

(2) 手动启动电泵,检查电泵柱塞密封装置的松紧程度、柱塞运动的平稳状况,电泵运转 3min 后停泵。

(3) 开气泵进气阀启动气泵,检查其工作是否正常,检查油雾器工作是否正常,气泵运转 3min 后停泵。

(4) 关闭卸荷阀。

3. 远程控制台主要部件的功能测试

(1) 手动启动电泵,若蓄能器预充氮气压力为 7MPa±0.7MPa,则蓄能器压力迅速升至 7MPa 左右,然后缓慢上升,在 15min 内(若控制装置有多台电泵,应共同运转)压力应能升至 21MPa,手动停泵,稳压 15min。此期间检查管路密封情况,打开油箱侧的观察孔,检查油箱内各阀件回油口是否滴漏油。

(2) 观察汇流管压力表和环形压力表,检查或调节两个减压阀,使两个表压为 10.5MPa。

(3) 打开卸荷阀,使蓄能器压力降至 18.5MPa 以下,关闭卸荷阀,手动启动电泵,使油压升至蓄能器溢流阀调定值,检查该阀的开启压力是否为 23MPa,手动停泵,观察溢流阀的闭合压力应不低于 21MPa。

(4) 打开卸荷阀,使蓄能器压力降至 18.5MPa 以下,关闭卸荷阀,将电控箱旋钮转至自动位,检查和调定压力控制器的上、下限值,压力在 21MPa 时电泵应自动停泵,压力降至 18.5MPa 时电泵应自动启动,将电控箱旋钮转至停位。

(5) 打开卸荷阀,使蓄能器压力降至 17.5MPa 以下,关闭卸荷阀,开气

第十六章　液压防喷器控制装置

泵进气阀，检查和调节液气开关，气泵应在压力升至 20~21MPa 时停泵。打开卸荷阀，压力降至 17.5MPa 时气泵应自动启动，关闭卸荷阀。

（6）检查或调节气动压力变送器前的空气过滤减压阀，其设定输出气压为 0.35MPa，核对远程控制台与司钻控制台上的三副压力表，蓄能器压力误差不大于 0.6MPa，汇流管压力及环形压力误差不大于 0.3MPa。

（7）打开旁通阀，汇流管压力表要与蓄能器压力表一致；关闭旁通阀，汇流管压力应恢复为 10.5MPa。在司钻控制台对旁通阀进行开关操作，旁通阀动作正确。

（8）分配阀分别指向司钻控制台和远程控制台，分别在两处调节气动调压手轮，环形压力应根据调节发生相应变化。

4. 控制装置开关井操作的功能测试

（1）在远程控制台上调节手动减压阀和气手动减压阀，将汇流管压力及环形压力均降至 3MPa 以下。

（2）在空井状态下，在远程控制台与司钻控制台（以及辅助控制台）分别操作，对闸板防喷器及液动放喷阀进行开关动作，检查管线连接及开关动作是否正确。

（3）井内放入一根钻杆，在远程控制台与司钻控制台（以及辅助控制台）分别操作，对环形防喷器进行开关动作，检查管线连接及开关动作是否正确。

（4）在远程控制台上调节手动减压阀和气手动减压阀，使汇流管压力及环形压力均为 10.5MPa。

第八节　控制装置的待命状态

控制装置进行整体调试和功能测试后，就可以投入工作并处于随时发挥作用的待命状态。日常应定期检查控制装置的这些状态是否正常。

一、远程控制台的待命状态

（1）电源开关合上，电控箱旋钮在自动位。
（2）装有气源截止阀的控制装置，气源截止阀处于开位。

(3) 气源压力表显示 0.65~0.8MPa。

(4) 蓄能器下部截止阀全部处于开位，每组蓄能器的截止阀全部处于开位。

(5) 电泵与气泵输油管线汇合处的截止阀处于开位。

(6) 电泵、气泵进油阀处于开位。

(7) 卸荷阀处于关位。

(8) 旁通阀手柄处于关位。

(9) 三位四通转阀手柄处于与井口防喷器开关状态一致的位置，控制环形防喷器的三位四通转阀手柄处于中位。

(10) 蓄能器压力表显示 18.5~21MPa。

(11) 环形压力表显示 10.5MPa。

(12) 汇流管（管汇）压力表显示 10.5MPa。

(13) 压力控制器的上限压力为 21MPa，下限压力为 18.5MPa。

(14) 液气开关设置的气泵启动压力为 17.5MPa。

(15) 气路旁通截止阀处于关位。

(16) 气泵进气阀处于开位。

(17) 装有司钻控制台时分配阀指向司钻控制台；未安装司钻控制台时分配阀指向远程控制台。

(18) 为气动压力变送器供气的空气过滤减压阀输出气压为 0.35MPa。

(19) 油箱盛油液面处于油箱的油位标尺上下刻度之间。

(20) 气源处理三联体中的油雾器油杯盛油 2/3 杯，分水滤气器集水杯内无积水。

二、司钻控制台的待命状态

(1) 气源压力表显示 0.65~0.8MPa。

(2) 司钻控制台与远程控制台上的蓄能器压力表值误差不大于 0.6MPa，汇流管压力表值及环形压力表值误差不大于 0.3MPa。

(3) 气源处理三联体中的油雾器油杯盛油 2/3 杯，分水滤气器集水杯内无积水。

(4) 各三位四通气转阀所显示的开关状态与井控设备实际开关状态一致。

第十七章 井控管汇

第一节 井控管汇概述

井控管汇包括节流管汇、压井管汇、防喷管线、放喷管线及钻井液回收管线等，如图17-1所示。通常情况下，面向井架大门，井口钻井四通右翼安装节流管汇，左翼安装压井管汇，通过防喷管线及闸阀将其连接；节流管汇下游的放喷管线为主放喷管线，压井管汇下游的放喷管线为副放喷管线。

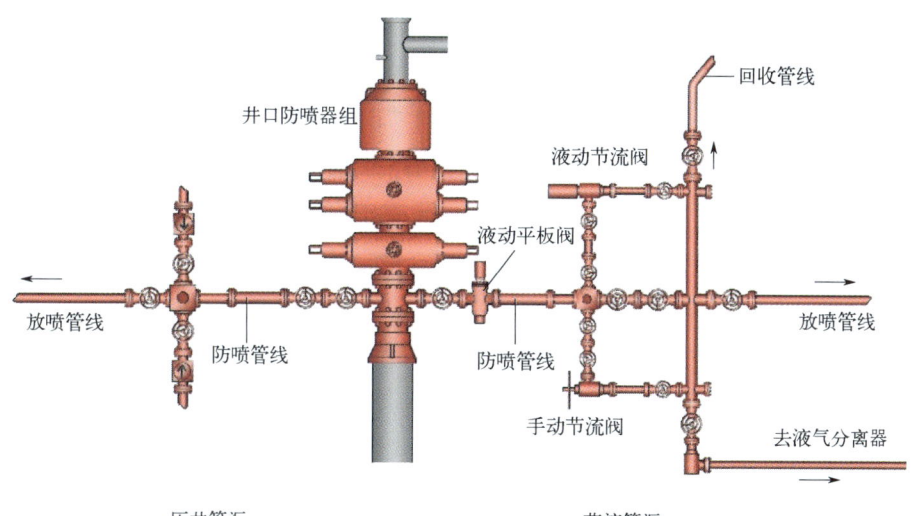

图17-1 井控管汇布局示意图

一、额定工作压力与公称通径

节流管汇与压井管汇的主要技术参数包括额定工作压力和公称通径。

1. 额定工作压力

常用节流与压井管汇的压力等级分别为 14MPa、21MPa、35MPa、70MPa、105MPa、140MPa。节流管汇与压井管汇及防喷管线的额定工作压力应不低于所配置的钻井井口装置额定工作压力值。

2. 公称通径

管汇的公称通径是指管线内径。节流、压井管汇与钻井四通间的防喷管线及闸阀的通径应不小于78mm。节流管汇和压井管汇后的放喷管线公称通径应不小于78mm。

二、型号

1. 节流管汇的型号

节流管汇型号表示方法如下：

JG/[1][2]-[3]

JG：节流管汇代号。

[1]：控制方式，S 为手动控制；Y 为液动控制；Q 为气动控制。

[2]：不同控制方式节流阀数量，数量为1时省略。

[3]：额定工作压力，MPa。

例如："JG/SY-35"表示压力等级为35MPa，带1个手动控制节流阀和1个液动控制节流阀的节流管汇。"JG/SY2-70"表示压力等级为70MPa，带1个手动控制节流阀和2个液动控制节流阀的节流管汇。

2. 压井管汇的型号

压井管汇型号表示方法如下：

YG-[1]

YG：压井管汇代号。

[1]：额定工作压力，MPa。

例如："YG-35"表示压力等级为35MPa的压井管汇。

第十七章 井控管汇

三、安装方式

采用单钻井四通井口时，井控管汇安装方式如图 17-2(a) 所示，采用双钻井四通井口时，井控管汇安装方式如图 17-2(b) 所示；双四通之间安装有半封闸板防喷器时，井控管汇安装方式如图 17-2(c) 所示。图 17-2 中所示防喷管线上的 1# 及 4# 闸阀安装于井架底座以外，根据需要也可安装在井架底座以内使四通每侧的两个平板阀紧邻相连。采取双钻井四通时，根据现场需要，节流管汇与压井管汇可选择与上四通或与下四通连接。

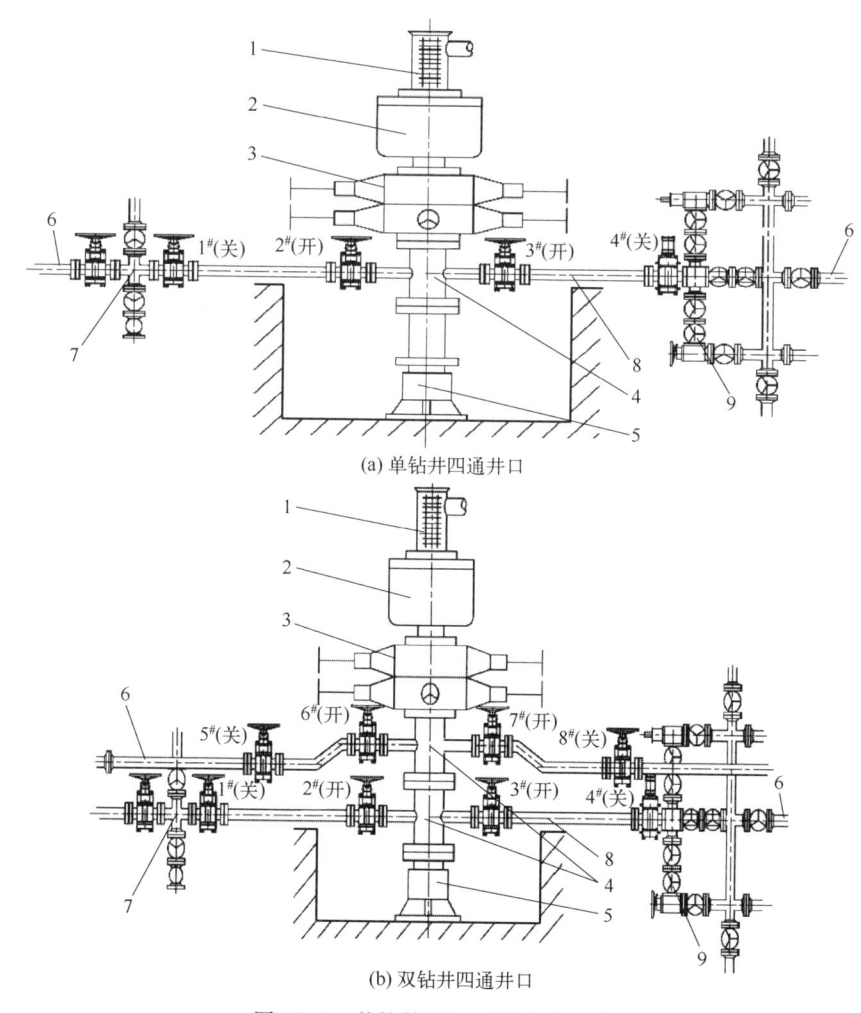

图 17-2　井控管汇的不同安装方式

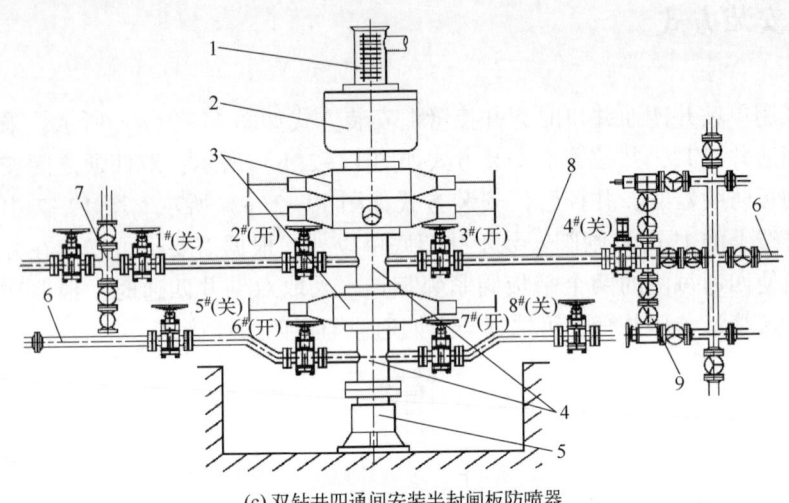

(c)双钻井四通间安装半封闸板防喷器

图 17-2 井控管汇的不同安装方式（续）

1—防溢管；2—环形防喷器；3—闸板防喷器；4—钻井四通；5—套管头；
6—放喷管线；7—压井管汇；8—防喷管线；9—节流管汇

第二节 节流管汇与压井管汇

一、节流管汇

节流管汇是用于在防喷器关闭期间，控制井内流体的流速与压力的装置。在油气井钻进中，井筒中的钻井液一旦被地层流体所污染，就会使钻井液静液压力和地层压力之间的平衡关系遭到破坏，导致溢流。在防喷器关闭的条件下，循环出被污染的钻井液，或泵入高密度钻井液压井，重建井内平衡关系时，就是利用节流管汇中的节流阀控制一定的地面回压，来维持稳定的井底压力，避免地层流体的进一步侵入。一旦需要节流管汇投入工作，只需开启防喷管线上的液动或手动平板阀，井筒的钻井液就由钻井四通流经节流管汇五通、节流阀、回收管线流回钻井液循环罐，或进入液气分离器，分离出的气体由管线引出到远离井场以外的安全区域燃烧掉，而钻井液则重新流回

第十七章 井控管汇

钻井液净化系统。当节流阀发生故障需要检修时,可将其上游与下游的平板阀关闭,将备用节流阀侧的通道打开使备用节流阀投入工作。当需要放喷时,可打开主放喷管线上的闸阀,进行放喷泄压。

1. 节流管汇的组成

节流管汇主要由节流阀、平板阀、五通、缓冲管、压力表等组成,如图 17-3 所示。节流管汇的额定工作压力与井口防喷器压力等级相匹配,需要注意的是,节流管汇所有部件可以都是一个压力等级,也可以有两个压力等级,即节流阀下游的第一个平板阀的下游工作压力可以低一个等级。节流管汇上安装有液动节流阀时,其开关动作需由液动节流阀控制箱来控制。

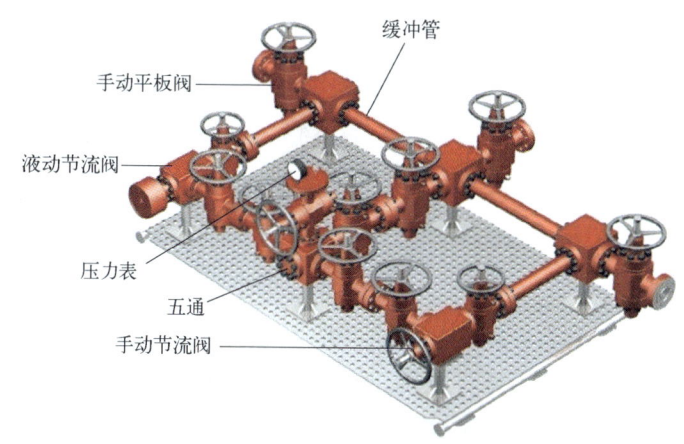

图 17-3 节流管汇结构图

2. 节流管汇的功用

(1) 当井内压力升高或实施节流循环压井时,可通过节流管汇上节流阀的开启度大小来控制井内流体,通过井口回压,维持井底压力略大于地层压力,控制和排除溢流。

(2) 井口压力过高危及井控安全时,可通过放喷泄流,降低井口套管压力,保护井口防喷器组及防止压漏地层。

(3) 发生溢流进行"软关井"时,通过节流阀的泄压作用,降低井口压力和减少"水击效应",实现安全关井。

(4) 起分流放喷作用,将溢流物引出井场以外,防止井场着火和人员中毒,确保作业安全。

二、压井管汇

压井管汇是用于防喷器关闭期间,通过它向井口泵入流体的装置。关井后,在空井状态或钻具水眼堵塞无法进行正常循环压井时,就必须利用压井管汇向井内注入压井液,这时需要在压井管汇上连接高压泵使压井液经单向阀进入井筒。现场使用两翼的压井管汇时,一侧接远程泵,另一侧接反循环压井线。对于105MPa及以上的压井管汇,建议增加一条节流通道。

1. 压井管汇的组成

压井管汇主要由单向阀、平板阀、压力表、三通或四通等组成,如图17-4所示。

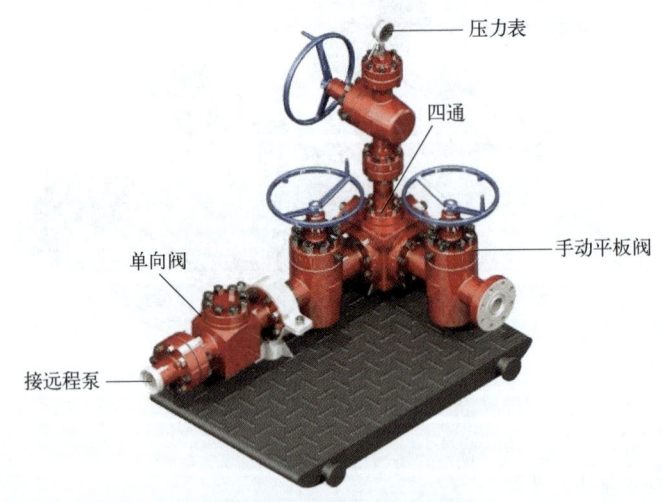

图17-4 压井管汇结构图

2. 压井管汇的功用

(1) 关井状态,通过压井管汇向井眼内强行泵入压井液压井。

(2) 发生井喷时,通过压井管汇向井眼内强行泵入清水,稀释和冷却喷出物,以防井口燃烧起火。

(3) 发生井喷着火时,通过压井管汇向井眼内强行泵注灭火剂,以助灭火。

(4) 需要时,启用压井管汇侧的副放喷管线分流放喷,降低井口压力。

第十七章 井控管汇

第三节 节流控制箱

节流控制箱又被称为节控箱或液控箱,是制备、储存与控制液压油流向的液压控制装置。节流控制箱用来远程遥控节流管汇液动节流阀的开关,并在节流控制箱上显示出立管压力、套管压力、液动节流阀的阀位开启度及泵冲的数据。节流控制箱是成功控制井涌、井喷,实施油气井压力控制技术所必要的设备。节流控制箱一般摆放在钻台上靠立管一侧,且便于观察场地节流管汇操作的位置。

节流控制箱按油泵动力分为气动式和电动式。

一、气动节流控制箱

气动节流控制箱以钻机气源系统的压缩空气为动力源,以气动泵为压力源。节控箱中的气泵与蓄能器能制备并储存一定压力的压力油;利用三位四通换向阀遥控节流管汇上的液动节流阀。

1. 结构

气动节流控制箱主要由储油箱、气泵(气动液压泵)、手动泵、蓄能器、空气滤清器、油雾器、调压阀、气动截止式换向阀(二位四通气控换向阀)、先导阀、单向阀、针形截止阀(卸荷阀)、溢流阀(安全阀),以及压力变送器(压力传感器)和阀位变送器、操作面板等部件组成。

节流控制箱操作面板上装有立压表、套压表、阀位开启度表、油压表、气压表、三位四通换向阀、调压阀、泵冲计数器等。气动节流控制箱的结构如图17-5所示。

气压表显示输入节控箱的压缩空气气压值,气源来自钻机气控系统。油压表显示液控油压值,压力油由蓄能器提供。阀位开启度表用来显示液动节流阀的开启程度。立压表显示关井立管压力及压井期间的立压值。套压表显示关井套管压力及压井期间的套压值。三位四通换向阀用来改变压力油的流动方向,遥控液动节流阀开大、关小或维持开度不变,从而控制套压与立压的降低、升高或稳定。有的气动节流控制箱上会有调速阀,调速阀用来控制液动节流阀开关动作的速度,从而控制套压与立压变化的快慢。泵冲计数器显示钻井泵的泵冲数，信号来自安装在钻井泵的泵冲传感器，泵冲计数器通过选择开关来显示不同钻井泵的泵冲。

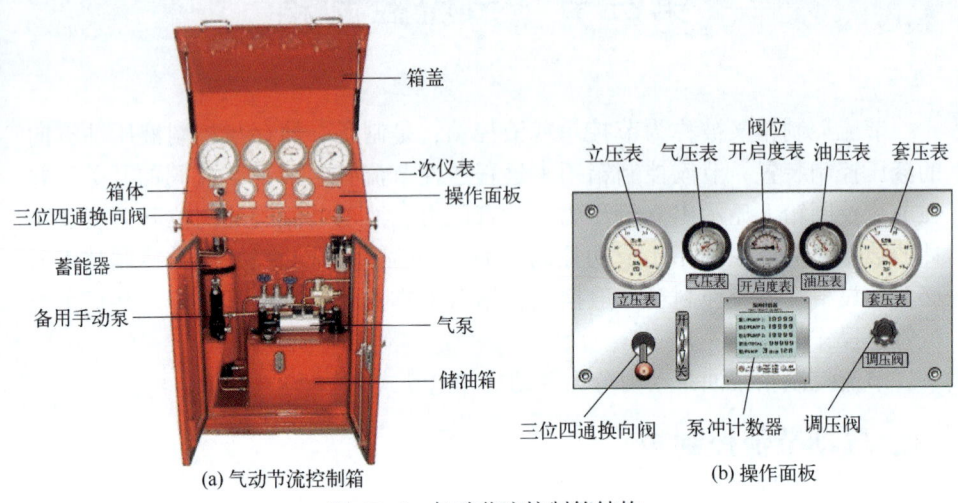

图17-5　气动节流控制箱结构

2. 工作原理

气动节流控制箱利用气—液平衡的原理，将外部气源压力转换成液压能量去控制液动节流阀的开启或关闭，以此来稳定井底压力，达到控制节流及实施压井的作用。

如图17-6所示，当钻机气源进入控制箱后，经分水滤气器后分为两路，一路经油雾器、调压阀后到二位四通气控换向阀（气动截止式换向阀）和二位三通先导阀。若使用的为气动压力变送器，则另一路经过调压阀后，将气压减为0.35MPa后供给立管压力变送器、套管压力变送器和液动节流阀气动阀位变送器，经变送后的压缩空气返回控制箱到立压表、套压表和阀位开启度表，显示立压、套压及液动节流阀的开度。

气动液压泵的工作原理有以下几个过程：

（1）气源未接通时，二位三通先导阀处于右位，二位四通气控换向阀（气动截止式换向阀）处于上部位置，无动力源，气动液压泵（气泵）无法工作。

（2）气源接通，压缩空气经过二位四通气控换向阀进入气泵右侧的气缸，推动活塞向左行，右油缸吸油，左气缸的余气经二位四通气控换向阀排入大气。

第十七章 井控管汇

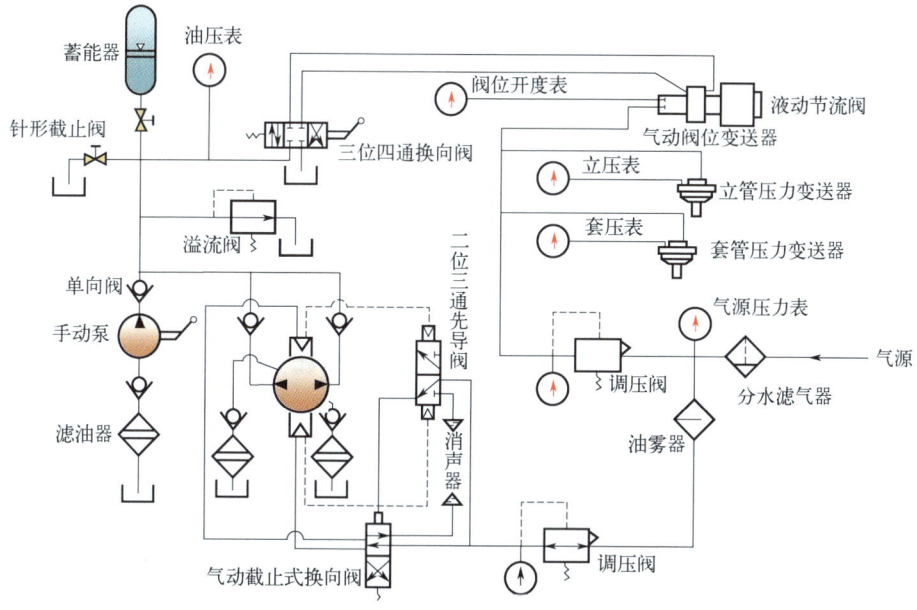

图 17-6 气动节流控制箱工作流程

（3）当右气缸活塞被推到左极限位置时，暴露了右气缸到先导阀的通道，则气体进入先导阀使其换向，接通压缩空气进入二位四通气控换向阀的通路，使气控换向阀换向到下部位置，压缩空气进入气泵的左气缸，推动活塞向右行，左油缸吸油，右气缸中气体经二位四通气控换向阀排入大气，右油缸排油。

（4）当左气缸活塞被推到右极限位置时，暴露了左气缸到先导阀的通道，则气体进入先导阀使其换向，接通压缩空气进入二位四通气控换向阀的通路，使气控换向阀换向到上部位置，压缩空气进入气泵的右气缸，推动活塞向左行，右油缸吸油，左气缸中气体经二位四通气控换向阀排入大气，左油缸排油。

这样就使气泵在有气源的情况下，气缸中的活塞左右移动，带动柱塞运动，使左右油缸交替吸油、排油。当输出油压与供气压力平衡时，气泵停止工作。气泵制备的油压大小，是由气泵供气管路上调压阀输出气压的大小来决定的。

输出的液压油储存在蓄能器中，油压的大小通过操作面板上的油压表进行显示。当操作三位四通换向阀使液动节流阀工作时，液压油经三位四通换向阀进入液动节流阀并驱动其进行开关动作，因节流控制箱的油量消耗油压降低，气泵恢复工作输出压力油。

现场气源一旦中断，利用蓄能器储存的压力油可维持液动节流阀开关一次。当还需对液动节流阀进行操作时，可以下压手动泵为蓄能器补充油压后再操作；也可关闭蓄能器截止阀，一只手操作三位四通换向阀控制油流方向，另一只手通过下压手动泵输出压力油来维持液动节流阀的开关动作。

若由调压阀调节后的供气压力过高，气泵输出的油压达到溢流阀（安全阀）设定值时，溢流阀进行泄压以保护设备。在节流控制箱停用搬迁时，切断气源并利用针形截止阀（卸荷阀）可将蓄能器里的液压油排回油箱。

3. 气动节流控制箱的待命状态

钻开油气层前，井控设备进入"待命"状态时，节控箱应调试就绪，"待命"备用，此时有关阀件与显示仪表的状况如下：

（1）气源压力表显示 0.6~1.0MPa。
（2）变送器供气管路上调压阀的输出气压表显示 0.35MPa。
（3）气泵供气管路上调压阀的输出气压表显示 0.4~0.6MPa。
（4）面板上的油压表显示 3MPa。
（5）阀位开启度表显示 3/8~1/2 开启度，即指示节流阀处于半开的状态。
（6）三位四通换向阀手柄处于中位。
（7）卸荷阀（针形截止阀）关闭。
（8）泵冲计数器显示值与实时的泵冲数一致，钻井泵切换、泵冲数累加与回零等功能正常。
（9）检查节流控制箱上的立压表应与立管上的压力表所显示值一致。若使用气动压力变送器，则可将其截止阀关闭，立压表指针在 0 位；若使用的是液动压力传感器，其截止阀应一直处于开位。
（10）套压表指针在 0 位。
（11）储油箱的油位处于油箱 2/3 处。

二、电动节流控制箱

电动节流控制箱采用电能作为动力制备压力油，并用液压对节流管汇的液动节流阀进行开关控制，同时还可以测量、显示、输出井口套压、立压、节流阀开关位置等参数，如图 17-7 所示。电动节控箱具有自检功能，电子压力传感器性能可靠、灵敏度高，不受气候条件影响，杜绝了气动传感器因气温变化对压力波动的影响，以及低温时压缩空气中水分结冰堵塞通道而失灵的缺点。

第十七章　井控管汇

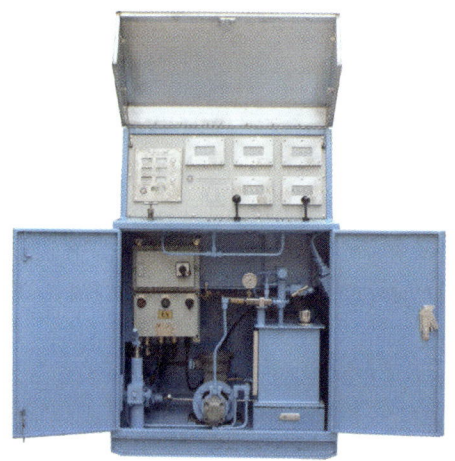

图 17-7　电动节流控制箱

1. 结构

电动节流控制箱主要由控制箱主体、压力传感器、阀位变送器、电缆、液压管线等元件组成。控制箱主体由防爆电动机、电动齿轮油泵、手动泵、蓄能器、溢流阀、针形截止阀（卸荷阀）、单向阀、调速阀、换向阀、储油箱等液压元件和数字显示表等部件组成，如图 17-8 所示。

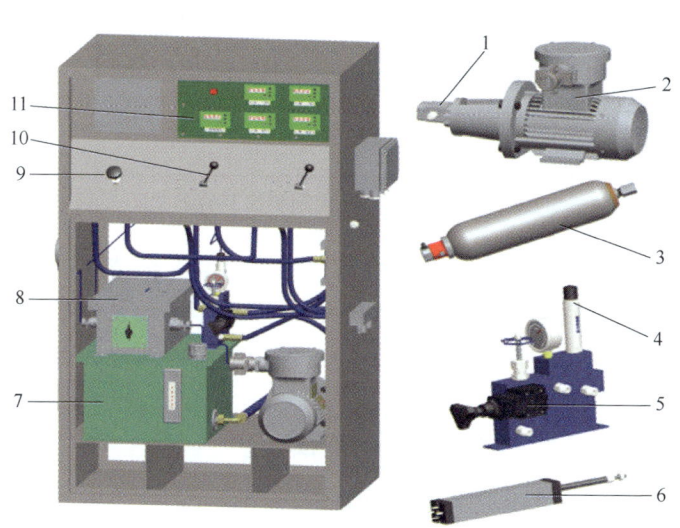

图 17-8　电动节流控制箱结构

1—电动齿轮油泵；2—防爆电动机；3—蓄能器；4—电子压力传感器；5—溢流阀；6—电控阀位变送器；7—储油箱；8—控制箱；9—调速阀；10—换向阀；11—数字显示表

2. 工作原理

电动节流控制箱通过电动齿轮油泵（电泵）向蓄能器充入液压油，使液压能储存于蓄能器内，充压至设定值时电泵自动停止，低于设定值时电泵自动启动补压。当需要控制液动节流阀开关动作，可手动操作三位四通换向阀，控制液压油驱动液动节流阀油缸，从而达到控制液动节流阀开启与关闭的目的。通过操作调速阀，控制压力油的流速，实现液动节流阀开关速度控制。图17-9所示为可控制两个液动节流阀的电动节流控制箱流程图。

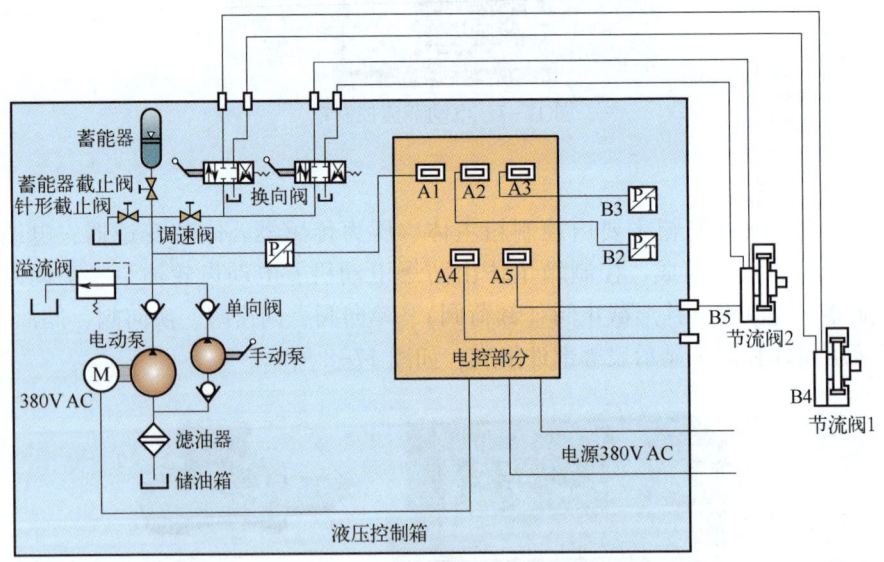

图17-9 电动节流控制箱控制流程图

电动故障时，利用蓄能器储存的压力油可以临时维持液动节流阀的开关动作。当还需对液动节流阀进行操作时，可以操作手动泵为蓄能器补充油压后再操作；也可关闭蓄能器截止阀，同时操作三位四通换向阀和手动泵直接对液动节流阀进行开关控制。

3. 电动节流控制箱的液压系统调试

（1）确定蓄能器截止阀处于打开状态。

（2）关闭卸荷阀（针形截止阀）。

（3）将控制箱面板上的"电源开关"旋至"合"位，接通电源。

（4）将控制箱面板上的"液压系统"旋钮扳至"开"位，电泵启动运转。

（5）观察电动节流控制箱面板上"系统油压"数字显示表，数字显示表显示的压力值缓慢上升，当上升至系统额定油压上限值时，电泵自动停止运转。在电泵自动停止运转后放置15min，检查液压管路、接头、阀件处有无渗油、滴油的现象，如有则需用工具紧固。

（6）缓慢逆时针旋动打开卸荷阀，观察系统油压数字显示表的油压值，油压值缓慢下降。当油压值降至系统额定油压下限值时，电泵自动运转补压，关闭卸荷阀，补压至系统额定油压上限值时，电泵自动停止运转，电动节流控制箱的液压系统调试完成，即可投入使用。

第四节　井控管汇的主要部件

井控管汇上的主要部件包括节流阀、平板阀、单向阀、阀位变送器及压力传感器等。

一、节流阀

1. 功能

节流阀是用于限制和控制液体流量的专用阀门。在节流循环或实施压井时，借助它的开启和关闭控制流动通道的大小，从而维持一定的地面回压并作用于井底。节流阀是节流管汇的核心部件，节流阀阀芯的结构有多种，其工作原理都是通过手动或液动来调节阀芯与阀座的相对位置，改变液流截面积的大小以达到节流目的。

2. 结构

根据节流阀驱动方式的不同，可以分为手动节流阀和液动节流阀，如图17-10所示。

手动节流阀是通过手轮旋转机构带动阀芯，调节其与阀座间的相对位置，来改变液流截面积大小，从而达到节流目的，如图17-11所示。其结构主要包括阀体、阀座、阀芯、阀杆及手轮等。

液动节流阀的阀盖尾部是液缸及活塞，可以通过节流控制箱遥控其进行开关,靠液压油推动活塞带动阀杆,再带动阀芯运动,使阀芯与阀座之间的流动通道面积改变达到节流目的,如图17-12所示。为使操作节流控制箱的人员能知道节流阀的开启度,在阀盖的液缸外端装有阀位变送器或节流阀驱动器。

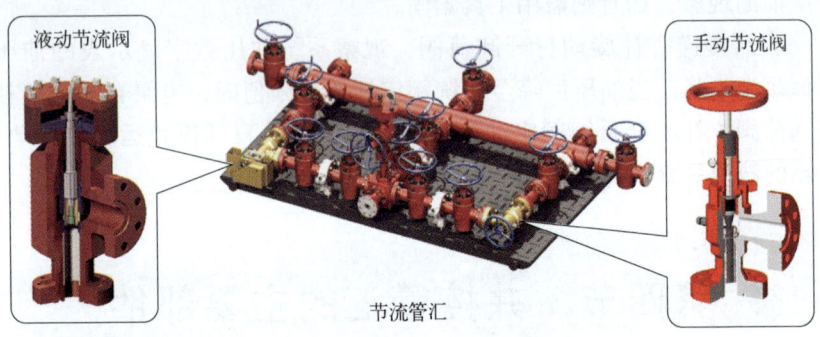

图17-10 液动节流阀与手动节流阀布置图

图17-11 手动节流阀

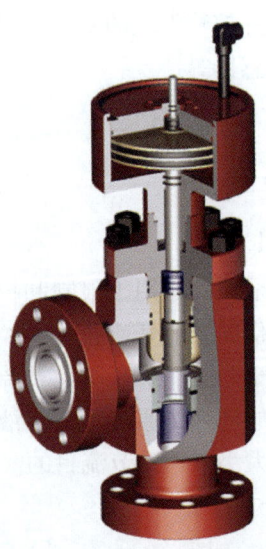

图17-12 液动节流阀

3. 分类

手动节流阀和液动节流阀均属于可调节流阀,可调节流阀又分为节流、截止型和只节流不截止型两种;根据阀芯结构不同,节流阀又可以分为锥形节流阀、筒形节流阀、孔板式节流阀和楔形节流阀。

第十七章　井控管汇

1）锥形节流阀

锥形节流阀也称为针形节流阀，主要由锥形阀芯、内锥面阀座、阀体和驱动机构（手轮或液缸）等组成，如图 17-13 所示。其原理是通过调节锥形阀芯与内锥面阀座之间的过流间隙，实现对井口和井底压力的控制。由于锥形阀芯与阀座都是锥面并且锥度相同，当其关闭到位时可以完全关闭过流面，实现断流。

2）筒形节流阀

筒形节流阀的阀芯为筒形，为整体硬质合金；阀座内圈镶硬质合金；阀盖与介质接触端均焊有硬质合金，使之具有良好的耐磨性和抗腐蚀性。在阀的出口通道上嵌有尼龙的耐磨衬套，以保护阀体不受磨损。筒形节流阀的结构如图 17-14 所示。

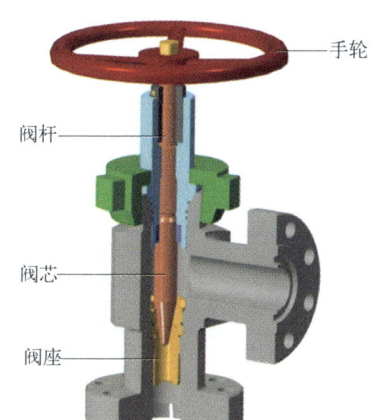
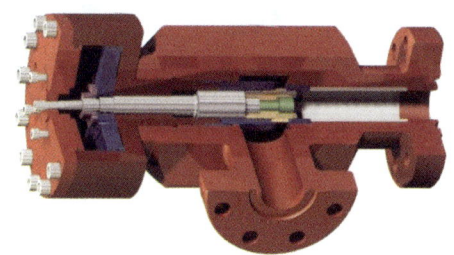

图 17-13　锥形节流阀　　　　图 17-14　筒形节流阀

该阀的特点是：具有较好的抗腐蚀和耐冲刷性能；筒形阀芯和阀座内圈为硬质合金，且能颠倒使用，增长了使用寿命；有较大的阀体腔和筒形阀体结构，相对于锥形节流阀，它具有较大的流量；采用侧进正出的流向，其筒形阀板周围的导筒减少了节流时的振动，减少了噪声；筒形节流阀只能节流，不能作为截止阀来使用。

3）孔板式节流阀

孔板式节流阀是由两块极具抗冲蚀能力的孔板组成，孔板由特殊碳化钨材料磨制而成，阀盖与阀体之间采用螺栓相连。阀杆密封采用 O 形密封圈及聚四氟乙烯密封圈（PTFE 密封圈）的双重密封。阀芯根据样式不同可分为单圆孔式、双圆孔式和单螺旋孔式阀芯。与其他节流阀相比,更具抗冲损及磨损的能力,具有更长的工作寿命。孔板式节流阀及阀芯样式如图 17-15 所示。

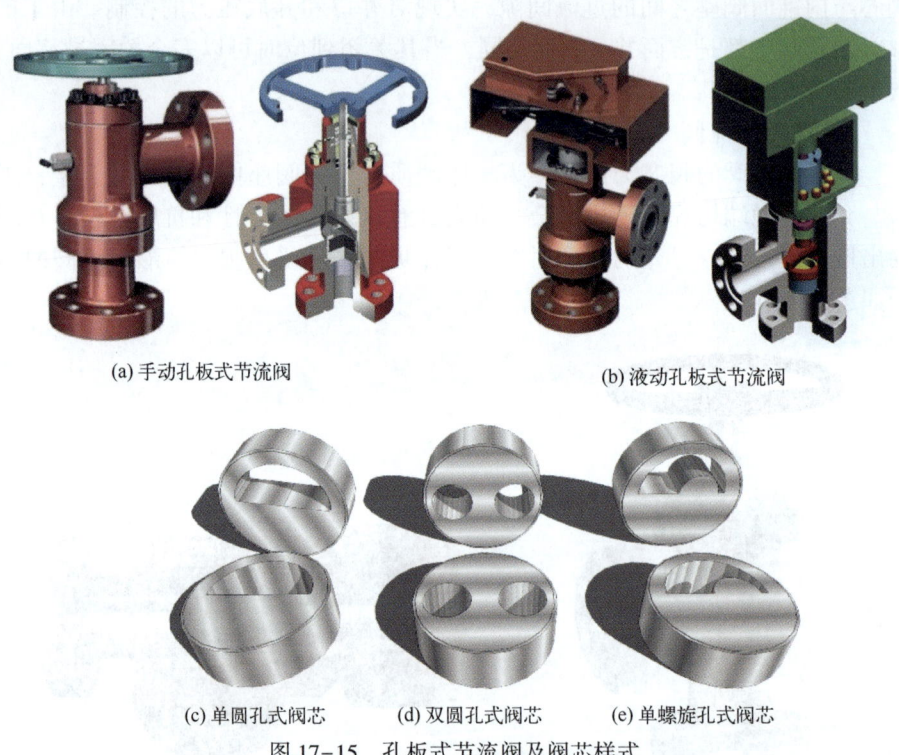

(a) 手动孔板式节流阀　　　　　　　(b) 液动孔板式节流阀

(c) 单圆孔式阀芯　　(d) 双圆孔式阀芯　　(e) 单螺旋孔式阀芯

图 17-15　孔板式节流阀及阀芯样式

操作节流阀时,顺时针旋转手轮开启程度减小,逆时针旋转开启程度变大。手动孔板式节流阀靠手轮的转动来改变节流面积,液动孔板式节流阀由液动驱动器来驱动,阀芯以轴线为旋转轴,既可调节流体的节流面积,又可截断流体通道。当被关闭时,进出口之间的压力差能使两块孔板紧紧地压在一起,实现密封切断的功能。

4) 楔形节流阀

该阀主要由楔形阀芯、防冲蚀阀座、阀体和驱动机构(手轮或液缸)等组成,如图 17-16 所示。由于在节流阀下游管道镶嵌有硬质合金,因此该型节流阀具有较好的耐冲蚀能力,能有效防止节流阀下游管路被刺坏。同其他节流阀相比,楔形节流阀具有更强的耐冲蚀与抗磨损能力,使用寿命更长。

第十七章　井控管汇

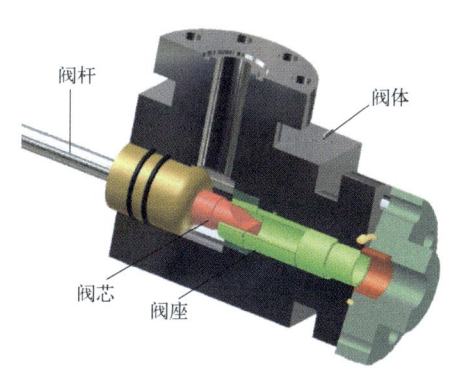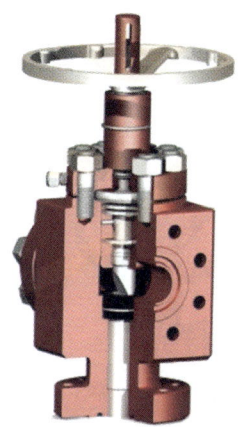

图 17-16　楔形节流阀

4. 使用注意事项

（1）节流阀在正常作业的待命工况时处于"半开"位。

（2）在溢流控制中，节流阀根据井口压力要求可以让阀芯停在任何位置，主要起到节流作用，用于控制井口排出液体的流量和压力，以平衡地层压力。

（3）手动节流阀开、关操作时，顺旋关闭，逆旋开启。

（4）液动节流阀开、关操作时，扳动节流控制箱上的换向阀手柄，实现液动节流阀的开关操作。

（5）只节流不截止型的节流阀只能节流不能断流，当需要断流时，应关闭其上游的平板阀。

二、平板阀

1. 功能

平板阀是指关闭件（闸板）沿介质通道中心线的垂直方向运动的闸阀。平板阀在管汇中担负着承受压力，开启和截断管道内介质的流动，并控制高压介质按照指定方向流动的任务。平板阀还可满足介质双向流动，在全开或全关状态时，闸板受介质的冲蚀作用小。其密封是压力自紧式浮动密封，可保证在高压下可靠地工作。

2. 分类及结构

根据驱动方式的不同,平板阀可以分为手动平板阀、液动平板阀和液动/手动平板阀三种,如图17-17所示。

(a) 手动平板阀　　　(b) 液动平板阀　　　(c) 液动/手动平板阀

图17-17　不同驱动方式的平板阀

手动平板阀主要由阀体、阀盖、阀杆、丝套、阀板、阀座、尾杆、手轮及护罩等组成。丝套与阀杆以左旋螺纹（反扣）相接,阀板与阀杆利用T形榫槽挂接,阀板与阀座靠碟形弹簧相互自由贴紧。液动平板阀的结构和手动平板阀基本相同,只是由液压油缸、活塞取代上部手轮机构,如图17-18所示。

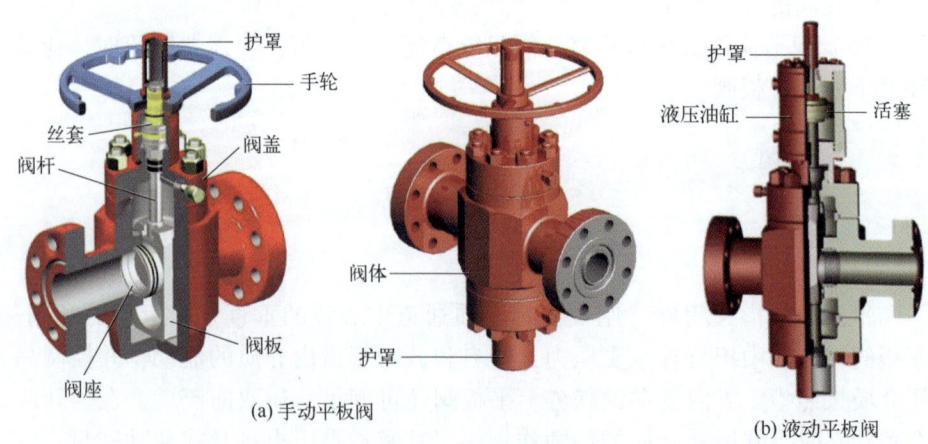

(a) 手动平板阀　　　　　　　　　　(b) 液动平板阀

图17-18　平板阀的结构

现场常用的平板阀根据阀杆裸露与否可分为暗杆平板阀、明杆平板阀;

第十七章 井控管汇

明杆平板阀又有不带尾杆和带尾杆两类，如图 17-19 所示。

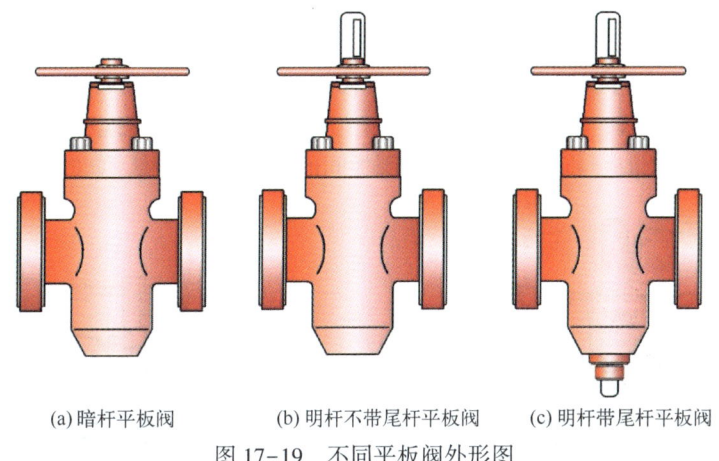

(a) 暗杆平板阀　　(b) 明杆不带尾杆平板阀　　(c) 明杆带尾杆平板阀

图 17-19　不同平板阀外形图

1）暗杆平板阀

暗杆平板阀的阀杆螺母在阀体内与介质直接接触，开关阀板时通过旋转阀杆来实现。有显示机构的，其开关状态明显；无显示机构的，开关状态不明显。

该阀的高度总保持不变，安装空间小，适合于大口径或安装空间有限制的环境。

2）明杆平板阀

该阀的阀杆螺母安装在轴承套支架上，开关阀板时，用旋转阀杆螺母来实现阀杆带动阀板的升降，实现阀的开关，因此阀的开关状态明显。

(1) 明杆带尾杆平板阀。如图 17-20 所示，该阀在阀体的尾部加一尾座，其中有尾杆与阀板的尾部相接。尾杆的作用是使阀在开关的全过程中保持阀腔的容积不变，可采用进口端密封和出口端密封。

(2) 明杆不带尾杆平板阀。如图 17-21 所示，此阀阀体同暗杆阀阀体一样。由于在开关过程中阀杆要上升或下降，因此阀腔的容积要改变。

3. 工作原理及特点

平板阀是一个沿顺流方向金属阀板对金属阀座密封的两通阀，由手轮（或液缸）操纵。该阀的阀板两密封面平行，阀板与阀座之间采用浮动密封，即阀板与阀座在压力作用下均能做微小的轴向位移。若波形弹簧产生足够的预压力就可将前阀座后移，使进口端阀座和阀板的前部紧密贴合形成密封，介质压力作用到进口端阀座的后方，又促成了它们之间的密封。此时，介质被阀板阻隔在阀体的前端、阀腔内，不会承受压力，此种情况称为阀前密封或进口端密封，如图17-22所示。若波形弹簧不能产生足够的预压力，或者阀座采用矩形密封圈时，前阀座不能后移与阀板贴合，当介质压力来时，介质压力推动阀板后移，使阀板的后平面与后阀座密封，这种情况称为阀后密封或出口端密封，此时介质通过前阀座与阀板间的间隙进入阀腔，如图17-23所示。

图 17-20　明杆带尾杆平板阀

图 17-21　明杆不带尾杆平板阀

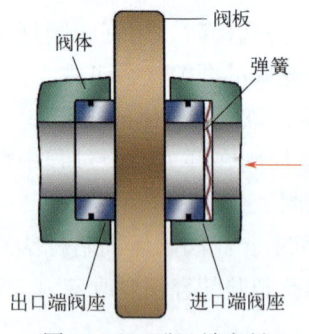

图 17-22　进口端密封

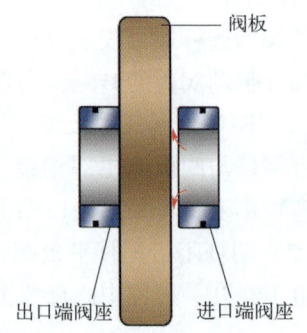

图 17-23　出口端密封

4. 使用注意事项

（1）平板阀是一种截止阀，只能处于全开或全关的位置，决不能处于半开半关位置，决不能把平板阀当作节流阀使用，否则在钻井液的高压、高速流动冲蚀下将使其过早损坏。

(2) 手动平板阀关到位后要回转 1/4~1/2 圈，保证阀板的浮动密封。

(3) 使用双联平板阀，在待命工况时，一般设置为前阀开启（备用）、后阀关闭，即距离井口方向近的平板阀呈开启状态备用，距离远的平板阀呈关闭状态。

(4) 为了保证阀板与阀座之间可靠的密封和得到良好的润滑，应定期给阀腔补注润滑密封脂。各部件的表面也应涂以润滑脂，起到防锈抗腐、润滑减磨的作用。

三、单向阀

1. 功能

压井管汇上装有单向阀（又称为单流阀），高压泵将压井液注入井筒时，压井液从单向阀低口进入高口输出，停泵时井口高压流体不会沿单向阀倒流，它是压井管汇上的关键部件。

2. 结构及工作原理

单向阀主要由阀体、压盖、阀芯、阀座、弹簧等组成，如图17-24所示。单向阀工作原理非常简单，在进口无流体泵入时，弹簧力使阀芯紧贴在阀座上实现密封；进口泵入流体并顺着标志箭头流动时，液体推动阀芯，克服弹簧力作用打开通道使流体通过；停止泵入后，在井内流体压力和弹簧力同时作用下，压紧阀芯从而实现密封。

图 17-24　单向阀

单向阀自封效果好、寿命长，现场也便于检修。

四、阀位变送器

1. 气控阀位变送器

1) 结构及工作原理

QFW-47A型阀位变送器与节流控制箱配套使用，阀位变送器安装在液动节流阀的端部。液动节流阀的活塞杆伸出端与阀位变送器的顶杆相接触。液动节流阀的开关状况通过活塞杆的位移以机械作用力的方式传输给阀位变送器，阀位变送器再将所接收的机械力转换为气压信号并输送到节控箱上的阀位开启度表，以气压的高低变化显示液动节流阀的开启度，如图 17-25 所示。阀位开启度表实际上是低压气压表，其表盘的刻度已更换为开启度的刻度。阀位变送器工作时需输入 0.35MPa 的压缩空气，其输出气压则与顶杆的位移成比例，阀位变送器工作时会有气量消耗。

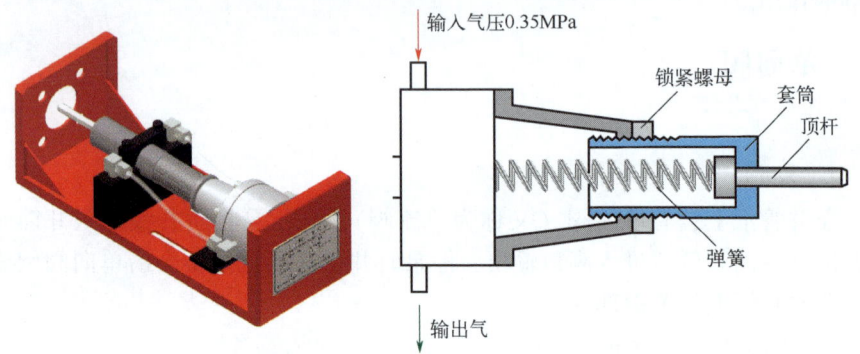

图 17-25　QFW-47A 型阀位变送器示意图

JFK6 型孔板式节流阀驱动器由凸轮、导向杆、定值器和调整螺栓等组成，如图 17-26 所示。节流阀驱动器也具有阀位变送器的功能，其安置在孔板式节流阀的端部，节流控制箱通过液压管线供给驱动器压力油，推动齿轮轴旋转并带动节流阀阀板旋转，阀位变送器则在阀芯转动时，凸轮同步转动，凸轮通过导向杆改变定值器气室变化，使其输出信号随之改变，从而在阀位开启度表上显示出节流阀的开启度大小。

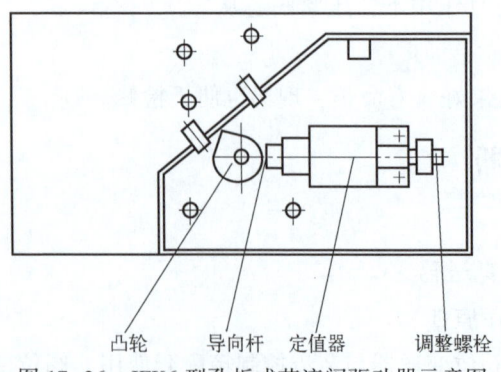

图 17-26　JFK6 型孔板式节流阀驱动器示意图

第十七章 井控管汇

2）调节方法

液动节流阀处于全关位置时，阀位开启度表的指针应指在关位上（开度为0）。如指针偏离关位，则需调节回零。

QFW-47A 型阀位变送器在阀位开启度表的指针偏离较大时应进行粗调；指针偏离较小时可进行微调。

（1）粗调的方法：松开阀位变送器的固定螺栓，稍微移动阀位变送器，改变顶杆与液动节流阀活塞杆的初始接触位置，使阀位开启度表指示关位，最后再将阀位变送器用螺栓紧固。

（2）微调的方法：松开阀位变送器套筒上的锁紧螺母，旋动套筒，改变套筒内的弹簧张力，使阀位开启度表指示关位，然后上紧锁紧螺母。

JFK6 型孔板式节流阀驱动器调节更为简单，只需调节调整螺栓，改变定值器与凸轮相对位置，直至阀位开启度表的指针指示关位即可。

调节回零后，再在节流控制箱上进行开关测试，根据节流阀从关到开的行程不同，开启度表上一般有两个刻度显示，分别为 35mm 和 47mm，节流阀完全打开时，指针应指向相应刻度的位置。

2. 电控阀位变送器

电控阀位变送器将液动节流阀的开度转换成电流信号输送给数字显示仪表，来显示阀位的开启度。因电控阀位变送器采用电子测量元件，所以它有测量精度高、反应速度快、性能稳定等特点，如图 17-27 所示。

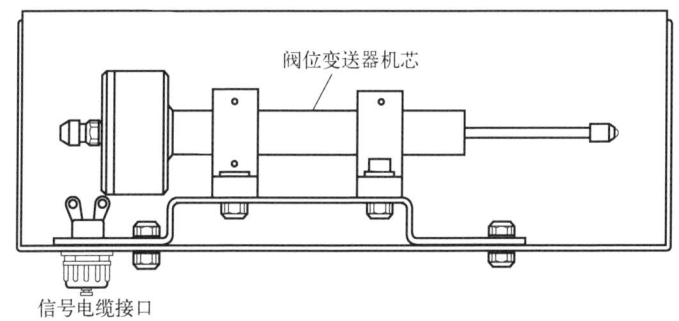

图 17-27　电控阀位变送器结构示意图

孔板阀驱动器可以驱动孔板式节流阀开关动作，并同时通过阀位变送器检测节流阀的阀位，将液动节流阀的开度转换成电流信号输送给数字显示仪表，来显示阀位的开启度，如图 17-28 所示。

 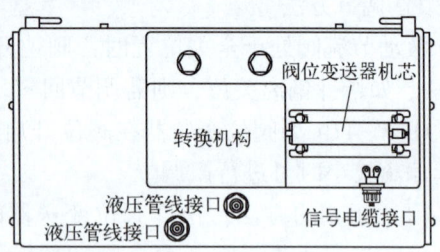

图 17-28　孔板阀驱动器

五、压力传感器

在关井后,需要在节流控制箱上观察关井立管压力和关井套管压力,另外在压井作业过程中,液动节流阀操作者在控制节流阀开大、关小的同时,需实时监控套管压力和立管压力的变化,这就需要在节流管汇与立管上安装压力传感器,将套管压力和立管压力远程传输到节流控制箱的相应仪表上。

压力传感器可将测得的压力变换成低压的气压值、液压值或电流值输送到指定位置的装置。现场根据传输介质的不同一般有气动式、液动式与电传式三种类型。

1. 气动压力变送器

1）功能

气动压力变送器的功用是将套压、立压值转换为低压气压值,用低压气压表显示高压液压值。节流管汇上所装设的气动压力变送器结构如图 17-29 所示。

图 17-29　气动压力变送器

2）安装与工作原理

气动压力变送器应垂直安装,阀体下部输入测量的钻井液。阀盖上的高位孔输入来自节流控制箱的一次气,气压调定为 0.35MPa;阀盖上的低位孔输出二次气,气压值在 0~0.2MPa 范围内变化,气动压力变送器所输出的二次气压值与所测量的立管压力、套管压力成相应比例关系。节控箱上的套压表与立压表皆为气压表,但可显示高压

第十七章 井控管汇

钻井液压力值。其工作原理与远程控制台的气动压力变送器相同，可详见第十六章第四节相关内容。

3）调节方法

在使用中如果发现节流控制箱上套压表或立压表的读数与实际压力值有较大误差时，可以调节气动压力变送器，以消除误差。

调节方法为：卸下护罩，松开锁紧螺母，顺时针轻微旋动阀座，二次气压随即调高，节流控制箱上套压表或立压表所显示的压力值增大；相反，逆时针轻微旋动阀座，节流控制箱上套压表或立压表所显示的压力值减小。误差消除后，上紧锁紧螺母，装好护罩即可。

2. 液动压力传感器

1）功能

现场常用的液动压力传感器为活塞分隔型传感器，传输介质为液压油，与节流控制箱配套使用。它能够将套压值和立压值通过传输介质液压油传递到节流控制箱的压力表上显示。活塞分隔型传感器由活塞分隔开测量的钻井液与液压油，当出现液压油泄漏时，活塞将碰到行程的上限，仍能隔离并防止钻井液流入压力表中。此类传感器具有传感精度高、数据稳定、耐振性能好、天然防爆的特点。因此，液动压力传感器也可用于其他恶劣环境情况下的压力检测。液动压力传感器应垂直安装，其结构如图17-30所示。

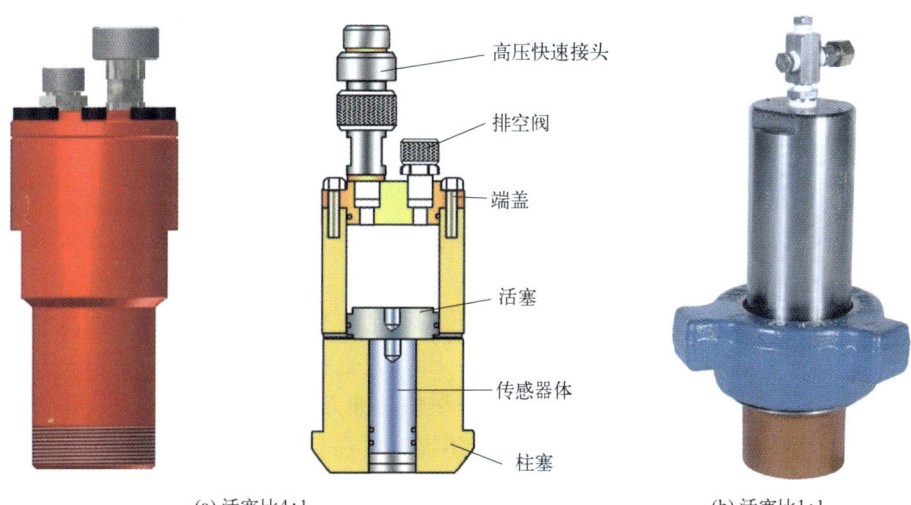

图17-30 液动压力传感器示意图

2）工作原理

液动压力传感器是利用液体压力与其作用面积的关系来传递压力的。如图17-30(a) 所示，该压力传感器的活塞比为4∶1（即工作压力与压力计液压油压力之比为4∶1），可将较高的钻井液压力转换为1/4倍的低压液压值，再通过液压管线传输到节流控制箱二次仪表上显示。测量时，钻井液压力通过传感器体推动活塞上行，直接将钻井液压力变比减压为活塞上端测量液的液压，实现高压信号测量，低压信号传输，避免了高压信号高压传输的密封及安全问题。活塞比为4∶1的压力传感器测量精度为0.175MPa（25psi）。

如图17-30(b) 所示，该液动压力传感器活塞比为1∶1，结构更加简单。测量时，钻井液压力推动活塞上行，受到挤压的液压油直接将所测压力传递并在压力表上进行显示。活塞比为1∶1的压力传感器测量精度为0.07MPa（10psi）。

额定工作压力为70MPa及以下的节流管汇可以使用活塞比为1∶1的液动压力传感器；当节流管汇额定工作压力大于70MPa时，应使用活塞比为4∶1的液动压力传感器。压力传感器与压力表要配套使用，活塞比不同的压力传感器不能互换；一个压力传感器只为一个压力表传递压力。

3）调节方法

对于活塞比为4∶1的液动压力传感器，在使用前应关闭节流控制箱内的蓄能器截止阀，打开套管（或立管）压力传感器供油截止阀，将液动压力传感器上的排空阀螺塞打开，然后利用控制箱内手动泵向压力传感器中注油。当排空阀有油溢出时，旋紧排空阀螺塞，继续打压至套管压力表显示压力约为0.2MPa时，关闭控制箱内套管（或立管）压力传感器供油截止阀。液动压力传感器也可以直接使用单独的手压泵为其补油。

在使用中如果发现节流控制箱上套压表或立压表的读数与实际压力值有较大误差时，原因多为传输管线内或传感器内存有空气，可重复上述过程重新注油，排净空气后就可消除误差。

在液动压力传感器正常工作状态下，不允许有任何泄漏，否则活塞会上行碰到端盖，此时无论输入压力多大，压力表也将无压力显示。所以一旦发现泄漏，需立即停止使用，检查漏点，尽快补油方可继续工作。

对于活塞比为1∶1的液动压力传感器，可在打压后通过卸松压力传感器顶部的油管线堵头或顶开液压管线自封头的方式，清除压力传感器内的空气。

3. 电传压力变送器

电传压力变送器（电子压力变送器）常配套于电动节流控制箱。电传压力变送器可将立管压力、套管压力转换成 4~20mA 的电信号输送给数字显示仪表，以显示其实际压力。电传压力变送器与数字显示仪表在出厂前已整机匹配调定，正常情况下在钻井作业现场不用调整。电传压力变送器的结构如图 17-31 所示。

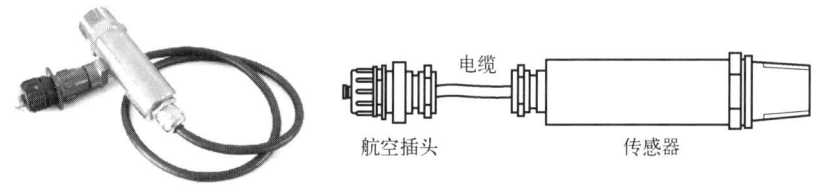

图 17-31　电传压力变送器

第五节　井控管汇的其他管线

一、防喷管线

防喷管线包括钻井四通出口至节流管汇和钻井四通出口至压井管汇之间的管线、平板阀、法兰及连接螺栓等零部件。防喷管线是井控设备的高压承压件。

（1）钻井四通两侧的每条防喷管线应各装两个平板阀，其中一个应直接与钻井四通相连，处于常开状态。根据不同季节和地区防冻要求，两个平板阀可以是防喷管线两头各接一个，也可以是两个平板阀双联后直接与钻井四通相连。所有平板阀应为明杆阀或带有开关状态指示器。

（2）钻井四通至节流管汇及压井管汇之间的防喷管线及闸阀通径不小于 78mm。

（3）采用双钻井四通连接时，应考虑上、下防喷管线能从井架底座工字梁下或工字梁上顺利穿过。

（4）防喷管线应采用标准法兰连接，不应现场焊接，压力等级与井口防喷器组压力等级相匹配。

（5）井口防喷器额定压力大于 35MPa 时，防喷管线应采用钢制管线；35MPa 及以下压力等级时，所配套的防喷管线可以使用同一压力等级的高压耐火软管线；含硫油气井的防喷管线应采用抗硫的专用管材。

（6）防喷管线长度超过7m应固定牢固。转弯处采用相同压力等级的角度不小于120°的预制铸（锻）钢弯头或90°耐冲蚀弯头。

（7）防喷管线上的液动平板阀，应由防喷器控制装置进行开关控制。

（8）在寒冷地区冬季作业时，应考虑防喷管汇等所用材料的低温性能，可通过加热、排放、充填适当的流体等方式防冻。

二、放喷管线

放喷管线指节流管汇及压井管汇向外接出的管线。

（1）放喷管线通径不小于78mm。

（2）放喷管线全部使用法兰连接，不应用活接头连接和在现场焊接。

（3）管线出口应接至距井口75m以上的安全距离；含硫油气井的放喷管线出口应接至距井口100m以上的安全地带，距各种设施不小于50m。

（4）含硫油气井至少应安装两条放喷管线，其布局夹角为90°~180°。

（5）当两条管线走向一致时，管线之间应保持间距大于0.3m，并分别固定，其出口应朝同一方向。

（6）放喷管线平直接出井场，行车处有过桥盖板，其所盖部位的管线不应有接头，转弯处应采用相同压力等级的角度不小于120°的预制铸（锻）钢弯头或90°耐冲蚀弯头。

（7）每隔10~15m、转弯处两端、出口处用水泥基墩加地脚螺栓、地锚或预制基墩固定牢固，水泥基墩预埋地脚螺栓的直径不小于20mm，长度不小于0.5m；放喷管线悬空处要支撑牢固；若跨越10m宽以上的河沟、水塘等障碍，应架设金属过桥支撑牢固。

（8）所有平板阀应为明杆阀或带有开关状态指示器的闸阀。

（9）放喷管线应有防冻、防堵措施，低洼处可安装排污阀。

三、回收管线

钻井液回收管线安装在节流管汇下游出口处，用于在井控作业过程中将经节流管汇的钻井液引入钻井液循环罐内。

（1）钻井液回收管线出口应接至钻井液循环罐并固定牢靠，转弯处角度大于120°，其通径不小于78mm。

（2）额定压力大于35MPa时，钻井液回收管线应使用经探伤合格的金属

第十七章 井控管汇

管线；35MPa 及以下压力等级时，钻井液回收管线可以使用同一压力等级的高压耐火软管线；含硫油气井应采用抗硫的专用管材。

第六节 井控管汇的正确使用

（1）选用节流管汇、压井管汇时，必须考虑预期控制的最高井口压力、控制流量以及防腐等工作条件。

（2）节流管汇、压井管汇的压力等级应与井口防喷器组压力等级相匹配。

（3）节流管汇五通上要接有高、低压量程的耐（抗）振压力表，低量程压力表下安装有截止阀。

（4）通常节流阀开位处于3/8~1/2，实施软关井时，先关防喷器，然后再关闭节流阀试关井。

（5）平板阀阀板及阀座处于浮动才能密封，因此手动平板阀开关到底后必须回旋1/4~1/2圈。

（6）平板阀是一种截止阀，不能用来泄压或节流。

（7）节流控制箱上的调速阀用来调节节流阀开关动作速度，不能关到底，否则将影响节流阀的开关。

（8）节流控制箱上的套压表和立压表应与其相应的压力变送器或压力传感器配套使用，不能用普通压力表代替。

（9）按季节正确选择节流控制箱所用液压油，确保节流阀从全开到全关在2min内完成。

（10）节流控制箱油箱的液压油应每半年更换一次，并同时清洗滤清器；每半年检查一次蓄能器氮气压力。

（11）压井管汇不能在起钻时用于灌钻井液，否则将冲蚀管线与阀件，降低压井管汇的耐压性能和寿命。

第十八章　钻具内防喷工具

在钻井过程中发生溢流，防喷器只能关闭钻具与套管间的环形空间，为了防止钻井液沿钻柱水眼向上喷出，造成水龙带因高压憋坏，需使用钻具内防喷工具。钻具内防喷工具按其结构不同可分为旋塞阀和钻具止回阀两大类。为满足起下钻铤时能及时控制钻柱水眼，还会利用钻具内防喷工具与钻杆及转换接头等组合成防喷单根或防喷立柱。

第一节　旋塞阀

旋塞阀是防止钻柱水眼内喷的有效工具之一，它安装在方钻杆或顶驱上。为方便在起下钻杆时及时控制钻柱水眼，钻台上也常备有单独的旋塞阀，称为应急旋塞阀。

一、分类与功用

方钻杆上安装的旋塞阀分为方钻杆上部旋塞阀（简称上旋塞）和方钻杆下部旋塞阀（简称下旋塞），上旋塞接头螺纹为左旋螺纹（反扣），安装在方钻杆上端；下旋塞接头螺纹为右旋螺纹（正扣），安装在方钻杆下端。顶驱旋塞阀一般称为IBOP，分为液动旋塞阀和手动旋塞阀。液动旋塞阀和手动旋塞阀连接在一起，接在上方的液动旋塞阀与顶驱的主轴相接，接在下方的手动旋塞阀与保护接头连接。

钻井作业时，方钻杆旋塞阀或顶驱旋塞阀的中孔畅通并不影响钻井液的正常循环。当发生井涌或井喷时，一方面用井口防喷器组封闭井口环形空间；另一方面根据需要酌情关闭方钻杆或顶驱上的旋塞阀，切断钻柱内部通道，实现防喷的目的，同时也阻止钻井液沿钻具水眼上窜，避免水龙带被憋破或钻井泵安全阀被憋开。方钻杆或顶驱上都有两个旋塞阀，当一个旋塞阀失效时，可提供第二个旋塞阀使用。

第十八章　钻具内防喷工具

施工过程中，为方便在起下钻杆过程中及时控制钻柱水眼，钻台上也要备有应急旋塞阀，为方便人员搬运，应急旋塞阀上要安装有专用的抢接工具。即使施工时使用顶驱，也建议钻台上备有应急旋塞阀。在起下钻过程中发生溢流，非紧急情况下，应尽量使用应急旋塞阀而不是直接连接顶驱使用顶驱旋塞阀，因为起下钻过程中发生溢流，要完全排除溢流及压井，经常需要强行下钻，直接连接顶驱会给后续作业带来诸多不便。

二、结构与工作原理

方钻杆旋塞阀主要由本体（阀体）、下阀座、密封圈、操作键、球阀、上阀座、下拼合扣环、上拼合扣环、卡环等组成，如图18-1所示。

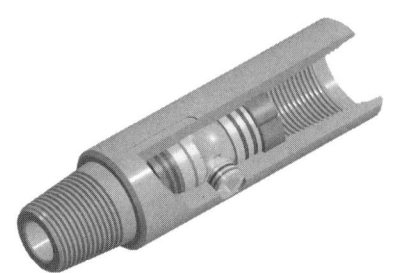

图18-1　方钻杆旋塞阀（下旋塞）

顶驱旋塞阀主要由本体（阀体）、下阀座、密封圈、操作手柄、手柄套、手柄座、球阀、上阀座、下拼合扣环、上拼合扣环、卡环等组成。图18-2所示为北京石油机械有限公司的DQ70BSC顶驱旋塞阀结构图。

旋塞阀使用专用扳手将球阀转轴旋转90°实现开关。旋塞阀轴承中填满锂基润滑脂，现场使用时一般无须再进行保养。

三、型号及主要规格

常用旋塞阀的额定工作压力为35~105MPa，额定工作温度为-20℃及以上。旋塞阀型号表示方法如下：

$\boxed{1}\boxed{2}/\boxed{3}-\boxed{4}\ (\boxed{5}\times\boxed{6})$

$\boxed{1}$：旋塞阀代号，SS为方钻杆上部旋塞阀；XS为方钻杆下部旋塞阀。

$\boxed{2}$：旋塞阀外径，用整数阿拉伯数字表示，mm。

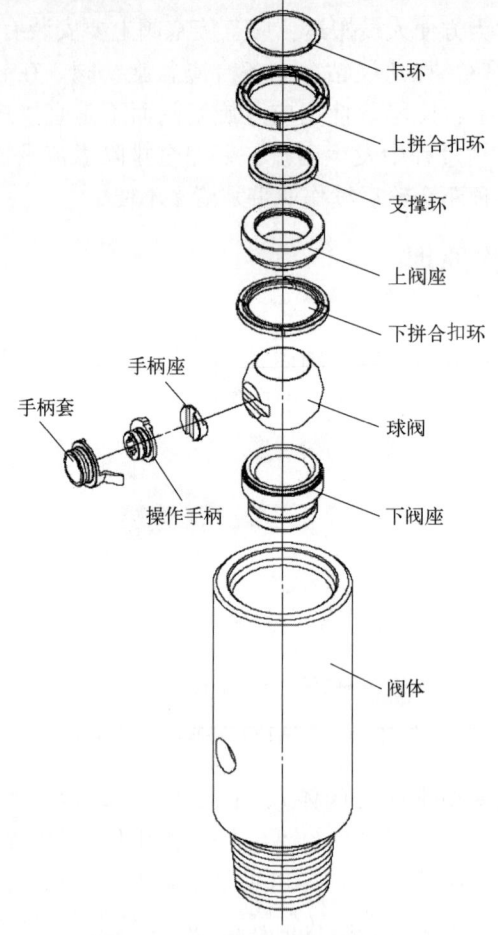

图 18-2　DQ70BSC 顶驱旋塞阀

3：额定工作压力，MPa。

4：等级号，1 为用于地面的 1 级；2 为用于地面和井下的 2 级。

5：上接头螺纹代号，左旋螺纹在代号后添加 LH。

6：下接头螺纹代号，左旋螺纹在代号后添加 LH。

例如："XS146/35-1（NC50-LH×NC50）" 表示外径为 146mm，额定工作压力为 35MPa，等级号 1 级，上接头螺纹为左旋 NC50，下接头螺纹为右旋 NC50 的方钻杆下部旋塞阀。

第十八章 钻具内防喷工具

1. 方钻杆上部旋塞阀主要规格

四方方钻杆用上部旋塞阀主要规格见表18-1。

表 18-1　四方方钻杆用上部旋塞阀主要规格

方钻杆规格 mm(in)	上端左旋内螺纹和下端左旋外螺纹连接规格和类型		外径,mm(in) ±0.8(±1/32)		最小孔径,mm(in)			
					最大工作压力 35MPa		最大工作压力 70MPa 和 105MPa	
	标准	选用	标准	选用	标准连接	选用连接	标准连接	选用连接
63.5(2½)	6⅝REG	4½REG	196.9(7¾)	146.1(5¾)	76.2(3)	50.8(2)	63.5(2½)	44.4(1¾)
76.2(3)	6⅝REG	4½REG	196.9(7¾)	146.1(5¾)	76.2(3)	50.8(2)	63.5(2½)	44.4(1¾)
88.9(3½)	6⅝REG	4½REG	196.9(7¾)	146.1(5¾)	76.2(3)	50.8(2)	63.5(2½)	44.4(1¾)
108.0(4¼)	6⅝REG	4½REG	196.9(7¾)	146.1(5¾)	76.2(3)	50.8(2)	63.5(2½)	44.4(1¾)
133.4(5¼)	6⅝REG	—	196.9(7¾)	—	76.2(3)	—	63.5(2½)	—

六方方钻杆用上部旋塞阀主要规格见表18-2。

表 18-2　六方方钻杆用上部旋塞阀主要规格

方钻杆规格 mm(in)	上端左旋内螺纹和下端左旋外螺纹连接规格和类型		外径,mm(in) ±0.8(±1/32)		最小孔径,mm(in)			
					最大工作压力 35MPa		最大工作压力 70MPa 和 105MPa	
	标准	选用	标准	选用	标准连接	选用连接	标准连接	选用连接
76.2(3)	6⅝REG	4½REG	196.9(7¾)	146.1(5¾)	76.2(3)	50.8(2)	63.5(2½)	44.4(1¾)
88.9(3½)	6⅝REG	4½REG	196.9(7¾)	146.1(5¾)	76.2(3)	50.8(2)	63.5(2½)	44.4(1¾)
108.0(4¼)	6⅝REG	4½REG	196.9(7¾)	146.1(5¾)	76.2(3)	50.8(2)	63.5(2½)	44.4(1¾)
133.4(5¼)	6⅝REG	—	196.9(7¾)	—	76.2(3)	—	63.5(2½)	—
152.4(6)	6⅝REG	—	196.9(7¾)	—	76.2(3)	—	63.5(2½)	—

2. 方钻杆下部旋塞阀主要规格

四方方钻杆用下部旋塞阀主要规格见表18-3。

表 18-3 四方方钻杆用下部旋塞阀主要规格

方钻杆规格 mm(in)	上端右旋内螺纹和下端右旋外螺纹连接规格和类型	最小孔径,mm(in)	倒角直径,mm(in) $\pm 0.4(\pm\frac{1}{64})$
63.5($2\frac{1}{2}$)	NC26($2\frac{3}{8}$IF)	31.8($1\frac{1}{4}$)	83.0($3\frac{17}{64}$)
76.2(3)	NC31($2\frac{7}{8}$IF)	38.1($1\frac{1}{2}$)	100.4($3\frac{61}{64}$)
88.9($3\frac{1}{2}$)	NC38($3\frac{1}{2}$IF)	44.4($1\frac{3}{4}$)	116.3($4\frac{37}{64}$)
108.0($4\frac{1}{4}$)	NC46(4IF)	57.2($2\frac{1}{4}$)	145.3($5\frac{23}{32}$)
108.0($4\frac{1}{4}$)	NC50($4\frac{1}{2}$IF)	57.2($2\frac{1}{4}$)	154.0($6\frac{1}{16}$)
133.4($5\frac{1}{4}$)	$5\frac{1}{2}$FH	63.5($2\frac{1}{2}$)	170.4($6\frac{23}{32}$)
133.4($5\frac{1}{4}$)	NC56	63.5($2\frac{1}{2}$)	171.0($6\frac{47}{64}$)

六方方钻杆用下部旋塞阀主要规格见表 18-4。

表 18-4 六方方钻杆用下部旋塞阀主要规格

方钻杆规格 mm(in)	上端右旋内螺纹和下端右旋外螺纹连接规格和类型	最小孔径,mm(in)	倒角直径,mm(in) $\pm 0.4(\pm\frac{1}{64})$
76.2(3)	NC26($2\frac{3}{8}$IF)	31.8($1\frac{1}{4}$)	83.0($3\frac{17}{64}$)
88.9($3\frac{1}{2}$)	NC31($2\frac{7}{8}$IF)	38.1($1\frac{1}{2}$)	100.4($3\frac{61}{64}$)
108.0($4\frac{1}{4}$)	NC38($3\frac{1}{2}$IF)	44.4($1\frac{3}{4}$)	116.3($4\frac{37}{64}$)
133.4($5\frac{1}{4}$)	NC46(4IF)	57.2($2\frac{1}{4}$)	145.3($5\frac{23}{32}$)
133.4($5\frac{1}{4}$)	NC50($4\frac{1}{2}$IF)	57.2($2\frac{1}{4}$)	154.0($6\frac{1}{16}$)
152.4(6)	$5\frac{1}{2}$FH	63.5($2\frac{1}{2}$)	170.4($6\frac{23}{32}$)
152.4(6)	NC56	63.5($2\frac{1}{2}$)	171.0($6\frac{47}{64}$)

3. 顶驱旋塞阀主要规格

常用顶驱旋塞阀主要规格见表 18-5。

表 18-5 常用顶驱旋塞阀主要规格

顶驱厂家	IBOP 型号	IBOP 外径 mm(in)	IBOP 内径 mm(in)	IBOP 长度 mm(in)	连接螺纹 API
VARCO	液动 187 IBOP	187($7\frac{23}{64}$)	78($3\frac{1}{16}$)	572($22\frac{1}{2}$)	$6\frac{5}{8}$ REG BOX-$6\frac{5}{8}$ REG BOX
	手动 187 IBOP	187($7\frac{23}{64}$)	78($3\frac{1}{16}$)	523($20\frac{19}{32}$)	$6\frac{5}{8}$ REG PIN-$6\frac{5}{8}$ REG BOX

第十八章　钻具内防喷工具

续表

顶驱厂家	IBOP 型号	IBOP 外径 mm(in)	IBOP 内径 mm(in)	IBOP 长度 mm(in)	连接螺纹 API
北石	DQ70 液动 197 IBOP	$197(7\frac{3}{4})$	$76.2(3)$	$584(23)$	$6\frac{5}{8}$ REG BOX-$6\frac{5}{8}$ REG PIN
	DQ70 手动 197 IBOP	$197(7\frac{3}{4})$	$76.2(3)$	$512(20\frac{5}{32})$	$6\frac{5}{8}$ REG BOX-$6\frac{5}{8}$ REG PIN
	DQ90 液动 216 IBOP	$216(8\frac{1}{2})$	$78(3\frac{1}{16})$	$603(23\frac{3}{4})$	$7\frac{5}{8}$ REG BOX-$7\frac{5}{8}$ REG PIN
	DQ90 手动 216 IBOP	$216(8\frac{1}{2})$	$78(3\frac{1}{16})$	$533(20\frac{63}{64})$	$7\frac{5}{8}$ REG BOX-$7\frac{5}{8}$ REG PIN
天意	DQ70 液动 197 IBOP	$197(7\frac{3}{4})$	$76.2(3)$	$572(22\frac{1}{2})$	$6\frac{5}{8}$ REG BOX-$6\frac{5}{8}$ REG BOX
	DQ70 手动 197 IBOP	$197(7\frac{3}{4})$	$76.2(3)$	$523(20\frac{9}{16})$	$6\frac{5}{8}$ REG PIN-$6\frac{5}{8}$ REG BOX

注：REG 指螺纹的扣型为正规扣（IF 为内平扣，FH 为贯眼扣，NC 为数字扣）；BOX 为内螺纹；PIN 为外螺纹。

四、现场使用要求

（1）采用转盘驱动时方钻杆上应安装有上、下旋塞阀，使用顶驱时顶驱装置上应安装有液动和手动两个旋塞阀。

（2）方钻杆下旋塞阀不能与其下部钻具直接连接，应通过保护接头与下部钻具连接。

（3）旋塞阀选用时应保证其额定工作压力与井口防喷器组的压力等级相匹配，对于使用 105MPa 及以上的防喷器可选用 105MPa 的旋塞阀。使用前，必须仔细检查各螺纹连接部位，不得有任何损伤或连接处螺纹松动现象，旋塞阀在连接到钻柱上之前，须处于"全开"状态。

（4）坚持每天检查旋塞阀，使用专用扳手旋转操作键开关活动，保持旋塞阀开关灵活。专用扳手放在易取放的位置，不应挪作他用。

（5）钻柱中的钻具止回阀失效或未装钻具止回阀时，在起下钻过程中发生溢流，在关闭防喷器前，应首先抢接处于打开状态的应急旋塞阀或钻具止回阀。

（6）钻台的应急旋塞阀应安装专用的抢接工具。

（7）旋塞阀在紧扣时不允许吊钳或液气大钳的钳牙咬合在操作键部位。

（8）根据 SY/T 5525—2020《石油天然气钻采设备 旋转钻井设备 上部和

下部方钻杆旋塞阀》中的相应规定，旋塞阀分为两个等级，其中 1 级旋塞阀只能用于地面，2 级旋塞阀用于地面和井下，因此 1 级旋塞阀不适合随钻具下入井内。其等级号、出厂编号、制造日期和额定压力等应在旋塞阀本体钢印或标记槽中标注。

第二节　钻具止回阀

钻具止回阀（NRV）是一种单向阀，钻柱中安装有钻具止回阀时，只允许钻柱内的流体自上而下流动，而不允许其向上流动，从而达到防止钻具内喷的目的。

一、钻具止回阀的型号

现场常用的钻具止回阀包括箭形止回阀、投入式止回阀、钻具浮阀等。钻具止回阀的额定工作压力为 35MPa、52MPa、70MPa、105MPa 和 140MPa。

钻具止回阀型号表示方法如下：

FJ ①/②-③④

FJ：钻具止回阀结构形式代号，FJ 为箭形止回阀；FQ 为球形止回阀；FD 为碟形止回阀；FT 为投入式止回阀；FZF 为钻具浮阀。

①：止回阀外径，mm。

②：额定工作压力，MPa。

③：接头螺纹代号。

④：螺纹旋向，右旋不标注，左旋为 LH。

例如："FJ168/70-NC50"表示外径为 168.3mm，压力等级为 70MPa，接头螺纹为右旋 NC50 的箭形止回阀。

二、箭形止回阀

箭形止回阀分为普通式和强制式，它采用箭形的阀芯，呈流线型，受阻面积小。普通式箭形止回阀主要由本体、压帽、密封盒、阀座、阀芯等组成，如图 18-3 所示。强制式箭形止回阀阀芯上安装有弹簧，可强制阀芯实现密封。

第十八章 钻具内防喷工具

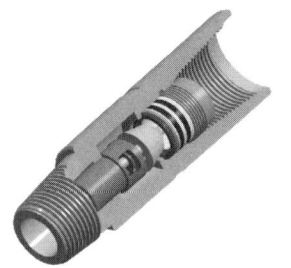 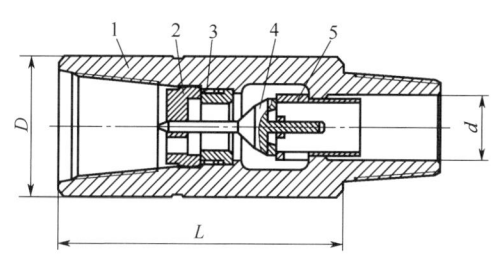

图 18-3 箭形止回阀
1—本体；2—压帽；3—密封盒；4—阀芯；5—阀座

箭形止回阀使用时安装在方钻杆下部或安装在钻柱中。为方便在起下钻杆时及时控制钻柱水眼，钻台上也常备有与在用钻杆尺寸相符并带有顶开装置的箭形止回阀，称为应急止回阀，如图 18-4 所示。顶开装置的顶杆可以将箭形止回阀阀芯完全顶开，并能够在应急止回阀安装后，满足阀芯迅速封闭钻柱水眼的要求。

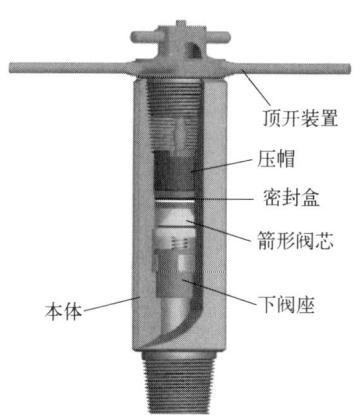

图 18-4 应急止回阀

起下钻发生溢流时，要把带顶开装置的箭形止回阀抢接到井口钻具上，上紧箭形止回阀与钻具的连接螺纹，再卸松顶杆的定位螺栓，在井压作用下阀芯就位关闭水眼，然后卸下顶开装置。即使箭形止回阀安装有顶开装置，阀芯处于完全顶开状态，也只能在钻具水眼无液流或很低流速下与钻柱连接。与开启状态的旋塞阀相比较，箭形止回阀要受到相对更大的阻力。因此起下钻发生溢流时，可以先抢装开启状态的旋塞阀，将旋塞阀关闭后，关闭环形防喷器控制井口，再在旋塞阀上安装钻具止回阀，并将旋塞阀打开。

三、投入式止回阀

投入式止回阀由止回阀及联顶接头两部分组成。止回阀由爪盘螺母、紧定螺钉、卡爪、卡爪体、筒形密封件、阀体、钢球、弹簧、尖顶接头等组成；联顶接头由接头及止动环组成，如图18-5所示。

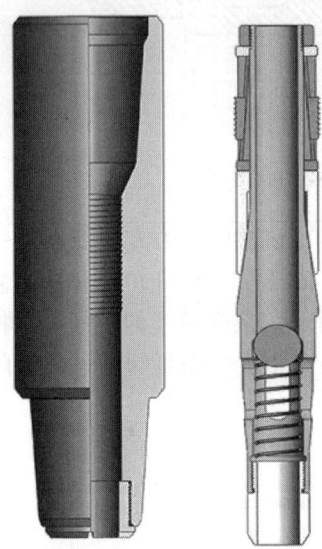

图18-5 投入式止回阀

投入式止回阀的工作原理是：联顶接头预先安装在钻柱需要的位置，因无止回阀，钻井液循环畅通。当发生溢流需控制钻具水眼或要进行不压井起下钻作业时，才在钻具水眼中投入止回阀。止回阀坐落到联顶接头处就位后，当高压流体向上运动时，推动阀体上行，联顶接头的锯齿形牙和止回阀上部的卡爪相互锁定，由于阀体上行迫使筒形密封件胀大密封联顶接头的内孔，阀体内的钢球在弹簧的作用下密封阀体水眼，此时止回阀与联顶接头总成组成了一套内防喷工具，在正常循环钻井液或压井时，又可以很容易开启止回阀。井下流体压力越大，这种阀密封性能越好。

选用时按钻柱结构选择相应规格的联顶接头，联顶接头以上所用钻柱的最小内径应比止回阀最大外径大1.55mm以上，确保止回阀可以在联顶接头上部钻具水眼中顺利通过。

需要投入止回阀时，应先将方钻杆下部旋塞阀关闭，然后从方钻杆下部旋塞阀上端卸开方钻杆，将止回阀装入旋塞阀孔中，再重新接上方钻杆。打开方钻杆下部旋塞阀，开泵循环钻井液，止回阀靠自重和钻井液推动下至联顶接头的止动环处，当泵压突然升高即表明止回阀已经就位。此时止回阀允许钻柱内流体向下，而不允许通过它向上流动。钻柱从井中起出后，从联顶接头外螺纹端卸下止动环，从内螺纹端敲击止回阀，即可将止回阀从联顶接头外螺纹端取出。

发生溢流，在钻台上抢装应急止回阀，并不能满足带压强行起钻的要求，而使用投入式止回阀可以满足带压强行起钻要求。钻具中安装有浮阀时，也可将投入式止回阀的联顶接头安装在钻杆最底端，在浮阀失效后，投入式止

第十八章 钻具内防喷工具

回阀是控制钻具水眼最为合适的应急手段。

四、钻具浮阀

钻具浮阀由本体和浮阀芯组成。工作时钻具浮阀连接在钻柱中，一般情况下，钻具浮阀均安装在近钻头端，当循环停止时能关闭钻具水眼，防止井内流体进入钻具水眼，具有防止返喷和防止岩屑堵塞钻头水眼的作用。钻具浮阀根据本体的不同分为 A 型和 B 型两种，A 型下端为外螺纹，根据钻具组合的需要可以连接在钻头转换接头或其他辅助钻具上；B 型下端为内螺纹，可以直接与钻头相连。钻具浮阀本体安装浮阀芯处的通孔直径比浮阀芯直径大 0.8mm（1/32in），如图 18-6 所示。现场常用钻具浮阀芯规格见表 18-6。

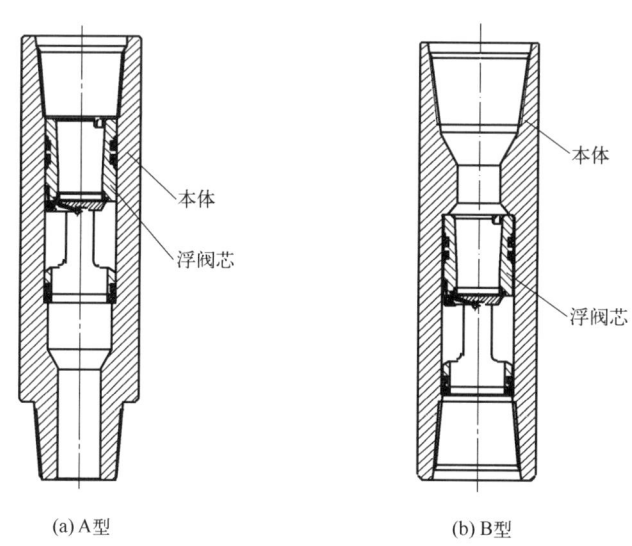

(a) A型　　　　　　　　　(b) B型

图 18-6　钻具浮阀

表 18-6　常用钻具浮阀芯主要规格

浮阀芯 型号	浮阀芯直径 mm	浮阀槽直径 mm	浮阀芯长度 mm	本体内螺纹 代号	本体其他连接 螺纹代号
1R	42.1	42.9	149.2	$2\frac{3}{8}$RGE	NC23
1F-2R	48.4	49.2	158.8	$2\frac{7}{8}$RGE	NC26
2F-3R	61.1	61.9	165.1	$3\frac{1}{2}$RGE	NC31
3F	71.4	72.2	254.0	—	$3\frac{1}{2}$FH

续表

浮阀芯型号	浮阀芯直径 mm	浮阀槽直径 mm	浮阀芯长度 mm	本体内螺纹代号	本体其他连接螺纹代号
$3\frac{1}{2}$IF	79.4	80.2	254.0	—	NC38
4R	88.1	88.9	211.1	$4\frac{1}{2}$RGE	NC44
4F	92.9	93.7	304.8	—	NC46
5R	98.4	99.2	247.6	$5\frac{1}{2}$RGE	NC50
5F-6R	121.4	122.2	298.4	$6\frac{5}{8}$RGE	$5\frac{1}{2}$IF
5F-6R	121.4	122.2	298.4	$7\frac{5}{8}$RGE	$5\frac{1}{2}$FH
5F-6R	121.4	122.2	298.4	$8\frac{5}{8}$RGE	NC61
6F	144.5	145.2	371.5	$8\frac{5}{8}$RGE	$6\frac{5}{8}$IF

浮阀芯根据结构不同分为翻板式(G型)和弹簧式(F型)，翻板式(板式)浮阀芯由阀体、密封圈、阀盖、弹簧、轴销、阀座等组成；弹簧式(箭式)浮阀芯由阀体、密封圈、轴塞、轴套、弹簧、阀座等组成，如图18-7所示。在正常钻进情况下，钻井液通过浮阀芯进行循环。当井下发生溢流或井喷时，浮阀芯关闭，达到防喷的目的。翻板式浮阀芯具有与钻柱水眼一致的通孔，适用于高研磨性流体，同时该阀允许钢球等工具通过，能够适用于某些可能需要投球作业的钻具组合中。除普通的标准浮阀芯外，现场可根据工作需要选择不同功能的浮阀芯。

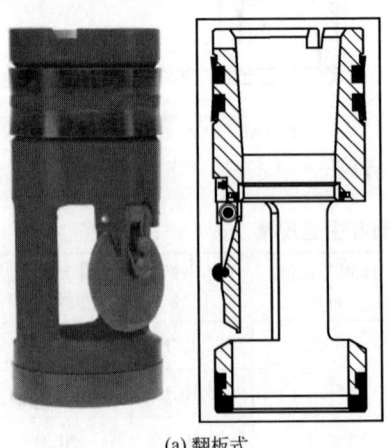
(a) 翻板式

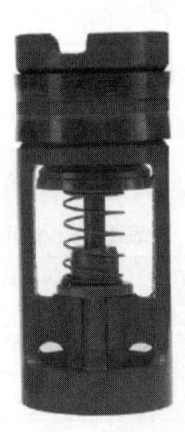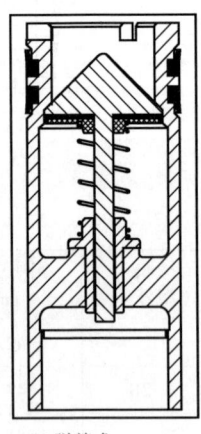
(b) 弹簧式

图18-7 浮阀芯

第十八章 钻具内防喷工具

1. 压差监测式浮阀芯（GA 型或 FA 型）

该浮阀芯在轴塞或阀盖上增加了一个允许流体通过直径约 6.35mm（$\frac{1}{4}$in）的小孔，可以实现关井后在地面直接读取关井立管压力，如图 18-8 所示。

2. 自动充填式浮阀芯（GC 型或 FC 型）

该阀在安装时，用挡块将其设置成自动填充位置，可实现在下钻时自动向钻柱水眼中充填钻井液，这样下钻时可以不用向钻柱水眼灌钻井液，节省下钻的时间，也减小下钻时井下的波动压力。但下钻过程中如开泵顶通循环，钻井液推动阀盖或柱塞继续向下，致使定位挡块脱开，并在定位挡块弹簧的作用下回位，此时阀盖或柱塞就能恢复为正常开关状态，此时浮阀芯的自动充填功能就将失去，如图 18-9 所示。

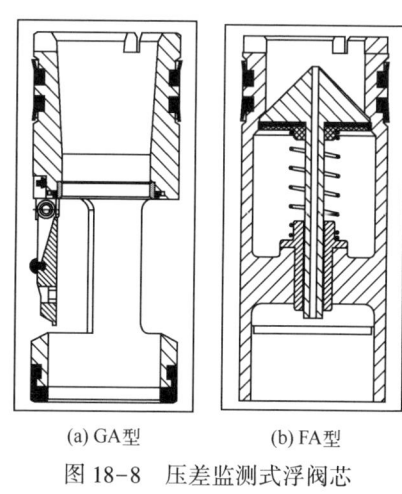
(a) GA型　　　(b) FA型

图 18-8　压差监测式浮阀芯

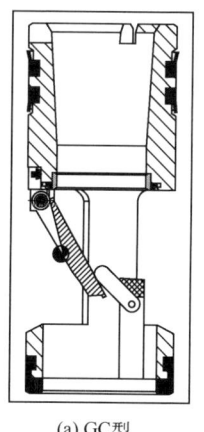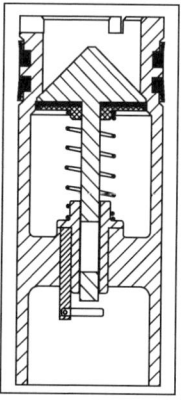
(a) GC型　　　(b) FC型

图 18-9　自动充填式浮阀芯

3. 自动压差监测式浮阀芯（GCA 型）

此种浮阀结合了压差监测式浮阀芯（GA 型）和自动充填式浮阀芯（GC 型）的特点，可以在下钻时自动充填钻井液，又可在关井后直接读取立管压力，如图 18-10 所示。

五、钻具止回阀的安装和使用

油气层钻井作业中，需在钻柱下部安装箭形止回阀或钻具浮阀。以下特殊作业的钻具组合中不便安装箭形止回阀或钻具浮阀时，可以将投入式止回阀的联顶接头接在钻具组合中：

（1）堵漏钻具组合。

（2）下尾管前的称重钻具组合。

（3）处理卡钻事故的爆炸松扣钻具组合。

（4）穿心打捞测井电缆及仪器钻具组合。

（5）传输测井钻具组合。

钻具止回阀的额定工作压力不低于所用闸板防喷器的压力等级。钻具止回阀的外径、强度应与相连接的钻柱外径、强度相匹配。

钻具止回阀的安装位置以最接近钻柱底端为原则：

（1）常规钻进、通井等钻具组合，止回阀接在钻头与入井第一根钻铤之间。

（2）带井底动力钻具的钻具组合，止回阀接在井底动力钻具与入井的第一根钻具之间。

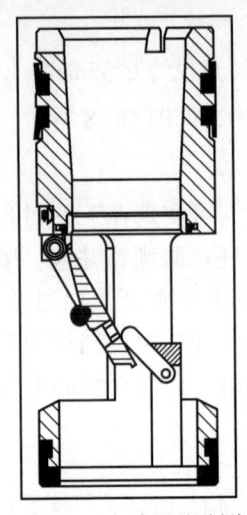

图 18-10　自动压差监测式浮阀芯（GCA 型）

（3）在油气层中取心钻进使用非投球式取心工具时，止回阀接在取心工具与入井第一根钻铤之间。

钻柱中装有普通止回阀下钻时，止回阀会关闭，防止井内流体通过钻头水眼进入钻柱，为防止钻柱内外产生过大压差，应坚持下钻一定数量钻具向其水眼内灌满一次钻井液，以平衡止回阀所承受的压力。钻柱底部装有止回阀时，起下钻发生溢流或井喷，仍按常规关井程序控制井口。

第三节　防喷单根与防喷立柱

井口安装的半封闸板与所用钻杆尺寸相匹配，因此在起下钻铤时发生溢流，为了快速控制井口，现场就必须配备防喷单根或防喷立柱。使用方钻杆时，一般配备防喷单根，防喷单根由一根与在用半封闸板规格相匹配的钻杆与开启状态的内防喷工具及转换接头组合而成，如图 18-11 所示。其内螺纹端连接旋塞阀或箭形止回阀，外螺纹端连接与钻铤扣型相匹配的转换接头。如钻铤与钻杆扣型一致时，外螺纹端可不连接转换接头。内螺纹端一般连接旋塞阀，若使用箭形止回阀，该阀必须有顶开装置，且顶开装置上的手柄不应触

第十八章　钻具内防喷工具

碰吊环而影响防喷单根上扣。对于高底座的钻机，单根长度不能满足半封闸板封井要求时，可以在钻杆单根上再连接合适长度的短钻杆或使用防喷立柱。

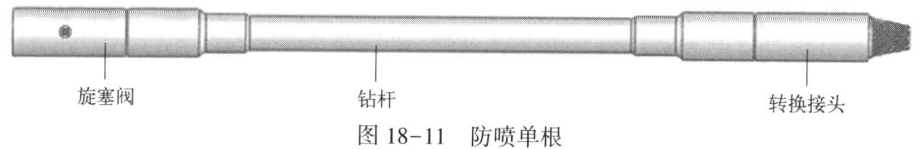

图 18-11　防喷单根

在使用顶驱时，现场一般配备防喷立柱，防喷立柱由一柱与半封闸板规格相匹配的钻杆与旋塞阀及转换接头组合而成。如钻铤与钻杆螺纹扣型一致时，立柱外螺纹端可不连接转换接头。防喷立柱有两种组合方式：旋塞阀安装在立柱最顶端或安装在立柱上单根和中间单根之间。由于顶驱在使用常规的吊环时，受其长度限制，可能会造成立柱最顶端连接旋塞阀的防喷立柱，不能进入顶驱管子处理装置的喇叭口；也可能在防喷立柱与顶驱连接后，受管子处理装置的影响，最顶端的旋塞阀不便进行开关。因此，旋塞阀可安装在上单根和中间单根之间，此时防喷立柱自上而下为钻杆单根+旋塞阀+钻杆双根+转换接头。

无论现场使用的是防喷单根还是防喷立柱，将其进行组合后，都应进行功能测试，确保吊卡扣合、井口上扣及关井时，防喷单根或防喷立柱满足现场应急使用的要求。

需要注意的是，防喷单根及防喷立柱多是在起下钻铤时才会使用，要完全实现压井，经常需要将关井时连接有防喷单根及防喷立柱的钻柱下钻到尽量接近井底。因此，防喷单根及防喷立柱上所用的旋塞阀应使用2级旋塞阀，才能满足该阀入井后能承受关井及压井过程中环空的压力。

第四节　钻具内防喷工具的正确使用

（1）钻具内防喷工具的使用管理要求建立记录卡，详细记录入井使用的时间及有关参数。

（2）对正在使用的每种规格的钻杆，应该在钻台上准备相应规格的应急旋塞阀和应急止回阀。

（3）钻具止回阀每次下钻前，应检查止回阀的密封和有无堵塞、刺漏等情况。

（4）钻具中安装有普通浮阀（或箭形止回阀），每下钻 20~30 柱钻杆至少向钻具水眼内灌满一次钻井液。下钻至主要油气层顶部后，要先把钻具内灌满钻井液，再循环一周后方可继续下钻。

（5）钻井液应在地面清洁过滤，避免造成钻具止回阀堵塞。

（6）箭形止回阀使用后，应用清水将内部冲洗干净并涂上润滑脂。定期检查各密封元件的密封面，不应有影响密封性能的冲蚀斑痕。钻具浮阀每次使用后，现场人员必须对阀芯与阀体进行检查。

（7）起下钻发生溢流，井口在抢装箭形止回阀时，人员应避开泄压导流口直对的方向。

（8）钻具组合中安装有钻具止回阀，就无法进行反循环作业。

（9）浮阀芯安装时应注意安装方向，浮阀芯有 3 个缺口的一端向上。

（10）投入式止回阀的阀芯在钻台上要妥善保管，应保持清洁并远离有腐蚀性的物品。

（11）发生溢流关井后，旋塞阀一般作为安全阀来使用，要及时在其上方安装钻具止回阀，并将旋塞阀打开；关闭的旋塞阀当承受较大的井压时，存在不易打开或卡死的风险。

第十九章 套管头、钻井四通与法兰

第一节 套管头

套管头是套管与井口装置之间的重要连接件,它的下端通过螺纹、卡瓦或焊接的方式与表层套管相连,上端通过法兰或卡箍连接钻井四通及防喷器等装置。套管头是钻完井期间及全生命周期中的重要井筒屏障部件,是用于悬挂套管及密封环形空间的重要装置。在钻完井期间,与防喷器组一起构成井控部件,完井之后,又是采油气井口装置的永久性组成部分。

一、套管头的型号

套管头型号表示如下:

T ①-②-③

T:套管头代号。

①:套管层序(以套管尺寸代号表示,各套管尺寸代号间用"×"连接)。

②:额定工作压力,MPa。

③:更新设计号,用阿拉伯数字表示。

注:套管头尺寸代号(包括连接套管、悬挂套管)用套管外径的英寸值表示。

例如:"T$9\frac{5}{8}$×7-35"表示连接套管外径为244.5mm($9\frac{5}{8}$in),悬挂套管外径为177.8mm(7in),额定工作压力为35MPa的单级套管头。"T$13\frac{3}{8}$×$9\frac{5}{8}$×7-35"表示连接套管外径为339.7mm($13\frac{3}{8}$in),悬挂套管外径为244.5mm

($9\frac{5}{8}$in)、177.8mm（7in），额定工作压力为35MPa的双级套管头。

二、套管头的用途

套管头是连接套管与井口装置的重要设备，其主要作用包括：
（1）通过悬挂器支撑除表层套管之外各层套管的重量。
（2）承受井口装置的重量，快速而又可靠地连接套管柱。
（3）承受井内介质压力，形成主、侧通道。
（4）在内外层套管之间形成压力密封，对套管柱间的环空进行压力检测，使井内的水泥浆和钻井液返出或在紧急情况下向井内泵入流体。

套管头比底法兰能支撑更大的套管重量，使井口装置具有更大的稳定性；它能承受更大的井口压力，与防喷器的额定工作压力一致；具有更好的性能与强度。套管头使整个井口装置具有更大的安全性和可靠性。

三、套管头的类型

套管头类型分为标准套管头和简易套管头。

1. 标准套管头

标准套管头按悬挂套管层数可分为单级套管头、双级套管头和多级套管头。

（1）单级套管头又称为表层套管头，按套管头底部与表层套管连接方式又可分为卡瓦式、螺纹式、焊接式，如图19-1所示。

（2）双级套管头和多级套管头按本体连接形式分为卡箍式和法兰式；按组合形式分为单体式和组合式。组合式双级套管头与组合式多级套管头分别如图19-2、图19-3所示；单体式双级套管头如图19-4所示。

2. 简易套管头

简易套管头均为单级套管头，对于地层压力较低的浅井，只需悬挂一层套管时，常常使用简易套管头。它具有结构简单、成本低、现场安装快捷等特点，其本体上端为标准法兰，下端为标准的套管螺纹，可直接与套管连接。本体两侧循环孔各连接闸阀和压力表，可对井内套管间环空介质、压力进行监测和引流，为保证固井质量进行补挤水泥时提供通道。

第十九章　套管头、钻井四通与法兰

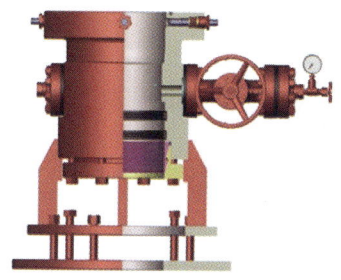
(a) 卡瓦式套管头

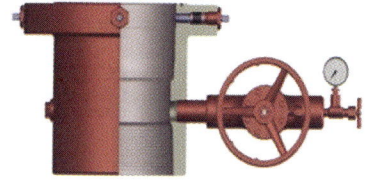
(b) 螺纹式套管头

(c) 焊接式套管头

图 19-1　单级套管头

图 19-2　组合式双级套管头

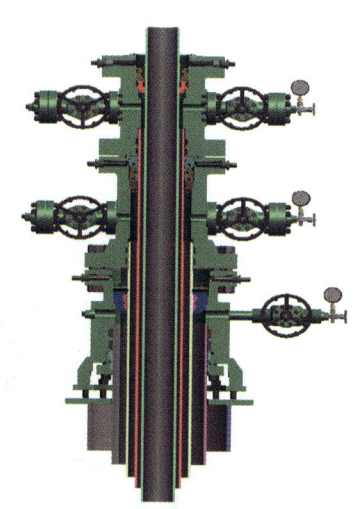

图 19-3　组合式多级套管头

图 19-4　单体式双级套管头

四、套管头的结构

套管头主要由套管头本体和悬挂器总成组成。其他零部件包括防磨套、螺栓、螺母、密封垫环、橡塑密封件、注塑枪和注塑密封脂及试压塞等，用于套管头的防磨、连接、密封及试压等。

1. 套管头本体

套管头本体为四通承载壳体，承受介质压力，通过悬挂器支撑除表层套管之外的各层套管重量和井口防喷器组的重量，如图 19-5 所示。侧通道连接件包括压力表总成、闸阀和连接法兰等，对井内各套管柱间的环空进行压力检测并提供流体的返出或泵入通道。套管头上法兰带有顶丝，用于顶住防磨套或悬挂器，内腔设计有套管悬挂器坐落台肩。

图 19-5　套管头本体

第十九章 套管头、钻井四通与法兰

2. 套管悬挂器

套管悬挂器（又称套管挂），如图 19-6 所示，用来悬挂套管、油管并在内外套管柱之间的环形空间及上部连接（法兰）处形成压力密封。套管悬挂器分为芯轴式和卡瓦式两大类。

1）芯轴式悬挂器

芯轴式悬挂器又称为螺纹式悬挂器，如图 19-7 所示。悬挂器与套管用螺纹连接并形

图 19-6 套管悬挂器

成密封，通过套管头本体悬挂套管，利用橡胶密封件或金属密封与套管头本体形成环形空间，与上一层套管头或油管头的下部内圆孔利用 O 形橡胶密封件或 BT 橡胶密封件形成密封。芯轴式悬挂器相当于一个套管接箍，无须切割套管，甚至不拆除井口防喷器组就可悬挂套管，但需要较准确地计算下入套管深度。

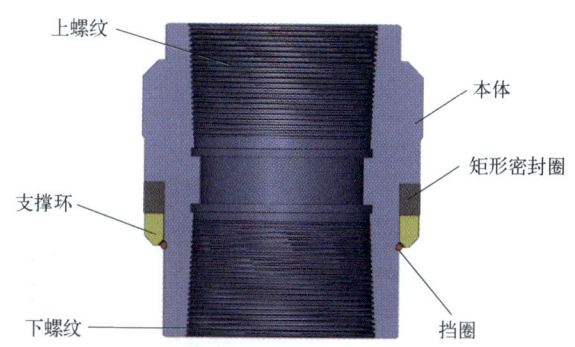

图 19-7 芯轴式悬挂器

将悬挂器连接到套管柱上，下放套管柱，直到悬挂器坐入套管头内，利用套管重量激发密封件，实现悬挂套管和密封套管头环空的目的，如图 19-8 所示。

2）卡瓦式悬挂器

卡瓦式悬挂器包括 W 型、WD 型、WE 型，采用多片卡瓦与套管咬合连接，通过卡瓦座与套管头本体悬挂套管，利用橡胶密封件密封所悬挂套管与套管头本体形成的环形空间。其上端的一段套管与上一层套管头或油管头的下部内圆孔利用 O 形橡胶密封件或 BT 橡胶密封件形成密封。

卡瓦式悬挂器工作原理为：将两半组合的卡瓦悬挂器抱住套管，整体坐

入套管头孔中,使卡瓦牙紧紧卡住套管,在套管自重和卡瓦牙锥度的作用下,卡瓦牙越楔越紧,使卡瓦牙对套管越卡越紧。而橡胶密封件在自重的作用下产生变形,形成对套管和套管头本体的密封。

图 19-8　使用芯轴式悬挂器的套管头

（1）W 型卡瓦式悬挂器利用套管的悬挂重量,激发悬挂器下部的密封件（主密封）来达到套管和套管头之间的密封,如图 19-9 所示。其特点为悬挂吨位大、密封较好,一般用在技术套管的悬挂。

图 19-9　W 型卡瓦式悬挂器

（2）WD 型卡瓦式悬挂器仅用于套管头与表层套管的连接。通过紧固卡瓦座螺钉,推动卡瓦座、卡瓦上行,当卡瓦上部接触到套管头本体台肩后卡瓦缩径,抱紧并嵌入表层套管,达到连接套管头与表层套管的目的,如图 19-10 所示。

（3）WE 型卡瓦式悬挂器用于表层套管,坐入套管头后,通过紧固上部的螺钉来激发密封圈,实现套管和套管头之间的密封,如图 19-11 所示。其特点为密封环空压力不太高（相对 W 型卡瓦式悬挂器）,在固井后套管无法上提下放时,靠手动就可激发悬挂器的密封。

第十九章 套管头、钻井四通与法兰

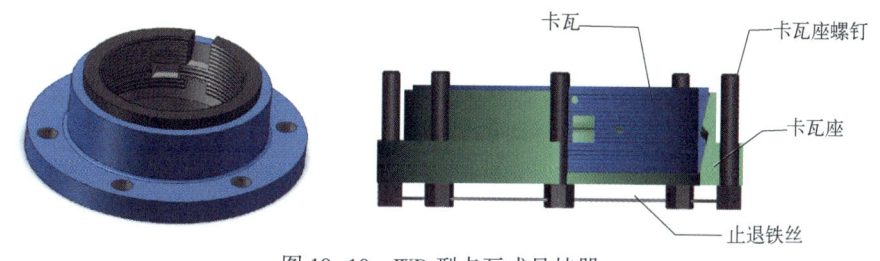

图 19-10 WD 型卡瓦式悬挂器

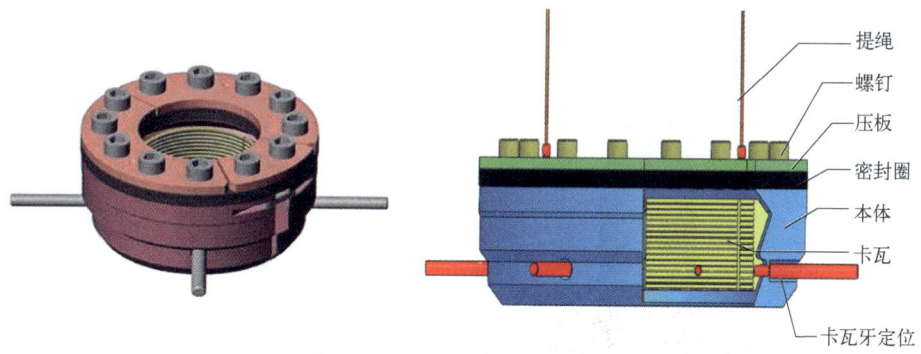

图 19-11 WE 型卡瓦式悬挂器

3. 防磨套

防磨套主要用于防止在钻井作业过程中，钻具对套管头内腔密封面造成损坏，如图 19-12 所示。它通过防磨套取送工具进行安装与回收，如图 19-13 所示。

图 19-12 防磨套

图 19-13 防磨套取送工具

4. 试压塞

试压塞主要有普通试压塞和皮碗式试压塞。

(1) 普通试压塞。试压塞坐封在套管头旁通口上部，以对试压塞以上所连接的井控设备进行试压，如图 19-14 所示。

(2) 皮碗式试压塞。使用时连接钻具，下入套管内，环空注满试压介质并关闭防喷器后，缓慢上提钻具实现对井控装备试压，也称为提拉式试压塞。目前常用的皮碗式试压塞压力级别为 35MPa，如图 19-15 所示。

图 19-14　普通试压塞

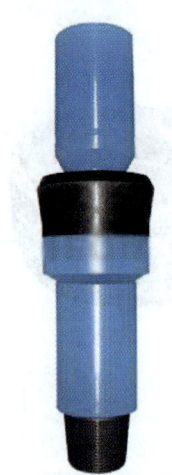
图 19-15　皮碗式试压塞

五、套管头的密封

悬挂器总成的密封分为主密封和副密封。主密封是悬挂器与套管头本体和套管的密封，通过套管悬挂器坐挂在套管头本体台肩上，由于套管的重量，金属与金属的接触就产生密封；副密封在悬挂器的上部，用于上部连接体密封，主要有 BT 密封、P 密封和金属密封三类。

1. BT 密封

BT 密封指平衡型无压的双重密封，也称为串联密封，主要用于套管头与套管间进行二次密封，BT 密封圈如图 19-16 所示。利用注脂产生的压力，对带有钢丝骨架的橡胶产生向上及向下的密封推力，当密封脂挤入后 BT 密封圈被挤压，金属骨架弹性收缩并紧贴在套管表面上，由于两道唇边

第十九章　套管头、钻井四通与法兰

之间的环空内外有通孔，密封脂通过通孔进入 BT 密封圈和套管之间的环空进行充填，使得 BT 密封圈有较好的补偿作用，增加了密封脂的助封效果，如图 19-17 所示。由于 BT 密封圈变形量大，适合椭圆度偏大的套管使用。通常一道 BT 密封的压力不大于 35MPa，两道 BT 密封可用于大于 35MPa 的高压环境。

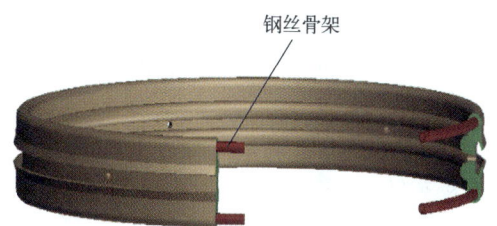

图 19-16　BT 密封圈

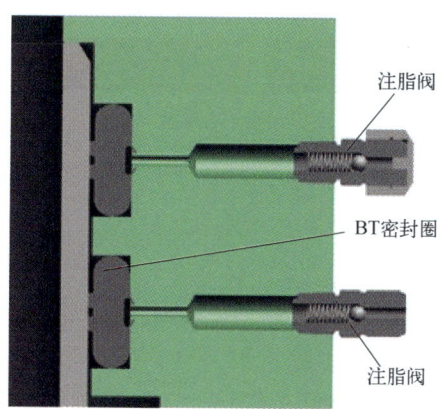

图 19-17　BT 密封注脂结构

2. P 密封

P 密封的密封原理与 BT 密封相近，P 密封的金属骨架更强大，堵塞了套管与套管头之间的间隙，使得橡胶材质的 P 密封圈更不容易损坏。与 BT 密封相比，P 密封的橡胶材质硬度较高，加之金属骨架的阻挡作用，使得 P 密封适用于更高的压力环境，如图 19-18 所示。

图 19-18　P 密封圈

3. 金属密封

与 BT 密封及 P 密封相比，金属密封的优点在于更适合用于硫化氢环境，密封性能好、寿命长；其缺点主要体现在安装复杂，对密封部位套管的圆度、粗糙度要求较高，如图 19-19 所示。

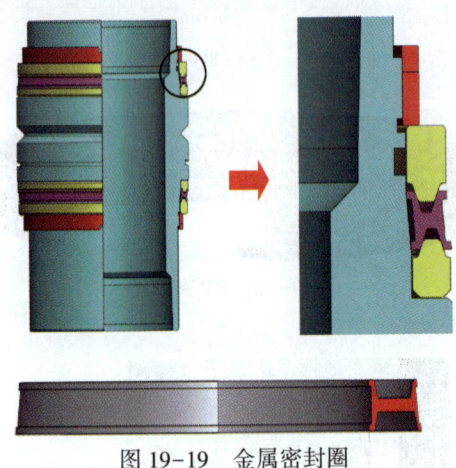

图 19-19　金属密封圈

六、套管头的安装

1. 使用芯轴式悬挂器的套管头安装

1）第一层套管下入后的安装

（1）下表层套管前，计算好长度，应保证套管头下部本体和钻井四通等安装后，与钻井四通相连的防喷管线能从井架底座工字梁上或工字梁下穿过。

（2）固井后，卸下联顶节（联顶节是下套管时接在最后一根套管上用来调节套管柱顶面位置，并与水泥头连接的套管），用双外螺纹短节与套管接箍连接后，套上托盘。将双外螺纹短节外螺纹与套管头本体内螺纹按规定扭矩上紧，并使套管头本体侧通道出口中心线与防喷管线中心线重合在同一平面上。

（3）将套管头的托盘上端面顶住套管头下部本体底平面，托盘下端填满砂石、水泥并与地面结合。也可将托盘与导管焊接，加强固定支撑，使套管头本体主通径法兰面的水平误差不大于 1mm。

（4）根据套管头上部本体高度，用双法兰短节（又称为占位短节或升高

第十九章　套管头、钻井四通与法兰

短节）安装在套管头下部本体上（占据套管头上部本体位置）。套管头以上井口装置通径应大于所用钻具、钻头及悬挂器的最大外径。

（5）按钻井设计要求对钻井井口装置试压，试压结束后，用专用工具送防磨套坐入表层套管头，并用顶丝顶紧固定。顶丝退出与顶入的状态如图19-20所示。

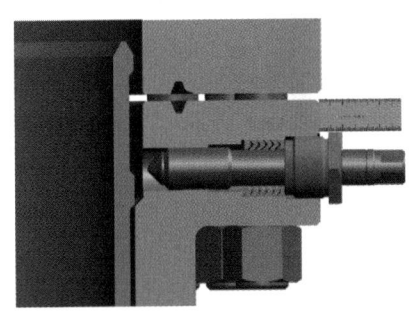 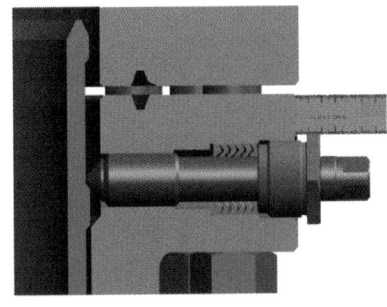

(a) 顶丝完全退出状态　　　　　　　　(b) 顶丝完全顶入状态

图 19-20　套管头顶丝两种工作状态

2）第二层套管下入后的安装

（1）下第二层套管前，先退出第一层套管头本体上的顶丝，用专用工具取出防磨套。

（2）计算好入井套管长度和联顶节长度，将芯轴式悬挂器下端与所下套管连接，上端连接联顶节，并将悬挂器缓慢下放坐入套管头下部本体内，检查并顶紧顶丝。

（3）从套管头下部本体旁侧通道连接回收钻井液管线。

（4）第二层套管固井后，拆下全套防喷器组、钻井四通和双法兰短节等。

（5）将套管头上部本体缓慢套入表层套管头芯轴式悬挂器上端，注意保护悬挂器上部密封部位，以免损坏上密封，与表层套管头连接。对角方向上平、拧紧连接螺栓。

（6）用手动注塑泵对套管头各副密封处按钻井设计要求注密封脂，如图19-21所示，并按要求对各连接处、密封处试压，检查套管悬挂器密封性能，如图19-22所示。

（7）在套管头上部安装钻井四通、防喷器等井口装置。按钻井设计要求对钻井井口装置试压；试压结束后，在套管头本体内装好防磨套，并拧紧顶丝。

（8）第三层或更多层套管下入后的安装方法同以上步骤。

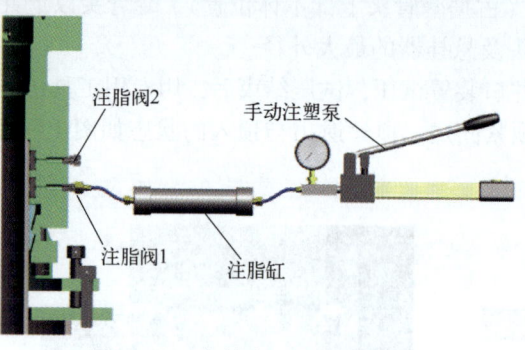
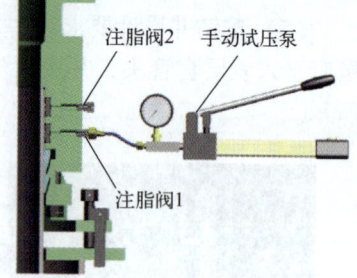

图 19-21　套管头 BT 密封圈注脂　　　图 19-22　套管头 BT 密封圈注油试压

2. 使用卡瓦式悬挂器的套管头安装

1）第一层套管下入后的安装

（1）下表层套管固井后，应保证套管头本体和双法兰短节、钻井四通安装后，与钻井四通连接的防喷管线能从井架底座工字梁上或工字梁下顺利穿过。第一级套管头的安装高度，应使完井井口装置安装高度满足工程设计的要求。

（2）割断表层套管高出部分，并将套管端口打磨。连接套管头并试压：

① 若使用焊接式套管头，则在套管头本体套入套管后进行内外焊接，焊接材料应符合或超过套管头本体和套管的最低力学性能；从两焊接缝间的试压孔试压。

② 若使用卡瓦式套管头，则将套管头本体套入套管后，拧紧底部卡瓦的卡瓦螺钉；先对密封处进行注脂，再进行试压。试压合格后应对卡瓦螺钉按规定扭矩进行紧固，锁紧卡瓦牙，确保卡瓦牙有效咬合套管，并对卡瓦的卡紧情况进行上提 30t 的检查。

（3）在套管头上部安装双法兰短节，再安装钻井四通、防喷器组。

（4）送试压塞坐在套管头内，按规定对井口装置试压。用专用工具送防磨套坐入表层套管头，并用顶丝顶紧固定。

2）第二层套管下入后的安装

（1）下第二层套管前，先退出顶丝，用专用工具取出防磨套。

（2）拆除套管头上法兰处连接螺栓，上提井口防喷器组 500~700mm 并固定，打开套管头下部本体侧通道闸阀。

（3）适当上提套管，将卡瓦式悬挂器扣合在上提露出的入井套管上，拧

第十九章　套管头、钻井四通与法兰

紧悬挂器密封压板上的压板螺钉，缓慢下放套管，使卡瓦式悬挂器坐入套管头本体内，检查并顶紧顶丝。

（4）距套管头上法兰平面预留一定高度将套管割断取出，按套管头使用说明书的要求切割高度再次切割平正，并将套管端口打磨。

（5）吊开防喷器、钻井四通及双法兰短节等井口装置。

（6）将上一层套管头本体缓慢套入已切割的套管并与表层套管头连接，对角方向上平、拧紧连接套管头上、下本体的法兰螺栓。

（7）用注塑泵对套管头各副密封处按设计要求注密封脂，并按要求对各连接处、密封处试压，检查套管悬挂器密封性能。

（8）在套管头上部安装防喷器组等井口装置。按钻井设计要求对钻井井口装置试压；试压结束后，在套管头本体内装好防磨套，并拧紧顶丝。

（9）第三层或更多层套管下入后的安装方法同以上步骤。

七、套管头的正确使用

1. 安装要求

（1）含硫油气井、高压油气井、天然气井、气油比高的油井、探井、深井和复杂井，应安装使用标准套管头。

（2）使用芯轴式悬挂器的标准套管头，套管头本体侧通道出口直径应不小于 65mm。

（3）选用 35MPa 及以上额定工作压力的套管头，应具有两道 BT 密封注脂结构。

（4）特殊工艺井和热采井应根据地质情况、钻井设计等要求，选择满足特殊要求的套管头。

（5）使用分体式双级套管头和多级套管头，在安装套管头下部本体后，应安装与上一级套管头本体相当高度的双法兰短节，以保证钻井四通和防喷管线在各次开钻中的高度基本不变。

（6）第一级套管头本体的安装高度，要保证双法兰短节、钻井四通安装后，与钻井四通连接的防喷管线能从井架底座工字梁上（或下）穿过，应使完井井口装置的安装高度满足工程设计要求。

（7）安装单级或第一层套管头本体时，应使本体侧通道出口中心线与防喷管线中心线重合在同一平面上，且主通径法兰面的水平误差应不大于 1mm。

（8）安装 WE 型卡瓦式悬挂器时，应拆卸悬挂器侧面的卡瓦支撑螺钉，并在卡瓦卡住套管后将密封压板上的压板螺钉拧紧，使其密封橡胶唇边与套管头本体内壁和套管外壁形成良好的密封。

（9）安装WD型卡瓦式悬挂器时，注密封脂试压合格后，应用扭矩扳手按使用说明书要求紧固卡瓦螺钉，锁紧卡瓦，确保卡瓦牙有效咬合套管。

（10）卡瓦式悬挂器安装就位后，缓慢下放大钩约25mm，悬挂器的卡瓦应卡住套管，套管不再下移。继续下放大钩一定吨位，确认套管不再下移和被完全卡住。否则，应上提套管，重新安装悬挂器。

（11）应按要求正确安装和拆卸防磨套。

（12）套管头上、下本体的连接不允许使用螺纹损坏、螺杆变形的螺栓和螺母。

（13）对于高温、高压、高含硫油气井，在选择与使用套管头时还应注意：高压气井套管头推荐使用带金属密封的芯轴式悬挂器；表层套管推荐使用螺纹或卡瓦式连接的套管头；套管头密封件应根据最低地面温度、最高产出流体温度进行选择；含硫油气井套管头的材质应满足作业井口环境要求。

2. 试压要求

（1）每一级套管头本体安装完毕，应按套管头使用说明书要求对悬挂器与套管头本体、悬挂器与套管、套管与套管头本体以及套管头上部本体和下部本体法兰密封垫环槽的密封进行密封性能试验。

（2）具有BT密封注脂结构的套管头，应根据季节选择夏季或冬季用密封脂。

（3）卡瓦式套管头：注塑、试压压力应为套管抗外挤强度80%与套管头连接法兰额定工作压力两者的最小值，稳压30min，压降不大于0.7MPa，密封部位无渗漏为合格。

（4）芯轴式套管头：注塑、试压压力为法兰的额定工作压力与芯轴式悬挂器颈部抗外挤强度80%两者中的最小值，稳压10min，压降不大于0.7MPa，密封部位无渗漏为合格。

3. 维护与检查

（1）每次安装套管头后，应安装防磨套，并对称均匀顶紧顶丝。

（2）根据磨损情况定期检查防磨套，防磨套壁厚偏磨达到30%时应及时更换。

（3）定期对各级套管头进行注塑、试压检查，并做好记录。

（4）通过套管头侧通道进行注水泥浆、排泄压等作业后，应及时对侧通道进行冲洗，保障侧通道的通畅、阀门开关灵活及密封良好。

第十九章　套管头、钻井四通与法兰

第二节　钻井四通与法兰

一、钻井四通

钻井四通安装于井口防喷器组合之间，有两个主要作用：一是连接防喷管线，用于防喷器关闭期间排除溢流和压井节流循环；二是保护防喷器，延长其使用寿命，因为钻井液中含有大量的岩屑、砂粒及处理剂中的固相物质等，若通过防喷器本体上的侧孔进行循环、放喷及压井，会加速防喷器壳体的磨损、冲蚀，而缩短其使用寿命。另外，钻井四通若安装在防喷器之间，能为井口防喷器组合尤其是上下半封闸板之间提供更大的空间，有利于进行强行起下钻等特殊作业。

钻井四通的工作压力级别应与井口防喷器额定压力一致，其公称通径不得小于最内层套管的内径或等于井口组合的最大通径。钻井四通结构简单，主要包括四通主体、上法兰、下法兰及侧法兰，如图 19-23 所示。根据现场需要，井口防喷器组合中应配备 1~2 个钻井四通，根据用途不同分为常规钻井四通与多功能四通。

图 19-23　钻井四通

1. 常规钻井四通

常规钻井四通下法兰连接套管头、上法兰连接防喷器组或安装于防喷器与防喷器之间，两侧通道安装有闸阀及防喷管线，再与井架底座外的节流管汇、压井管汇连接。常规钻井四通如图 19-24 所示。

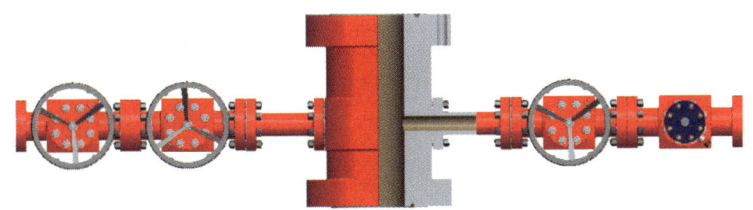

图 19-24　常规钻井四通

2. 多功能四通

多功能四通将油管头与套管头的功能相结合，可一次性完成钻井、完井及试油等作业。作业过程中，不需要反复换装井口，减少了井口、节流管汇和压井管汇重新安装、试压的时间，同时还可以减少多次换装井口带来的井控风险，多功能四通如图19-25所示。多功能四通下部与套管之间的密封为金属密封和BT密封结构，具有更好的密封性能和更长的使用寿命。

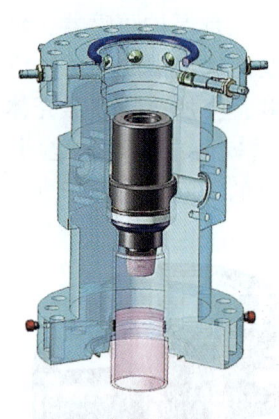
(a) 安装试压塞

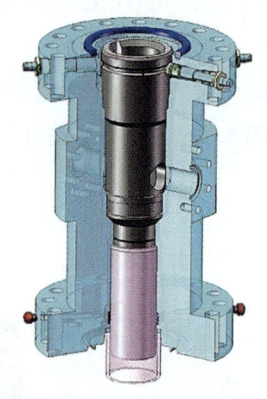
(b) 安装防磨套

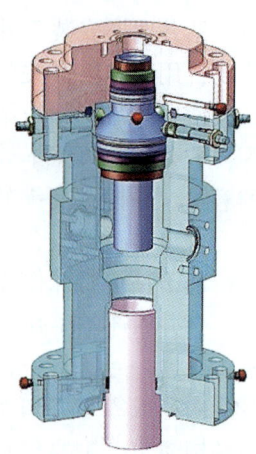
(c) 安装悬挂器

图 19-25　多功能四通

二、法兰与密封垫环

法兰与密封垫环与防喷器等其他的井控设备一样重要，它们是连接、密封钻井井口设备所必备的井控附件，其可靠性对井口装置的安全工作具有极其重要的作用。法兰与密封垫环为国际通用的标准件。

1. 法兰

根据API标准，法兰可分为6B和6BX两种类型，如图19-26所示。从结构上看，6B型法兰有盲板式、整体式、螺纹式和焊颈式等几种类型；其额定工作压力有14MPa、21MPa、35MPa三个等级；6B型法兰属于垫环连接形式，而非面靠面结合式法兰，螺栓上紧力作用于金属密封垫环上。6BX型法兰有盲板式、整体式和焊颈式三种类型；其额定工作压力有14MPa、21MPa、

第十九章 套管头、钻井四通与法兰

35MPa、70MPa、105MPa、140MPa 六个等级；6BX 型法兰是带凸台面的垫环结合式法兰，这种支撑可防止螺栓上紧力过大对法兰或垫环的损坏。法兰的额定工作压力和尺寸范围见表 19-1。

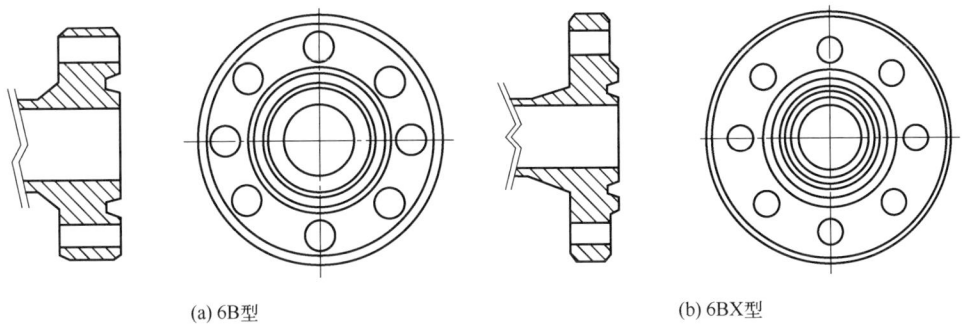

(a) 6B型　　　　　　　　　　　　(b) 6BX型

图 19-26　法兰

表 19-1　法兰的额定工作压力和尺寸范围

额定工作压力 MPa(psi)	法兰标称尺寸范围,mm(in)	
	6B 型	6BX 型
14(2000)	52~540($2\frac{1}{16}$~$21\frac{1}{4}$)	679~762($26\frac{3}{4}$~30)
21(3000)	52~527($2\frac{1}{16}$~$20\frac{3}{4}$)	679~762($26\frac{3}{4}$~30)
35(5000)	52~279($2\frac{1}{16}$~11)	346~540($13\frac{5}{8}$~$21\frac{1}{4}$)
70(10000)	—	46~540($1\frac{13}{16}$~$21\frac{1}{4}$)
105(15000)	—	46~476($1\frac{13}{16}$~$18\frac{3}{4}$)
140(20000)	—	46~346($1\frac{13}{16}$~$13\frac{5}{8}$)

2. 密封垫环

密封垫环用于法兰连接的密封，根据 API 标准，密封垫环根据型号可分为 R 型、RX 型和 BX 型；密封垫环根据截面可分为椭圆形和八角形。R 型密封垫环既有椭圆形也有八角形，RX 型和 BX 型密封垫环为八角形，如图 19-27 所示。

R 型密封垫环为机械压紧式密封，密封效果依靠于螺栓的压紧程度。钻井作业中一些外部的振动或内部压力都有可能导致密封垫环密封部位产生挠曲，螺栓施加在密封垫环上的力开始降低，因此可能导致泄漏，所以施工过程中需要经常检查与重新上紧螺栓。

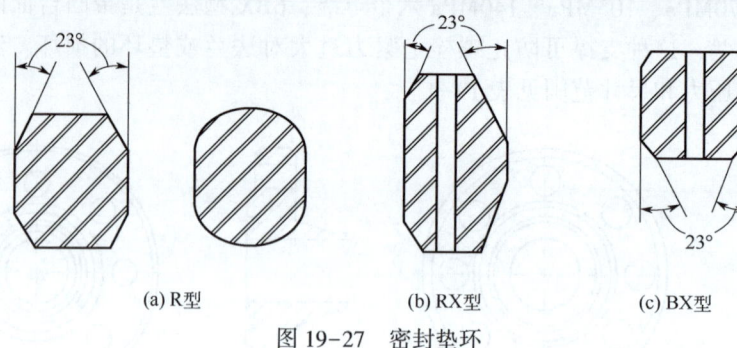

(a) R型　　　(b) RX型　　　(c) BX型

图 19-27　密封垫环

RX 型、BX 型密封垫环上有压力传递的通孔，具有压力增强式密封（助封）作用，即在一定程度上是利用井压来实现密封的，并且井的压力越高，密封越可靠，而不完全依靠法兰螺栓的上紧力矩来密封，螺栓只需要一次上紧即可，并可同时产生自密封的效果。钻井作业时的压力变化不会影响到密封垫环的密封效果。

R 型和 RX 型密封垫环适用于 6B 型法兰，并可互换使用，如图 19-28（a）、图 19-28(b) 所示。法兰使用卡箍连接时只能使用 RX 型密封垫环。

BX 型密封垫环适用于 6BX 型法兰，如图 19-28(c) 所示。BX 型密封垫环不能与 R 型和 RX 型密封垫环互换使用。

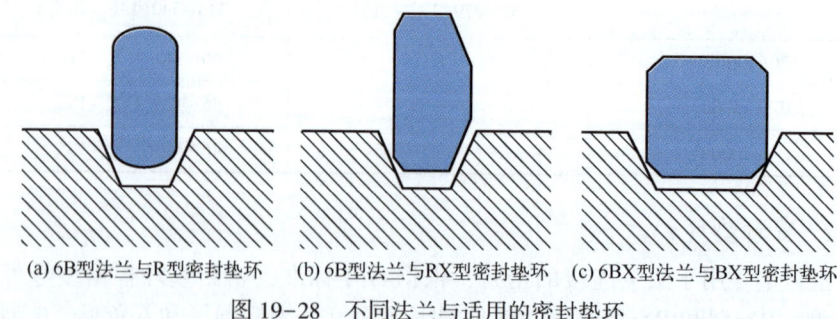

(a) 6B型法兰与R型密封垫环　　(b) 6B型法兰与RX型密封垫环　　(c) 6BX型法兰与BX型密封垫环

图 19-28　不同法兰与适用的密封垫环

密封垫环所用加工材料为钢或不锈钢，含碳量低，硬度低，现场使用时要注意不要让密封垫环与其他物体发生磕碰，密封垫环也不应与螺栓、手工具等混放在一起。井控设备所使用的密封垫环只能使用一次。现场常用法兰、螺栓及密封垫环参数见表 19-2。

第十九章 套管头、钻井四通与法兰

表 19-2 现场常用法兰、螺栓及密封垫环参数表

公称通径 mm(in)	额定压力 MPa	法兰厚度 mm	法兰外径 mm	螺栓数量	螺栓规格	双头螺栓长度 mm	栽丝螺栓长度 mm	螺帽高度 mm	栽丝端扣长 mm	密封垫环型号
52.4 (2¹/₁₆)	21	46	216	8	M22×2.5	155	110	24	29	R24(RX24)
	35	46	216	8	M22×2.5	155	110	24	29	R24(RX24)
	70	44.1	200	8	M20×2.5	142	100	22	27	BX152
	105	50.8	222	8	M22×2.5	160	110	24	29	BX152
	140	71.4	287	8	M30×3	218	150	32	38	BX152
65.1 (2⁹/₁₆)	21	49.2	244	8	M27×3	172	125	34	28	R27(RX27)
	35	49.2	244	8	M27×3	172	125	34	28	R27(RX27)
	70	51.2	232	8	M22×2.5	160	110	24	29	BX153
	105	57.2	254	8	M27×3	182	125	28	34	BX153
	140	79.4	325	8	M33×3	240	160	35	41	BX153
79.4 (3¹/₈)	21	46	241	8	M22×2.5	155	110	24	29	R31(RX31)
	35	55.6	267	8	M30×3	194	140	32	38	R35(RX35)
77.8 (3¹/₁₆)	70	58.3	270	8	M27×3	184	125	28	34	BX154
	105	64.3	287	8	M30×3	204	140	32	38	BX154
	140	85.7	357	8	M36×3	260	170	38	44	BX154
103.2 (4¹/₁₆)	21	52.4	290	8	M30×3	180	132	32	38	R37(RX37)
	35	61.9	311	8	M33×3	212	145	35	41	R39(RX39)
	70	70.2	316	8	M30×3	216	145	32	38	BX155

续表

公称通径 mm(in)	额定压力 MPa	法兰厚度 mm	法兰外径 mm	螺栓数量	螺栓规格	双头螺栓长度 mm	栽丝螺栓长度 mm	螺帽高度 mm	栽丝端扣长 mm	密封垫环型号
103.2 (4 1/16)	105	78.6	360	8	M36×3	246	160	38	44	BX155
	140	106.4	446	8	M45×3	318	200	47	53	BX155
179.4 (7 1/16)	21	63.5	381	12	M30×3	210	140	32	38	R45(RX45)
	35	92.1	394	12	M36×3	276	180	38	44	R46(RX46)
	70	103.2	479	12	M39×3	300	200	41	47	BX156
	105	119.1	505	16	M39×3	332	220	41	47	BX156
	140	165.1	656	16	M52×3	450	280	52	58	BX156
228.6 (9)	35	103.2	483	12	M42×3	310	205	44	50	R50(RX50)
	70	123.8	552	16	M39×3	342	225	41	47	BX157
279.4 (11)	35	119.1	584	12	M48×3	354	240	50	56	R54(RX54)
	70	141.3	654	16	M45×3	388	255	47	53	BX158
	105	187.3	813	20	M52×3	494	310	52	58	BX158
346.1 (13 5/8)	35	112.7	673	16	M42×3	326	220	44	50	BX160
	70	168.3	768	20	M48×3	448	290	50	56	BX159
527.1 (20 3/4)	21	120.7	857	20	M52×3	368	250	52	58	R74(RX74)
539.8 (21 1/4)	14	98.4	813	24	M42×3	300	220	44	50	R73(RX73)

第二十章　井控辅助设备

井控辅助设备包括除气设备、钻井液液面监测装置、灌注钻井液装置及远程点火装置等。由于这些设备种类型号众多，本章只简单介绍这些辅助设备的功用、结构和原理等基础知识，具体的使用及注意事项等需参照设备说明书。

第一节　除气设备

在油气层钻进时，钻井液会被气侵，尤其是进行欠平衡钻井时。而气侵钻井液如不能得到及时处理，轻者使钻井泵效率下降；重者会造成钻井液密度下降并形成恶性循环，使井内液柱压力急剧下降，很容易引起溢流乃至井喷。因此，在探井、气井或气油比高的油井进行钻井作业时，必须配备除气设备。目前钻井现场常用的除气设备有液气分离器和除气器。

当钻井液中含有气体时，可先经液气分离器脱掉气侵钻井液中的大气泡，然后将其送入除气器进一步脱气，有效地恢复其密度，避免盲目加重而带来加重剂的大量浪费或把地层压漏，同时有利于压井时迅速地排除溢流。

一、液气分离器

液气分离器又称为初级除气器，是钻井现场处理气侵钻井液的脱气装置。目前常用的钻井液液气分离器多为重力沉降式，由罐体、进液管、排液管、排气管等组成。内部结构上大多是在其内部设多道分离板的方式，增加液流的行程和液流的接触面积，从而提高气液分离效率。按照控制分离室内液面的方法不同，重力沉降式液气分离器分为浮球式和静液（U形管）式两种，如图20-1所示。钻井现场通常使用静液（U形管）式液气分离器。

液气分离器用来处理从井内经节流管汇返出的含气钻井液，除去钻井液中的气体，回收初步净化的钻井液。钻井作业中，要求液气分离器的处理量不小于井口返出流量的1.5倍，允许采用两台以上的液气分离器串联使用。现场常用液气分离器基本参数见表20-1。

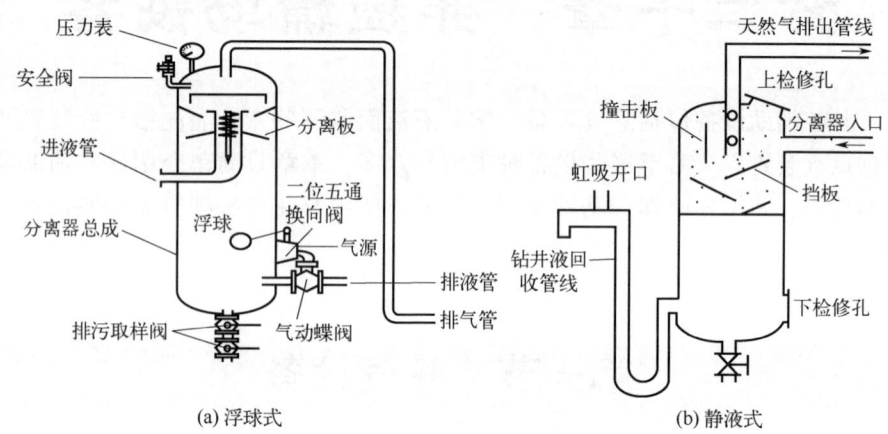

图20-1 液气分离器

表20-1 现场常用液气分离器基本参数

参数	型号			
	YQF-6000/0.8	YQF-8000/1.5	YQF-8000/2.5	YQF-8000/4
液体最大处理量,m^3/d	6000	8000	8000	8000
气体最大处理量,m^3/d	100000	147000	147000	147000
最高工作压力,MPa	0.8	1.5	2.5	4
内径×壁厚,mm×mm	800×10	1200×10	1200×14	1200×24
排气口直径,mm	≥159	≥219	≥219	≥219
排液口直径,mm	≥219	≥219	≥219	≥219
排污口直径,mm	≥159	≥159	≥159	≥159
容积,m^3	≥1.6	≥6	≥6	≥6

液气分离器工作原理是：从井内经节流管汇返出的含气钻井液进入分离器，按分离板布置的方向进行流动，使钻井液表面积增大，并在分离板上分散成薄层使气体暴露在钻井液的表面，气泡破裂，从而使钻井液和气体得到分离。分离出的气体从分离器顶部经排气管引至远离井口处燃烧掉。

液气分离器的工作压力等于游离气体由排出管线排出时的摩擦阻力。液气分离器内始终保持一定高度的液面，如果排出管线排出时的摩擦阻力大于

第二十章 井控辅助设备

分离器内钻井液液柱的静液压力,将造成"短路",未经分离的混气钻井液就会直接排入振动筛之前的缓冲罐。对于静液式液气分离器,排液管的U形管用于调节分离器罐体内的液柱液封面,U形管高度要不小于3m。对于液体处理量为8000m³/d的液气分离器,进液管线上要配有减压罐,减压罐的进口压力分为35MPa、21MPa、14MPa、7MPa、3MPa等五种。

液气分离器上部通常安装安全阀,安全阀在液气分离器最高工作压力的98%~105%的范围内能自动开启,并且开启灵活可靠。液气分离器上安装的压力表为耐振型,其精度等级不小于1.6级,表盘直径不小于100mm。液气分离器每3年检测一次。

二、除气器

除气器是钻井液5级净化处理装置之一,其作用是在钻井过程中及时除掉气侵钻井液中的气体,恢复钻井液原密度和黏度。除气器根据除气原理的不同,可分为常压除气器、真空除气器和离心式除气器,如图20-2所示。

(a) 真空除气器　　　　　(b) 离心式除气器

图20-2　除气器

常压式除气器利用离心机抽吸气侵钻井液,借助离心力使钻井液在其喷射罐内喷射、撞击内壁,使气体释放出去。

真空除气器利用真空泵的抽吸作用，在真空罐内形成负压区，钻井液在大气压的作用下，通过吸入管进入转子的空心轴，再由空心轴四周的窗口呈喷射状甩向罐壁，在碰撞、真空及气泡分离器的作用下，侵入钻井液中的气泡破碎，气体逸出，通过真空泵抽出并排往安全地带，钻井液则由于自重进入排空腔，经转子排出罐外。真空泵有两个不同的作用，一是利用真空泵的抽吸作用使钻井液进入真空罐内；二是利用真空泵使气体被抽出真空罐外。吸入管伸入钻井液循环罐内，在钻井液无气侵的情况下，真空除气器可作为大功率搅拌器使用。使用时根据钻井液密度调整负压压力。使用真空式除气器应注意，排液管线必须埋入钻井液循环罐内或钻井液槽内，否则不能形成真空。

离心式除气器利用离心分离原理，将钻井液中的气体分离出来。离心式除气器将注入泵和分离罐合二为一，当除气器主轴旋转时，气侵钻井液先由除气器下部的泵轮泵入上部的分离腔内，分离腔内的分离叶片旋转驱动钻井液随之旋转，在分离腔圆筒内壁上形成钻井液紊流薄壁，使钻井液中的气泡迅速破裂并由排气管排出，除过气的钻井液继续上升至排液口排入罐内。

除气器安装在振动筛后的循环罐上，设备和管线应固定牢固，排气管线应接出罐区，出口距离除气器至少15m。

第二节　钻井液液面监测装置

钻井液液面监测装置按照其监测液面的方式与位置不同，主要分为两种类型：一种是钻井液循环罐液面监测装置；另一种是井筒液面监测装置。

一、循环罐液面监测装置

循环罐液面监测装置是一种测量循环罐内钻井液体积的仪器，主要对循环罐的钻井液液面进行监测，通过循环罐内钻井液体积的变化发现溢流、井漏等异常显示并报警。

循环罐液面监测装置主要由超声波液位传感器、控制器、电子显示屏三部分组成。超声波液位传感器是循环罐液面监测的主要单元，按照现场钻井

第二十章　井控辅助设备

液罐的数量配备。其监测原理是由传感器探头发射一系列超声波脉冲，超声波脉冲遇到钻井液液面后返回被传感器接收，计算发射声波和接收声波的时间，再乘以空气中的声波速度，计算出距离并转变为电流输出，传感器内集成滤波装置，可排除电波噪声、搅拌器桨叶噪声等各种假回波。

超声波液位传感器安装在钻井液循环罐的罐面上，安装时应垂直于测量的液面并且探头与液面间无障碍，探头高度应距离罐面至少 25cm 以上，如图 20-3 所示。

循环罐液面监测装置主要的功能包括：

（1）监测各钻井液循环罐内液面的变化。根据安装于各钻井液循环罐的超声波液位传感器反馈的信号，实时显示各罐液面高度，通过液面高度变化显示体积变化。

（2）实现各钻井液循环罐液面的报警。根据设定的各钻井液循环罐报警上限和报警下限，实时对钻井液循环罐液面高度进行监控。当液面高于上限或低于下限时，报警提示。

（3）实现钻井液总量的累加和显示。根据液面高度不同，监测装置自动计算出当前各个钻井液循环罐内钻井液体积，并进行累加和显示。

图 20-3　超声波液位传感器

二、井筒液面监测装置

井筒液面监测装置是一种可以监测井筒内液面高度的仪器，主要用于监测钻井发生失返性漏失后井筒环空液面高度变化情况，监测结果可通过有线或无线的方式传到计算机数据管理系统中。

井筒液面监测装置主要由井口发声装置、采集器总成、处理与显示总成、气瓶总成等部件组成，如图 20-4 所示。该仪器基于声波反射原理，由井口发声装置发射声波脉冲，在遇到液面后产生反射波，利用测得声波的反射时间自动计算井筒内钻井液液面到井口的距离。在实际使用中，也可根据采集的波形曲线，识别出曲线起始位置、钻具接箍位置和液面位置，通过钻具接箍数量与钻具平均长度计算出相应的深度。

井口发声装置可安装在压井管汇的压力表三通上或钻井四通侧通道的专用接口上。在关井状态，首先将井口发声装置通往井筒的所有阀门全部打开，为保证测试效果，在条件允许的情况下尽可能关闭其余所有阀门。然后缓慢打开气瓶阀门，调节减压阀的调压手柄将气瓶输出压力调节到所需压力值，钻井液液面越浅，气瓶输出压力越低，反之输出压力就越高，在保证能测试到液面的前提下，气瓶输出压力越低越好。

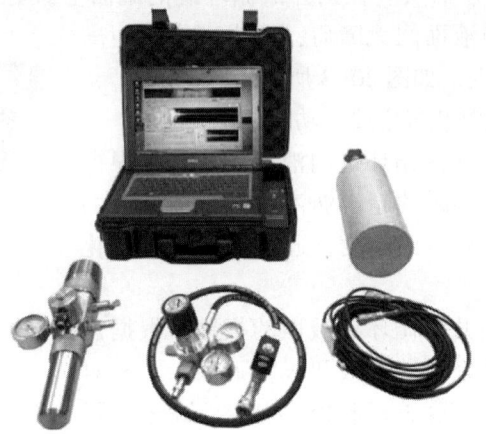

图 20-4　井筒液面监测装置

第三节　灌注钻井液装置

灌注钻井液装置是起下钻过程中最可靠的测量设备。灌注钻井液装置中的灌浆罐（也称为计量罐）容积通常为 $1.6\sim6.4\mathrm{m}^3$，不应超过 $20\mathrm{m}^3$。灌浆罐安装液面标尺或超声波探测仪等直读监测报警装置，精度不低于 $0.2\mathrm{m}^3$。起钻时，当灌浆罐内钻井液灌入井内后，再从循环罐内向其补充钻井液。这样就可以实现对灌入量的双重监测。

现场常用的最为简单的方法是人工操作进行灌浆，使用一个离心泵把钻井液从灌浆罐内泵入井里，井内灌满后，溢出的钻井液再返回灌浆罐里。这种灌浆罐可以连续向井内进行灌注，而且罐可以放置在地面上，方便安装，也可以将循环罐单独隔离出一个舱室，用作灌浆罐。起下钻时，为准确测量灌入或返出的钻井液量，要求井筒返出的钻井液应直接进入灌浆罐。

第二十章 井控辅助设备

一、重力式灌注装置

重力式灌注装置是一种简单的灌注装置，灌浆罐安装在井口附近的较高位置，起钻时当井内液面下降后，打开注入阀，灌浆罐中的钻井液借助其出口高于井口，在重力作用下注入井内，保持井内液面高度。当井眼灌满钻井液时关闭注入阀，记录使用的钻井液量。

二、强制式灌注装置

强制式灌注装置由单独的补给灌浆罐、补给泵（司钻和钻井液工两地控制）、超声波液位计（司钻和钻井液工两地监视，显示钻井液体积）、立于钻台上的司钻直读式标尺等组成，能计量起钻时的灌注量和下钻时的返出量。

三、自动灌注钻井液装置

自动灌注钻井液装置由液流传感器（流量传感器）、电控柜、报警箱和灌注系统等组成，如图20-5所示。其工作原理是：安装在高架槽上的液流传感器把井筒液流信号转化为电信号输至电控柜中，由电子控制系统指挥灌注系统，按预定时间向井内灌注钻井液并能自动计量和自动停灌，预报溢流和井漏。

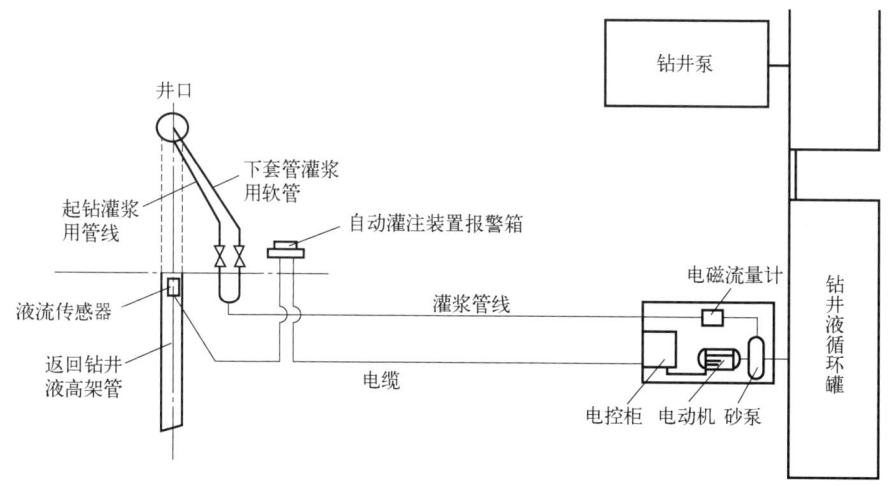

图20-5 自动灌注钻井液装置示意图

自动灌注钻井液装置能实现定时定量自动灌注钻井液作业；对井涌、井漏等异常情况进行监测报警；对灌注钻井液瞬时排量、累计流量进行记录和显示。

液流传感器将井筒灌满情况、溢流情况及井漏情况用电信号传输到钻台上的自动灌注装置报警箱。自动灌注装置报警箱面板上装有显示电源、灌注、溢流、井漏4个不同颜色的指示灯及音响报警器，向操作人员显示灌注情况与报警信息。电控柜与砂泵安装在钻井液循环罐附近，电控柜用来调定灌注间隔定时、溢流定时、井漏定时、音响时限等工作参数。

自动灌注钻井液装置有强制人工灌注保障措施，确保在自动功能失效时，可用人工完成钻井液灌注作业。

第四节　远程点火装置

在处理气体溢流的过程中，要使用液气分离器将混合在钻井液中的天然气进行分离处理，从分离器出来的天然气要用排气管线引出井场一定距离烧掉；放喷管线放喷泄压时放出的钻井液混有大量天然气时同样要烧掉。远程点火装置就是为解决天然气的远程点火问题而设计的。远程点火装置分为放喷管线点火装置和分离器点火装置。点火方式有采用液化气作为引火介质的电子点火与等离子自动点火等。

一、远程点火装置的结构

1. 放喷管线点火装置

1）液化气点火装置

放喷管线的液化气点火装置主要由燃烧筒、引火筒、电子点火棒、高压包、遥控器、液化气气瓶等组成，如图20-6所示。

2）等离子自动点火装置

放喷管线的等离子自动点火装置主要由点火控制柜、高压发生器、火焰监测仪、等离子高能点火杆、三级引火燃烧器等组成，如图20-7所示。

第二十章 井控辅助设备

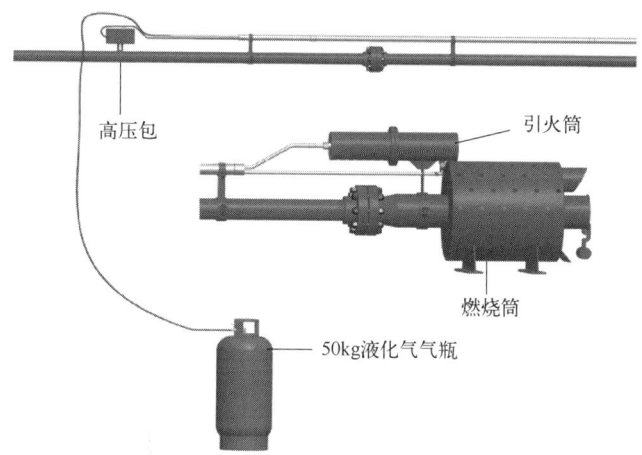

图 20-6 放喷管线液化气点火装置示意图

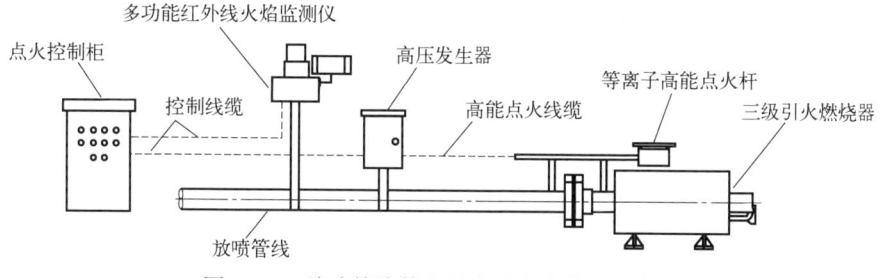

图 20-7 放喷管线等离子自动点火装置示意图

2. 分离器点火装置

1) 液化气点火装置

分离器的液化气点火装置主要由点火棒、点火装置、点火控制器、液化气气瓶、引火管、防回火阀等组成,如图 20-8 所示。

2) 等离子自动点火装置

分离器的等离子自动点火装置主要由点火控制柜、高压发生器、火焰监测仪、等离子高能点火杆、放空火炬等组成,如图 20-9 所示。

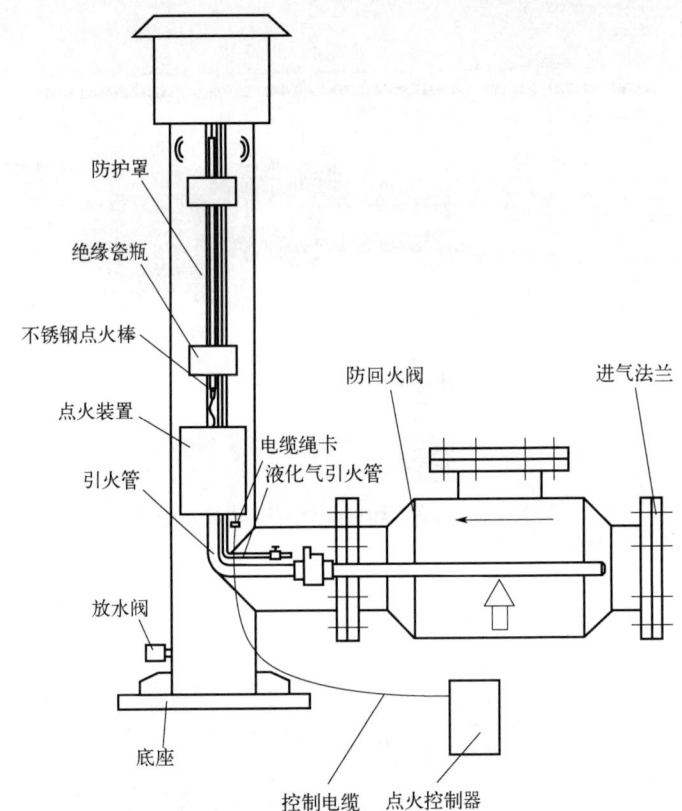

图 20-8 分离器液化气点火装置示意图

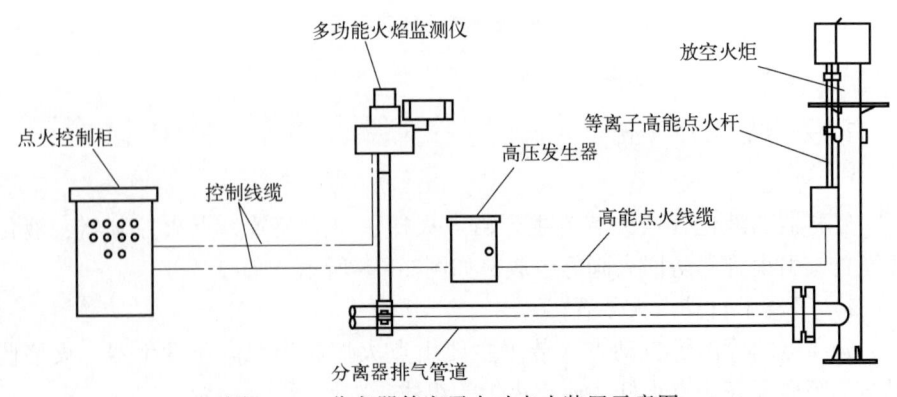

图 20-9 分离器等离子自动点火装置示意图

二、远程点火装置的点火操作

当在油气层中钻进时,每班须进行一次点火试验,以检查点火器的状态。

1. 使用液化气点火装置操作

(1) 按下点火控制器开关,打开液化气气瓶开关,几秒钟后,引出的液化气被点燃。火炬点燃后可松开点火开关按钮,停止点火。

(2) 火炬可能会出现熄火状态,这时重复步骤(1)点燃火炬。

2. 使用等离子自动点火装置操作

(1) 将点火控制柜操作面板上的开关扳至"开"位,再按下"点火"按钮,点火装置就能自动点火,火焰监测仪监测到火焰时,点火装置会自动关闭点火。

(2) 当火焰熄灭,火焰监测仪监测到后会自动开启点火装置,无须人员干预。

(3) 自动点火装置具有蓄电池供电和交流供电两种供电方式。有交流供电时,点火装置会自动优先选用交流供电;如果交流断电,点火装置会自动切换到蓄电池直流供电模式。

三、远程点火装置的现场维护

当现场安装调试后,钻井队必须定岗,并由专人对设备进行例行检查。

(1) 设备投入使用后,每天试点火1次,进入油气层后,每班试点火1次。

(2) 定期清理点火棒挡板或等离子点火杆,以保证点火的成功率。

(3) 每班检查点火控制箱(柜)内的蓄电池的存电情况,电压低于规定值或欠压红灯亮就应立即充电补充,可在充电的情况下进行点火操作。

(4) 远程点火装置长期不用或回收拆除时,要切断设备电源。

第二十一章 井控设备的安装、试压与维护

第一节 井控设备的安装要求

一、防喷器的安装要求

（1）闸板防喷器壳体上的侧孔朝向井架大门方向，环形防喷器的液控油路接口朝向井架后大门。

（2）防喷器顶部安装防溢管时，防溢管与防喷器之间应采用法兰与密封垫环进行密封，栽丝连接时不用的螺孔用丝堵堵住；防溢管的内径应比所用套管内径加大一级，管内不应有台肩；防溢管上的钻井液灌注管线要低于返出管线。

（3）具有手动锁紧装置的闸板防喷器应安装手动操作杆，靠手轮端应支撑牢固，操作杆中心线与锁紧轴之间的夹角不大于30°，挂牌标明开、关方向和圈数；对无法正常接出底座的，可采用万向节将手动锁紧杆手轮接出底座，并转动灵活；手轮离地面高度超过1.6m时，应安装便于操作的平台。

（4）防喷器组每次安装完毕后，应校正井口、转盘及天车中心，其偏差不大于10mm。用直径16mm的钢丝绳在井架底座的对角线上将防喷器绷紧固定。

（5）防溢管处应装挡泥伞，其尺寸应满足能覆盖井口防喷器组及紧靠四通两侧的平板阀，以保证防喷器组及四通两侧平板阀的清洁。

（6）防喷器组安装完成后，测量并绘制井口装置安装示意图，标注各闸板距转盘面的垂直距离；安装示意图在司钻操作室、司钻控制台及辅助控制台等处进行张贴。

第二十一章　井控设备的安装、试压与维护

二、防喷管线的安装要求

（1）防喷管线应使用专用管线并采用标准法兰连接，压力等级与防喷器压力等级相匹配。

（2）防喷管线及闸阀通径不小于78mm。

（3）额定工作压力大于35MPa的防喷管线要采用钢制管线，防喷管线不允许现场焊接。

（4）防喷管线长度超过7m应采用基墩在中间进行固定牢靠。

（5）紧靠四通的手动平板阀应处于常开状态，所有闸阀要编号挂牌，标明开关状态。

三、节流管汇与压井管汇的安装要求

（1）节流管汇与压井管汇安装在平整的地面上。在丛式井上，使用带有底座高度可调节的节流管汇与压井管汇。

（2）节流管汇的五通上安装三通压力表座，安装高、低量程抗振压力表；压力表垂直安装，表盘朝向手动节流阀，在待命状态下，低量程压力表的截止阀处于关位，高量程压力表截止阀处于开位。

（3）节流压井管汇上的各闸阀要编号挂牌，标明开关状态。

（4）在节流管汇处放置关井压力提示牌，同时将关井压力提示牌内容打印张贴在节流控制箱箱盖内侧。

（5）节流控制箱摆放在钻台上靠立管一侧，节流阀阀位处于3/8~1/2的开度，气源压力为0.6~1.0MPa。

（6）冬季施工时，节流管汇与压井管汇需采取防堵、防冻措施，保证闸阀灵活可靠、管线畅通。

四、放喷管线的安装要求

（1）放喷管线的安装、固定、试压应在二开前完成。

（2）管线应使用标准法兰连接的专用管线，不应现场焊接，其通径不小于78mm。

（3）一般情况下至少安装两条放喷管线；预探井、评价井、气井、含硫

油气井和地层压力大于35MPa的井，主、副放喷管线长度应一致；对于未接副放喷管线的井，应配备相应长度的放喷管线和固定基墩，在需要时可以随时连接。

（4）管线出口应接至距井口75m以上的安全地带，含硫油气井的放喷管线出口应接至距井口100m以上的安全地带，相距各种设施不小于50m。

（5）放喷管线一般情况下向井场两侧平直引出，如因地形限制需转弯时，应使用夹角不小于120°的铸（锻）钢弯头或90°耐冲蚀弯头，同时布局要考虑当地季节风向、道路、油罐区、电力线及各种设施等情况。

（6）放喷管线低洼处应安装排污阀，排污阀的压力等级与放喷管线的额定压力等级一致。

（7）管线连接法兰应露出地面，管线车辆跨越处应装过桥盖板。

（8）放喷管线出口采用双压板固定，同时应安装燃烧筒，燃烧筒法兰距最后一个固定压板不超过1m，燃烧筒出口应居中正对挡火墙主墙，连接燃烧筒的法兰盘进入燃烧池不超过1m。

（9）放喷管线每隔10~15m及转弯处两端、出口处用水泥基墩和地脚螺栓加压板固定，两条管线走向一致时，应保持间距大于0.3m，并分别固定；管线悬空跨度超过10m时，中间应支撑固定，其悬空两端也应在地面固定。

（10）水泥基坑的尺寸为0.8m×0.8m×1.0m（长×宽×深），遇地表松软时，基墩坑体积应大于1.2m³。

（11）三高油气井及风险探井应安装双四通和四条放喷管线，放喷管线向井场左右两侧平直接出150m以远。

五、控制装置的安装要求

（1）远程控制台安装在面对井架大门左侧、距井口不少于25m的专用活动房内，周围留有宽度不小于2m的人行通道，周围10m内不应堆放易燃、易爆、腐蚀物品。专用活动房前门朝向井前场，后门处于常闭状态。对于三高油气井以及风险探井，远程控制台应距离井口不少于30m。

（2）控制管汇安放并固定在管排架内，管排架与放喷管线距离不小于1m，车辆跨越处应装过桥盖板，不应在管排架上堆放杂物和以其作为电焊接地线或在其上面进行焊割作业。

（3）总气源应与司钻控制台气源分开连接，不应强行弯曲和压折气管线，气源压力保持在0.65~0.8MPa。

第二十一章　井控设备的安装、试压与维护

（4）电源应从总配电板处直接引出，用单独的开关控制，并有标识。

（5）控制装置蓄能器未充油前，液压油油面距油箱顶面200mm；处于待命时，液压油油面不低于标尺下限位置。

（6）蓄能器压力为18.5~21MPa，汇流管压力为10.5MPa，环形防喷器压力为10.5MPa，并始终处于工作压力状态。

（7）各控制阀的操作手柄应处于与控制对象工作状态相一致的位置，控制环形防喷器的三位四通转阀手柄处于中位；控制剪切闸板的三位四通转阀应安装防误操作的防护罩和锁定销；控制全封闸板的三位四通转阀应安装防误操作的防护罩。

（8）半封闸板防喷器的控制液路上安装防提断装置，其气路与防碰天车气路并联。

（9）液控管线安装前应逐根检查，确保畅通，所有管线应整齐排放；拆除控制系统时，防喷器液压管线接口应用堵头堵好，气管缆接口应包装密封好。

（10）远程控制台液压管线备用接口应使用金属堵头封堵，管排架备用液压管线应连接，两端备用接口应戴上保护盖。

（11）三高油气井及风险探井等，远程控制台与防喷器连接的液控管线应从井架底座下部的水泥基础预留孔中穿越。

六、液气分离器的安装要求

（1）液气分离器垂直安装在平整地面或专用基础上，至少用均匀分布的3根不小于16mm的钢丝绳绷紧固定。

（2）液气分离器进液管线通径不小于78mm，进液管线应用基墩支撑固定，拐角处设置基墩，弯头前后固定；使用耐火软管时应使用保险绳或安全链固定。

（3）液气分离器U形管高度不小于3m，排液管线出口在罐体高度1/3处，应导入振动筛前的分液槽内，固定牢固。

（4）排气管线接出距井口50m以上有点火条件的安全地带，距离放喷管线不小于1.5m，排气管线每隔15~20m用基墩支撑固定；排气管线的排污阀应设置在主管线的低点位置。含硫油气井排气管线接出距井口75m以上的安全地带，相距各种设施不小于50m。

（5）排气管线出口端应安装防回火装置；液气分离器点火装置及管线的

安装、固定应在二开前完成,并确保点火装置可靠。预探井、气井、含硫油气井应安装自动点火装置。

(6) 压力表表盘安装方向应与井架正面一致,垂直安装。

(7) 安全阀出口方向应与主放喷管线出口方向一致,安全阀的出口不应连接管线。

(8) 排污管线应保证所排液体能顺利进入排污池。

(9) 所有手动控制阀门(包括管线排污阀)标明开关状态。

(10) 对于低温地区,应对液气分离器进液管线、排污阀进行防冻保温。

第二节 井控设备的试压

一、试压要求

1. 试压值

在井控车间,闸板防喷器做 1.4~2.1MPa 的低压试验;环形防喷器(封闭钻杆)、闸板防喷器、钻井四通、防喷管线、内防喷工具和压井管汇等进行额定工作压力试压;节流管汇按各控制元件的额定工作压力分别试压。

在钻井现场,表层套管固井后,在不超过表层套管抗内压强度 80% 的前提下,或技术套管和油层套管固井后,在不超过对应套管头上法兰额定工作压力的前提下,环形防喷器封闭钻杆试压到额定工作压力的 70%,闸板防喷器、防喷管线、压井管汇按额定工作压力试压,节流管汇按各控制元件的额定工作压力分级试压。

放喷管线密封试压不低于 10MPa。

控制装置现场安装调试完成后,对各液控管线进行 21MPa 压力检验,环形防喷器液控管路只进行 10.5MPa 压力检验。

2. 试压规则

试压介质除防喷器控制装置采用液压油试压外,其余均为清水,寒冷地区冬季可加防冻液体。内防喷工具试压稳压时间不少于 5min,其他井控装置试压稳压时间不少于 10min,低压试验压降不大于 0.07MPa,高压试压的压降

第二十一章　井控设备的安装、试压与维护

不大于 0.7MPa，密封部位无渗漏。

井控车间检修好的井控设备试压周期不应超过 6 个月。钻井现场在用的井控设备试压周期应符合相关标准或当地油田的钻井井控实施细则要求，API 标准为不超过 21d。

3. 试压注意事项

（1）试压时应先试低压，再试高压。

（2）闸阀试压时，其下游的闸阀必须处于开位，确保试压闸阀后的通道畅通。

（3）用试压塞进行防喷器试压时，应打开套管本体侧通道的闸阀，防止环空憋压损坏套管。

（4）对于变径闸板，要对在用各尺寸钻具分别进行试压，但不包括钻铤和井下工具。

二、试压步骤

为了确保现场井控设备能够满足井控安全的需求，现场作业人员应对井控设备进行试压，以检测设备的密封性能和承压能力。现场井控设备试压的原则是模拟井压的方向对防喷器组、各闸阀及相应管线进行试压。因现场井控设备压力级别与组合形式等不同，试压顺序可根据现场实际情况进行相应变化。试压时试压泵管线可连接在压井管汇压井活接头上、节流管汇五通上（液动压力传感器位置）或井口钻杆接头上。以 35MPa 防喷器组为例，对套管、套管头、防喷管线、防喷器、节流管汇及压井管汇、放喷管线等所有试压部位进行试压，试压步骤如下。

1. 试压前准备

（1）远程控制台处于待命状态，闸板及环形的液控油压均为 10.5MPa。

（2）打开钻井四通两侧、压井管汇、节流管汇所有闸阀。

（3）放掉防喷器组内的钻井液。

（4）试压泵管线连接在压井管汇压井活接头上。

（5）进行清水循环，检查并确保所有通道无堵塞。

2. 套管试压

（1）如图 21-1 所示，关闭 4# 阀，关闭压井管汇 Y_1、Y_3 闸阀，井内灌满清水，关闭全封闸板防喷器。

（2）确认并关闭套管头四通两侧闸阀 T_1、T_2。若为双联阀，先试外侧闸阀，再试内侧闸阀。

（3）用试压泵泵入清水并监测记录试压泵压力，按设计要求试到相应压力值，稳压合格后泄压至零。

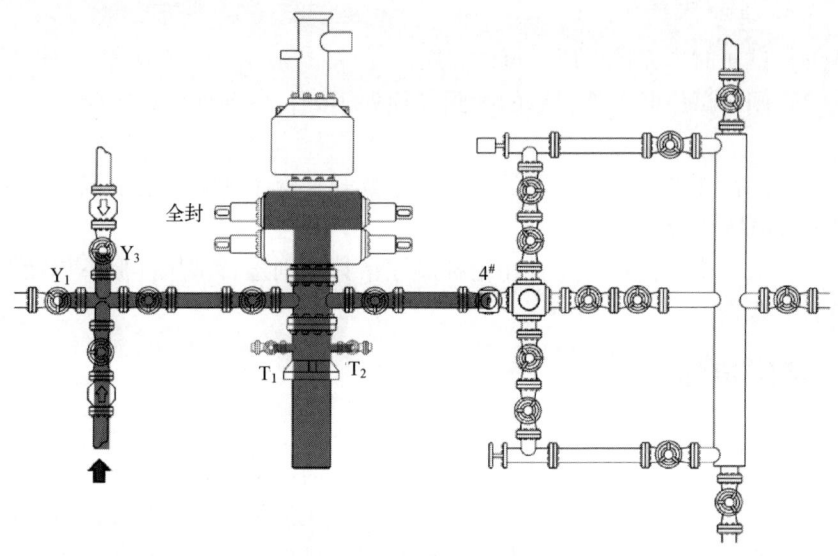

图 21-1　套管试压

3. 节流管汇下游闸阀试压

（1）如图 21-2 所示，打开全封闸板防喷器，关闭节流管汇下游 J_8、J_9、J_{10} 闸阀，打开防喷管线上的 $4^\#$ 阀。

（2）打开套管头四通两侧闸阀 T_1、T_2。

（3）用钻杆将试压塞下放在套管头内坐好，取出钻杆，灌满清水，关闭全封闸板防喷器。

（4）对 J_8、J_9、J_{10} 闸阀进行试压，首先试低压，再按闸阀的额定工作压力进行高压试验，稳压合格后泄压至零。

4. 全封闸板防喷器试压

（1）如图 21-3 所示，关闭节流管汇 J_5、J_{6b}、J_7 闸阀，打开 J_8、J_9、J_{10} 闸阀。

（2）对全封闸板防喷器试压，首先试低压，然后进行高压试验，稳压合格后泄压至零。

第二十一章 井控设备的安装、试压与维护

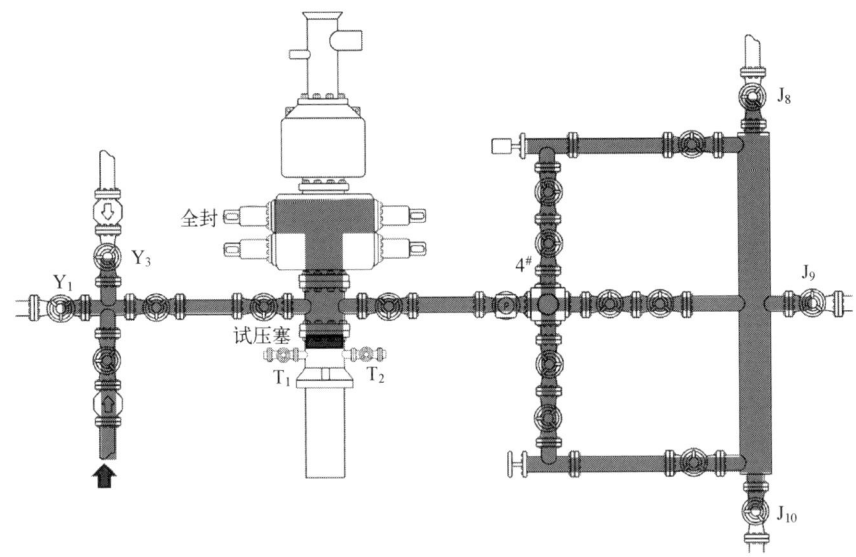

图 21-2 节流管汇下游闸阀试压

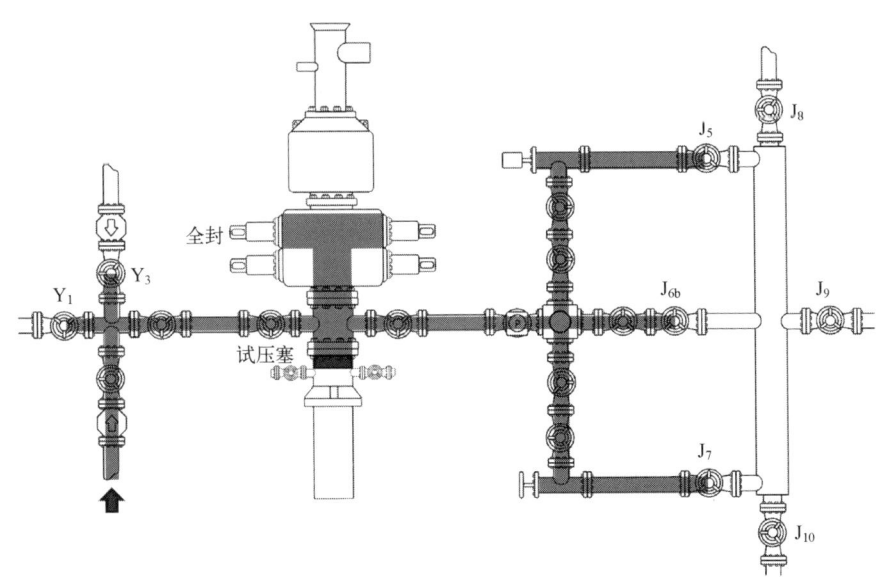

图 21-3 全封闸板防喷器试压

（3）全封闸板防喷器试压的同时，对节流管汇 J_5、J_{6b}、J_7 闸阀及压井管汇的 Y_1、Y_3 闸阀同步试压。

5. 环形防喷器试压

(1) 如图 21-4 所示,打开全封闸板防喷器,下入钻杆连接试压塞。

(2) 将试压泵管线连接到钻杆接头上。

(3) 关闭节流管汇 J_{2a}、J_{6a}、J_{3b} 闸阀,打开 J_5、J_{6b}、J_7 闸阀。

(4) 关闭压井管汇 Y_2 闸阀。

(5) 对环形防喷器试压,首先试低压,然后再按环形防喷器额定工作压力的 70% 进行高压试验,稳压合格后泄压至零。

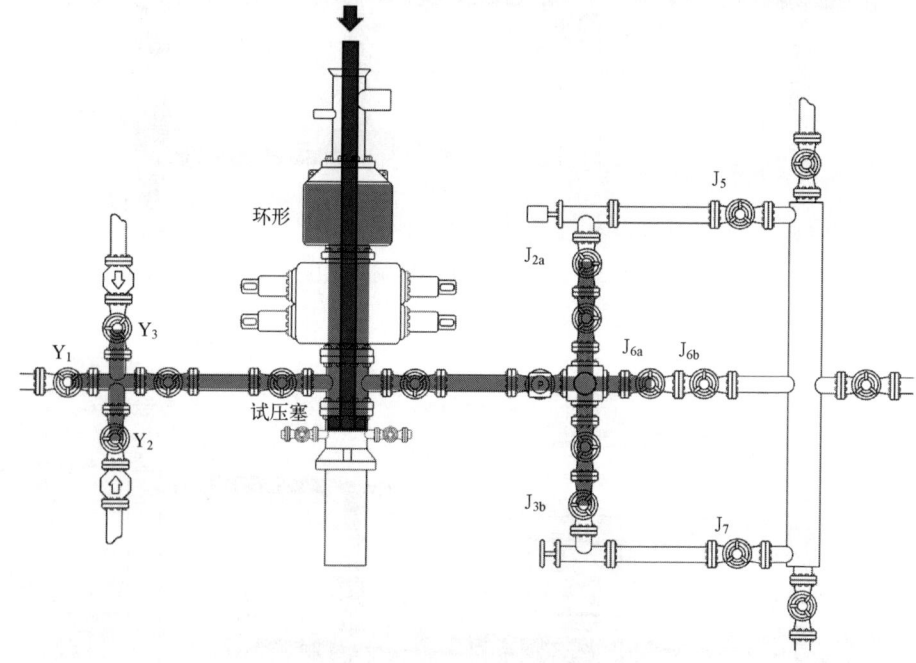

图 21-4　环形防喷器试压

6. 半封闸板防喷器试压

(1) 如图 21-5 所示,打开环形防喷器,关半封闸板防喷器,其他各闸阀状态不动。

(2) 对半封闸板防喷器试压,首先试低压,然后进行高压试验,稳压合格后泄压至零。

(3) 半封闸板防喷器试压的同时,对节流管汇 J_{2a}、J_{3b}、J_{6a} 闸阀及压井管汇的 Y_2 闸阀同步试压。

第二十一章 井控设备的安装、试压与维护

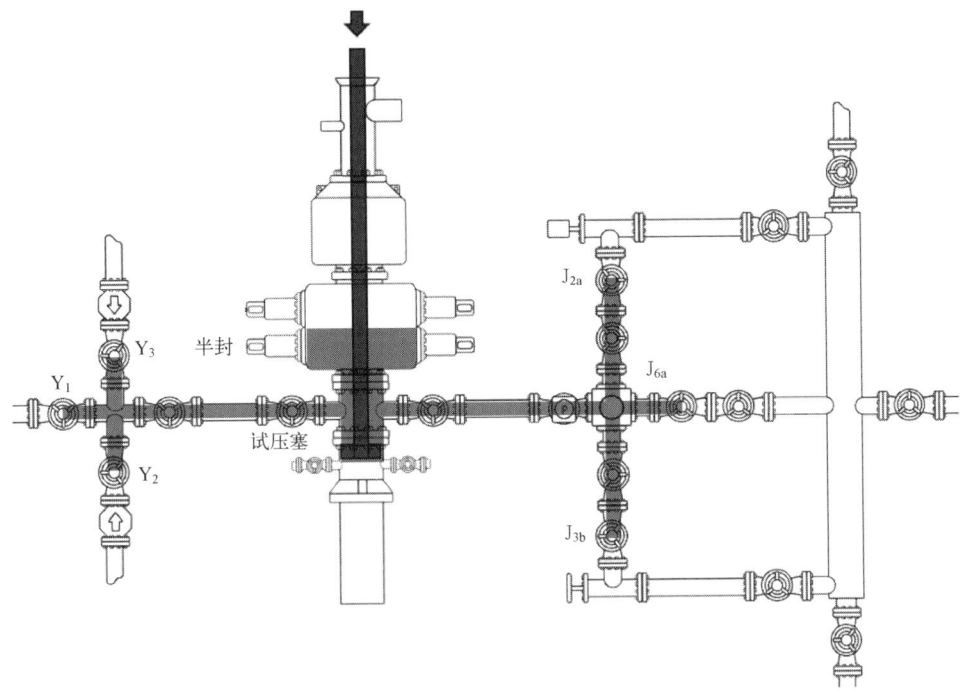

图 21-5 半封闸板防喷器试压

7. 对节流管汇其他闸阀试压

(1) 如图 21-6 所示,关节流管汇 J_{2b}、J_{3a} 闸阀,关防喷管线上的 $1^\#$ 阀。打开节流管汇 J_{2a}、J_{3b} 闸阀及压井管汇的 Y_1、Y_2、Y_3 闸阀。

(2) 对 J_{2b}、J_{3a}、$1^\#$ 阀试压,首先试低压,然后进行高压试验,稳压合格后泄压至零。

8. 对防喷管线上各闸阀进行试压

(1) 如图 21-7 所示,关防喷管线上的 $4^\#$ 阀,打开节流管汇 J_{2b}、J_{3a}、J_{6a} 闸阀。

(2) 对 $4^\#$ 阀试压,首先试低压,然后进行高压试验,稳压合格后泄压至零。

(3) 如图 21-8 所示,关防喷管线上的 $2^\#$ 阀、$3^\#$ 阀,打开 $1^\#$ 阀、$4^\#$ 阀。

(4) 对 $2^\#$ 阀、$3^\#$ 阀试压,首先试低压,然后进行高压试验,稳压合格后泄压至零。

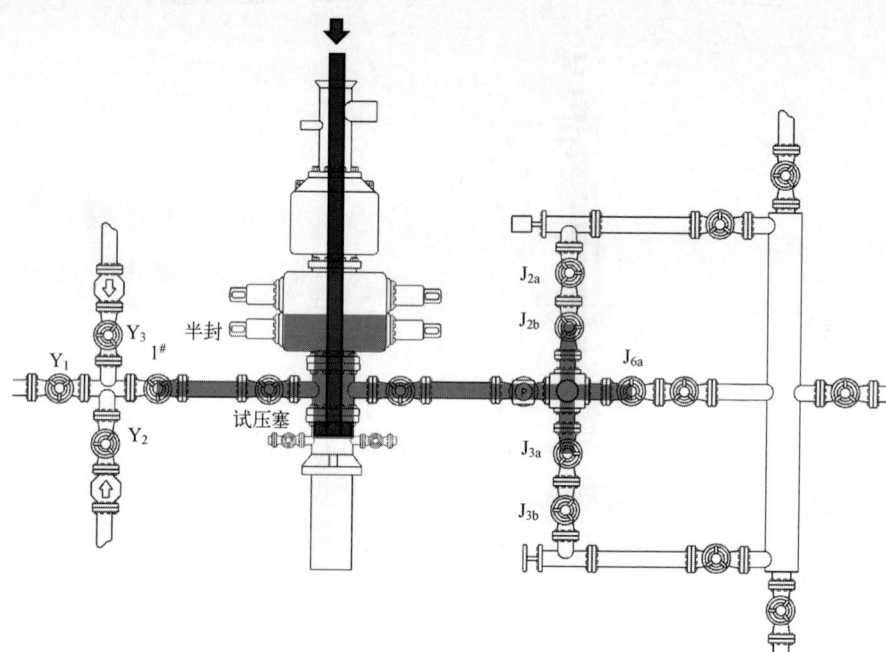

图 21-6 节流管汇其他闸阀试压

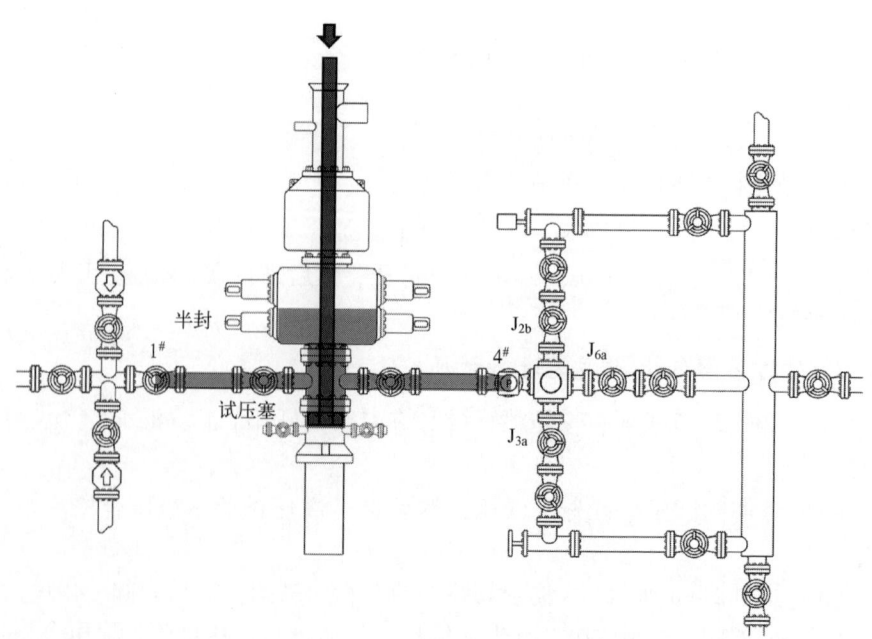

图 21-7 防喷管线外侧闸阀试压

第二十一章　井控设备的安装、试压与维护

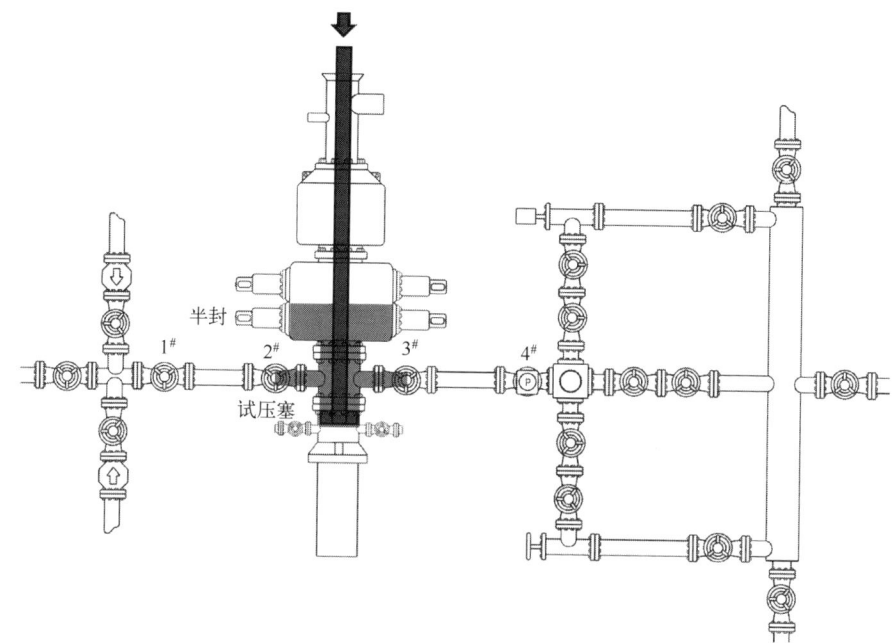

图 21-8　防喷管线内侧闸阀试压

9. 对放喷管线进行试压

（1）用盲板法兰封堵主、副放喷管线出口。

（2）打开防喷管线上的 $2^\#$ 阀、$3^\#$ 阀，关闭节流管汇下游的 J_8、J_{10} 闸阀。

（3）灌满清水，对放喷管线试压，试压不小于 10MPa，试压合格后泄压至零。

（4）拆除放喷管线出口的盲板法兰。

试压结束后，打开半封闸板，取出试压塞。将各闸阀恢复至日常待命时的开关状态。根据现场具体情况，可先分别对节流管汇及压井管汇各闸阀试压，井口准备好后，再对剩余未试压部位试压。国内现场一般不进行低压试验。

第三节　井控设备橡胶密封件的存放

储存条件对井控设备橡胶密封件的寿命有很大影响，如环形防喷器胶芯、闸板胶芯、蓄能器胶囊及其他橡胶密封圈等，所有橡胶件都应按下列规定合理存放：

（1）必须存放在光线较暗且干燥的室内，宜在温度范围 5~25℃ 内，相对湿度 65% 以下的环境中储存，应避免阳光直射、雨雪浸淋。橡胶密封件至少距离热源 2m 以上。

（2）不得与酸、碱、油脂和有机溶剂等物质接触，避免与具有强紫外线的光源、辐射和臭氧接触。

（3）橡胶件应远离电焊机等高压带电设备，因为这些设备工作时可能产生臭氧。

（4）应使橡胶件在松弛状态下存放，不能弯扭、挤压和直接用细绳、铁丝等穿栓悬挂。

（5）在 10℃ 以下的低温搬运时，应小心轻放，避免橡胶件受损或变形。

（6）经常对胶芯进行检查，如发现有变脆、龟裂、弯曲等现象时，不可再使用。

（7）如果橡胶件必须长时间存放，则可考虑放在密封环境中，但不能超过橡胶失效期，原则上库存时间不超 2 年。

第四节　井控设备常见故障与排除

一、环形防喷器常见故障与排除

环形防喷器常见故障及排除方法见表 21-1。

表 21-1　环形防喷器常见故障及排除方法

序号	故障现象	故障原因	排除方法
1	环形防喷器密封不到位	液控油压太低或开启油路不畅	调高环形防喷器的液控油压，检查并疏通油路
		使用新胶芯，橡胶变形不到位	多次开关，活动胶芯
		旧胶芯支撑筋已经靠拢，胶芯老化	检查并更换胶芯
		胶芯磨损、脱块，密封不严	更换新胶芯或更换防喷器
		长时间打开状态未关闭活动胶芯，使杂物沉积于胶芯槽及其他部位	在井口冲洗胶芯，并在封钻杆后多次活动胶芯
2	环形防喷器关闭后打不开	长时间关闭，胶芯产生永久变形老化	更换新胶芯或更换防喷器

第二十一章 井控设备的安装、试压与维护

续表

序号	故障现象	故障原因	排除方法
2	环形防喷器关闭后打不开	固井后胶芯下有凝固水泥浆	进行清洗,若不起作用则更换防喷器
		冬季受冻后弹性不足或者有冰块冻住	用蒸汽解冻或关闭下部闸板用热水浸泡
		关闭腔油路堵塞,液压油无法回流到油箱,导致活塞无法下行	查找堵塞位置,疏通油路
3	环形防喷器开关不灵活	油路不通畅	检查油路,特别是自封式活接头连接部分
		油路刺漏	检查油路,特别是油路上螺纹连接部分
4	钻进时,环形防喷器顶盖与本体之间漏钻井液	顶盖螺栓松动	对松动螺栓进行紧固
		顶盖与本体之间密封圈损坏	更换密封圈
5	环形防喷器进出油口处渗油	油口螺纹未上紧扣	先泄压,拆卸下并缠生料带后重新安装紧固
		进油口处连接螺纹损坏	重新修扣或造扣,管线的螺纹损坏则更换
6	环形防喷器现场试不住压	胶芯处异物太多卡住	清除异物,多开关几次
		胶芯已损坏	更换胶芯
		环形防喷器下法兰连接处有渗漏	先对角紧固连接处螺栓,如无效就拆卸防喷器,检查密封垫环及垫环槽,更换密封垫环或更换环形防喷器

二、闸板防喷器常见故障与排除

闸板防喷器常见故障及排除方法见表21-2。

表21-2 闸板防喷器常见故障及排除方法

序号	故障现象	故障原因	排除方法
1	钻井液从壳体与侧门连接处流出	防喷器侧门密封圈损坏	更换损坏的侧门密封圈
		防喷器壳体与侧门密封面有脏物或损坏	清除密封面脏物,修复损坏部位

续表

序号	故障现象	故障原因	排除方法
2	闸板移动方向与远程控制台控制方向不符	远程控制台与防喷器的液控管线接错	倒换液控管线接口位置
3	控制装置正常,闸板开、关不到位或开关无动作	手动锁紧后未解锁或解锁不到位	手动解锁到位,再通过液压打开闸板
		防喷器的液控管线自封式活接头损坏,造成油路不通	检查液控管线每套自封式活接头的连接情况,确保油路通畅
4	侧门观察孔有钻井液流出	闸板轴靠壳体一侧密封圈损坏或闸板轴表面拉伤	更换损坏的闸板轴密封圈或修复损坏的闸板轴;若是在关井后发现观察孔有钻井液流出,则使用二次密封进行应急补救
5	侧门观察孔有液压油流出	闸板轴靠液缸一侧密封圈损坏或闸板轴磨损	更换损坏的闸板轴密封圈或修复损坏的闸板轴
6	防喷器液动部分稳不住压力	防喷器液缸、活塞、锁紧轴、管线、闸板轴等处的密封圈损坏,密封表面损伤	更换损坏的密封圈,修复有损伤的密封表面或更换新件
7	闸板关闭后试不住压	闸板之间或闸板与钻具之间密封不到位	检查密封尺寸是否配套,检查闸板密封胶芯是否完好,需要时更换
		闸板胶芯损坏或壳体闸板腔顶部密封面损坏	更换闸板的胶芯或修复壳体闸板腔顶部密封面
		壳体与侧门或侧门与闸板轴之间密封失效	检查并更换密封件
		其他部位如试压塞、井口闸阀或防喷器组间连接等出现故障	查找到其他部位原因并排除
8	换闸板时防喷器侧门打不开	闸板室内堆积的泥砂沉积形成硬块,将闸板总通道堵死;若是冬季更可能造成沉积的泥砂冻成硬块	用蒸汽管线加热侧门及闸板腔体;活动闸板,若无效则用21MPa的液控压力尝试活动闸板
9	手动锁紧杆转不动,无法锁紧或手动关井	对应的控制手柄未处于关位;缸盖止推轴套变形或缸盖密封圈损坏	进行手动关井前,必须先将远程控制台相应转阀手柄扳至关位;若是不能锁紧,则泄掉液控压力,旋动手动锁紧杆,若旋不动,需要更换止推轴套或缸盖密封圈
10	手动锁紧杆与缸盖连接处有液压油渗漏	缸盖止推轴套变形或端盖密封圈损坏	更换整套端盖或更换端盖密封圈、止推轴套

第二十一章　井控设备的安装、试压与维护

三、控制装置常见故障与排除

控制装置常见故障及排除方法见表21-3。

表21-3　控制装置常见故障及排除方法

序号	故障现象	故障原因	排除方法
1	控制装置运行时有噪声	电泵吸入端液压油中混有气体	停泵,将泵头体上的吸油口排气塞旋松,排出进油管线内气体,并使其充满油,然后旋紧吸油口排气塞,进行空负荷运转,循环排气
		电动机传动链条太松,传动链条磨损严重	调整电动机与柱塞泵之间的距离,更换传动链条
2	电动机不能启动或电动机工作不正常	电源线线芯直径太细,不符合要求	更换直径符合要求的电源线。对于18.5kW电动机,电源线长度≤30m时,电源线线芯截面积≥6mm²;电源线长度≤80m时,电源线线芯截面积≥10mm²;电源线长度>80m时,电源线线芯截面积≥16mm²
		电源线缺相	检查远程控制台接线盒内接线柱上电路,重新接线
		电压不符合要求	检修电路,查看远程控制台接线盒内电压在电动机停止和启动后是否为380V±19V
		远控房与配电房所接电源线太长,超过100m	缩短电源线长度至100m内
		电源线老化氧化或中间接头太多	更换新电线
		电控箱内电气元件损坏、失灵或熔断器烧毁	检修电控箱,更换损坏的元件
		电源线与接线柱连接时接错零线	检查线路并更正
3	电泵启动后系统不升压或升压太慢	控制管汇上的卸荷阀未关闭或未关严	关闭卸荷阀
		电泵柱塞压紧螺帽松动、柱塞严重磨损及密封填料失效	上紧压紧螺帽;更换密封填料或柱塞
		溢流阀刺漏	更换溢流阀
		减压阀损坏	更换减压阀

续表

序号	故障现象	故障原因	排除方法
3	电泵启动后系统不升压或升压太慢	油箱底部或者柱塞泵进油管线有水且结冰	排水除冰
		油箱内油位太低或缺油	补充液压油,油箱液面应高过泵轴中心300mm
		电泵进油阀未打开或开度较小;吸油口滤清器堵死	将进油阀完全打开;清洗滤清器
4	电泵运转时声音不正常	油箱液面太低,泵吸空气	补充液压油,通过吸油口排气塞排除空气,空负荷运转排气
		柱塞泵加油口的阀门未关死,打压时吸入空气	关闭阀门,空负荷运转排气
		电泵吸入端液压油中混有气体	停泵,将泵头体上的吸油口排气塞旋松,排出油管线内气体,并使其充满油,然后旋紧吸油口排气塞,进行空负荷运转,循环排气
		电泵进油阀未打开,或者吸油口滤油器堵塞	检查管路,打开闸阀或清洗滤油器
5	电动油泵不能自动停止运行	压力控制器油管及接头处堵塞或漏油	找到堵塞或漏油处进行处理
		压力控制器设置不准确或触点失灵	设置调整压力控制器,若无效则更换压力控制器
6	减压阀输出压力太高	阀内密封环的密封面上有污物	旋转调压手轮,使密封盒上下移动数次,挤出污物,必要时拆检修理或更换
7	在司钻控制台不能开、关防喷器或相应三位四通转阀手柄动作不到位	空气管缆中的管芯接错、管芯折断或堵死、连接口的密封垫窜气	检查空气管缆,更换连接口密封垫
		对应的三位四通转阀手柄处的气缸缺少保养或固定螺栓拧得太紧	对气缸注润滑脂,手动活动三位四通转阀;调整气缸后的固定螺栓松紧合适
		对应的三位四通转阀手柄处的气缸内有杂质,或气缸内活塞密封失效	拆卸气缸的两个进出气接头,来回活动手柄排除杂质,或拆解后清洗;检查并更换气缸活塞密封

第二十一章　井控设备的安装、试压与维护

续表

序号	故障现象	故障原因	排除方法
8	在司钻控制台显示的压力数值与远程控制台显示的压力数值误差大	司钻控制台气管缆接线盘连接处漏气	对角紧固气管缆接线盘处的固定螺栓
		司钻控制台气管缆接线盘与密封垫之间有杂物或密封垫损坏	拆下密封垫清洁,若有损坏则更换
		压力变送器供气压力太大或太小,压力变送器调节不准确	调节空气过滤减压阀使输出气压为0.35MPa;对压力变送器进行调节
		冬季压力表连接的铜管或者气管缆连接法兰处有水汽结冰冻堵	除冰,加热对应的铜管,做好保温措施;清理气水分离器内积水,确保其工作正常
		气管缆内相应单根气管堵塞或断裂	用备用气管进行替换或更换气管缆
9	远程控制台未打压,但司钻控制台压力表显示有蓄能器、汇流管或环形压力	司钻控制台气管缆接线盘连接处窜气	检查司钻控制台接线盘密封面,重新对角旋紧司钻控制台接线盘紧固螺栓
		冬季压力表连接的铜管或者气管缆连接法兰处有水汽结冰冻堵	除冰,加热对应的铜管,做好保温措施
		压力表损坏	更换新压力表
10	管汇上的卸荷阀关不死,压力持续降低	卸荷阀上的紧定螺母松动	旋紧卸荷阀紧定螺母
		卸荷阀阀芯损坏	更换卸荷阀
11	气泵不工作	气源压力不足	气源压力应在0.65~0.8MPa
		供气压力够,但供气量太小,例如:进气阀未完全打开;管线部分堵塞;胶管长时间使用,管内橡胶老化脱离堵塞管线;液气开关卡死等	完全打开气泵供气管线上所有闸阀;清理堵塞物或更换供气管线;更换液气开关
		气泵内换向机构有阻卡	泄掉液控压力,重新启动气泵;撬动活塞连杆;检查油雾器和气水分离器,确保气泵供气清洁和良好润滑,若无效则更换气泵
		泵头顶销弹簧或钢珠损坏	更换泵头顶销弹簧或钢珠
12	气动油泵启动和停止不在要求范围之内	液气开关调整不正确或弹簧老化	对液气开关进行调节,使其启动压力为17.5MPa,若气泵仍不在要求范围(20~21MPa)停止,说明弹簧老化,需更换液气开关

续表

序号	故障现象	故障原因	排除方法
13	蓄能器不能稳压	管路有泄漏	检查泄漏点并检修
		三位四通转阀未扳到位	将三位四通转阀开关到位
		卸荷阀、三位四通转阀、安全阀等元件内部漏油	打开油箱侧观察孔,确认损坏的元件,更换损坏元件
		卸荷阀未关严	关闭卸荷阀
		防喷器或液动平板阀的活塞密封损坏,发生压力油窜缸,或有其他密封损坏	检查并更换密封件
		蓄能器氮气压力过低或多个胶囊损坏,无氮气	检查并补充氮气到规定压力,更换胶囊并预充氮气

四、节流管汇与压井管汇常见故障与排除

节流管汇与压井管汇常见故障及排除方法见表21-4。

表21-4 节流管汇与压井管汇常见故障及排除方法

序号	故障现象	故障原因	排除方法
1	节控箱气泵不能正常启动	气控换向阀排气量太大	卸下消声器清洗干净,安装好重新启动
		先导阀排气量过大	卸下消声器清洗干净,安装好重新启动
		供气管路漏气	检查供气管路接头,对破损处进行紧固或更换
		气控换向阀、先导阀、调压阀有损坏、失灵	检查各阀件,如有损坏,及时更换
2	节控箱气泵启动系统不升压或升压太慢	油箱液面太低,泵吸空	补充液压油至油箱2/3处
		管路中有空气,造成出油口单向阀未打开或吸油口滤油器堵塞	打开卸荷阀,空载运行,排除管路中的空气;清洗滤油器
		卸荷阀未关闭或未关严	关闭卸荷阀
		冬季吸油口滤油器冻冰堵死	及时做好节控箱内保温措施,若油内混水则换油

第二十一章　井控设备的安装、试压与维护

续表

序号	故障现象	故障原因	排除方法
3	节控箱气泵启动后不能自动停止运行	液压元件或油路、接头有漏油现象	检查各液压元件和内外油路、接头,有损坏现象及时维修更换
		溢流阀开启压力过低	调节溢流阀开启压力
		气泵供气压力太高,造成输出油压过高且达到溢流阀设定压力,造成制备与泄压同时进行	通过减压阀调节气泵进气压力,使输出油压在规定范围内
4	在节控箱上不能开、关液动节流阀或相应动作不一致	液压管线连接不正确、管线断裂、快速接头堵塞	找到断裂、堵塞位置,进行处理或更换;若动作不一致,对调液路管线
		冬季液压油内的水汽凝结堵塞液压管线	更换液压油,并做好保温措施
		有调速手轮的节控箱调速手轮关死	旋开调速手轮
		节流阀阀座处有堵塞物	拆卸节流阀,清除堵塞物
5	液动节流阀处于全开状态,但是流体无法通过	液动节流阀阀芯处被堵死	活动几次如无效则拆卸,清除堵塞物;若在进行压井作业,则使用备用节流阀
		节流阀上下游有平板阀处于关闭状态	检查并打开平板阀
		节流阀阀芯断裂在阀座里面	对故障节流阀进行拆解,取出断裂阀芯或更换新节流阀;若在进行压井作业,则使用备用节流阀
6	阀位开启度显示不正确	阀位变送器供气压力不准确	调节调压阀使供气压力为0.35MPa
		传输气管线不通畅或连接处有漏气	紧固连接处或更换气管线
		阀位变送器松动	对阀位变送器进行调试
7	立压值、套压值与实际压力表显示值不符	传输气管线不通畅或连接处有漏气	紧固连接处或更换气管线
		气动抗振压力变送器供气压力值低	调节调压阀使供气压力为0.35MPa
		若使用的为液动压力传感器,液压管线有漏油或传感器内缺油或油内有空气	检查液压管线连接处,重新插拔并清理自封式快换接头;排除管线及压力传感器内的空气,向压力传感器补充液压油

续表

序号	故障现象	故障原因	排除方法
8	平板阀通径内轻微渗漏	杂质卡伤、划伤密封所产生的内漏	从密封脂注入阀向阀腔内注满7903密封脂,再开关阀门1~2次,若无效更换平板阀
9	平板阀关闭不到位或顶住不动	闸板处有异物卡住	清理异物
10	平板阀手轮转不动或有卡滞现象	阀杆或者阀杆螺母有碰撞变形	更换已变形的阀杆或者阀杆螺母
		显位套(护套)螺纹损坏	修复或更换显位套(护套)
11	平板阀手轮空转	阀杆或者阀杆螺母断裂	更换阀杆
		阀杆销子断裂	更换阀杆销子

五、液气分离器常见故障与排除

液气分离器常见故障及排除方法见表21-5。

表21-5 液气分离器常见故障及排除方法

序号	故障现象	故障原因	排除方法
1	钻井液冒顶	钻井液瞬时流量过大	降低钻井泵排量,关小节流阀控制进液流量
		钻井液中含气量太大,将钻井液顶出	减少钻井液进入量
		排液管堵塞	检查并疏通排液管
		排液口过高	降低排液口高度
2	排液口有气体	罐体底部有沉砂,有效分离空间小	清理底部沉砂,增大有效分离空间
		钻井液中含气量太大,超过分离器处理能力	降低钻井泵排量,关小节流阀控制进液流量或暂停使用分离器

第二十二章 井喷失控处理基本做法

第一节 应急措施与抢险步骤

井喷失控通常指发生井喷后,无法用井控设备进行有效控制而出现井口敞喷甚至着火的现象。井喷失控形式包括防喷器无法关闭井口或防喷器刺漏或爆裂、套管头刺漏、钻头四通刺漏、钻具内防喷工具失效、井口内控防喷管线刺漏或爆裂、底法兰下的套管刺漏等。

油井失控和气井失控各有其特点和复杂性,以油为主的高气油比井处理更为困难。由于天然气具有密度小、可压缩和膨胀、在钻井液中易滑脱上升、易燃烧爆炸、易扩散等物理化学特性,因而稍有疏忽,气井和含气油井比油井更易井喷和失控着火。其井喷失控处理方法主要是围绕着怎样使井口装置及井控管汇重新控制油气喷流而进行的。井喷失控井虽各有其特点和复杂性,但基本处理方法却是相同的。

一、现场应急措施

发生井喷失控后,钻井队现场应立即采取应急措施,避免事故扩大化,主要包括以下措施。

1. 严防着火

(1) 井喷失控后应立即停机、停车、停炉,关闭井架、钻台、机泵房等处全部照明灯和电气设备的电源,必要时打开专用防爆探照灯。

(2) 熄灭火源,设立警戒区并组织警戒。

(3) 将现场的氧气瓶、乙炔发生器、油罐等易燃易爆物品撤离危险区。

(4) 迅速做好储水、供水工作,并尽快由压井管汇向井口注水防火或用消防水枪向油气喷流,向井口周围设备大量喷水降温,保护井口装置,防止

着火或事故继续恶化。

2. 汇报与疏散

（1）立即向上一级主管单位或有关部门汇报，并立即按应急程序向当地政府和安全生产监督部门报告。

（2）协助当地政府作好井口 500m 范围内居民的疏散工作。

3. 划分警戒区

（1）设置观察点，定时取样，测定井场各处天然气、硫化氢和二氧化碳的含量，划分安全范围。

（2）在警戒线以内，严禁一切火源。

（3）根据监测情况决定是否扩大撤离范围。

4. 紧急点火

在设计中地层流体硫化氢浓度在 $30g/m^3$（20000ppm）及以上的高含硫化氢天然气井，当井口失控时，应做好井口点火措施。

（1）点火条件：井口失控短时间无法控制，距井口 100m 范围内环境中的硫化氢 3min 内平均检测浓度达到 $150mg/m^3$（100ppm），井口点火决策人应在 15min 内下令实施井口点火。若井场周边 1.5km 范围内无常住居民，现场作业人员可采取措施进行抢救，可适当延长点火时间。

（2）点火决策人：点火决策人为甲方的现场代表或甲方的委托人。

（3）点火岗位及点火人：油气田企业在井控实施细则中、甲方及乙方在本企业井喷突发事件应急预案中，均应明确点火岗位，基层现场应急处理预案中应明确点火人。

对于其他含硫井的井口失控情况下的点火要求，由企业结合实际作出相应规定。

二、井喷失控的应急抢险

根据井喷突发事件应急预案成立现场抢险指挥组，根据井喷失控状况制定抢险方案，统一指挥、组织和协调抢险工作。

1. 井口装置完好时井喷失控的处理

（1）检查防喷器及井控管汇的密封和固定情况，确定井口装置的最高承压值。

（2）检查方钻杆上、下旋塞阀的密封情况。

第二十二章　井喷失控处理基本做法

（3）井内有钻具时，要采取防止钻具上顶的措施。

（4）按规定和指令动用机动设备、发电机及电焊、气焊；对油罐、氧气瓶、乙炔发生器等易燃易爆物采取安全保护措施。

（5）迅速组织压井液，压井液密度根据邻近井地质、测试等资料和油、气、水喷出总量以及放喷压力等来确定；其准备量应至少为井筒容积的 2~3 倍。

（6）当具备压井条件时，采取相应的压井方法进行压井作业。

（7）对具备投产条件的井，经批准可坐钻杆挂以原钻具完钻。

2. 井口装置损坏时井喷失控或着火的处理

1）保护井口

（1）对井场的易燃易爆物品进行清理，消除危险源。

（2）采取密集水流或其他方法对井口强行冷却。

2）清障

（1）在失控井的井场和井口周围清理抢险通道，要清除可能因其歪斜、倒塌而妨碍进行处理工作的障碍物（如转盘、转盘大梁、防溢管、钻具、垮塌的井架等），充分暴露并对井口装置进行可能的保护。

（2）对于着火井，应在灭火前按照先易后难、先外后内、先上后下、逐段切割的原则，采取火焰切割或水力喷砂切割等办法带火清障。

（3）清理工作要根据地理条件、风向，在消防水枪喷射水幕的保护下进行。

（4）未着火井要严防着火，清障时要大量喷水，在井口附近作业时，应使用防爆工具。

3）灭火

若需对着火的井口灭火时，可以采用密集水流法、突然改变喷流方向法、空中爆炸法、液态或固态快速灭火剂综合灭火法以及打救援井等方法扑灭不同程度的油气井大火；密集水流法是其余几种灭火方法须同时采用的基本方法。

4）带火切割井口

若套管头（底法兰）完好，则从套管头（底法兰）上钻井四通或升高短节的下颈部切割；若套管头（底法兰）损坏，从套管头下端套管切割。具体步骤如下：

（1）冷却掩护抢险机具和切割装置。

（2）操作抢险机具，将切割装置对准切割部位。

（3）调整砂比、排量、压力等切割参数。

（4）保持切割喷嘴平稳移动，观察切割情况，调整切割速度。

（5）切割完，撤离切割装置，移除切割下的设备。

5）带火拆除残留法兰

（1）冷却掩护抢险机具。

（2）操作抢险机具，将引火筒罩在残留法兰上，使喷流向上。

（3）安装残留法兰卡紧装置。

（4）拆除残留法兰连接螺栓。

（5）撤离抢险人员。

（6）上提引火筒。

（7）移除残留法兰。

6）带火安装新井口

有套管头（底法兰）且完好时，井口可以直接安装防喷器组。

（1）将防喷器组安装在抢险机具上。

（2）冷却掩护抢险机具和防喷器组。

（3）操作抢险机具，将防喷器组法兰与套管头法兰对正、螺孔对齐。

（4）连接套管头法兰与防喷器组法兰。

有套管头（底法兰）且完好时，井口也可以通过法兰锁紧装置安装防喷器组。

（1）将防喷器组安装在抢险机具上。

（2）将法兰锁紧装置安装在防喷器组底部。

（3）冷却掩护抢险机具、防喷器组、法兰锁紧装置。

（4）操作抢险机具，将法兰锁紧装置与套管头法兰对正。

（5）关闭法兰锁紧装置。

（6）手动锁紧法兰锁紧装置。

无套管头（底法兰）时，井口可以直接安装套管头及防喷器组。

（1）将防喷器组安装在抢险机具上。

（2）冷却掩护抢险机具。

（3）操作抢险机具，将引火筒罩在井口上，使喷流向上。

（4）安装抢险套管头。

（5）移开引火筒。

（6）冷却掩护抢险机具和防喷器组。

（7）操作抢险机具，将防喷器法兰与抢险套管头法兰对正、螺孔对齐。

（8）连接抢险套管头法兰与防喷器法兰连接螺栓。

无套管头（底法兰）时，井口可以安装一体化井口重置装置。

第二十二章 井喷失控处理基本做法

（1）将防喷器组安装在抢险机具上。
（2）将一体化井口重置装置安装在防喷器组底部。
（3）冷却掩护抢险机具、防喷器组和一体化井口重置装置。
（4）操作抢险机具，将一体化井口重置装置套入光套管。
（5）关闭一体化井口重置装置防顶卡瓦。
（6）关闭一体化井口重置装置环空密封闸板。
（7）手动锁紧一体化井口重置装置防顶卡瓦。

7）控制井口

接好防喷器液控管线、节流管汇及压井管汇、放喷管线后，打开放喷阀，关闭全封闸板防喷器，试关井。

8）压井

（1）根据现场的实际情况，制定可行的压井方案。
（2）在产层孔隙度好，流动阻力小，井口承压能力较大，且上部裸露地层压井时不易破裂的情况下，可采用压回法压井。
（3）不具备压回法压井条件时，可采用置换法压井。

3. 抢险中的注意事项

（1）施工井井喷失控后，周围500m范围内的注水井、注气（汽）井要停注泄压。
（2）在抢险作业过程中，不应有两种或两种以上互相影响的作业同时进行。清障、拆换井口装置、灭火及压井等关键性作业，尽量不在夜间或雷雨天进行。
（3）原井口装置拆除和新井口装置安装作业时，要尽可能远距离操作，尽量减少井口周围作业人数，缩短作业时间，消除着火的可能。
（4）井喷失控着火，在灭火后要考虑有毒有害气体、高压流体、复燃等因素对人身造成的伤害。
（5）对事故现场和周边高危场所、公共设施进行有毒有害、可燃气体检测，确认安全后，作业人员和居民才能返回现场或住所。

第二节 井喷应急抢险装备简介

井喷应急抢险装备包括清障切割设备、冷却掩护设备、井口重建设备、安全监测仪器、个人安全保护设备、应急指挥通信系统、抢险辅助设备及工具等，根据井喷现场实际状况选择适用的装备，对于尽快完成井喷失控处置非常重要。

一、清障切割设备

无论失控井是否着火，都要清除井口装置周围可能倒塌或影响后续作业的设备设施，如转盘、井架、底座、钻具、损坏的井口设备、其他设施工具等，将井口完全暴露，使油气喷流集中向上，给灭火与拆装井口创造有利条件。清障切割设备主要包括近距离超高压水力喷砂切割装置、远距离水力喷砂切割装置、远距离控制火焰切割装置、长矛割炬、套管造扣机、液压环形坡口机、燃烧棒等。

（1）远距离水力喷砂切割装置。该装置切割工作压力为70MPa，可切割规格为244.5~508mm的套管和规格为346mm的套管头、钻井四通等井口装置，切割面高度可任意调节，其角度调整可从切割面水平位调节至所需的任一角度，能手动或自动控制施工作业，如图22-1所示。

图22-1　远距离双喷头水力喷砂切割装置

（2）远距离控制火焰切割装置。将装置安装在抗高温遥控挖掘机上，实现远程控制切割，如图22-2所示。

（3）长矛割炬。有2m、4m、6m等不同规格，主要用于带火切割烧坏的井架、井口等，如图22-3所示。

第二十二章 井喷失控处理基本做法

图 22-2 远距离控制火焰切割装置

图 22-3 长矛割炬

（4）液压环形坡口机。主要用于套管的切断和坡口加工，如图 22-4 所示。

图 22-4 液压环形坡口机

二、冷却掩护设备

井喷失控着火后,其火势猛烈,热辐射强,在进行清障、切割、拆装井口等抢险作业中,必须通过冷却掩护设备对抢险人员和相关设备进行保护。

冷却掩护设备主要有遥控水炮、消防雪炮、水泵机组、超大风量排烟机等。

(1)遥控水炮。远距离扑灭火灾的设备,水炮安装在掩体内,可阻挡强热辐射,保证水炮的安全,如图22-5所示。

(2)消防雪炮。集灭火、排烟、稀释、冷却等多种功能于一体,可将大量的水变成高压雾化水流喷向着火点,增加了灭火水的表面积,为环境降温,将火灾减弱或熄灭,如图22-6所示。

图22-5　遥控水炮

图22-6　消防雪炮

(3)超大风量排烟机。吹散工作区域烟气,使空气流动,形成人为风向,使抢险人员始终处于上风方向作业,如图22-7所示。

三、井口重建设备

井喷失控着火后的抢险工作,主要是围绕怎样去重建井口装置,恢复控制油气喷流这一环节进行的,井口重建设备主要包括一体化井口重置装置、井口重置法兰连接紧固装置、专用作业机具等。

第二十二章 井喷失控处理基本做法

图 22-7 超大风量排烟机

（1）一体化井口重置装置。适用于在光套管上的井口重建，利用液压控制实现井口装置的固定与密封，提高了抢险救援的效率，如图 22-8 所示。

（2）井口重置法兰连接紧固装置。该装置通过液压实现了远程一键紧固法兰，提高工作效率，有效降低抢险人员的作业风险，如图 22-9 所示。

图 22-8 一体化井口重置装置

图 22-9 井口重置法兰连接紧固装置

四、安全监测仪器

在抢险的全过程中，要持续对现场环境温度、有毒有害气体浓度等进行监测。安全监测仪器主要包括复合式气体监测仪、红外线遥感测温仪、激光测距仪及红外热成像仪等,如图 22-10 所示。

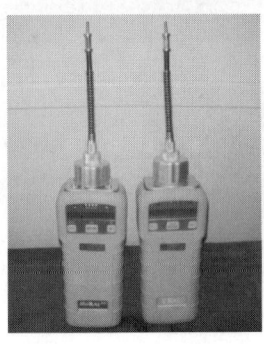
(a) 复合式气体监测仪

(b) 激光测距仪

图 22-10　安全监测仪器

五、个人安全保护设备

个人安全保护设备主要包括空气呼吸器及远程监控系统、抗高温防火服、防热辐射头盔、防噪声头盔等,如图 22-11 所示。

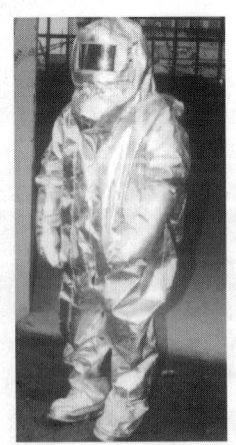

图 22-11　抗高温防火服

六、应急指挥通信系统

应急指挥通信系统主要包括卫星通信车、卫星正压式工程车和卫星远程

第二十二章 井喷失控处理基本做法

指挥车等，可通过卫星将现场视频音频信息传递到指挥中心，同时把指挥中心指令、方案等迅速传到现场，如图22-12所示。

图22-12 卫星通信车

七、抢险辅助设备及工具

抢险辅助设备及工具包括移动照明设备、远距离点火装置、手抬式发电机、试压泵、液动扳手、井口防爆工具等，如图22-13所示。

图22-13 远距离点火装置

第三节 定向救援井技术简介

1934年，德国的克萨斯康罗油田一口井发生严重井喷，一位工程师提出用定向钻井技术来解决。在失控井附近钻一口定向井，井底与失控井相交，然后向井内泵入压井液将失控井控制住。这是定向井钻井技术第一次与井控工作相结合，也是世界上第一口定向救援井。救援井就是在失控着火井附近钻一口或多口定向井，并使其与失控着火井连通，然后泵入压井液，压井和灭火同时进行。

一、目标的选择和确定

进行救援井设计的时候，先要正确选择目标区，然后再准确地确定目标点。

目标区是指救援井的井底最终要钻到在喷井井眼的部位，通常可选择两种目标区。一种是使救援井直接钻到在喷井的喷层位置，使两个井眼在喷层内互相靠近并连通；另一种是选择在喷井井眼中部的一个适当位置作为救援井的目标，这就是所谓的采取中途拦截的方法。一般来说，把救援井的目标区定在喷层位置，是彻底封堵在喷井杜绝后患的最好方法。

目标点指的是在喷井在喷层中的井底位置。这个位置的准确与否，对于救援井能否与在喷井顺利连通关系很大。一般的做法是利用在喷井井眼轨迹的水平投影图和在喷井井底的垂直井深来确定目标点的位置。

二、救援井井位的选择

钻救援井之前除了需要考虑地形、地貌和交通条件之外，还应考虑季节性气候和风向、救援井和在喷井之间的距离、地层的自然造斜规律等。

1. 季节性气候和风向

通常情况下，救援井的井位处于在喷井的上风方向。地层流体含有 H_2S 等有毒有害气体时，若风向因素和可能扩散范围未考虑，会使救援井受到很大威胁。

2. 救援井和在喷井之间的距离

确定救援井与在喷井之间的距离，主要考虑以下三个方面：

（1）确保最佳井斜角，一口定向井的设计，最大井斜角控制在 15°~45° 区间内最为理想。

（2）救援井应避开地下气窜危险区。

第二十二章　井喷失控处理基本做法

（3）救援井与在喷井之间的距离不宜小于300m。

3. 地层的自然造斜规律

钻定向救援井时，顺从地层的自然造斜规律来设计它的井身剖面和决定它的设计方位，是最容易控制井眼轨迹"航向"的方法。利用这个规律确定的救援井井位，可以使救援井的井眼轨迹很容易向着目标点钻进，从而加快钻井速度，缩短钻井与救援的周期。

三、救援井井身剖面和井身结构

救援井合理的套管程序有利于减少施工周期，同时又有助于压井的成功。若套管尺寸、强度或下入深度选择不当，不利于安全压井。

（1）井身剖面类型最好采用"三段制"，即垂直段、造斜段和稳斜段。

（2）救援井套管程序的设计原则与一般生产井和探井没有很大区别，但技术套管和油层套管都是以压井为中心任务，套管的直径也必须满足高速泵入大量压井液而不产生过高摩阻压力的要求。

（3）救援井的油层套管不能采用悬挂尾管的方法。

四、救援井施工

（1）靶区。以目标点为圆心，以10m为半径的一个圆面积作为救援井的靶区。

（2）轨迹圆柱。在施工中，以设计的井眼轨迹为轴线，以10m为半径围绕这个轴线形成一个假想"圆柱"，作为指导施工的轨迹圆柱。

（3）实际轨迹。掌握实际井眼轨迹，应注意以下几个问题：

① 严格控制狗腿严重度。随时监测每个井段的方位变化率和井斜变化率，狗腿严重度每30m保持在3°~4°为宜。

② 选择合理的井眼轨迹"航线"。从垂直剖面来说，要让实际的井眼轨迹沿着设计剖面线的上方往下钻进，让救援井与在喷井在底部井段相互平行靠拢，增加两个井眼相碰的机会。

③ 中靶前调整方位。在确定了井眼轨迹所要走的路线之后，即可按照钻定向井的方法施工。只要实际的井眼轨迹脱离设计剖面线不太远，大体能与设计线平行就可以放心地继续钻进。在即将完钻之前，必须调整井眼"航向"，把井底的实际方位扭转到直接对准目标点，然后使其中靶。

④ 井底钻具组合。钻定向井所用的造斜、稳斜、降斜等各种井底钻具组合都能适用。

（4）"航向"重合追踪。当救援井中靶前最后调整方位的时候，把井眼轨迹的实际方位扭转到与在喷井轨迹的闭合方位线重合，并沿在喷井轨迹的后面向前追踪钻进。

（5）测井。在救援井中下入相应的测井仪器，通过测井数据推断高压层，测定在喷井与救援井的位置和间距。

（6）裸眼连通压井。最直接的方法是把救援井钻入在喷井井筒里，但该方法需要立即实施压井作业，由于无充足的准备时间和方案，该方法并不常用。理想的程序是下油层套管固井，然后射孔、压裂，使两井连通，制服井喷。压井液一般使用钻井液，也可以使用水泥浆来实施压井。国外也有在井底使用爆炸物进行爆破，导致在喷井周围地层坍塌封堵井眼，从而成功控制井喷的案例。

第四节　应急保障简介

集团公司将钻井等井筒作业过程中发生的井喷突发事件分为三级，即一级井喷突发事件（Ⅰ级）、二级井喷突发事件（Ⅱ级）和三级井喷突发事件（Ⅲ级）。发生井喷突发事件，按照《中国石油天然气集团有限公司井喷突发事件专项应急预案》中应急流程启动相应的应急响应，如图22-14所示。

应急保障是成功处理井喷突发事件的基础，它包括应急中心、应急队伍、物资和装备、应急技术四个方面。

一、应急中心

按照"分区布点、相互支援、全面涵盖、分级管理"的原则，建立了集团公司层面的井控应急救援响应中心，在一些企业建立井控应急分中心，各相关企业建立企业井控应急抢险机构，构建覆盖集团公司油气勘探开发区域的井喷突发事件应急处置体系。

第二十二章 井喷失控处理基本做法

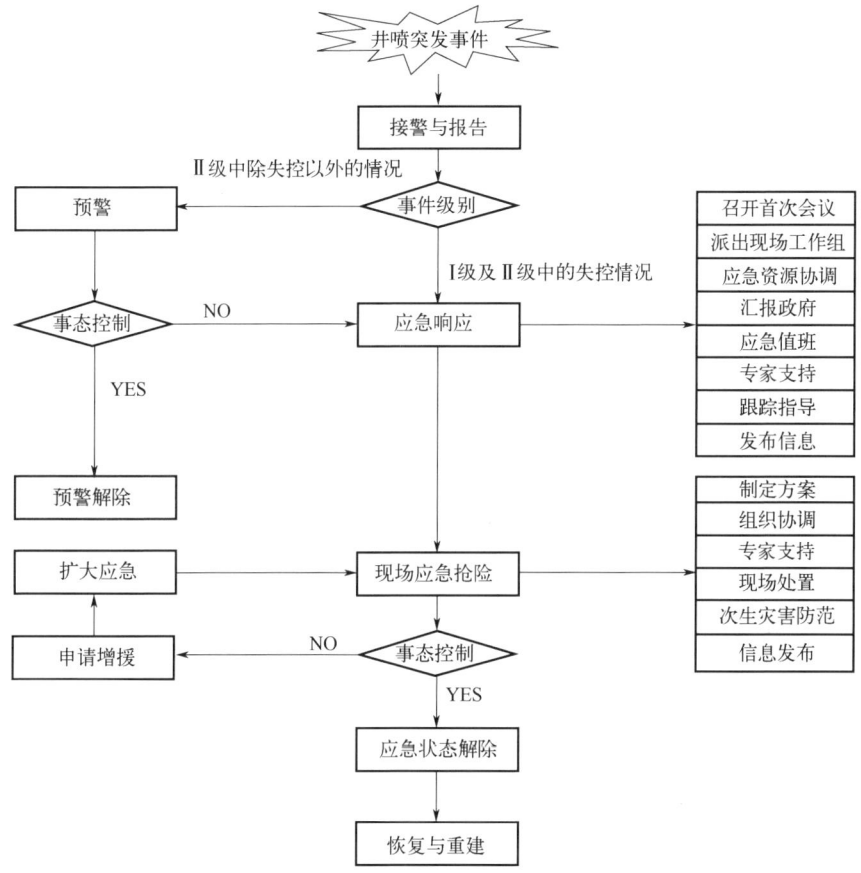

图 22-14 集团公司井喷突发事件应急流程图

二、应急队伍

集团公司建立了具有井喷突发事件应急处置能力的专业应急队伍。各相关企业建立了兼职的井喷突发事件应急抢险队伍，同时集团公司建立了井喷突发事件应急抢险井控专家库，各企业同时建立本企业的应急抢险井控专家库，形成专兼职相结合、分层应对的应急队伍。

三、物资和装备

按照"合理布点、区域负责"的原则，在四川广汉、天津大港和新疆库车储备了专业化的应急抢险装备。各油气田根据本企业井控工作的实际特点，储备必要的井控装备、抢险工具、有毒有害气体监测仪器、人身防护装备等抢险物资，保障井喷突发事件应急处置的物资装备需求。

四、应急技术

当前，集团公司已形成了较为成熟的井喷压井的应急技术，同时具备井喷失控着火的全程带火井口重置抢险技术，今后还要继续组织开展井喷突发事件应急技术交流和培训活动，掌握国际最新井控技术和应急处置的方式方法。继续加强技术研究，开展井喷应急抢险技术攻关，研制新型抢险设备、仪器和工具，提高应急处置技术水平和装备水平。

附录1 中国石油天然气集团有限公司井控管理规定

第一章 总 则

第一条 为加强中国石油天然气集团有限公司（以下简称集团公司）井控管理，依据国家安全生产法律法规和集团公司相关制度，制定本规定。

第二条 本规定与集团公司企业标准 Q/SY 02552《钻井井控技术规范》和 Q/SY 02553《井下作业井控技术规范》共同组成集团公司井控管理和技术的规范性要求，适用于集团公司总部部门、专业公司及所属企业的井控管理工作。

集团公司及所属企业的控股公司、实际控制企业通过法定程序执行本规定，参股公司参照执行。

集团公司在境外从事生产经营活动的所属企业、项目或者机构的井控管理，应当遵守所在国（地区）有关法律、标准、规范或相关国际惯例，并参照执行本规定。

海上石油作业井控管理有特殊要求的，应遵循其规定。

第三条 本规定中所称井控是指油气等地下资源勘探开发过程中的井筒压力控制，涉及钻井、井下作业等施工过程。

井控工作是一项系统工程，计划、财务、人力资源、地质、工程、安全、生产、科技、物资装备、信息、宣传、培训、法律等部门均有管理职责，应相互配合、齐抓共管、系统推进。

第四条 井控工作是天字号工程、一把手工程，应树立积极井控和大井控理念，强化全员、全过程、全方位、全天候的井控意识，坚持以人为本、警钟长鸣、科学防控、严格监管、保护油气的工作方针，实行油气田企业、油田技术服务企业双方井控联责、联管、联动管理，确保实现井控绝无一失的工作目标。

第五条 强化井控风险源头管控，井控管理与工程技术队伍资质管理紧密结合，取得资质的队伍必须具备相应井控工作能力。

第二章 组织机构与职责

第六条 集团公司井控和工程技术资质管理领导小组（以下简称井控资质管理领导小组）是集团公司井控管理的决策机构，统一领导集团公司井控工作。井控资质管理领导小组在井控管理方面的主要职责：

（一）负责贯彻国家有关井控管理的政策、法规和规定；

（二）负责领导井控管理体系建设，审定集团公司井控管理规章制度；

（三）负责审定井控工作重大部署，研究解决井控管理重大问题；

（四）组织对井控工作的监督、检查及指导；

（五）负责井喷失控事故应急救援综合协调；

（六）负责审定表彰井控工作先进企业和先进个人；

（七）完成集团公司党组交办的其他工作。

第七条 井控资质管理领导小组下设井控管理办公室（以下称集团公司井控管理办公室），办公室设在中国石油集团油田技术服务有限公司（工程技术分公司），归口管理集团公司井控日常工作。集团公司井控管理办公室主要职责：

（一）负责落实井控管理有关法律法规、规章制度、标准规范和技术规程；

（二）负责落实井控资质管理领导小组决策和要求，并向领导小组汇报工作；

（三）负责组织制修订集团公司井控管理制度、标准；

（四）负责编制集团公司年度井控工作要点，并组织实施；

（五）负责集团公司井控工作的综合协调和监督管理，督促企业履行井控管理责任；

（六）负责组织集团公司井控专项检查和诊断评估工作，督促重大井控事故隐患整改；

（七）负责集团公司井控应急资源协调，业务指导井控应急救援响应

附录1 中国石油天然气集团有限公司井控管理规定

中心；

（八）负责井控培训机构、井控车间、井控装备生产企业的资质管理，协助培训工作主管部门管理井控培训机构；

（九）负责组织井控技术和管理交流；

（十）负责组织三评估、三分级管理，以及油气田井控实施细则评审；

（十一）负责修订集团公司井喷突发事件应急预案，参与井控应急演练；

（十二）参与井喷突发事件抢险及调查；

（十三）完成井控资质管理领导小组安排的其他工作。

第八条 井控资质管理领导小组成员单位包括：发展计划部、集团公司财务部、人力资源部、生产经营管理部、法律和企改部、质量健康安全环保部、科技管理部、数字和信息化管理部、工程和物装管理部、国际部、党组宣传部等总部部门，以及勘探与生产分公司、中国石油国际勘探开发有限公司、中国石油集团油田技术服务有限公司（工程技术分公司）等专业公司。成员单位主要职责：

（一）发展计划部负责组织制定井控业务的发展规划及年度投资计划。

（二）集团公司财务部负责井控费用财务预算安排，并按照有关机制拨付费用化、资本化井控隐患治理等支出资金。

（三）人力资源部负责井控业务机构设置指导工作；负责井控培训计划和井控培训机构管理；负责集团公司井控专家队伍建设及薪酬待遇工作；负责集团公司井控专项奖惩事宜。

（四）生产经营管理部负责井喷突发事件抢险时期的应急总值班，接收、报送突发事件信息，传达集团公司应急领导小组指令。

（五）法律和企改部负责组织集团公司井控规章制度审查，指导相关纠纷案件管理。

（六）质量健康安全环保部负责指导和监督井控安全风险防控工作；负责井控隐患治理项目界定；负责井喷失控事故应急抢险人员安全防护及环境保护监督工作；负责向业务主管部委报送事故信息；组织井喷失控事故内部调查。

（七）科技管理部负责组织开展井控前瞻性、基础性、战略性技术研发；负责将井控标准纳入集团公司标准体系。

（八）数字和信息化管理部负责井控应急事件的网络传输链路资源保障。

（九）工程和物装管理部负责一级物资管理目录范围内井控装备采购管理。

（十）国际部负责涉外井控合作交流以及井喷突发事件应急协调工作。

（十一）党组宣传部负责井喷突发事件的新闻发布和舆情引导工作。

（十二）勘探与生产分公司、中国石油国际勘探开发有限公司、中国石油集团油田技术服务有限公司（工程技术分公司）负责监管归口管理企业或成员企业的井控工作，履行专业公司井控监管责任；负责重大溢流险情调查处理，参与一级井喷突发事件处置、二级井喷突发事件预警指导；参与集团公司井控专项检查，研究推广井控新技术、新工艺和新装备；定期向井控资质管理领导小组汇报工作。

第九条　集团公司建立健全企业井控责任清单，实行井控责任清单化管理。企业是井控管理的责任主体，按照责任清单履行管理责任，油气田企业、海外企业（建设单位）履行属地井控管理主体责任，油田技术服务企业（施工单位）履行施工作业过程井控管理主体责任。按照管生产管井控、管业务管井控的原则，企业应建立健全职能部门、所属单位和岗位人员井控责任清单，将井控工作纳入绩效考核范畴，督促职能部门、所属单位和岗位人员照单履行井控职责。

第十条　企业应成立井控管理领导小组，主要领导担任井控管理领导小组组长，是企业井控工作的第一责任人，计划、人事、财务、地质、工程技术、安全环保、生产运行、物资装备、技能培训等业务部门纳入井控管理领导小组成员部门。企业应明确井控管理领导小组成员部门的井控管理职责，每年召开两次井控管理领导小组工作会议。井控管理领导小组下设办公室，原则上设在机关工程技术管理部门，负责井控日常工作。

第十一条　企业应建立健全井控管理网络，实行井控专职管理，油气田企业、油田技术服务企业设立井控管理专门机构或明确承担井控管理职责的部门，油气生产建设、钻井、井下作业、矿权流转单位应明确井控责任机构或设置专职井控管理岗，根据井控风险和管理难度配备专职井控管理队伍。其他单位根据需要设立专兼职井控管理岗。

第十二条　集团公司井控应急救援响应中心是专业井控应急救援机构，是集团公司授权的井控管理办公室的支持机构，列所在企业二级单位序列，依托企业建设与行政管理，由集团公司井控管理办公室负责业务管理指导和应急组织协调，其班子成员任命需向集团公司井控管理办公室报备。其主要职责：

（一）负责区域范围内油气井井喷事件的抢险救援，完成国家、集团公司安排的国内外井控应急救援任务；

（二）负责井喷抢险救援技术研究与装备、工具研发；
（三）负责提供井喷抢险救援技术培训、支撑与咨询；
（四）受井控管理办公室委托，组织专家开展井控实施细则评审、制度标准审查、井控诊断检查、三评估三分级等；
（五）负责井控应急抢险标准的制修订；
（六）参与井喷事件应急预案的修订和演练；
（七）负责传承发扬"灭火精神"、开展井控警示教育。

第三章　井控管理总体要求

第一节　技术管理

第十三条　企业应严格遵守国家、行业及集团公司井控标准规范，实施地质工程一体化，将井控管理纳入工程地质管理的首要内容，从设计、技术方案、工艺方式、措施规程等全面抓好井控管理。

第十四条　企业应开展井控技术研究、交流与合作，立足一次井控，推广随钻地层压力实时监测，集成应用成熟井控技术，积极稳妥采用井控新技术、新工艺，不断提高井控智能化、信息化管理水平。企业应根据业务特点编制适合于所在区域的相关专业技术规范。

第十五条　油气田企业应根据 Q/SY 02552《钻井井控技术规范》和 Q/SY 02553《井下作业井控技术规范》，结合属地油田油气藏特点、作业环境以及管理实际，制定钻井和井下作业（试油、试气）井控实施细则。矿权流转区块的井控技术规范统一执行当地油气田井控实施细则。井控实施细则的技术要求不得低于集团公司井控技术规范，确因实际需要降低技术要求的，应组织专家充分论证，由企业井控管理领导小组审核批准。井控实施细则应根据上级标准的制修订情况及时修订完善，至少每三年修订一次，并经过集团公司评审后发布实施。

第十六条　测井、录井、固井、定向、钻井液、欠平衡、控压钻井、下套管、中途测试、取心、射孔、压裂酸化、测试、钢丝电缆等技术服务单位或队伍在油气层施工前应开展井控风险评估，工艺技术应满足井控安全要求，对重点工序应提出井控管理要求和技术措施，开展现场技术交底。

第十七条　集团公司建立井控应急抢险专家队伍和井控专家库。企业应根据规模和风险等级，建立企业、单位两级井控专家队伍，实行井控专家分级管理，鼓励纳入专业技术序列岗位，健全井控专家薪酬待遇体系，定期组织履职工作考核，发挥井控专家在风险评估、方案制定、现场盯防、井控培训、应急处置等方面的技术支撑作用。

企业所属各级井控专家应发挥现场盯防职能，每月对本单位施工区域内高风险井的井控措施落实情况进行全覆盖巡查，同时通过 EISC 平台进行井控监督和技术支持。

第二节　风险分级管理

第十八条　集团公司制定井控风险评估分级管理指导意见，实施井控风险分级管理，实行施工队伍井控风险防控能力与井控风险级别的针对性匹配，实现井控风险差异化管理和精准化防控。

第十九条　根据油气藏特点、地层压力、流体性质、单井产量、周边环境等因素，进行盆地、区块井控风险评估分级，按风险高低划分为极高风险、高风险、中风险、低风险盆地和区块。

第二十条　根据地层压力、井别井型、工艺技术、所在区域风险等级等因素，进行单井井控风险评估分级，按风险高低划分为一级、二级、三级、四级风险井。

第二十一条　根据施工队伍现场井控管理能力和综合井控管理能力，进行施工队伍井控风险防控能力评估分级，按能力高低划分为 A、B、C、D 级队伍。

第二十二条　企业应系统实施井控风险分级管理，在装备配套、工艺措施、监督管理、技术支撑等方面落实分级管控措施。

第二十三条　原则上施工队伍不可超越级别承担作业任务。确需进入高级别风险盆地、区块，或承担高级别风险井作业任务时，应由引进油气田企业牵头油田技术服务企业评估合格，油气田企业主管领导签字批准方可施工。

第三节　设计管理

第二十四条　从事油气井工程设计的单位应具有相应级别的设计资质。从事高压井、高产井、高含硫井设计的单位应具有集团公司甲级设计资质。

第二十五条　油气田企业应结合集团公司相关规定，制定油气井地质设计、工程设计的编制、审核、审批管理办法。所有设计均应按照程序审核审

附录1　中国石油天然气集团有限公司井控管理规定

批，未经审批不得施工。

第二十六条　高压井、高产井、高含硫井的方案设计应符合井筒完整性设计准则要求，由建设单位组织设计单位、施工单位进行联合评审，应有井控专业人员参加审查。高压井、高含硫井主要设计人员应具有三年以上现场工作经验和相关专业高级职称，设计应由建设单位、工程技术部门逐级审核，工程技术部门审核人员应为具有相关专业正高级职称人员、部门负责人或企业技术专家，审批人员应为油气田企业的业务分管领导或企业首席专家。

第二十七条　设计应符合相关标准、技术规范及油气田井控实施细则，不同标准之间条款内容存在差异的，按照标准的层级进行风险评估后执行。工程设计和施工设计应有明确的井控要求或井控设计专篇，对井控风险防控提出针对性措施，与井控安全紧密相关的技术条款不应作为推荐做法写入设计。应立足一次井控，加强地层压力预测，井身结构、钻完（修）井液密度、井控装备组合等设计应满足井控安全要求。

第二十八条　钻井地质目标、井身结构、钻井方式以及井下作业施工目的、施工工艺发生重大变化时，均应及时变更设计，同步开展设计变更后的井控风险评估，变更程序执行原设计审核审批流程。

第二十九条　设计单位应配齐有效的相关标准规范，建立设计跟踪回访制度，坚持设计和现场紧密结合，设计人员应参加一级风险井的现场技术交底，工程设计人员每年到现场跟踪的天数不低于20天，地质设计人员不低于10天。现场发生重大井控险情时，负责该井的设计、审核、审批人员应为应急处置提供必要的技术支持。

第四节　装备管理

第三十条　企业应建立井控装备费用投入的保障机制，满足井控装备更新和油气勘探开发需求，油气田企业应在单井工程造价中专项列支井控装备费用。防喷器组、节流压井管汇、控制系统组合配套数量与在册施工队伍数量占比均不低于1.2，用于高压气井、高含硫井的防喷器及节流压井管汇出厂年限不应超过13年，控制系统出厂年限不应超过15年。

第三十一条　集团公司实行国内井控装备生产企业资质认可管理，井控装备生产企业的资质分为甲、乙两个等级，有效期四年。井控装备生产企业的新型产品，应取得井控装备质量检测检验中心的型式试验合格证书。国内油气田范围内禁止使用无集团公司资质认可企业生产的井控装备。进口井控装备应符合国际相关标准规范，并实行单列管理。

第三十二条 集团公司实行井控车间资质认可管理，统一组织资质认证。井控车间资质分为甲、乙两个等级，有效期四年。

第三十三条 井控装备应实行专业化管理，设置专门机构建立接收入库、保养维修、巡检回访、回收检验、资料管理、质量保证和技术标准等管理制度，定期进行现场巡检工作，及时发现和处理井控装备存在的问题，并指导现场在断电、断气等特殊情况下的关井操作。防喷器、远程控制台、节流压井管汇等主要井控装备应建立全生命周期档案，从购入之日起到报废处置，应如实记录重要节点信息。新购置的井控装备应经过井控车间试压检测，出具检测合格证后，方可运往现场使用。

第三十四条 现场按照设计和井控实施细则要求进行井控装备的配套、安装和试压，应定岗、定期对现场井控装备进行检查、维护保养，填写检查保养记录，具备条件的现场试压应保留试压记录曲线。油气田企业应在井控实施细则中明确井控装备返回井控车间检测的周期。

第三十五条 集团公司建立井控装备判废技术标准，达到判废技术条件的井控装备，应强制报废。在集团公司范围内开展第三方井控装备检验检测工作的机构，应取得省部级及以上井控装备检验检测资质。

第三十六条 集团公司实行井控装备质量评价和抽样检测，委托有资质的质量监督检测机构进行质量抽检。企业井控管理部门应每年底向集团公司井控管理办公室报送本企业在用井控装备的质量和服务情况。禁止采购、使用存在设计缺陷、安全隐患的井控装备及配件。

第五节 培训管理

第三十七条 井控培训遵循按需施教、突出实操、注重实效的原则。企业应制定井控培训大纲，编制井控培训教材和试题库，分层次、分专业、分岗位开展井控培训。

第三十八条 井控培训机构实行资质管理，分为甲、乙两个等级，资质证书有效期四年。井控培训机构应加强井控培训师资队伍建设，按照井控培训大纲和岗位要求组织开展培训，配齐教学设施硬件，编制井控培训教材、课件、考试题库。

第三十九条 专职井控教师应取得集团公司颁发的井控教师培训合格证书，有效期两年。企业应安排专职井控教师参加各级井控检查、交流、研讨活动，井控教师每年到现场实践时间不少于20天。

第四十条 井控培训和复审应在具有集团公司资质认可的井控培训机构

附录1　中国石油天然气集团有限公司井控管理规定

进行。甲级井控培训机构可以从事集团公司所属企业的井控培训，颁发的井控培训合格证在集团公司范围内有效。乙级井控培训机构可以从事本油气田区域内的井控培训，颁发的井控培训合格证在本油气田区域内有效。

应持证人员未取得有效培训合格证，不得上岗。从事含硫井、探井施工的现场人员应取得硫化氢防护培训合格证。井控培训结束后五个工作日内完成证件发放工作，复培证件有效期起始日期应为原证件有效期截止日期。井控培训合格证、硫化氢防护培训合格证有效期为三年。

第四十一条　企业及所属单位分管井控、安全、地质、工程、应急的二级正副职及以上管理人员，以及企业井控专家、井控专职人员等应参加集团公司井控分级定点、井喷压井应急救援培训，并取得井控、硫化氢防护培训合格证。

第四十二条　基层岗位井控取换证培训应将防喷演练、井控装备结构原理、实际操作和典型案例作为培训重点，课时应占总课时的一半以上。新入职员工首次参加井控取证培训的，应具有至少三个月的现场见习经验。

第六节　施工过程管理

第四十三条　建立井控高风险井周报制度，正在油气层施工的风险探井、地层压力预计大于105MPa、地层流体硫化氢浓度预计大于$30g/m^3$等高风险井，由油气田企业负责向集团公司井控管理办公室报送周报信息。

第四十四条　集团公司和企业应建立工程作业智能支持中心（EISC），组织专家进行远程实时跟踪现场动态和在线督导，为溢漏异常预警、应急处置提供技术支撑，及时向现场推送井控应急处置方案。

第四十五条　一级和二级风险井施工前，建设单位组织施工单位从施工队伍、岗位人员、生产工序、工艺技术、设备设施、作业环境等方面开展风险评估，评估合格后方可进行施工。发生工程复杂事故应首先评估井控风险，制定落实控制措施。

第四十六条　油田技术服务企业及所属单位应在一级风险井、二级风险井的重点工序、关键环节、特殊敏感时段，实施机关干部驻队盯井、基层干部带班盯井，督导落实防控措施，建立管理制度和盯防记录。溢漏同存井实行井控专家驻井指导。

第四十七条　重点地区应建立区域压裂车值班值守制度，满足溢流后快速到达现场、快速压井的需要。应建立区域两小时内应急钻井液储备站，储备量应在两千立方米以上，满足快速倒浆以及压井性能要求。矿权流转区块

应与属地企业签订井控应急保障协议。

首次进入重点区块的队伍，第一口井施工前由建设单位联合施工单位主管部门组织技术交底，双方派驻盯井人员。一级风险井、二级风险井原则上应使用具备相应资质和应急保障能力的集团公司内部队伍。

第四十八条　油气田企业应建立健全工程监督管理机制，明确工程监督井控职责。油田技术服务企业应建立健全HSE监督管理机制，明确HSE监督井控职责。总包外包管理机构应制定外包监督管理制度，派驻外包监督到外包队伍施工现场实施监督。国内对外合作项目根据项目特点或合同规定，建立相应井控监督机制。

第四十九条　外部队伍执行集团公司统一的井控管理要求和标准规范。按照"谁引进、谁负责、谁使用、谁监管"原则，严格落实引进方管理责任，严格按照标准配套井控装备，严禁无资质和超资质范围施工，严格完工后井控业绩评价，建立并落实黑名单制度。

第五十条　定期开展井控工作监督检查，集团公司每年开展一次国内井控检查，每两至三年开展一次海外井控检查，不定期组织重点地区井控专项诊断评估、重点项目"四不两直"井控督查。企业每半年开展一次井控专项检查，常态化开展"四不两直"井控督查。油气生产建设、钻井、井下作业单位每季度开展一次井控专项检查，其他单位每半年进行一次井控专项检查。

第五十一条　溢流应做到及时发现、及时关井、及时压井，司钻是现场关井第一责任人，接到溢流报告不得迟疑和请示，立即组织正确关井，现场启动相关预案进行处置。溢流关井后，应以控制井喷风险为主，不应再活动井内管柱。

第七节　应急管理

第五十二条　集团公司建立由井控管理办公室、总部有关部门、专业公司、企业、井控应急救援响应中心和井控专家组成的井控应急管理体系，统一规划建设专职的井控应急救援响应中心。

第五十三条　集团公司及企业应制定井喷突发事件应急预案，定期演练并评估。油气田企业和油田技术服务企业双方、企业不同层级之间的井控应急预案应相互衔接，定期开展预案联合评审。油气田企业应牵头组织，油田技术服务企业参与联动，至少每两年开展一次井喷失控事故的实战演练，同步进行舆情应急演练。油气田建设单位与施工单位至少每年联合开展一次井喷突发事件应急演练。

附录1　中国石油天然气集团有限公司井控管理规定

第五十四条　企业应按照自身应急需求，购置和储备井控应急装备物资，建立区域化的应急储备中心，设立兼职井控应急救援队伍，具备处理二级井喷突发事件的能力。需要井控应急抢险时，油气田企业统筹油气田内井控应急资源，各方应随时做好应急抢险准备，服从应急抢险安排，产生的抢险费用由责任方承担。高含硫化氢天然气井井口失控时，应按照集团公司相关规定落实井口点火的相关要求。

第五十五条　井位选址、井场面积、设备布局、井场道路、放喷管线出口位置应符合标准规范，满足井控设施安装和井控应急抢险需要。钻前工程由建设单位组织施工单位进行联合验收。

第五十六条　钻井或井下施工队伍是施工现场的应急责任主体，相关方的应急预案应服从责任主体队伍的应急预案，统一听从应急指挥。

第五十七条　专职井控应急救援响应中心应坚持平战结合、突出实战原则，按照标准配置应急抢险专业人员和装备，为区域油气田提供井控技术支持。每年至少参加一次区域油气田企业的应急演练，验证、改进应急人员和装备能力。

第八节　井喷突发事件管理

第五十八条　根据井喷突发事件性质、危害程度、可控程度、社会影响程度等因素，集团公司井喷突发事件分为一级、二级、三级井喷突发事件。发生井喷突发事件，事发单位应立即上报，油气田双方应及时启动相应级别的井控应急预案。发生一级、二级井喷突发事件应三十分钟内电话报告集团公司智能运营中心，同时报告集团公司井控管理办公室及相应专业公司，一小时内书面报告，严禁瞒报、谎报、迟报。井喷突发事件分级标准、报告要求和应急处置执行集团公司《井喷突发事件专项应急预案》。

第五十九条　发生井喷突发事件后，现场应保持各级通信联络畅通，安排专人值班、收集资料，采用有效联络方式，及时、准确报告信息。

第六十条　发生井喷突发事件后，成立由油气田企业领导为总指挥、油田技术服务企业领导为副总指挥的现场应急抢险指挥部，组织开展事件处置。

第六十一条　发生井喷突发事件处置结束后，按照事件级别进行调查处理，具体执行集团公司《生产安全事故管理办法》和《生产安全事故与环境事件责任人员行政处分规定》。

第六十二条　外部队伍发生井喷突发事件，按照"谁引进、谁负责，谁使用、谁监管"的原则追究建设单位、引进单位以及相关责任人责任，并清退事故队伍，取消承包商准入资格，并依法进行经济索赔。

第六十三条　因井控装备产品设计、材料等质量缺陷造成井喷突发事件，取消供应商的集团公司井控装备生产企业资质，并依法进行经济索赔。

第四章　井控管理九项制度

第六十四条　井控培训合格证制度

（一）应取得井控培训合格证的人员范围：

1. 企业机关：分管地质勘探、工程技术、井控管理、安全监督、应急管理的领导、技术专家、副总师、部门负责人及管理人员。

2. 建设单位和施工单位（项目部）：单位（项目部）主要负责人，分管地质勘探、工程技术、井控管理、安全监督、应急管理的副总师及以上负责人，相关科室负责人及管理人员。

3. 技术服务单位：定向、录井、钻井液、固井、测井、油气测试、欠平衡等技术服务单位和采油（气）、工程技术研究院，分管工程技术、井控管理的副总师及以上负责人，相关科室负责人及管理人员；设计单位从事地质、工程设计编制人员、审核人员、审批人员。

4. 基层队站：现场监督、正副队长（平台经理）、指导员（书记）、工程师（技术员）、大班司钻、正副司钻（班长）、操作手、井架工、坐岗工。

5. 定向、录井、钻井液、固井、测井、油气测试、欠平衡、取心、压裂酸化、带压作业、连续油管作业等专业服务队的技术人员及主要操作人员；井控车间技术人员和现场服务人员；现场地质技术人员、地质监督、测井监督。

6. 井喷应急救援专业抢险人员。

（二）没有取得井控培训合格证的领导干部和技术人员无权指挥生产。凡未取得井控培训合格证而在井控操作中造成事故者应加重处罚，并追究主管领导责任。

（三）持证人员在集团公司或企业井控检查考试不合格的，重新参加岗位技能培训，考核合格后方可继续上岗。由于违章操作或指挥造成重大井控险情或井喷事故的，应吊销其井控培训合格证，经重新培训取证后才能上岗。

第六十五条　井控装备安装、检修、试压、现场服务制度

附录1　中国石油天然气集团有限公司井控管理规定

（一）井控车间（井控装备持有单位）负责井控装备维修、试压、巡检服务，编制井控装备配套计划，负责到货后的质量检验，制定保养维修、巡检回访、回收检验、资料管理、质量保证、技术培训等各项管理制度，不断提高管理、维修和服务水平。

（二）基层队伍应定岗、定时对在用井控装备和工具进行检查、维护保养，并认真填写保养检查记录。现场无法整改的，应及时通知专业人员到井检修。

（三）井控管理人员和井控车间巡检人员应及时发现和处理井控装备存在的问题，确保井控装备随时处于正常工作状态。

（四）井控车间应建立月度井控装备使用动态、巡检报告，并及时上报所在单位及企业主管部门。

（五）采油（气）井口装置必须经检验试压合格后方能上井安装使用；采油（气）井口装置在井口安装后，应整体试压合格后方能投入使用。

第六十六条　打开油气层申报、审批制度

（一）钻开油气层申报及审批程序：

1. 钻开油气层100米前，地质人员向钻井队报告钻开油气层的地质预告。

2. 钻井队应在自检合格基础上，由施工单位向建设单位提出钻开油气层验收申请。

3. 接到申请后，建设单位牵头组织，与施工单位相关部门人员组成联合验收小组，按油气田规定的检查验收标准进行现场检查验收工作。检查验收情况记录于"钻开油气层检查验收书"中，存在井控隐患应下达隐患整改通知书，责令限期整改。

4. 检查验收合格，由建设单位以书面形式下达"钻开油气层批准书"后，方可钻开油气层。

（二）按照单井井控风险级别组成相应级别的联合验收小组，其中深井风险探井应由企业副总师或处级以上领导带队验收，高压气井、高含硫井应由企业井控管理部门组织验收。获准一个月未钻开油气层的，应重新组织检查验收。

（三）含硫井钻开含硫油气层前，应按照相关规定向井场周边居民安全风险告知，高含硫井应同时告知当地政府。

（四）井下作业执行开工验收制度，打开油气层申报及审批程序由油气田企业在井控实施细则中明确。

（五）有以下情况之一者，不准打开油气层，应立即停工整改：

1. 未执行钻开油气层申报审批制度；
2. 未按要求储备加重钻井液和加重材料；
3. 井控装备未按照要求试压或试压不合格；
4. 井控装备不能满足关井和压井要求；
5. 防喷演习不合格；
6. 井控监测仪器仪表、辅助及安全防护设施未配套或配套不齐全；
7. 钻井设备不能正常工作；
8. 通信系统不畅通。

第六十七条　防喷演习制度

（一）防喷演习遵循班组为战、实战出发原则，在油气田井控实施细则中明确硬关井、软关井使用条件以及不同工况下的关井程序、关井时间、开井程序等内容。

（二）钻井应按钻进、起下钻杆、起下钻铤、空井四种工况进行防喷演习，井下作业应按起下管柱、旋转作业、起下特殊管柱、空井四种工况进行防喷演习，并做好防喷演习记录。在各次开钻前（一开除外）、特殊作业（取心、测试、完井作业等）前，都应进行防喷演习，达到合格要求。

（三）施工作业期间，基层队伍各班组每周不少于一次防喷演习，每月不少于一次不同工况的防喷演习，演习不合格不得进行下步作业。

（四）打开油气层前，必须进行防喷演习，演习不合格不得打开油气层。

（五）含硫化氢地区每月至少进行一次防硫化氢演习，钻开含硫油气层100米前、含硫井井下作业开工前应组织一次全员防硫化氢演习。安装剪切闸板的井，应定期组织模拟剪切防喷演练。

第六十八条　坐岗制度

（一）钻井应从防喷器安装后开始坐岗，并填写坐岗记录。井下作业应根据工艺实际情况，在射孔、起下钻、循环、磨铣、敞井观察等工序采取适合的方式，开展坐岗。检修设备、测井、测试、固井及候凝期间均应专人坐岗。

（二）坐岗人员上岗前应经技术人员的培训。坐岗记录应包括工况、井深、起下立柱数、灌液量、增减量、原因分析等内容，并有坐岗人员和值班干部签字。

（三）录井队在录井期间按要求坐岗。录井坐岗人员应记录工程、钻井液、气测等参数变化和已钻开油气层的活跃程度，并对有毒有害气体进行重点监测。综合录井队应实时向钻台司钻房、工程监督房和干部值班房提供显示终端、推送数据。

附录1　中国石油天然气集团有限公司井控管理规定

（四）钻井队应与录井队定期校核测量结果。发现溢流、井漏及油气显示等异常情况，应立即报告当班司钻。

第六十九条　干部24小时值班制度

（一）打开油气层验收合格后，基层队干部应在生产作业区域进行24小时值班，值班时应挂牌或有明显标志，并填写值班干部交接班记录。

（二）值班干部应定期进行现场巡检，监督检查岗位井控职责履行和制度落实情况，发现井控问题隐患，应督促立即整改。井控装备试压、防喷演习、处理溢漏复杂情况时，值班干部应在现场进行组织指导。

第七十条　溢流报告处置制度

（一）溢流关井原则：发现溢流立即正确关井、疑似溢流立即关井检查。

（二）确认溢流后，基层队应立即向上级主管部门汇报，严禁迟报、漏报和瞒报。建设单位和施工单位相关负责人及技术专家第一时间赶赴现场。压井前应制定压井方案，编制压井施工单，做到及时正确压井。

（三）关井套压达到35MPa时，企业应立即启动井控应急预案，必要时报请集团公司提供技术支持。

（四）事发单位应对每起溢流开展案例分析，油气田企业应组织属地范围内的油田技术服务单位开展溢流定期分析和案例分享，吸取经验教训，提出改进措施。

（五）溢流险情应按照有关规定及时报送集团公司质量健康安全环保部和井控管理办公室。

（六）实行溢流月度"零汇报"管理，企业负责所属队伍和外部队伍的溢流情况收集汇总，每月五日前向集团公司井控管理办公室报告上月溢流情况。

第七十一条　井控例会制度

（一）企业每半年召开一次井控例会，贯彻落实上级井控管理要求，总结、协调、布置井控工作。

（二）油气生产建设、钻井、井下作业单位每季度召开一次井控例会，其他相关专业化单位每半年召开一次井控例会，贯彻落实上级井控管理要求，总结、布置井控工作。

（三）钻井、井下作业队应把井控工作作为日常生产例会的一项内容，在施工期间每周召开一次井控例会，分析现场井控风险，制定相应防控措施。相关技术服务队伍在现场服务期间应参加钻井或井下作业队的井控例会。

第七十二条　井控隐患整改制度

（一）各级井控检查发现井控隐患，应制定整改运行表，明确责任单位或责任人，明确验证单位或验证人，由验证单位或验证人向上级主管部门反馈整改结果。对检查发现的井控较大及以上隐患、严重问题，上级主管部门应挂牌督办、限期整改。不能及时整改的，制定相应风险消减措施。

（二）各级井控检查在现场检查过程中发生以下情形之一的，应开具停工整改通知单，责令现场立即停工整改：

1. 外部和外包队伍未取得集团公司施工资质；
2. 未持有正式有效设计（变更设计）而开工；
3. 井口装置压力等级低于设计要求或者未按规定试压；
4. 井口装置及连接部位松动；
5. 在用井控装备未取得集团公司资质认可；
6. 未执行打开油气层申报审批制度；
7. 打开油气层后坐岗人员存在脱岗；
8. 防喷（防硫）应急演练关井失败；
9. 一级风险井未按设计要求储备加重材料及重钻井液；
10. 含硫油气井未按规定配备个人防护用品和监测检测仪；
11. 外部队伍未按要求配备监督；
12. 副司钻（副操作手）及以上岗位未持有效井控证；
13. 其他较大及以上井控隐患或严重问题。

第五章　激励考核

第七十三条　集团公司井控资质管理领导小组建立井控工作先进企业及先进个人评选管理办法，每年开展一次井控工作评优表彰活动，对获得井控工作先进称号的企业和个人予以表彰，明确井控工作先进个人奖励标准，由企业奖励。

第七十四条　企业应设立井控专项奖励基金，制定井控工作先进单位和先进个人评选制度，对井控考核指标达到先进要求的单位给予表彰奖励，对在井控工作表现突出、参加井控检查诊断、参与井控应急抢险、取得重要成果、做出重要贡献的员工给予表彰奖励。企业及所属单位每年至少开展一次

附录1　中国石油天然气集团有限公司井控管理规定

所属基层队伍井控工作考核，实施量化打分、奖优罚劣。

第七十五条　企业应建立溢流发现处置奖惩机制，对及时发现溢流、正确处置的给予奖励；对溢流发现不及时、关井不及时、处置不及时的，由企业追究责任；造成重大井控险情或严重后果的，按集团公司规定追究责任。

第七十六条　企业应建立较大井控隐患问责及举报奖励机制，发现设计方案、钻前工程、现场管线布置、现场作业、井控培训等严重违反井控标准规定，存在整改不力或拒不整改的，可向上级井控主管部门举报，经核实的，给予奖励。在各级检查审核调查中，发现队伍实际与资质申报材料不相符，存在申报资料造假的，取消其队伍资质，同时追究资质申报单位和资质评审机构的责任。

第六章　附则

第七十七条　企业应根据本规定，结合自身特点，海外企业应同时结合油气项目资源国要求，制定本企业井控管理规定。

第七十八条　本规定由集团公司井控管理办公室负责解释。

第七十九条　集团公司现行文件制度中涉及井控管理事项与本规定不一致的，按本规定执行。

第八十条　本规定自印发之日起施行。2006年印发的《中国石油天然气集团公司石油与天然气钻井井控规定》《中国石油天然气集团公司石油与天然气井下作业井控规定》（中油工程字〔2006〕247号）同时废止。

附录 2　常用公英制单位换算

长度

1 英尺 (ft) = 0.3048 米 (m) = 30.48 厘米 (cm)

1 英寸 (in) = 0.0254 米 (m) = 25.4 毫米 (mm)

面积

1 英尺^2 (ft^2) = 9.2903×10^{-2} 米^2 (m^2)

1 英寸^2 (in^2) = 6.4516×10^{-4} 米^2 (m^2)

质量

1 磅 (lb) = 0.4536 千克 (kg)

1 吨 (t) = 1000 千克 (kg)

压力

1 帕 (Pa) = 1 牛/米^2 (N/m^2)

1 千帕 (kPa) = 1000 帕 (Pa)

1 兆帕 (MPa) = 1000 千帕 (kPa) = 1×10^6 帕 (Pa)

1 磅力/英寸^2 (psi) = 6.895×10^{-3} 兆帕 (MPa) = 6.895 千帕 (kPa)

1 巴 (bar) = 1×10^5 帕 (Pa) = 0.1 兆帕 (MPa) = 100 千帕 (kPa)

1 巴 (bar) = 14.5 磅力/英寸^2 (psi)

密度

1 克/厘米^3 (g/cm^3) = 8.33 磅/加仑 (ppg)

1 克/厘米^3 (g/cm^3) = 1×10^3 千克/米^3 (kg/m^3)

体积

1 米^3 (m^3) = 1000 升 (L) = 6.290 桶 (bbl) (美)

1 桶 (bbl) (美) = 42 加仑 (gal) (美) = 0.159 米^3 (m^3)

1 加仑 (gal) (美) = 3.785 升 (L)

1 加仑 (gal) (英) = 4.546 升 (L)

参 考 文 献

[1] 《石油天然气钻井井控》编写组. 石油天然气钻井井控 [M]. 北京：石油工业出版社，2008.

[2] 孙振纯，夏月泉，徐明辉. 井控技术 [M]. 北京：石油工业出版社，1997.

[3] 孙振纯，王守谦，徐明辉. 井控设备 [M]. 北京：石油工业出版社，1997.

[4] 《钻井手册》编写组. 钻井手册 [M]. 2版. 北京：石油工业出版社，2013.

[5] ［美］Robert D. Grace. 井喷与井控手册 [M]. 穆增龙，李传华，李军，译. 2版. 北京：石油工业出版社，2020.

[6] 王华. 井控装置实用手册 [M]. 北京：石油工业出版社，2008.

[7] 《石油天然气钻井相关专业井控技术》编委会. 石油天然气钻井相关专业井控技术 [M]. 北京：石油工业出版社，2019.